KB145248

양자 인터넷

Korean edition copyright ⓒ 2023 by acorn Publishing Co.

Copyright ⓒ ISTE Ltd 2014
All rights reserved.
This translation published under license with the original publisher John Wiley &Sons, Inc.
through Danny Hong Agency, Korea.

이 책의 한국어판 저작권은 대니홍 에이전시를 통한 저작권사와의 독점 계약으로 에이콘출판(주)에 있습니다.
저작권법에 의해 한국 내에서 보호를 받는 저작물이므로 무단 전재와 복제를 금합니다.

양자 인터넷

양자 네트워크 기술의 이론과 실제

로드니 반 미터 지음 남기환 옮김

i!i
에이콘

에이콘출판의 기틀을 마련하신 故 정완재 선생님 (1935-2004)

나의 첫 선생님이셨던 부모님을 위하여

| 지은이 소개 |

로드니 반 미터 Rodney Van Meter

일본 후지사와에 소재한 게이오대학교의 환경정보연구실 부교수다. 연구 분야는 양자 컴퓨터, 양자 네트워크, 비보편 컴퓨터 아키텍처, 대규모 분산 대용량 저장 시스템 등이다.

| 감사의 글 |

이 문제를 아무도 해결하려고 하지 않았기에, 이제부터 나라도 도전해보려고 한다. 하지만 완전하다고 약속할 수는 없다. 완전함을 추구하는 누구든 그 이유만으로도 잘못을 피할 수 없기 때문이다.

– 허먼 멜빌^{Herman Melville}, 『모비 딕』

아내 마유미^{Mayumi}와 딸 소피아^{Sophia}와 에스터^{Esther}에게 말할 수 없이 많은 빚을 졌다. 이 책을 쓰는 기간 내내 축구 경기를 놓치거나 내 몫의 집안일을 넘어가는 것까지 모든 것을 용서하며, "미안, 책 써야 돼"라는 말을 받아주면서 참을성 있게 기다려줬다. 무엇보다도 먼저, 이 세 사람에게 사랑을 전한다.

나의 부모님인 도일^{Doyle}과 린다^{Linda}, 누이인 셰일라^{Sheila}와 레라^{Lera}, 그리고 그 가족들 또한 놀랄 만큼 도움을 주었다. 레라는 내가 책을 계속 쓸 수 있도록 거의 매일 응원해줬다.

찰리 파커^{Charlie Parker}의 구절을 빌려오자면, 타데우스 라드^{Thaddeus Ladd}는 내 심장의 또 다른 절반이다. 물리에 대한 그의 가르침과 안내가 없었다면, 이 책에 담은 아이디어 중 내가 기여한 연구의 대부분은 완성할 수 없었거나, 여기서 설명하려고 시도했던 분야의 거장들의 영향을 완전히 이해하는 건 불가능했을 것이다. 시스템과 네트워크에 대한 그의 가르침에 감사를 전한다.

타데우스뿐만 아니라, 코헤이 이토^{Kohei Itoh}, 미키오 에토^{Mikio Eto}, 에이스케 아베^{Eisuke Abe}, 카에 네모토^{Kae Nemoto}, 빌 먼로^{Mill Munro}, 오스틴 파울러^{Austin Fowler}, 사이먼 데비트^{Simon Devitt}, 클레어 호스만^{Clare Horsman}, 요시히사 (요시) 야마모토^{Yoshihisa (Yoshi) Yamamoto}

에게도 빚을 지고 있다. 내가 알고 있는 양자 정보 대부분은 이들로부터 배웠다. 야마모토, 타루차[Tarucha], 코아시[Koashi], 나카무라[Nakamura], 차이[Tsai], 타케우치[Takeuchi], 네모토, 추앙[Chuang], 와인랜드[Wineland], 조자[Jozsa]를 비롯한 많은 사람들에 의해 조직되고 강의가 제공된 진보적 과학기술 핵심연구소[CREST, Core Research for Evolutionary Science and Technology], 세계선도 과학기술 혁신 R&D 기금[FIRST, Funding Program for World-Leading Innovative R&D on Science and Technology] 양자 여름학교는 매우 가치가 있었다. 참석할 때마다 새로운 주제를 배웠다.

길을 보여주고 영감을 주었던 분들: 론 아이레스[Ron Ayres], 찰리 베넷[Charlie Bennett], 리처드 파인먼[Richard Feynman], 에드 스톤[Ed Stone], 욱[Wook]

이 책과 관련된 기획에 추가로 개인적인 도움을 주신 분들: 프레드 베이커[Fred Baker], 토마스 클라우센[Thomas Clausen], 칩 엘리엇[Chip Elliott], 데이브 파버[Dave Farber], 밥 힌든[Bob Hinden], 코헤이 이토, 세스 로이드[Seth Lloyd], 폴 모카페트리스[Paul Mockapetris], 준 무라이[Jun Murai], 티모 조키아호[Timo Jokiaho], 욱, 수잔 울프[Suzanne Woolf], 요시 야마모토

이 책 자체에 대해 감사를 표해야 할 첫 번째 인물은 마르셀로 디아스 데 아모림[Marcelo Dias de Amorim]이다. 그는 2012년 9월 반년마다 열리는 WIDE 캠프에서 만났을 때 처음 이 책을 제안했다. ISTE의 직원들도 계속해서 집필하는 데 큰 도움을 주었다. 그들이 없었다면 이 책은 결코 완성되지 못했을 것이다.

이 책이 계속해서 바뀌는 중에도 전반적으로 검토해준 분들: 전길남[Kilnam Chon], 빌 매닝[Bill Manning]. 시게야 스즈키[Shigeya Suzuki]는 이 책을 쓰는 중에도 몇 가지 주제에 대해 실제로 도움을 줬기에 특별히 언급할 필요가 있다. "내 생각에 그건 책에 있긴 하지만... 잠시만 기다려줘요. 이거 쓸 테니까 며칠만 주세요..."라고 말하며 그의 많은 질문에 답하는 것을 엄청난 인내심으로 기다려줬다.

이 책의 일부분을 검토해주신 분들: 루치아노 아파리치오[Luciano Aparicio], 앤디 프

리슈크넥트^{Andi Frischknecht}, 아키라 후루사와^{Akira Furusawa}, 짐 해링턴^{Jim Harrington}, 타데우스 라드, 쇼타 나가야마^{Shota Nagayama}, 샘 포틀^{Sam Pottle}, 유타카 시카노^{Yutaka Shikano}, 시게키 타케우치^{Shigeki Takeuchi}, 세이치로 타니^{Seiichiro Tani}, 토드 틸마^{Todd Tilma}, 조 터치^{Joe Touch}, 이둔 완^{Yidun Wan}, 히데아키 요시후지^{Hideaki Yoshifuji}

역사적 내용과 최근 실험에 대한 조언을 주신 분들: 로맹 알로메^{Romain Alléaume}, 타데우스 라드, 피터 맥마흔^{Peter McMahon}. 전파 간섭계에 대한 힌트: 민 윤^{Min Yun}

이 책에서 다룬 연구에 공동으로 기여하신 분과 몇 가지 공동 연구를 고맙게도 재사용하도록 허락해주신 분들: 루치아노 아파리치오, 모라드 베지^{Mourad Beji}, 치아-홍 치엔^{Chia-Hung Chien}, 최병수^{Byung-Soo Choi}, 클레어 호스만, 카오리 이시자키^{Kaori Ishizaki}, 히로유키 쿠스모토^{Hiroyuki Kusumoto}, 타데우스 라드, 이오리 미즈타니^{Iori Mizutani}, 빌 먼로, 코지 무라타^{Koji Murata}, 쇼타 나가야마, 카에 네모토, 타카히코 사토^{Takahiko Satoh}, 시게야 스즈키, 조 터치, 조-시엔 차이^{Jaw-Shien Tsai}, 후미키 요시하라^{Fumiki Yoshihara}

사진과 그림: 로맹 알로메, 칩 엘리엇, 아키라 후루사와, 마사히데 사사키^{Masahide Sasaki}, 하지메 타자키^{Hajime Tazaki}. 타카아키 마츠오^{Takaaki Matsuo}와 쇼타 나가야마는 이 책에 쓰인 그림들에 끝까지 도움을 주었다.

끝으로, 나의 고급양자아키텍처^{AQUA, Advancing Quantum Architecture} 연구회 소속의 학생들, 나의 양자정보처리 수업 수강생, 무라이 연구실 소속의 학생들과 교원들 모두에게 감사한다. 이분들에게 양자 컴퓨팅과 양자 네트워크를 고전 시스템 기준으로 어떻게 설명하는지에 대해 많이 배울 수 있었다.

이 책에 소개한 연구 중 내가 기여한 부분은 일본 과학진흥회^{JSPS, Japan Society for the Promotion of Science}로부터 3개의 카켄히 연구비 지원(21500020, 24102706, 25282197)을 받았고, 그중 하나는 양자 사이버네틱스 프로그램^{Quantum Cybernetics program}을 통해 지원받았다. 이 기획은 부분적으로는 시스코대학교 연구 프로그램 기금^{Cisco University}

Research Program Fund과 실리콘 밸리 지역사회기금Silicon Valley Community Foundation의 보조를 받아서 수행될 수 있었다. 이 연구는 세계 과학기술 선도 혁신 R&D(FIRST 프로그램)를 통해 일본정부 내각과 일본 과학진흥회의 지원을 받았다. 나의 공동 연구자들은 일본교육문화체육과학기술부와 일본국립정보통신기술연구소, 미국의 NSFNational Science Foundation와 기타 연구기금의 지원을 받았다. WIDE 프로젝트의 도움으로 제공된 관대하고 제한 없는 지원은 이런 몇 가지 공동 연구를 가능케 했다. 토마스 클라우센은 2011년 3월에 연구교수로 초청해줬고, 이 책의 끝을 장식한 아키텍처 논문과 조사 내용을 글로 적기 시작했다.

이 책에서 다룬 하위 분야의 많은 부분은 나보다 더 전문가인 분들의 많은 조언을 받아서 완성됐지만, 책에 담긴 내용에 대해서는 나에게 전적인 책임이 있다. 이 책에 실린 역사와 관련해 오해와 기술적 오류가 있다면 모두 내 책임이다. 조언을 환영한다. 오늘날과 같은 디지털 시대에 이 책 초판의 인쇄판이 최종본이 되기는 어렵다. 독자의 목소리를 들으려고 노력할 것이다.

이 책은 저작권자인 ACM, IEEE, 국립 정보학연구소National Institute of Informatics, SPIE, Springer의 허가하에 부분적으로 이전에 출판된 문헌으로 구성되었다. 다음 논문을 이용했다.

- Aparicio L., Van Meter R., "Multiplexing scheme for quantum repeater networks", *Proceedings of the SPIE*, vol. 8163, pp. 816308, August 2011.
- Aparicio L., Van Meter R., Esaki H., "Protocol design for quantum repeater networks", *Proceeding of Asian Internet Engineering Conference*, November 2011.
- Van Meter R., Ladd T.D., Munrl W.J., et al., "System design for a long-line quantum repeater", *IEEE/ACM Transactions on Networking*, vol 17, no. 3, pp. 1002-1013, June 2009.
- Van Meter R., Touch J., Horsman C., "Recursive quantum repeater

networks", *Progress in Informatics*, no. 8, pp. 65-79, March 2011.

- Van Meter R., Satoh T., Ladd T.D., et al., "Path selection for quantum repeater networks", *Networking Science*, vol. 3, no. 1-4, pp. 82-95, December 2013.

- Van Meter R., Horsman C., "A blueprint for building a quantum computer", *Communications of the ACM*, vol. 53, no. 10. pp. 84-93, October 2013.

몇몇 부분은 나의 박사학위 논문에서 가져왔다.

- "Architecture of a quantum multicomputer optimized for Shor's factoring algorithm", Graduate School of Science and Technology, Keio University, 2006

로드니 반 미터

게이오대학교 환경정보연구실

2014년 3월

| 옮긴이 소개 |

남기환(snowall@gmail.com)

중앙대학교에서 물리학, 수학을 전공하고 한국방송통신대학교에서 컴퓨터과학, 영어영문학을 전공했다. 중앙대학교에서 입자물리학 석사를 취득하고, 카이스트 물리학과 박사 과정을 중퇴했다. 현재 광통신 관련 업체에서 연구원으로 재직 중이다.

현대 사회에서 인터넷은 개인과 개인의 통신이라는 개념을 넘어서 다양한 사회를 지구 전체에 걸쳐 연결하는 거대한 그물망이다. 또한 현대 문명의 정점을 상징하는 개념이자 도구 중 하나다. 현재 주로 사용되고 있는 통신망은 고전적인 전자기학과 전자공학 기술에 기반한 것으로, 이 기술에서 정보를 다루는 단위는 0과 1의 두 가지 상태 중 하나의 상태만 허용하는 비트^{bit}다. 비트 개념을 이용하면 최초의 전자식 컴퓨터가 발명된 이후의 컴퓨터와 컴퓨터들 사이의 통신에 이용되는 모든 정보를 표현할 수 있다. 하지만 컴퓨터와 전자 통신의 속도가 점점 빨라지면서 고전 물리학에 기반한 정보 처리 기술만으로는 더 이상 성능을 발전시킬 수 없는 한계에 맞닥뜨리게 됐다. 가령, 컴퓨터 CPU의 성능을 높이기 위해 전자회로의 크기를 매우 미세하게 만든 결과, 고전 물리학으로는 설명할 수 없는 양자역학적인 현상들을 피할 수 없게 됐다. 결과적으로 미시세계에서 중요하게 작용하는 양자역학은 고전 물리학에 기반한 기술이 더 이상 통하지 않는 한계가 됐다.

양자역학을 계산에 직접 이용하는 양자 컴퓨터는 이런 한계를 돌파하거나 우회할 수 있는 새로운 계산 패러다임으로 등장했다. 양자 컴퓨터는 양자 비트$^{quantum\ bit}$, 줄여서 큐비트^{qubit}를 정보의 단위로 사용한다. 큐비트가 고전적인 비트와 결정적으로 다른 점은 두 상태의 중첩을 근본적으로 허용한다는 것이다. 즉, 양자 컴퓨터는 0과 1의 양자역학적 중첩 상태를 계산에 이용할 수 있다. 그리고 이 특성의 결과로 양자 컴퓨터는 고전적인 컴퓨터의 성능을 훨씬 뛰어넘는 양자 우월성$^{quantum\ supremacy}$을 보일 것으로 기대된다.

양자 컴퓨터의 정보 처리 단위가 큐비트가 되면서, 여러 양자 컴퓨터를 연결하는 방법 역시 양자역학적으로 바뀔 필요가 생겼다. 가깝게는 같은 책상 위에 있는 양자 컴퓨터 두 대를 연결하는 것부터 멀게는 지구 반대편에 있는 양자 컴퓨터를 연결하는 것까지 모두 통신망을 이용해야 하는데, 그 통신의 정보 단위가 큐비트가 된다. 기존의 통신망은 당연히 비트를 이용해 정보를 전송하므로 큐비트의 특성을 그대로 전달할 수 없고, 이것은 양자 컴퓨터를 서로 연결해서 사용하는 이점을 전혀 누리지 못하도록 방해한다. 즉, 양자 통신과 이를 이용한 양자 인터넷은 양자 컴퓨터 시대에 필수적인 통신 기술의 패러다임이다.

저자는 양자역학을 이용한 기본적인 통신 기술과 이를 확장해서 전 지구적인 규모의 인터넷까지 어떻게 구축할 수 있는지 소개한다. 특히, 양자얽힘quantum entanglement과 양자원격전송quantum teleportation이라는 흥미로운 주제에서 시작해 양자 키 분배, 얽힘 기준계, 양자정화 같은 기초적인 통신 기술을 설명하고, 양자 중계기, 양자 라우터, 양자 오류 보정 같은 주제로 발전시킨다. 특히, 이런 기술들이 기존의 고전 통신망의 어떤 기술과 유사한지, 그리고 기존의 인터넷 통신망과 어떻게 융합될 수 있는지 설명한다. 이 책은 양자 인터넷을 구축하려는 네트워크 공학자들과 양자 과학자들 사이의 이해를 돕는 가교 역할을 할 것이다.

최대한 역자의 관점은 배제하고 저자의 논조와 설명이 가급적 독자에게 이해될 수 있도록 옮기는 데 주력했다. 다만, 그럼에도 불구하고 원서의 탁월함이 독자에게 잘 전달되지 않았다면 그에 대한 비난은 역자의 몫이라고 생각한다. 이 책이 많은 국내 독자들에게 도움이 되기를 바란다.

이 책을 번역하며 많은 분들의 도움을 받았다. 번역 과정에서 많은 조언을 해주신 서울대학교의 이우준 님, 신참 번역자를 많이 응원해주시고 지원을 아끼지 않은 에이콘출판사의 권성준 사장님, 김다예 님, 그리고 편집을 담당해주신 김경희 님께 감사를 드린다.

차례

$|0\rangle, |1\rangle$ 계산 기저(Z축)의 큐비트에 대한 기저 벡터. 디랙[Dirac]의 켓[Ket] 표기법을 따른다.

$|+\rangle, |-\rangle$ X축 기저의 큐비트에 대한 기저 벡터. 디랙의 켓 표기법을 따른다.

A, B 노드의 이름. 앨리스[Alice]와 밥[Bob]의 첫 글자다. 때로는 노드를 숫자로 나타낼 수도 있다.

a, b, c, d 벨 기저에서 쓰인 2큐비트 밀도 행렬의 대각 성분. 각각 $|\Phi^+\rangle$, $|\Psi^+\rangle$, $|\Phi^-\rangle$, $|\Psi^-\rangle$의 확률을 나타낸다.

a_{AB} 등   앨리스와 밥 사이에 공유된 두 큐비트 상태(대체로 벨 짝)의 밀도 행렬에 대응되는 원소

$\mathbb{C}$ 복소수 집합

F 하나 이상의 큐비트 상태에 대한 일반적인 충실도, $F = \langle\psi|\rho|\psi\rangle$. $F = 1.0$은 순수 상태를 나타낸다. n개의 큐비트에 대해 완전히 섞인 상태는 $F = 2^{-n}$이다.

l_0 광섬유에서의 감쇠 길이

$|\psi\rangle$ 상태 벡터에 대한 디랙의 켓 표기법. 하나 이상의 큐비트 순수 상태에 대한 상태 벡터에도 사용된다. 맥락에 따라, 물리 큐비트일 수도 있고 양자 오류 보정을 사용해 부호화된 논리 큐비트일 수도 있다.

$|\tilde{\psi}\rangle$ 양자 오류 보정을 사용해 부호화된 논리 상태의 큐비트에 대한 디랙의 켓 표기법. 물리 큐비트와의 구분을 위해 사용한다.

$|\bar{\psi}\rangle$ 큐비트의 NOT(반전)에 대한 디랙의 켓 표기법

H	보통은 단일 큐비트에 대한 아다마르 게이트다. 때로는 상태의 물리적 시간 변화를 나타내는 해밀토니안^{Hamiltonian}으로 쓰이는 경우도 있다.
P_b	기저 수준 물리 얽힘 연산의 성공 확률
P_{p1}	양자정화 첫 단계의 성공 확률
$\mathcal{P}_0^1$	큐비트 1번에서 0 값에 대한 사영 측정 연산자
T_1^A	노드 A가 갖고 있는 벨 짝에 있는 큐비트의 T_1 에너지 완화시간 또는 비트 반전 감쇠시간
T_2^A	노드 A가 갖고 있는 벨 짝에 있는 큐비트의 T_2 위상 완화시간
t_{L1}, t_{LR}	링크 수준의 단방향 지연시간, 왕복시간
t_{E1}, t_{ER}	끝 대 끝^{end-to-end} 단방향 지연시간, 왕복시간
X, Y, Z	단일 큐비트에 대한 파울리^{Pauli} 연산자. 다른 교재나 논문에서는 σ_X 등의 기호를 쓰기도 한다.
$\lvert \Psi^- \rangle^{(AB)}$	큐비트 중 하나는 노드 A에 있고 다른 하나는 노드 B에 있는 벨 짝
ρ	하나 이상의 밀도 행렬에 대한 일반적 표기
ρ_{AB}	노드 A와 노드 B 사이에 공유된 두 큐비트 상태(대체로 벨 상태)에 대한 밀도 행렬
$O(\cdot)$	문제의 크기(회로 깊이, 알고듬 단계)가 커짐에 따른 계산 연산의 전체 수 또는 실행시간의 증가에 대한 점근적 상한
$\Theta(\cdot)$	문제의 크기(회로 깊이, 알고듬 단계)가 커짐에 따른 계산 연산의 전체 수 또는 실행시간의 정확한 점근적 증가량
$\Omega(\cdot)$	문제의 크기(회로 깊이, 알고듬 단계)가 커짐에 따른 계산 연산의 전체 수 또는 실행시간의 증가에 대한 점근적 하한

우리에겐 양자 인터넷이 필요하고, 그걸 만들기 위해 양자 인터네트워킹 기술이 필요하다. 기술적, 사회적 측면 모두에서 양자 인터넷을 달성하는 데 이 책이 기여할 수 있길 바란다. 이 책은 고전 컴퓨터 시스템과 네트워크 분야에서 15년, 그리고 양자 컴퓨터와 네트워크 분야에서 십여 년간 쌓아온 내 경험을 기반으로 한다.

양자 컴퓨팅과 양자 통신 모두를 포함하는 양자 정보는 이론과 실험 양자물리, 이론 컴퓨터과학(또는 정보학), 그리고 궁극적으로 정보기술산업계에 크고 지속적인 영향을 끼치는 태도를 보여왔다. 그중 중요한 하위 분야는 양자 네트워크, 특히 이 책에서 집중적으로 다루는 양자 중계기quantum repeater를 사용하는 것이다. 양자 신호는 약하고 부서지기 쉬우며, 일반적으로는 복사되거나 증폭될 수 없다. 이질적인 기술로 만들어지고 수많은 독립적 기관에 의해 관리되는 복잡한 토폴로지를 가진 네트워크에서 신뢰성 있게 장거리 데이터 교환을 가능하게 하는 양자 통신 세션을 공학적으로 다루려면 엄청나게 넓은 범위의 전문성이 필요한데, 이 분야를 완전히 알고 있는 사람은 극히 드물다. 앞으로 책 전체에 걸쳐 개개인의 기여 위에 공통된 기초를 세워볼 것이다.

이 책의 독자들은 두 부류로 나뉠 것이다.

- 양자 정보에 관심 있고 이 분야에서 작업을 고려하고 있지만 기초적인 배경지식은 없는 고전 네트워크 관련 종사자
- 네트워크 중계기와 관련된 경험이 없거나, 소개가 필요한 양자 정보 전문

가들, 또는 작업은 시작했지만 네트워크 배경지식이 필요한 사람들

이상적으로 말하면, 이 책은 두 세계의 '사상의 만남'을 생성할 것이다. 네트워크 종사자는 보기보다는 양자 네트워크를 겁낼 필요가 없다는 사실을 알게 될 것이고, 분산된 양자 정보를 사용하는, 새로 등장한 분야에 숨은 놀라운 개념을 알게 될 것이다. 물리학자들은 네트워크의 복잡하고 창발적인 거동이 그 구성 원소들의 개별적 행동에서 자연스럽게 예측되는 것이 아니며, 네트워크가 복잡하고 인공적인 창조물임을 발견할 것이다. 그리고 그들이 지금까지 물리에서 연구해온 것만큼이나 기초적이고 아름다운 모든 조각으로 만들어진 어떤 원리 위에 세워졌음을 발견할 것이다. 이 책을 읽고 나면 어떤 분야의 독자라도 양자 중계기를 다룬 기존 문헌과 고전 네트워크 아키텍처에 기반한 양자 중계기 네트워크를 설계할 준비가 될 것이다. 독자들은 (1) 물리적 원리의 합리적인 추상화, (2) 결정 과정의 분산되고 자율적인 특성, (3) 인터넷과 같은 네트워크들의 네트워크가 갖는 기술적이고 운영적인 측면에서의 이질성을 모두 고려한 양자 중계기의 시뮬레이션을 구현하는 데 충분한 지식을 알게 된다.

이 책은 깊이 있고 종합적인 책이라기보다는 읽을 만한 소개를 목표로 했다. 각 장은 10~20쪽 정도의 분량이며, 한 번에 소화할 수 있을 정도를 목표로 했다. 대부분의 장은 기초 선형대수와 확률 이론만을 사용했다. 이 책 전체를 통틀어 강조된 접근법은 지속 가능하고 확장 가능하고 견고한 양자 중계기 네트워크 아키텍처를 만들기 위해 고전 네트워크 원리를 사용하는 것이다.

크게 개괄, 배경지식(양자 정보, 네트워크 개념, 양자원격전송), 그리고 네트워크 기술의 개발에 관심을 갖게 만들어줄 응용 분야(QKD, 분산 디지털 컴퓨팅, 기준계로서의 얽힌 상태)로 구성되어 있다. 3부에서는 물리적 얽힘 실험과 링크 설계로 시작하면서 스택의 바닥 부분에 먼저 초점을 맞춘다. 양자정화와 관련된 작업을 본 후, 양자 중계기 사슬에 대한 통신 세션 아키텍처의 세 가지 중요한 분류를 다룬

다. 원래의 얽힘교환 접근법, 좀 더 최근의 오류 보정 기반 접근법, 그리고 비동기식 접근에 대한 최근의 작업들이다. 이 책의 마지막은 다중 사용자, 자율적으로 동작하는 네트워크 문제를 다루는 몇 개의 장으로 이뤄진다. 여기서는 다중화, 라우팅, 인터네트워킹 아키텍처, 재귀적 양자 네트워크 아키텍처^{QRNA, Quantum Recursive Network Architecture}를 설명한다.

독자들은 장마다 수학과 논리적 엄밀성이 달라진다는 사실을 알게 될 것이다. 특히 물리적 구현의 완전한 논의는 책 한 권을 따로 써야 할 정도이며, 이것은 물리학자들의 몫으로 남겨두겠다. 마찬가지로, 최고 수준에서 확인 가능한 비밀 공유와 같은 보안 통신 규약의 자세한 증명은 이 책의 범위를 넘어선다. 이러한 응용 분야들은 평범한 독자들이 왜 이것들이 가치 있는지, 무엇이 네트워크에 그 자체를 요구하게 만드는지 이해하기에 충분한 정도로만 소개한다.

독자들이 기초적인 벡터와 행렬 덧셈, 곱셈, 그리고 행렬식의 계산, 행렬의 거듭제곱, 복소수, 복소수의 거듭제곱, 이산확률에 익숙할 것이라고 가정한다. 이 책에서 소개하는 수학은 이 수준을 넘어서지 않을 것이다. 그러므로 여기서 소개하는 개념이 매우 익숙하지 않고 추상적이며 때론 반상식적이더라도, 일반적으로 수학 그 자체는 특별히 어렵지 않을 것이다. 2장은 명시적으로 수학적 원리를 많이 다룬 예제를 포함한다. 학부 1, 2학년 학생들도 이 책을 공부할 수 있을 것이다.

고급 독자들에게는 이 책이 논문과 교재의 중간 부분에 있음을 알려두는 것이 좋겠다. 이 책을 준비하면서 네트워크 엔지니어의 관점에서 몇 가지 기초적인 부분이 상대적으로 잘 정립되어 있을 것이라고 생각했는데, 아직 논문으로 발표되지 않은 부분이 많다는 사실을 발견했다. 그중에는 다음과 같은 것들이 있다.

- 분산된 밀도 행렬 관리(8.5절)

- 준 비동기식 양자 중계기에 대한 '계곡 접힘' 시간간격 기법(12.1절)

- 양자 중계기의 애플리케이션에 의해 발생하는 네트워크 부하의 좀 더 상세한 분석(6장)

- 프로토콜을 위해 확장된 상태 기계 기반 설계

이들 각각은 아마 이 책이 출판되면서 거의 동시에 학술 논문으로 발표될 것이다. 하지만 마지막을 제외한 나머지는 이 책을 집필하는 중에 탄생했다(상태 기계 기반 접근법은 학회 논문[APA 11b]에서 시작됐으나, 책에는 새로운 내용이 담겨 있다). 이 주제들 각각은 지금까지 관심을 기울였던 것보다 더 많은 관심을 받을 가치가 있다. 난 이 분야들을 역량 있는 공동 연구자들에게 맡길 것이다.

1

개괄

'원격전송^{teleportation}'이란 도발적이고 마법 같은 단어이지만, 진지한 이공계 문헌에서 점점 더 자주 보이고 있다. 이론적으로 매력적일 뿐만 아니라 실험적으로도 입증됐듯이, 원격전송은 양자 네트워크^{quantum network}의 핵심이다[GIS 07, KIM 08]. 양자 정보를 논의할 때 말하는 원격전송이란, 엔터프라이즈 호[1]의 어떤 장치에 커크 선장[2]이 올라서서 사라졌다가 다른 행성에 다시 나타나는 것을 뜻하는 게 아니라, 어떤 양자 변수^{quantum variable}가 이쪽에서는 사라지고 저쪽에서 다시 나타나게 하는 실험을 말한다. 즉, 전자나 그 외의 실제 실험장치는 그대로 둔채, 수신자가 송신자의 것과는 전혀 다른 실험장치여도, 오직 양자 상태^{quantum state}만을 전송한다. 이 과정에서 송신자의 양자 상태는 파괴된다.

고전 네트워크에서 통신이란 데이터를 물리적으로 복사하고 그 사본을 전달

---

1 〈스타트렉〉 시리즈의 우주비행선 – 옮긴이
2 〈스타트렉〉 시리즈의 주인공 – 옮긴이

하는 방식이었다. 하지만 양자역학의 법칙에 따르면, 알려지지 않은 임의의 양자 상태로부터 완전히 분리된 복사본을 만드는 것은 불가능하다. 우리가 가진 유일한 원본인 중요하고 연약한 양자 정보를 직접 전달하다가 분실하는 위험을 감수하는 대신, 양자 네트워크가 범용으로 사용할 수 있는 양자 상태를 준비해서 정보를 원격전송시킨다. 다시 말해, 정보에 원격전송을 유도하는 연산을 수행한다.

양자 네트워크는 통신 시스템에 새로운 능력을 가져다준다. 양자역학적 효과는 도청을 감시하는 데 쓰일 수 있고, 멀리 떨어져 있는 천문학 실험장비들을 묶어서 민감도를 향상하는 데 쓰일 수 있으며, 양자원격전송을 통해 멀리 떨어진 양자 컴퓨터를 연결해줄 수 있다. 양자 통신quantum communication이란 원거리에 걸친 양자 상태의 교환이며, 일반적으로는 고전적 통신의 탄탄한 보조가 필요하다.

교환된 양자 상태는 '독립적standalone' 상태, 즉 양자 데이터의 개별 원소다. 이것으로 더 큰 양자 상태를 구성할 수 있고, 고전 상태로는 불가능하겠지만 여러 장치나 네트워크 노드에 분산될 수 있다. 이때 후자를 얽힘 상태entangled state라고 하며, 이 책에서 여러 번 다룰 것이다.

고전 컴퓨터에서 작동하는 애플리케이션들은 위에서 언급한 일들을 수행하기 위해 이 양자 상태를 사용하게 된다. 고전 컴퓨터는 양자 상태를 측정measurement해 고전적인 값(가령, 비밀키secret key의 일부)을 얻어내거나, 더 복잡한 양자 컴퓨터에서 쓰기 위해 저장해두는 양자장치에 연결된다. 고전 컴퓨터는 양자 컴퓨터를 일종의 보조연산장치로 사용할 것이다. 같은 관점에서, 고전 컴퓨터는 서로 분리된 장치를 통해 양자 네트워크를 바라볼 것이다.

양자 정보는 깨지기 쉽고, 어떤 양자 연산은 확률적으로 성공하기 때문에, 노드들 사이의 오류와 분산 처리는 반드시 적극적으로, 그리고 협력적으로 관리돼야 한다. 이런 문제에 대한 대책은 순수한 고전 네트워크와 비슷한 부분도 있고 다른 부분도 있다. 대규모 양자 네트워크와 양자 인터넷을 위한 아키텍처가 개발 중이며, 여기에는 물리 계층, 저수준 오류 관리 기법, 연결 기술 등에 대한 이론과 실험적인 연구 모두가 포함된다. 얽힘이 없는 양자 네트워크는 이미 2000년대 초반에 시작되어 상용화돼 있지만, 2014년 초기 시점까지 얽힘을 이용한 양자 네트워크는 아직 실사용 중이 아니다. 하지만 양자 네트워크는 앞으로 수년 안에 등장할 것이며, 앞으로 10년간 활발한 연구가 이뤄질 전망이다.

1.1 소개

양자 네트워크든 고전 네트워크든, 네트워크를 구성하려는 이유는 같다. 기술, 경제, 정치, 물류, 때론 순전히 역사적인 이유에서, 사람들을 연결하고 컴퓨터와 센서를 연결하며 멀리 떨어진 데이터베이스를 연결하고 싶은 것이다. 다른 점은 데이터의 형식과 여기에 사용되는 연산이다. 양자 컴퓨터와 양자 네트워크는 고전적인 변수가 아닌 양자 변수를 이용한다. 이는 고전 비트[bit]와 유사한 것으로, 양자 비트[quantum bit], 즉 큐비트[qubit]를 이용한다.

양자 정보의 응용으로 새로운 가능성이 열렸다. 몇 가지 예를 들면, 고전 컴퓨터로는 너무 오랜 시간이 걸리는 문제를 다룰 수 있는 효율적이고(대표적으로 큰 수의 인수분해 문제가 있다)[SHO 97, LAD 10, NIE 00, VAN 13a] 새로운 물리적인 능력을 추가하는 것(대표적으로 도청 감지라든가, 새롭고 보안이 보장되는 분산 암호화 키 생성 방법이 있다)[BEN 84] 등이 있다. 분산 양자계의 다른 응용으로는 장거리 광간섭계를 이용한 망원경[GOT 12], 고정밀 시계의 동기화[JOZ 00, CHU 00], 또는 대표 선출[TAN 12], 비잔틴 문제[BEN 05a], 동전 던지기 등을 분산시켜 작업하는 양자역학적 방법 등을 들 수 있다. 양자 네트워크, 고전 네트워크와 컴퓨터 시스템은 융합될 것이고, 덕분에 애플리케이션은 특정 기능을 달성하는 데 가장 효율적인 방법을 선택할 수 있을 것이다.

양자 통신의 현대적인 작업은 스티븐 위스너[Stephen Wiesner]가 제안한 양자 암호[WIE 83]와, 찰리 베넷[Charlie Bennett]과 길레스 브라사드[Giles Brassard]가 1984년에 제안한 양자 키 분배[QKD, Quantum Key Distribution][BEN 84, DOD 09]에서 시작됐다고 할 수 있다. 양자 키 분배는 고전 암호 시스템에서 공유하는 비밀키를 생성하는 기능을 만들기 위해, 기본적인 양자 수준에서 도청을 감지할 수 있는 방법을 사용한다. 그러나 기본 형태의 QKD는 광섬유를 통해 수 킬로미터, 자유공간을 통해서는 그보다 좀 더 긴 정도로 거리가 제한되며 한 가지 응용에만 쓸 수 있다.

베넷 등이 1993년에 제안한 양자원격전송[quantum teleportation]은 QKD의 한계를 넘어서 데이터를 전송하고 원격지에서 계산을 실행할 수 있도록 만들었고, 상상 가능한 분산 양자 컴퓨터의 영역을 크게 넓혔다[BEN 93]. 양자원격전송은 송신자와 수신자 사이에 고전적인 메시지를 주고받을 때마다 국소적인 양자 연산을 수행한다. 그때마다 양 끝단에 공유되어 있는 벨 짝[Bell pair]이라는 양자 상태를 소모한다. 그러므로 양자 네트워크의 핵심 기능은 필요할 때마다 벨 짝을 만들어서 공급하는 것이다. 모든 물리적 연산이 그렇듯 양자원격전송은 불완전하게 수행될 수 있기 때문에 오류를 줄이는 커다란 장치도 필요하다. 양자원격전송은 목표 그 자체라기보다는 분산 양자 애플리케이션을 위한 기본적인 구성요소다.

불완전한 양자 상태를 다루고 여러 중간 점들을 거쳐야 한다는 점은 이론과 실험 양측에서 활발히 연구되고 있는 양자 중계기[quantum repeater] 개념의 개발을 자극했다[DÜR 07, SAN 11]. 고전 중계기는 신호를 물리적 수준에서 증폭하거나, 약하고 왜곡되고 잡음이 심한 신호를 받아서 깨끗하고 강한 신호로 재생한다. 그러나 양자 중계기는 그런 식으로 작동하는 것이 물리학적으로 불가능하다. 그 대신, 단거리 양자원격전송과 벨 짝에 대한 단순한 홀짝성 검사 방법부터 위상 수학에 기반한 매우 복잡하고 완전한 오류 검출 방법까지 사용해 고품질 장거리 양자 통신을 지원한다. 어떤 중계기 아키텍처는 송신지와 목적지 사이의 경로에 있는 모든 노드에 걸친 분산 계산을 사용해 데이터 이동을 관리하는데, 이는 인터넷에서 사용되는 홉별hop-by-hop 패킷 전송 방식과 유사하다. 물리적으로 가능한 방법 중 무엇이 가장 좋은 접근 방법인지는 아직 답이 알려지지 않은 중요한 질문이다. 양자원격전송의 기초적 형태와 간단한 오류 보정 기법은 실험적으로 검증됐고, 더 완벽한 중계기를 만드는 경쟁이 진행 중이다.

신뢰성 있는 계전기relay와 광교환기optical switch를 이용한 QKD 네트워크가 중규모의 테스트베드에서 사용 중이긴 하지만, 대규모 중계기 네트워크에 중요한 아키텍처 문제는 이제 겨우 짚기 시작하는 중이다. 중계기 기능을 실질적으로 구현할 프로토콜protocol(통신규약)을 반드시 개발해야 한다. 노드 수준에서는 메모리 자원이 중요하여 경로 선택과 자원 관리 문제가 중요하고, 네트워크 수준에서는 누가 네트워크에 접근할 수 있는지 정하는 것이 중요한데, 프로토콜에서 이런 것들을 다루는 것이 양자 네트워크의 실제 작동 여부를 정하는 데 어떤 역할을 할 것이다.

단일 네트워크를 넘어서면 네트워크들의 네트워크, 즉 인터네트워킹internetnetwoking 문제가 있다. 각각의 개별 네트워크는 단일 기관에 의해 만들어지고 관리될 것이다. 처음에는 하나의 양자 네트워킹 기술만을 사용할 것이다. 만약 두 번째 기술이 필요해진다면 어떻게 할 것인가? 우리 측 네트워크를 다른 기관의 네트워크에 연결하고 싶다면 어떻게 할 것인가? 네트워크들 사이에 양자 정보를 교환하도록 하려면 어떻게 해야 하는가? 우리가 양자 네트워크들 사이의 연결을 어떻게 관리할 것인가? 이와 같은 다중 네트워크 환경을 인터네트워크internetwork, 줄여서 인터넷internet이라고 한다(우리가 흔히 사용하는 전 세계적인 고전 인터넷은 대문자 'I'를 쓰며, 정관사 'the'를 붙여서 'the Internet'으로 흔히 사용한다).

당연히 그런 인터넷은 양자 데이터를 재부호화하고 각기 다른 기술들을 물리적으로 연결하는 능력부터 갖춰야 한다. 양자 인터네트워킹은 양자 상태나 계산 요구사항을 설명하는 정확한 추상화 정보를 고전적인 방법으로 공유하고, 오류 관리를 위해 프로토콜을 번역하는 능력을 갖춰야 하며, 자원 관리와 경로 선택 문제를 해결해야 한다.

이 책의 목표는 가장 기초부터 시작해, 양자 인터넷 아키텍처^{architecture}를 제안 하고 평가할 수 있도록 양자 정보, 양자 중계기, 고전적 네트워킹을 독자들에게 충분히 이해시키고, 프로토콜을 구현하는 고전적인 소프트웨어를 작성하는 것 을 포함한다.

1.2 양자 정보

원칙적으로 양자원격전송과 분산 양자 정보를 이해하기 위해서는 단지 몇 가지 개념이 필요할 뿐이다. 말하자면 중첩, 측정, 간섭, 얽힘, 신호불가, 복제불가 개 념이다. 양자 네트워크를 실제로 이해하려면, 불완전한 세계에서의 양자계에 대 해서도 공부해야 한다. 양자 네트워크의 중요한 동작들은 전부 양자정화$^{quantum\ purification}$와 양자 오류 보정$^{quantum\ error\ correction}$으로 잡음과 손실을 다루는 것에서 비 롯된다. 양자 알고리듬과 기본 개념을 이해하는 데 가장 기초적인 수학 도구 는 상태 벡터$^{state\ vector}$이고, 불완전한 상태를 이해하려면 밀도 행렬$^{density\ matrix}$과 충실도 ^{fidelity}가 기본 개념이다. 이 모든 내용은 다음 장에서 살펴볼 것이므로, 여기서는 핵심 아이디어에 대한 정성적인 소개만 한다.

1.2.1 원리

양자 컴퓨터는 몇 가지 중요한 실제 문제에 대해 고전 컴퓨터를 점근적으로 뛰 어넘을 것으로 기대되기 때문에 큰 관심을 끌어왔다[BAC 10, LAD 10, MOS

09, VAN 13a]. 이를 가능하게 하는 능력은 양자 상태를 이용해 정보를 다루고 저장하는 방법의 차이에서 나타난다. 다른 형태의 양자 정보도 가능하지만, 일단은 큐비트로만 논의를 한정하자. 큐비트는, 예를 들면 단일 전자의 스핀 방향이나 단일 광자의 편광 방향, 또는 그 밖의 상태 변수를 사용할 수 있다. 고전 비트와 마찬가지로, 큐비트는 2개의 상태를 갖는다. 하지만 고전 비트와 다르게 큐비트는 두 상태가 가중치를 가지고 중첩weighted superposition될 수 있고, 두 입력값을 동시에 계산하는 함수도 가능하다. n개의 큐비트를 가진 레지스터는 고전 레지스터와 마찬가지로 2^n개의 가능한 값들을 가질 수 있다. 그리고 사실, 이 양자 레지스터는 가능한 모든 값을 동시에 가질 수도 있다. 즉, 원리적으로는 2^n개의 모든 상태를 동시에 계산하는 데 사용할 수도 있다는 뜻이다.

어려운 것은 양자 컴퓨터에서 쓸모 있는 답을 추출해내는 부분이다. 계산 결과를 읽어내려면 특별한 하드웨어 장치가 양자계의 상태를 측정해야 한다. 양자 레지스터의 상태는 그 양자계가 측정될 때 붕괴collapse한다. 그리고 중첩된 값들 중 어떤 하나의 상태를 각각의 가중치에 따라 무작위적으로 고른다. 그리고 나머지 다른 상태들은 마치 한 번도 존재하지 않았던 것처럼 사라져버린다.

양자 알고리듬은 우리가 풀려고 하는 양자 레지스터를 측정했을 때 문제의 답을 얻기에 충분히 높은 확률이 될 때까지 원하지 않는 상태의 확률은 줄이고 원하는 상태의 확률은 증가시키는 방식으로 양자계를 다루며, 이상적으로는 대체로 고전적인 계가 필요한 것보다 더 적은 계산 단계를 필요로 한다. 이것은 좋은 답이 강화되도록 양자 상태에 간섭interference현상을 일으켜서 이뤄진다.

얽힘entanglement이라는 개념은 둘 이상의 양자계 상태가 고전적으로는 불가능한 방법으로 상관관계를 갖는 경우인데, 이해하기가 가장 어려운 양자 개념이다. 2개의 큐비트는 가능한 상태들의 연속 분포로 얽힐 수 있다. 보통은 벨 상태Bell state, 또는 벨 짝이라고 부르는 네 가지 형태의 얽힘 상태가 사용된다. 그런 벨 상태의 하나는 두 큐비트가 모두 0인 상태와 두 큐비트가 모두 1인 상태의 중첩 상태다. 이 상태를 측정하면, 각각의 큐비트가 0으로 측정될 확률은 50%이고, 1로 측정될 확률도 50%다. 그런데 두 확률은 독립적이지 않으며, 두 큐비트의 값은 반드시 같아야 한다.

벨 짝은 양자원격전송을 포함하여 분산 양자 계산의 대부분에서 기본적인 양자 통신과 양자 계산을 구성한다. 하지만 얽힘 상태의 유일한 형태는 아니다. 벨 상태는 GHZ 상태나 W 상태, 또는 그래프 상태graph state라고 하는 다자간 얽힘 상태로 일반화될 수 있다. 대부분의 분산 양자 컴퓨터 알고리듬은 하나 이상의 이런 얽힘 상태들로 이뤄지고, 양자 네트워크는 이 상태들을 효율적으로 만들 수 있어야만 한다. 이 책의 2.5절에서 벨 짝에 대해 수학적으로 자세히 설명하고, GHZ 상태와 W 상태에 대해서는 6.1.2절에서, 그래프 상태는 6.1.3절에서 자세히 살펴볼 것이다.

기본적인 양자원격전송은 먼저 송신지와 목적지 사이에 벨 짝을 만들어서 이뤄진다. 송신지에서는 큐비트를 얽히게 하고 그렇게 만들어진 벨 짝의 절반을 전송한다. 이어서, 두 큐비트가 측정되면 벨 짝의 얽힘과 데이터 큐비트의 중첩 상태는 파괴된다. 측정 결과는 2개의 무작위적인 고전 비트이고, 이것은 목적지로 전송된 데이터 큐비트의 상태와는 아무 상관이 없다. 목적지에서는 이렇게 얻은 고전 비트와 관련된 국소적인 양자 연산을 수행해 남아 있는 벨 짝의 큐비트 상태를 원래의 데이터 큐비트로 재생시킨다. 그림 1.1에서 이 과정을 설명한다. 고전적인 정보는 빛보다 빠른 속도로 전송될 수 없는데 이것을 신호불가no-signaling 제약조건이라고 하고, 양자 정보의 많은 곳에 적용된다.

양자 계산과 양자 통신을 이해하기 위한 마지막 개념은 복제불가no-cloning 정리이고, 이는 2.6절에서 수학적으로 좀 더 자세히 살펴볼 것이다. 복제불가 정리에 의하면, 알려지지 않은 양자 상태는 완벽하게 독립적인 복사본을 만들 수 없다. 어

1. 앨리스가 원격이동시킬 큐비트를 가지고 시작하며, 앨리스와 수신 자인 밥은 얽힌 벨 짝을 공유한다.
2. 앨리스가 두 큐비트를 얽히게 하는 국소적인 연산을 수행한다.

3. 앨리스가 두 큐비트를 모두 측정 하면, 2개의 고전 비트를 얻고 모든 얽힘은 붕괴된다.
4. 앨리스가 밥에게 고전 비트를 보낸다.

5. 밥이 앨리스로부터 고전 비트를 받는다.
6. 밥이 고전 비트와 앞서 받은 얽힌 큐비트를 이용해 앨리스의 원래 큐비트를 재생한다.

그림 1.1 앨리스에게서 밥으로 큐비트를 양자원격전송하는 연산

떤 상태의 '복사본'은 원래 상태와 얽힌 채 남아 있게 된다. 이 얽힘은 사실상 많은 양자 알고리듬에서 유용하게 사용되지만, 얽히지 않은 복사본은 초광속 통신을 가능케 하기 때문에 훨씬 유용할 것이다. 하지만 초광속 통신은 현실적으로 불가능하다.

복제불가 정리의 가장 중요한 시사점은 데이터를 잃어버릴 위험이 있을 때 중요한 양자 데이터의 사본을 만들어놓고 보낼 수가 없다는 것이다. 즉, 사본을 만들어놓아도 무심결에 측정이 이뤄지면 얽힘 효과 때문에 그 사본이 파괴된다. 이 사실은, 일단 품질 좋은 임의의 얽힘 상태를 만들 수 있는 양자 네트워크를 구성해야 그 상태를 이용해서 양자원격전송을 하거나 우리가 원하는 데이터의 양자 계산을 할 수 있다는 뜻이다. 이제 불완전성에 대해 다뤄보겠다.

1.2.2 불완전한 양자계

모든 실험 양자계에서 핵심은 양자계의 상태는 극단적으로 깨지기 쉽다는 점이다. 오류는 양자 레지스터의 상태에 대한 정보를 계속해서 헐어버린다. 상태가 처음에 배정된 값에서 벗어나면서, 0과 1의 확률이 변하고, 원하는 간섭 효과가 사라지거나 훨씬 부정확해질 수도 있다. 빠르게 쌓이는 이런 오류들을 극복하고 큐비트를 환경으로부터 분리하는 것은 어렵고, 큐비트가 우연히 측정되면 중요한 양자 상태가 붕괴해버릴 수 있다.

충실도^{fidelity}라는 척도는 양자 상태의 품질을 추적하는 도구다. 충실도는 0에서 1.0 사이의 값을 가지며, 커질수록 완벽하다는 뜻이다. 기본적으로, 충실도는 큐비트의 실제 상태가 의도했던 상태에 있을 확률을 나타낸다.

오류 관리법으로는 다양한 기술이 개발되어 있다. 그중 어떤 것들은 고전적인 오류 보정과 삭제 보정 기술에 기반하고, 또 어떤 것들은 양자역학적 접근만을 사용한다[DEV 13, TER 13]. 양자정화^{quantum purification}는 둘 이상의 다중 큐비트 상태에 대해 소수의 양자 메모리, 간단한 양자 연산을 사용해서 더 높은 충실도를 갖도록 하는 방법이다. 하지만 임의의 응용 데이터보다는 벨 상태와 같이 잘 알려진 양자 상태에 대해 잘 작동한다. 양자정화는 오류 검출^{error detection} 기법의 한 종류다.

임의의 양자 상태를 좀 더 완벽하게 보호하려면 많은 수의 물리적 큐비트와 여유분을 추가한 양자 오류 보정이 필요하다. 이 방법은 고전 오류 보정에서 하듯이 오류 보정 부분에 둘 이상의 큐비트를 두어서 하나의 논리적 큐비트가 더 자주 나타나게 한다. 이를 위해, 물리적 큐비트를 수십 개에서 수천 개까지 사용할 수 있는데, 물리 메모리의 수명, 양자 연산의 오류율, 주어진 알고리듬의 성공적 실행을 위해 필요한 성능에 따라 달라진다.

양자 통신 시스템은 상태를 왜곡시키는 오류뿐만 아니라, 통신선로에서 발생하는 손실에도 취약하다. 예를 들어, 단광자$^{single\ photon}$ 시스템에서 이런 손실은 특정 연산에서 치명적인 결과로 이어진다. 광통신은 손실이 크기 때문에, 어떤 통신 시스템이든지 손실을 관리하도록 설계해야 한다. 중첩과 얽힘을 파괴하지 않으면서 양자광학 상태를 증폭만 할 수는 없다. 즉, 다른 기법이 사용돼야 한다. 일반적으로, 통신 수단에서 일어나는 손실은 통신의 성공과 실패를 알려주는 반환 메시지를 쓰게 한다.

1.2.3 양자 컴퓨터

이제, 잠시 양자 컴퓨터를 둘러보겠다. 어쨌든 양자 네트워크는 어떤 독자적인 응용 분야가 있겠지만, 그 핵심 목표는 네트워크를 이용해 컴퓨터들끼리 연결하는 것이다.

양자 컴퓨터의 원래 개념은 1980년대, 리처드 파인먼$^{Richard\ Feynman}$이 어떤 양자 장치를 고전 컴퓨터보다 더 효율적으로 시뮬레이션하기 위해 또 다른 양자장치를 사용할 수 있다는 제안을 했던 시점으로 거슬러 올라간다[FEY 02]. 폴 베니오프$^{Paul\ Benioff}$는 양자 튜링 기계$^{quantum\ Turing\ machine}$를 제안했다[BEN 82]. 데이비드 도이치$^{David\ Deutsch}$는 그런 기계의 이면에 숨어 있는 아이디어를 탐색하고, 처음으로 구체적인 양자 알고리듬을 제안했다[DEU 85, DEU 92]. 1993년에 세스 로이드$^{Seth\ Lloyd}$는 실제 양자 컴퓨터의 설득력 있는 구현체를 제안했다.

양자 효과를 계산에 사용하는 이론적인 접근은 불^{Boolean} 논리 회로와 유사한 게이트 모형, 단열 양자 계산$^{adiabatic\ quantum\ computation}$[AHA 04a, FAR 01], 아날로그 (직접) 시뮬레이션$^{direct\ (analog)\ simulation}$, 측정 기반 양자 계산$^{measurement\text{-}based\ quantum\ computation}$[RAU 03], 양자 마구잡이 걷기$^{quantum\ random\ walk}$[AHA 93] 등을 포함한다. 이들은 알고리듬을 제작하는 방법이 아날로그 컴퓨터와 디지털 컴퓨터만큼이나 다르지만 연산 능력은 비슷하다. 이 책에서 다루고 있는 게이트 모형에 기반한 양자 네트워크에도 이러한 차이점이 영향을 준다. 기본 게이트 모형 위에 측정 기반 양자 컴퓨터를 구축한다면 이 책에서 설명하는 양자 네트워크의 이점을 누릴 수 있겠지만, 단열 양자 계산이나 직접 시뮬레이션을 이용한 양자 컴퓨터는 매우 다른 형태의 네트워크가 필요할 것이다.

피터 쇼어$^{Peter\ Shor}$는 1994년에 양자 컴퓨터를 이용한 큰 수의 인수분해에 관한 알고리듬을 발표했는데, 이는 커다란 흥분과 연구비 증가를 불러일으켰다[SHO 94]. 이 알고리듬은 합성수를 인수분해하거나 이산 로그를 취하는 계산을 비트 수에 대해 다항시간 내에 계산할 수 있다. 반면에, 가장 잘 알려진 고전 알고리듬은 초다항시간[3]이다[LEN 03]. 이 정도의 속도 증가가 구현되면 인터넷 기반의 전자상거래 서비스와 웹사이트 간 암호화에 사용되는 RSA나 디피-헬만$^{Diffie-Hellman}$ 키 교환 기법과 같은 암호화 알고리듬의 보안성에 크게 영향을 미칠 것이다.

이 외에도 많은 알고리듬이 개발됐다. 롭 그로버$^{Lov\ Grover}$는 구조가 알려지지 않은 임의의 문제에 대해, 지수함수적인 속도 증가가 불가능하다고 알려진 임의의 조합론적 검색 문제를 다항시간 내에 풀 수 있는 방법을 보였다[GRO 96, ZAL 99]. 좀 더 최근에 개발된 알고리듬은 다양한 양자 화학 계산과 시뮬레이션, 특정 유형의 선형대수학 문제[HAR 09], 벡터 공간 문제[REG 02], 그래프 문제[MAG 05], 대수학[HAL 07], 불 공식 계산[AMB 07], 머신러닝[LLO 13]에도 적용된다. 더 자세하게는 베이컨^{Bacon}과 반 담$^{van\ Dam}$[BAC 10], 모스카 ^{Mosca}[MOS 09]의 조사 결과를 추천한다.

이 알고리듬들의 자원 소모량에 대한 연구도 진행 중이다. 양자 컴퓨터가 얼마나 크고, 얼마나 빠르고, 얼마나 정확하게 문제를 풀 수 있을 것인가[VAN 13a]? 현재의 설계에서 양자 컴퓨터에 오류 수정을 효과적으로 적용하려면 수백만 개의 큐비트가 필요하다[JON 12a, THA 06]. 초기 연구에 의하면 분명히 매

---

3   초다항시간은 다항시간보다 계산이 느리다는 뜻이다. - 옮긴이

력적인 특징을 가진 어떤 알고리듬이 사실은 실행시간이 끔찍하게 길 수도 있겠지만, 앞으로 만들어질 수 있는 기계에서 작동하는 알고리듬의 실행시간도 연구하고 있다[CLA 13, CLA 09, JON 12b].

양자 계산에 대한 복잡도 계층 논의로도 책을 한 권 쓸 수 있지만, 이 책에서 깊이 다루지는 않을 것이다. 스콧 애론슨$^{Scott\ Aaronson}$이 자신의 박사학위 논문에 잘 설명해뒀다[AAR 04]. 여기서의 핵심 아이디어는 찰리 베넷과 이선 번스타인$^{Ethan\ Bernstein}$, 그리고 애론슨의 지도교수인 우메시 바지라니$^{Umesh\ Vazirani}$가 기여했다[BEN 97, BER 97].

만약 오류를 감소시키는 방법을 개발하지 못했다면, 앞 절에서 논의했듯이 이 모든 것은 순전히 이론적인 연습으로 남아 있었을 것이다. 존 프레스킬$^{John\ Preskill}$, 피터 쇼어, 앤드루 스틴$^{Andrew\ Steane}$, 찰리 베넷, 매니 닐$^{Manny\ Knill}$을 비롯한 많은 학자가 양자 컴퓨터의 고장 없는 작동에 대한 중요한 영감을 제공했고[BEN 96c, KNI 96, PRE 989b, SHO 95, STE 96], 이 주제에 대한 탁월한 연구가 최근 몇 년간 이뤄졌다[DEV 13, GRA 09, RAU 12, TER 13].

이 아이디어에 대한 수학적이지 않은 설명은 윌리엄스^{Williams}와 클리어워터^{Clearwater}의 책이 탁월하다[WIL 99]. 닐슨^{Nielsen}과 추앙^{Chuang}의 고전적인 교재도 알고리듬과 기반 기술을 다룬다[NIE 00]. 바우미스터^{Bouwmeester}, 에커트^{Ekert}, 자일링거^{Zeilinger}가 2000년에 편저술한 책도 기술을 잘 설명하고 있다[BOU 00].

1.2.4 분산 양자 정보의 응용

양자 통신의 개념은 어떤 사람들은 기초 연구라고 정의할 만큼 본래 매력적이다. 하지만 네트워크를 만들어야 하는 공학자로서는 설계 요소들을 계산하기 위해 양자 네트워크가 어떻게 사용될 것인지 이해해야만 한다. 게다가, 경제성 있는 흥미로운 사례가 나올 때에만 양자 네트워크 시스템이 도입될 것이다. 그러므로 양자 네트워크에 대한 연구는 분산 양자 상태의 응용 기술에 대한 연구도 필요하다.

앞에서 일종의 응용 분야로 QKD를 소개했다. QKD의 구현체는 실험 단계를 넘은 상태다[ELL 03, DOD 09]. 몇 가지 상용 제품을 구할 수 있고, 도시 규모의 시범 네트워크가 보스턴, 비엔나, 제네바, 바르셀로나, 더반, 도쿄, 중국의 몇몇 곳을 비롯한 전 세계적으로 이뤄지고 있다. 사실, 아르투르 에커트[Artur Ekert]가 얽힌 양자 상태를 사용하는 기술을 개발했음에도[EKE 91], 여기 언급된 네트워크의 대부분이 사용 중인 BB84 기술은 얽힌 양자 상태를 사용하지 않는다. QKD는 분명히 근시일 내에 사용될 분명히 가장 현실적이고, 상업적으로 매력적인 양자 네트워크의 이용 방법이다. QKD는 주문형 암호화 모듈 인터넷 표준인 IPsec 모듈에 통합됐고, 월드와이드웹[WWW, World Wide Web]의 공통 프로토콜인 TLS에 사용할 것이 제안됐다[ELL 02, MIN 09, NAG 09].

대표 선출 기능, 강력한 방해꾼이 존재할 때의 비잔틴 동의 기능[BEN 05a, TAN 12] 등, 다른 보안 관련 기능도 제안됐다. 이 알고리듬을 실행하는 것은 QKD를 위해 큐비트를 측정하는 능력 이상의 더 많은 기능을 갖는 노드를 요구할 것이다. 하지만 완전한 기능을 갖는 대규모 양자 컴퓨터를 요구하지는 않을 것이다.

당연한 말이지만, 고전 컴퓨터와 마찬가지로 한 대의 양자 컴퓨터도 유용하지만 둘 이상의 양자 컴퓨터를 연결하면 즉각적인 효용이 있다. 특히, 예를 들어 큰 수의 인수분해를 하는 쇼어의 알고리듬처럼 보안과 관련이 있는 양자 알고리듬에 대해 클라이언트가 원격지에 있는 양자 서버를 보안을 유지하며 사용할 수 있다는 이야기는 설득력 있게 들린다. 비밀 계산[blind computation]으로 알려진 계산 방법을 쓰면 클라이언트가 알고리듬, 입력, 출력 데이터를 밝히지 않고 원격지 서버를 이용할 수 있다[BRO 09]. 이 방법에는 매우 높은 양자원격전송 성공률, 낮은 잔여 오류율, 클라이언트의 요청을 다양하게 바꿔서 처리할 강력한 서버가 필요할 것이다[MOR 13].

QKD를 물리적 세계와 양자 정보 장치의 상호작용을 두드러지게 나타내는 감지기 네트워크의 한 종류로도 볼 수 있다. 좀 더 직접적으로는, 분산 양자 상태를 일종의 기준계$^{reference\ frame}$로 삼아서 순수한 고전적 방법보다 더 정확하거나 효율적으로 멀리 떨어진 곳의 물리적 측정을 수행할 수 있다. 예를 들어, 양자 알고리듬과 통신 신호를 이용해 고전적인 방법보다 점근적으로 훨씬 적은 수의 연산으로 시계들을 동기화하는 방법이 제안됐다[JOZ 00, CHU 00]. 천문학에 사용하는 광간섭계의 분해능을 향상하는 기법도 제안됐다[GOT 12]. 이것들은 모두 벨 짝의 생성률과 그 상태의 정확도에 달려 있다.

1.3 양자 중계기

양자 네트워크는 고전 네트워크와 마찬가지로 노드와 링크를 갖고 있으며 상호 간에 수평적으로 통신하고 프로토콜 스택의 다른 프로토콜들과 수직적으로 메시지를 주고받는 계층적인 통신 아키텍처를 포함한다. 이 절에서는 링크를 구성하는 물리적 요소를 설명하고, 사슬로 다중 링크를 결합하는 방법을 설명하고, 네트워크에 연결하는 방법을 설명하겠다.

1.3.1 물리적 통신 기술

양자 통신선로는 물리적 선로를 통해 빛의 상태를 보내는 것으로 구현되어 있다. 이 상태는 단일 광자일 수도 있고, 다수의 광자를 포함하는 다른 양자광학적 상태일 수도 있다. 하나의 선로는 광섬유와 같은 도파로이거나 자유공간일 것이다. 선로에는 하나의 송신기가 있고, 하나 또는 그 이상의 수신기가 있을 수 있다. 이때 수신기는 공유하는 버스 설정에 따라 각각 활성화 여부를 조절할 수 있다. 링크는 둘 이상의 노드를 연결하기 위해 양자 선로와 이에 연결된 고전 선로를 이용한다.

노드는 방출한 펄스와 얽혀 있는 큐비트를 저장하는 양자 메모리를 가질 수 있다. 어떤 노드가 펄스를 받으면, 그 노드는 펄스를 전자사태 광검출기[APD, avalanche photodiode]를 이용해 직접 측정하거나 그 양자 상태를 나중의 이용이나 분석을 위해 양자 메모리에 저장할 수 있다. 이 펄스는 약한 레이저, 원자의 형광, 또는 양자점[4]에서 온 단일 광자일 수 있다.

얽힌 양자 네트워크 하드웨어를 만드는 가장 유력한 방법 중 하나는 작은 다이아몬드 조각을 사용한다. 다이아몬드의 탄소 원자 중 하나가 질소 원자로 대체된 경우, 격자 내부에는 단일 전자를 붙잡을 수 있는 양의 전기 퍼텐셜이 형성된다. 이 방법은 다이아몬드 질소 공공[NV, Nitrogen Vacancy]이라고 부르며, 극저온을 요구하는 다른 고체 양자계와 달리 실온에서 작동할 수 있다. 또 다른 유력한 방법에서는 다양한 형태의 양자점을 이용하기도 한다. 진공 중에서 개별 원자를 잡아두는 이온 포획법은 실험적으로 가장 발전된 방법이다. 하나의 이온 포획틀에서 최대 14큐비트까지 얽힘 상태를 구성할 수 있다.

이 모든 실험적 접근법은 문제점이 있다. 파장 변환 기법이 개발 중이긴 하지만 광통신용 표준 파장 대역을 쓸 수가 없어서 사용 가능한 연결 거리가 너무 짧다는 점이다. 이 경우 짧은 메모리 수명 때문에 다양한 확장이 어렵고, 낮은 광 결합 효율에서 기초 물리까지 이르는 다양한 이유로 광학적 상태를 정적인 큐비트로 정확히 전송할 확률이 부적합할 수 있다. 이 중 어느 것도 대량 생산이 준비되지 않았으며, 모두 복잡한 실험장치와 손재주가 필요하다.

---

4   양자점은 단일 원자처럼 행동하도록 제작된 구조물이다. – 옮긴이

물리 계층에서 양자 펄스의 시간간격을 조절하는 예비 신호를 위해 고전 메시지가 필요하며, 고수준의 오류 관리, 데이터 이동, 분산된 상태 생성, 응용 기능을 조율하기 위한 메시지도 필요하다. 연구원들은 대체로 고전 메시지가 양자 메시지와 같은 경로를 따라갈 것이라고 가정하지만, 물리적 예비 신호를 제외한다면 꼭 그럴 필요는 없다. 고전적인 메시지 전달이 다른 네트워크 토폴로지 topology를 사용할 때는 통신 효율을 주의 깊게 분석해야 한다.

1.3.2 다중홉 벨 짝: 양자 통신 세션

앞에서 설명한 기술의 목적은 링크 수준 양자얽힘을 생성하는 것이다. 통신을 위해서는 적절한 충실도를 유지하면서 여러 단계를 건너서 양자얽힘을 확장할 필요가 있다. 양자 중계기는 양자정화와 양자원격전송에 대한 기본적인 양자얽힘 기능을 제공하며, 양자 네트워크의 기반이 된다. 이번 절에서는 링크와 노드의 고정적인 사슬 연결을 통한 양자 정보의 직접 전송과 장거리 벨 짝의 생성에 대해 설명한다. 어떻게 해서 그런 사슬 연결이 실질적 네트워크의 일부분이 될 수 있느냐는 좀 더 일반적인 질문에 대해 설명할 것이다.

다른 장소로 양자 정보를 옮기는 가장 명확한 방법은 양자 상태를 단일 광자에 실어서 그 광자가 멀리 떨어진 노드까지 링크를 타고 가도록 직접 홉별 전송하는 것이다. 모든 경우의 수에 대해서 해당 링크가 목적지에 닿지 않는다면, 그 노드는 광자를 받아서 다음 노드로 넘겨준다. 하지만 앞서 설명했듯이, 이렇게 되면 중요한 양자 데이터는 감당할 수 없는 손실 위험에 노출된다. 대신에 벨 짝을 만들어서 각 링크마다 한 번에 한 단계씩 양자원격전송시킬 수도 있다. 실망스럽겠지만, 홉별 양자원격전송은 각 단계마다 데이터 큐비트의 충실도가 떨어지기 때문에 직접 전달에 비해 겨우 조금 개선될 뿐이다.

대신 벨 짝을 하나 생성하여 홉별 양자원격전송을 중요한 데이터 큐비트가 아

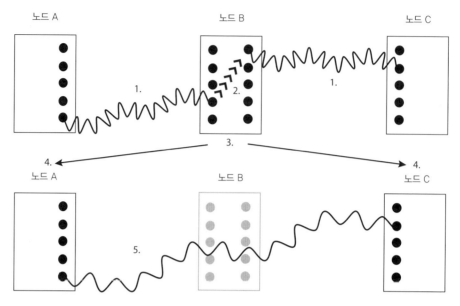

1. 각 노드는 두 벌의 얽힌 벨 짝(AB와 BC)을 준비한다.
2. 노드 B는 전송할 벨 짝을 골라서 국소적 연산을 하고, 각 짝에서 한쪽 큐비트를 측정한다.
3. B는 측정 결과를 A와 C에 알려주고, 새로운 얽힘 상태를 전달한다.
4. 상대편은 노드와 큐비트 주소를 포함하여 측정 결과 새로운 얽힘 상태를 전달받는다.
5. 그 결과, 낮은 충실도의 장거리 벨 짝을 하나 얻는다.

그림 1.2 양자원격전송은 벨 짝의 한쪽을 이용해 다른 쪽의 벨 짝을 연장할 수 있다.

니라 벨 짝의 한쪽에 시행한다면 어떨까? 이렇게 하면 그림 1.2에서 볼 수 있듯이 벨 짝의 길이를 늘릴 수 있다. 만약 큐비트가 목적지에 도착하기 전에 손실된다면, 그 벨 짝을 버리고 다시 시도하면 된다. 일단 큐비트가 목적지에 도착했다면, 그 벨 짝을 손실에 대한 걱정 없이 중요한 데이터 큐비트를 양자원격전송시키는 데 쓸 수 있다. 하지만 똑같은 문제가 발생한다. 양자원격전송을 할 때마다 벨 짝의 충실도가 떨어질 뿐만 아니라, 큐비트가 양자 메모리에 담겨 있다면 시간이 지남에 따라서도 충실도가 떨어진다.

한 가지 해법은 그림 1.3과 같이 분산된 상태에서 양자정화를 수행하는 것이다. 벨 짝을 정화할 때, 노드 A는 두 짝의 반쪽을 갖고 노드 B는 다른 반쪽을 갖고 있다. 벨 짝의 한쪽에 대해 측정을 포함한 국소적 양자 연산을 사용하면 A와

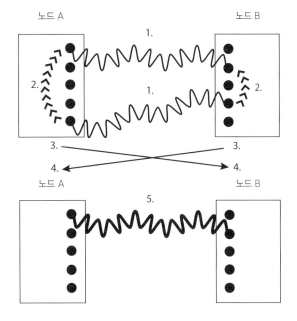

1. 노드는 2개의 얽힌 벨 짝을 갖고 있다.
2. 양자정화를 할 짝을 골라서, 국소적 연산을 하고, 한 짝을 측정한다.
3. 측정 결과를 알려준다.
4. 상대의 측정 결과를 받고, 보관할지 버릴지를 결정한다.
5. 결과적으로, 하나의 높은 충실도를 갖는 벨 짝이 남거나, 얽힘이 사라진다.

노드 A   노드 B

1.

1.

2.   2.

3.   3.

4.   4.

노드 A   노드 B

5.

그림 1.3 벨 짝의 양자정화 과정

B는 확률적으로 상대편이 가진 벨 짝의 충실도를 향상할 수 있다. 양자정화에 직접적인 양자 통신이 필요하지는 않기 때문에 거리에 상관없이 수행할 수 있고, 필요한 벨 짝과 고전 통신선로가 준비되면 사용할 수 있다. 분산 양자정화의 가장 큰 단점은 양 끝에서 측정한 결과를 반대쪽 끝까지 전송해야 한다는 것이다. 두 노드에서 독립적으로 연산을 수행한다면, 양자정화를 수행하는 데 필요한 최소한의 시간은 두 노드 사이에 고전적인 메시지를 전송하는 지연시간이다.

한 번에 한 단계씩 양자정화를 수행하며 확장할 수도 있다. 하지만 생성된 분산 상태는 범용이기 때문에, 네트워크가 벨 짝을 병렬적으로 만들 수 있다는 사실의 모든 이점을 누릴 수는 없다. 네트워크는 필요한 연결을 양쪽 끝부터 만들지, 또는 중간부터 만들지 선택해야 한다. 그림 1.2의 양자원격전송 연산은 두 벨 짝의 길이와 독립적이라는 점을 참고하자. 1990년대 후반, 볼프강 뒤르Wolfgang Dür 와 한스 브리겔Hans Briegel 등은 로그 깊이logarithmic-depth만큼의 짧은 단계를 여러 번 거치는 끝 대 끝*end-to-end* 얽힘을 이용해 각 단계마다 얽힘 길이를 '두 배로' 만드는 중첩된 벨 짝의 양자정화와 양자원격전송을 제안했다. 이 방법에서는 8개의 한 단계 벨 짝이 4개의 두 단계 벨 짝이 되고, 다시 2개의 네 단계 벨 짝이 되어서 최종적으로는 하나의 여덟 단계 벨 짝이 된다[DÜR 99]. 이 방법은 중계기의 성능 평가 기준이 됐고, 많은 연구에서 2의 거듭제곱 수만큼의 단계를 가정하게 됐다.

양자정화–원격전송 아키텍처가 알려진 유일한 방법은 아니다. 양자 오류 보정QEC, Quantum Error Correction이 양자정화를 대신할 수 있다. 제대로 하기만 하면 QEC는 데이터를 더 완전히 보호하고, 다단계 양자정화와 그에 따르는 지연시간을 줄일 수 있다. 이러한 장점은 각 노드의 계산 자원과 메모리를 더 많이 사용한 결과다. 이 책에서는 링크와 노드의 사슬 연결을 통한 송신지와 목적지의 연결에 관한 다섯 가지 접근법을 공부할 것이다.

계층적 통신은 점점 늘어나는 복잡한 기능을 제공하기 위해 프로토콜 기능들이 통신 노드 내에서 수직적으로 어떻게 구성되는지 설명한다. 계층적 양자 통신은 양자 네트워크의 독특한 다섯 가지 기능에 의존한다. 하지만 그중 첫 번째만이 실제로 양자 통신이고, 나머지는 양자 상태를 관리하기 위한 고전적 기능들이다.

- 물리 계층: 빛을 사용해 양자 상태를 부호화하는 양자 물리 계층. 이 계층에 속하는 많은 기술이 현재 개발 중이다.
- 링크 수준 얽힘: 대부분의 물리적 얽힘 기법이 확률적이기 때문에, 링크 계층은 연결이 성공하도록 유도한다.
- 원격 상태 구성: 인터넷에서는 하나의 링크에서 다음 링크로 넘어가는 패킷을 복사해 링크가 구성된다. 양자 네트워크에서는 복제불가 정리 때문에 링크 구성이 쉽지 않다. 따라서 양자 경로는 얽힌 링크로부터 끝 대 끝 얽힘을 구성하거나 한쪽 끝에서 다른 쪽 끝으로 가는 양자 상태의 원격전송

을 사용한다. 이 계층은 링크 계층의 성능뿐만 아니라 오류 관리 기법에도 매우 민감하다.

- 오류 관리: 고전 인터넷은 선제적 오류 보정, 오류 검출, 재전송 등 잉여 자원을 이용해 오류를 관리한다. 앞서 살펴봤듯이, 복제불가 정리는 이런 기법을 직접적으로 사용하는 것을 금지한다. 오류 관리의 필요성을 줄이려면 양자 상태의 충실도가 중요하다.

- 애플리케이션 계층: 응용 분야는 QKD, 실험장치를 위한 물리적 기준계, 공유된 상태에 기반한 수치 연산이나 결정 알고리듬 등이 될 수 있다. 끝 대 끝 얽힘이 필요한지, QKD 같은 직접 측정이 적합한지 등은 응용 분야에 따라 결정된다. 어떤 응용 분야는 벨 짝이 아닌 GHZ 상태나 W 상태처럼 3자 간 또는 더 큰 양자 상태를 요구할 수도 있다.

양자 네트워크에서 가장 어려운 부분은 여러 노드에서 실행 중인 소프트웨어가 둘 이상의 노드에 걸쳐진 양자 상태의 밀도 행렬을 적절히 일관되게 유지하는 것이다. 양자 상태의 충실도는 각 노드의 하드웨어 품질과 연산에 따라 변한다. 노드들 간에 그런 문제에 대해 정보를 교환하지 않는 한, 현재 상태나 오류 관리를 위해 추가적인 연산을 할 필요가 있는지를 정확히 알아내는 것은 불가능하다.

1.4 네트워크 아키텍처

지금까지 논의한 물리적 얽힘, 오류 관리, 통신 세션 기술은 실험실 수준에서 실증됐다. 하지만 완전히 배포 가능한 네트워크 아키텍처는 아니다. 실세계 네트워크는 다양한 독립 기관에 의해 관리되는 복잡한 토폴로지로 이뤄진 이기종 간 연결을 처리할 수 있어야 하고, 네트워크를 쓰기 위해 자원을 놓고 경쟁해야 하며, 갑자기 노드나 링크를 사용하지 못하게 됐을 때도 네트워크를 유지해야 한다. 대규모 네트워크를 위한 아키텍처는 각 노드들이 독립적으로 결정하면서도 전체 네트워크는 견고하고 효율적으로 작동하도록 지원해야 한다. 고전적인 설계 원칙이 양자 네트워크에도 적용될 수는 있지만, 양자 영역에서의 독특한 특성과 제약조건 때문에 결과적으로 아키텍처는 많이 다를 수도 있다.

선택된 통신 세션 아키텍처는 링크와 노드로 구성된 경로^{path}에 걸쳐서 실행된다. 각 노드, 링크, 소프트웨어 제공자, 그리고 양자 상태 그 자체까지도 모두 식별자^{indentifier}를 가져야만 한다. 식별자는 그 대상을 들었을 때부터 상태를 추적하고 경로를 구성하는 소프트웨어가 사용하는 이름이다. 광역 네트워크는 하나의 통신 세션만으로는 존재할 수 없기 때문에, 묵시적이든 명시적이든 자원 관리 규칙$_{resource\ management\ discipline}$을 따른다. 이 모든 아키텍처끼리 맞물려서 작동하려면, 네트워크에 대한 요청의 의미^{semantics}를 이해해야 한다. 다음 절에서 알아보자.

1.4.1 분산 양자 정보의 의미

실제 네트워크를 건설하기 전에, 노드가 링크의 사슬 연결을 통해 어떻게 통신할지 결정해야 한다. 앞에서는 우리의 목표가 직접 보내거나 벨 짝을 만들어서 양자 데이터를 다른 장소로 옮기는 것이라고 가정했었다. 이제, 양자 도구상자에 어떤 아이디어가 들어 있는지 알았으므로 다음과 같이 좀 더 복잡한 질문을 할수 있다. 네트워크를 통해 요청한다는 것의 의미는 무엇이어야만 하는가?

일단 요청 모형은 네트워크가 무엇을 하기 위해 설계됐는지에 따라 다르다. 고전 네트워크에서는 전통적으로 네트워크 계층만이 데이터를 단자수신^{unicast}, 다자수신^{multicast}, 또는 방송^{broadcast}을 통해 보낼 수 있었고, 다른 기능들은 더 높은 계층의 프로토콜에 위임했다. 앞에서 논의한 응용 분야를 지원하려면, 양자 네트워크는 다음과 같은 세 가지 작동 방식 중 하나에서 작동할 수 있어야 한다. (a) 다른 장소로 데이터를 양자원격전송시키기, (b) 멀리 떨어진 곳에 특정한 계산 연산을 실행하기(이것은 원격전송 게이트$^{teleporting\ gate}$라는 기술이다), (c) 분산 양자 상태를 생성하기. 요청하는 끝단 노드와 네트워크 사이의 규정은 이에 따라 달라진다.

네트워크 계층에서 가장 기본적인 연산은 더 복잡한 분산 상태를 만들기에, 데이터를 양자원격전송시키기에, 또는 원격 연산을 실행하기에 적합하도록 높은 충실도의 분산된 벨 짝을 생성하는 것이다. 보수적인 공학자라면 (간단함이 최선이므로) 운영체제의 API와 IP 패킷처럼 네트워크가 제공하는 기능을 쓰도록 할 것이다. 하지만 기초 연산으로서 데이터 이동은 좀 더 비동기적으로 운영되면 성능이 향상될 수 있다. 네트워크에서 제공하는 원격 연산 요청이나 좀 더 풍부한 양자 상태 생성 서비스는 전체적인 실행 연산의 수를 줄여서 응용 분야의 복잡도나 전체적인 시스템 성능 향상을 가져올 수 있다. 적절한 네트워크 프로토콜이 있으면, 같은 네트워크에서 세 가지 작동방식을 섞어서 사용할 수도 있다.

앞에서 말했듯이, 양자 네트워크의 기능 대부분은 사실상 고전 기능이다. 이는 QKD, 분산 디지털 계산, 실험장치의 기준계 등 양자 네트워크에서 제공되는 서비스를 이용하는 응용 분야에서도 마찬가지다. 아마도, 소프트웨어에서 네트워크를 통해 데이터를 주고받는 데 가장 많이 사용하는 것은 UC 버클리에서 1980년대 초에 개발된 소켓^{socket} 인터페이스일 것이다[WRI 95a, WRI 95b]. 양자 네트워크를 연구하는 소프트웨어 공학자들은 "양자 소켓은 무엇인가?"라는 질문부터 시작했다. 이에 대한 대답은 앞에서 말한 작동 방식 중 어느 것을 사용하느냐에 따라 달라질 것이다.

1.4.2 식별자

데이터를 보내려면 어디로 보낼지 알아야 하므로 네트워크는 자연스럽게 노드의 이름을 요청한다. 이 이름은 인간이 기억하기에 편한 기호일 수도 있고, 내부 시스템에서 직접 사용하고 목적지로 가는 경로를 배정하는 데 사용할 수 있는 숫자로 되어 있는 주소^{address}일 수도 있다.

인터넷에서는 통신의 끝단끼리는 서로 이름을 알아야 하지만, 일반적으로 통신을 완료하는 데 필요한 나머지 노드에 대해서는 아무것도 몰라도 된다. 양자 통신에서는 양자정화-얽힘교환 접근법을 이용하는 끝단 노드들은 반드시 경로를 통해 직접 통신해야 하며, 따라서 그 노드들의 이름을 알고 찾을 수 있어야 한다.

인터넷에서는 일반적으로 패킷 자체가 갖고 있는 목적지 주소만을 사용해서 패킷을 다음 단계에 어디로 보낼지 노드에서 정할 수 있다. 패킷이 목적지에 도착하면, 패킷이 가져온 다른 정보는 그 패킷을 기다리고 있던 소프트웨어 프로그램(프로세스)이 사용할 수 있도록 나눠진다. 다른 종류의 네트워크에서는 이러한 구분이 묵시적으로나 명시적으로 이뤄질 수 있다.

양자 네트워크에서도 네트워크에 형성된 얽힘 상태는 소프트웨어가 관리하고 애플리케이션에 전달할 수 있도록 일종의 식별자를 갖고 있어야 한다. 양자 네트워크 중간에 있는 벨 짝을 어떤 끝 대 끝 세션에 제공할지 아직 정해지지 않았기 때문에, 이는 복잡한 작업이다.

1.4.3 경로

다중홉 네트워크는 네트워크를 통한 경로를 선택할 방법이 있어야 한다[PER 00]. 네트워크 토폴로지를 이해하는 것은 정적인 물리적 토폴로지의 경로 선택과 네트워크의 동적인 작동에 모두 중요하다. 그림 1.5에 수천 개의 노드와 링크가 여덟 자릿수까지 달라지는 대역폭을 가지고 작동하는 복잡하게 운영하는 사례가 있으며, 그런 네트워크 수만 개가 서로 연결된다면 어려움은 훨씬 커질 것이다.

인터넷에서 각 네트워크는 독립된 기관이 운영한다. 그리고 그 네트워크의 내부 구조는 외부에서는 감춰져 있다. 그러므로 경로 선택은 확장성과 자율성을 향상할 수 있는 두 단계로 이뤄진다. 더욱이, 어떤 노드에서 다른 곳으로 가는 최적 경로의 계산은 계속 진행 중이지만, 주어진 인터넷 연결에 대해 완전한 경로는 데이터를 보내기 전에는 결정되지 않는다. 국소적으로 갖고 있는 정보는 각 노드 내부에서 각각의 데이터 패킷이 광역적인 정합성을 갖는 결정을 할 수 있도록 한다.

중규모 네트워크에서 경로 계산법 중 공통적으로 쓰는 것은 다익스트라^{Dijkstra}의 최단 경로 우선 알고리듬^{shortest path first algorithm}의 분산된 형태다[DIJ 59, GOV 02, MOY 97]. 네트워크를 넘어갈 때, 패킷이 통과할 네트워크의 수를 최소화하기 위해 개별적인 프로토콜이 사용된다.

양자 중계기 네트워크와 양자 인터넷도 의심할 여지 없이 비슷한 방법으로 조직화될 것이다. 다익스트라 알고리듬은 중규모 중계기 네트워크에 적용될 수 있지만[VAN 13b], 광역 수준에서 경로 설정을 할 수 있는 구체적인 제안은 아직 존재하지 않는다.

경로 선택 기법은 통신 세션 아키텍처에 영향을 받을 것이고, 그때는 식별자와 명명 아키텍처가 필요할 것이다. 그림 1.4에서 볼 수 있듯이, 양자정화-얽힘교환 방법에서 경로에 있는 노드는 바로 옆의 이웃 노드보다 더 많은 노드와 통

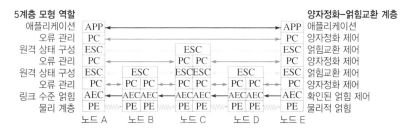

그림 1.4 5개의 노드와 4단계 사슬 연결에서 양자정화-얽힘교환 중계기 사이의 프로토콜 계층과 그 상호작용. 왼쪽에 있는 표시는 계층 모형에서의 표현이고, 네모 칸과 오른쪽에 있는 표시는 양자정화-얽힘교환 중계기에 대한 프로토콜 이름이다. 양방향 화살표는 쌍방향 고전 통신이 필요하다는 뜻이다. 이러한 스택 구조에서 유일한 양자 부분은 물리 계층이며, 모든 링크가 왼쪽에서 오른쪽으로 향하고 있다.

신해야 한다. 가장 자연스러운 네트워크 형태라면, 어떤 노드든지 전체 인터넷에서 다른 노드에 이름을 붙이고 탐색할 수 있다. 하지만 앞서 설명했듯이, 네트워크는 그 내부 구조를 외부에는 감추고 있다. 이 문제에 대한 확장성 있고 견고한 해법이 매우 중요하다.

1.4.4 자원 관리 규칙

네트워크 아키텍처는 데이터 요청에 대해 자원 관리를 명시해야 한다. 노드에 있는 큐비트 메모리와 링크 사이에 생성된 벨 짝은 하나의 양자 통신 세션이 독점적으로 사용하는가? 또는 공유하는가? 이는 통신 세션 아키텍처에 영향을 받으며, 따라서 둘 이상의 노드에 걸친 양자 상태의 명명과 네트워크 경로 구축에 영향을 준다.

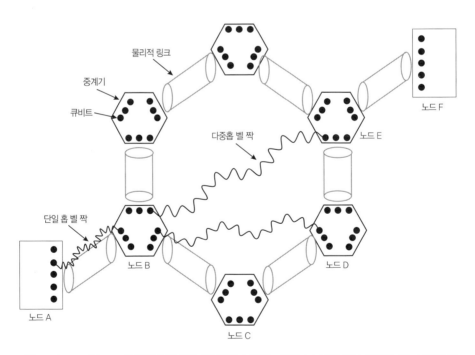

그림 1.5 노드 A가 노드 F와 연결된 벨 짝을 생성하려고 한다는 것을 노드 B가 알고 있어도, B는 자신의 벨 짝을 노드 D와 노드 E 중 어느 쪽에 연결해야 목적지에 더 가까운지 확신할 수 없다.

양자 메모리는 깨지기 쉬워서 실시간 제약조건에 강하게 제한되므로, 경로에 포함된 모든 자원을 하나의 세션에만 제공하는 것이 가장 명확한 방법이다. 하지만 이 방법은 같은 링크를 사용하는 다른 연결을 막게 되고, 네트워크를 통해 처리해야 할 일의 처리율을 떨어트릴 수 있다. 최근, 필자는 다양한 형태의 다중화^{multiplexing} 기법 중 하나를 사용해 자원을 공유하면 (제대로 구현된 경우) 네트워크의 전체 처리량을 증가시킬 수 있다는 연구를 제안했다.

네트워크를 통해 생성된 일반적인 양자 상태는 공장에서 다수의 고객에게 제품을 보내듯이 대기 중인 많은 요청을 처리할 수도 있다. 그럼, 흥미로운 동적 자원 배정 문제가 하나 등장한다. 두 노드 사이의 얽힌 벨 짝이 특정한 끝 대 끝 요청에 속해 있는 것인가? 아니면 모든 벨 짝을 아무나 사용할 수 있는가? 장거리에 걸쳐 대량의 통신을 처리하는 벨 짝이 유용할 것이다.

1.4.5 양자 인터넷

지금까지 노드와 링크의 수를 늘리는 데 있어 네트워크에서 발생하는 어려운 문제들, 즉 이질성, 관리의 자율성, 명명법, 자원 관리, 경로 선택과 제어 등을 논의했다. 밀도 행렬의 분산된 관리는 복잡한 프로토콜과 정보의 유한한 유효기간에 기반한 실시간 결정이 필요하다. 양자 통신 세션 아키텍처의 선택이나 여러 세션 아키텍처 중 어느 것을 사용할지 노드에게 결정하라는 설계는 이러한 아키텍처의 선택사항 전체에 영향을 준다.

이 모든 문제는 결국 인터넷을 더 어렵게 만들 것이다. 필자의 연구단은 재귀적 양자 네트워크 아키텍처^{QRNA, Quantum Recursive Network Architecture}라는 양자 인터넷 아키텍처를 개발했다[VAN 11]. 이것이 광역적 규모에서 이런 문제를 해소하는 구조를 제공하기를 바란다. QRNA가 궁극적으로 양자 인터넷을 위한 아키텍처가 될 수 있을지는 모르겠으나, 15장에서 좀 더 구체적인 방법으로 이 문제를 논의할 것이다.

QRNA는 조 터치^{Joe Touch} 등이 제안한 고전적인 재귀적 네트워크 아키텍처^{RNA,} ^{Recursive Network Architecture}에 기반한다[TOU 08]. 재귀적 네트워크 아키텍처는 네트워크 사이의 양자 중계기에 적합하다고 볼 수 있다. 재귀성을 주의 깊게 사용하면, 명명 구조, 네트워크 토폴로지, 경로 구성, 다중홉 얽힘 상태 생성까지 모두 간단해질 수 있다.

QRNA는 앞서 설명한 통신 세션 아키텍처 중 어느 것에든 적합하며, 계층 구조를 추상화한 범용 요청 기법을 제공한다. 이는 양자 간 벨 짝과 다자간 양자 상태를 포함하는 분산된 상태의 생성 요청과 연산을 지원한다. 요청은 애플리케이션에 따라 그림 1.4의 프로토콜 계층 모형에 의해 재귀적으로 매끄럽게 분해되고 네트워크를 통해 분산되며, 끝 대 끝^{end-to-end} 양자 상태를 구성한다.

인터넷과 마찬가지로, 노드는 전체 네트워크의 토폴로지를 이해할 필요가 없으며, 심지어 통신 세션에 참여하는 모든 노드의 이름을 알 필요도 없다. 이는 노드 측면에서 보기에 어떤 링크는 물리적 링크나 재귀적으로 조직화된 네트워크 중 하나이기 때문이다.

1.5 결론

양자 네트워크는 얽힌 형태와 얽히지 않은 형태 모두 가능하다. 중간에 고전 네트워크가 결합되어 있기는 하지만, QKD 네트워크는 이미 전 세계의 다양한 대도시 영역에서 운용 중이다. 대조적으로 얽힘 네트워크는 초보적인 수준이며, 겨우 실험실 수준에서만 존재하고, 하나의 실험에서 모든 필요한 기능이 실증되지는 않았다[SAN 11].

지금까지 양자얽힘 네트워크에서 가장 중요한 연구 주제는 물리 계층이다. 양자 메모리와 국소적 연산이 충실도와 얽힘 성공 확률을 충분히 높이지 못한다면, 양자 네트워크는 실험실 수준으로 남아 있을 것이다. 수치 계산이나 센서 네트워크처럼 분산 양자 상태를 응용하는 분야는 양자 네트워크의 필요성을 강조해야 한다. 그렇지 않으면 양자 네트워크 장비는 아무도 사지 않고 퍼지지도 않을 것이다. 이 부분은 처음에는 실험 물리학자들이, 이어서 물리와 컴퓨터 과학의 이론가들이 모두 깊이 지적하고 있다. 이들은 이런 응용 분야 중 어떤 것들은 앞으로 몇 년 내에 개발될 것으로 보이는 가장 좋은 하드웨어보다 자릿수가 다를 정도로 높은 성능을 요구한다는 점을 지적한다.

대규모의 광역적 응용 분야에 대한 이론과 작은 규모의 실험 사이의 간극을 이어주려면, 핵심적인 네트워크 아키텍처와 대응 프로토콜을 개발해야 한다. 이 프로토콜은 양자 메모리 사용의 최적화를 강조해야 한다. 예를 들면 이는 저장할 큐비트의 수를 줄이고, 반복해서 되돌아오는 메시지를 가능한 한 줄여서 큐비트가 중간 상태에 머물러 있는 시간을 줄이는 방법 등을 포함한다. 물리적 메모리가 감쇠한다는 실시간적인 요소나 오류 보정으로 보호되는 메모리의 높은 자원 소요 등은 잘 관리돼야 한다. 게다가, 네트워크에 있는 요청의 형태도 효율성에 치명적이다. 요청 모형이 개선되면 물리계의 크기, 품질, 성능에 대한 요건도 바뀐다. 궁극적으로는, 그림 1.5와 그림 10.6에서 예로 들었던 문제들은 각 노드에게 높은 수준의 자율적인 결정을 할 수 있는 충분한 정보를 줄 수 있는가의 문제다. 다중 사용자, 다중 기술 양자 인터넷에서 사용할 수 있는 견고하고 효율적인 고전 프로토콜의 설계는 데이터 네트워크를 다루는 커뮤니티의 기술적 감각을 요구한다.

양자 인터넷은 일단 실현된다면 사람들에게 장거리 얽힘을 이용한 새로운 계산 역량과 도청 감지와 같은 새로운 물리적 역량을 허용할 것이다. 더 욕심낸다면, 양자 강화된 망원경과 센서 네트워크 양자역학의 기본적인 정확성을 검사하는 데 사용하는 것을 생각해볼 수 있다. 몇 년 내에 양자 네트워크와 양자원격전송은 물리학 실험실을 벗어나서 네트워크 공학의 영역으로 들어갈 것이고, 앞으로 10년간은 더욱 흥미롭고 지적으로 도전적인 연구개발 주제를 제공할 것이다.

PART 01

기초

2

양자역학 배경지식

이 책은 양자 네트워크를 주로 다루지만, 그 작동과 중요성을 이해하려면 양자 컴퓨터를 만드는 일반 원리를 공부해야 한다. 양자 컴퓨터^{quantum computer}란 순전히 고전적인 장치보다 점근적으로 더 빠른 연산을 수행하도록 양자역학적 효과의 장점을 활용하는 장치다. 이는 슈뢰딩거^{Schrödinger}의 고양이와 같은 물리현상이 보여주듯이 한 번에 하나 이상의 상태에 존재할 수 있다는 양자 병렬성^{quantum parallelism}에 근거한다. 이 현상은 한 번의 연산으로 동시에 이 상태들 전체에 대해 계산할 수 있도록 한다. 양자 병렬성은 중첩(2.3.1절), 얽힘(2.3.4절), 측정(2.3.8절), 간섭(2.3.3절), 복제불가(2.6절)의 개념과 함께 이해해야 한다.

물론 정확한 용어로 양자 정보를 논의하려면, 양자 정보가 어떻게 표현되고 다뤄지는지(2.4절)를 공부해야 한다. 이 책에서는 상태 벡터 표현(2.2절)과 밀도 행렬 표현(2.3.6절)을 주로 사용한다. 6.1.1절에서 소개할 안정자^{stabilizer} 표현도 자주 사용할 것이다.

원칙적으로 양자 컴퓨터는 지수함수적으로 많은 계산을 동시에 수행할 수 있다. 하지만 그 지수함수적으로 많은 계산 결과들을 한 번에 모두 읽어낼 수는 없다. 흥미로운 계산을 가속하기 위해 그런 기계를 어떻게 사용해야 하는가는 매력적인 문제다. 사실, 양자 알고리듬의 공통적인 구조는 '$0 \leq x < 2^n$ 범위의 모든 x에 대해 $f(x)$를 계산하여 $f(x_0) = a$인 x_0를 반환하라'는 식이다. 이것은 간섭 현상을 이용해 x 값을 측정할 때 x_0가 나오고 $f(x_1) \neq a$인 x_1은 나오지 않게 한다. 지금까지 양자 컴퓨터에서 가장 유명한 결과는 큰 수를 인수분해하는 쇼어의 알고리듬이다[SHO 94, SHO 97]. 이 알고리듬은 현존하는 최강의 고전 알고리듬보다 점근적으로 초다항시간만큼 빠르게 뛰어넘을 수 있다. 고전 알고리듬을 지수함수적으로 빠르게 뛰어넘는 몇 가지 사례가 밝혀져 있다. 하지만 양자 컴퓨터가 저절로 지수함수적 향상을 가져다주지는 않는다는 사실이 알려져 있다. 전혀 구조가 없는 탐색 문제에 대해서는 제곱근만큼의 향상이 가능할 뿐이다[GRO 96]. 양자 계산의 더 많은 사례는 16.3.3절의 추천자료 목록을 참고하라.

이번 장에서는 양자 컴퓨터와 양자 계산을 이해하는 데 필요한 기본 개념을 훑어볼 것이다. 특히, 벨 짝을 예로 들어서 얽힘의 핵심 아이디어를 이해하고 큐비트를 다루는 법을 중점적으로 다룬다. 우선 디랙Dirac의 켓ket 표기법으로 양자역학을 시작하고, 선형대수학에 대해서는 짧게 설명한다. 이어서 슈뢰딩거 방정식과 해밀턴 동역학에 대해 사실대로 설명할 것이고, 양자역학에 대한 자세한 유도와 해석은 양자역학 교재에 위임하겠다. 그런 다음 큐비트를 덜 엄밀히 정의하고, 이를 다루기 위해 상태 벡터와 블로흐Bloch 구면 표현에 대해 논의한다. 먼저 2큐비트 게이트를 설명하고, 3큐비트 게이트인 토폴리Toffoli 게이트와 프레드킨Fredkin 게이트를 설명할 것이다. 이번 장의 나머지 부분에서는 벨 짝 및 그 실험적인 구현과 복제불가 정리를 다룬다. 양자 컴퓨터에 대해 더 깊고 넓은 이해를 원하는 독자들은 유명하고[NIE 03, WIL 99] 기술적인[KIT 02, NIE 00] 교재들을 참고해도 좋다.

2.1 소개

먼저, 양자 계산에서 공통적으로 사용하는 선형대수학 표기법을 소개한다. 여기서 엄밀한 정의를 제시하지는 않을 것이고, 현장 공학자들이 이해할 필요가 있는 실질적인 부분만 소개할 것이다. 또한 독자들이 기초 벡터와 행렬의 덧셈, 곱셈, 행렬식 계산, 행렬의 지수 연산, 복소수와 그 지수함수, 이산 확률 분포 등에 익숙하다고 가정하겠다.

폴 디랙$^{Paul\ Dirac}$은 양자역학의 창시자 중 한 명이다. 그는 양자역학에 브라-켓$^{bra-ket}$ 표기법을 도입했다. $|\psi\rangle$는 열 벡터에 대한 디랙의 켓 표기법이며, 같은 뜻이긴 하지만 많은 수학, 컴퓨터 과학, 컴퓨터 그래픽 교재에서 사용하는 $\vec{v}$나 $\mathbf{v}$보다 표현력이 좋다. 켓 벡터는 다음과 같이 정의된다.

$$|\psi_A\rangle = \begin{bmatrix} a_0 \\ a_1 \\ \vdots \\ a_{N-1} \end{bmatrix} \tag{2.1}$$

먼저, 이 책에서처럼 벡터와 행렬의 아래첨자가 1보다는 0부터 시작하는 것이 편리하다는 것을 알 수 있다. $\langle\psi|$는 브라^{bra} 벡터다. 브라 벡터는 켤레복소수의 행 벡터들이다.

$$\langle\psi_A| = \begin{bmatrix} a_0^* & a_1^* & \cdots & a_{N-1}^* \end{bmatrix} \tag{2.2}$$

여기서 a^*는 a의 켤레복소수다. 즉, 만약 $a = x + iy$라면 $a^* = x - iy$다.

$\langle\psi_A|\psi_B\rangle$는 두 벡터 ψ_A와 ψ_B의 내적이다.

$$\langle\psi_A|\psi_B\rangle = \sum_{i=0}^{N-1} a_i^* b_i \tag{2.3}$$

그리고 $|\psi_A\rangle\langle\psi_B|$는 그 벡터들의 외적이다.

$$|\psi_A\rangle\langle\psi_B| = \begin{bmatrix} a_0 b_0^* & \cdots & a_0 b_{N-1}^* \\ \vdots & \ddots & \vdots \\ a_{N-1} b_0^* & \cdots & a_{N-1} b_{N-1}^* \end{bmatrix} \tag{2.4}$$

이 책에서 다루는 대부분의 양자 연산자들은 유니터리^{unitary} 변환으로 쓸 수 있다(두 가지 중요한 예외가 있다. 하나는 2.3.8절과 9.1절에서 보게 될 측정 연산자이고, 다른 하나는 8.2절에서 보게 될 결잃음^{decoherence} 연산자다). 유니터리 행렬 U는 $U^\dagger$가 그 수반 행렬일 때, $U^\dagger U = UU^\dagger = I$를 만족시킨다. 보통의 행렬 곱셈 규칙을 고려하면, 어떤 양자 레지스터에 변환이나 게이트를 연속적으로 적용하는 것은 다음과 같이 쓸 수 있다.

$$U_k \cdots U_3 U_2 U_1 |\psi\rangle \tag{2.5}$$

여기서 U_1은 첫 번째 게이트, U_2는 두 번째 게이트 등으로 나타냈다. 시간의 흐름에 따라 회로도를 그릴 때는 왼쪽에서 오른쪽으로 그리게 되므로 혼동하지 않도록 주의해야 한다. 회로도는 2.4.5절에서 소개할 것이다.

행렬의 고유벡터^{eigenvector}와 고윳값^{eigenvalue}에 대해서도 알 필요가 있다. 어떤 연산자 행렬의 고유벡터의 방향은 그 연산자를 적용하더라도 변하지 않으며, 스칼라 값으로 주어지는 부호나 크기만이 바뀔 수 있다. 이 스칼라값은 고윳값에 대응된다. 이 조건을 다음과 같이 쓸 수 있다.

$$U |\psi\rangle = \lambda |\psi\rangle \tag{2.6}$$

여기서 λ는 고유벡터 $|\psi\rangle$에 대응하는 고윳값이다. 많은 경우, 기저 상태에 대응하는 고유벡터와 고윳값 ± 1을 보게 될 것이다.

둘 이상의 큐비트를 하나의 벡터로 합치거나, 하나의 연산자를 여러 큐비트에 적용하는 경우, 텐서곱$^{tensor\ product}$을 사용한다. 두 $N \times N$ 행렬 A와 B가 있을 때, $A \times B$는 다음과 같이 크기가 $N^2 \times N^2$인 행렬로 주어진다.

$$A \otimes B = \begin{bmatrix} a_{0,0}B & a_{0,1}B & \cdots & a_{0,N-1}B \\ a_{1,0}B & a_{1,1}B & \cdots & a_{1,N-1}B \\ \vdots & \vdots & \ddots & \vdots \\ a_{N-1,0}B & a_{N-1,1}B & \cdots & a_{N-1,N-1}B \end{bmatrix} \tag{2.7}$$

만약 A와 B가 2×2 행렬이라고 한다면,

$$A \otimes B = \begin{bmatrix} a_{0,0}\begin{bmatrix} b_{0,0} & b_{0,1} \\ b_{1,0} & b_{1,1} \end{bmatrix} & a_{0,1}\begin{bmatrix} b_{0,0} & b_{0,1} \\ b_{1,0} & b_{1,1} \end{bmatrix} \\ a_{1,0}\begin{bmatrix} b_{0,0} & b_{0,1} \\ b_{1,0} & b_{1,1} \end{bmatrix} & a_{1,1}\begin{bmatrix} b_{0,0} & b_{0,1} \\ b_{1,0} & b_{1,1} \end{bmatrix} \end{bmatrix} \tag{2.8}$$

$$= \begin{bmatrix} a_{0,0}b_{0,0} & a_{0,0}b_{0,1} & a_{0,1}b_{0,0} & a_{0,1}b_{0,1} \\ a_{0,0}b_{1,0} & a_{0,0}b_{1,1} & a_{0,1}b_{1,0} & a_{0,1}b_{1,1} \\ a_{1,0}b_{0,0} & a_{1,0}b_{0,1} & a_{1,1}b_{0,0} & a_{1,1}b_{0,1} \\ a_{1,0}b_{1,0} & a_{1,0}b_{1,1} & a_{1,1}b_{1,0} & a_{1,1}b_{1,1} \end{bmatrix}$$

으로 쓸 수 있다.

끝으로, 대각합^{trace}이란 행렬의 대각선 성분을 모두 더한 것이다.

2.2 슈뢰딩거 방정식

에어빈 슈뢰딩거$^{Erwin\ Schrödinger}$는 양자역학의 또 다른 창시자다. 그는 상자 안에 있는 고양이가 붕괴하는 원자의 상태에 따라 죽어 있을 수도 있고 살아 있을 수도 있는 사고실험$^{gedankenexperiment,\ thought\ experiment}$으로 유명하다. 이 사고실험은 양자 정보의 핵심 개념인 중첩과 결잃음의 핵심을 기가 막히게 보여준다. 슈뢰딩거는 양자학의 수학적인 기반을 다졌지만, 이 문제는 양자역학의 역사에서 많은 철학적인 역설로 남아 있었다.

양자역학의 초창기 발전 과정에서, 슈뢰딩거의 가장 중요한 업적은 양자계의 동역학을 설명하는 그의 유명한 방정식이다.

$$ih\frac{\partial|\psi\rangle}{\partial t} = H|\psi\rangle \tag{2.9}$$

이 방정식에서 $|\psi\rangle$는 상태 벡터이고, H는 계의 정사각 행렬로 표현되는 연산자이 며, 해밀토니안^{Hamiltonian}이라고 한다. 이 방정식은 양자역학 전체의 핵심이다. 시간 에 따라 변하는 계에 대한 해는 U가 H에 대응하는 유니터리 변환이고, t가 진행 된 시간일 때 다음 꼴로 주어진다.

$$|\psi\rangle \rightarrow e^{-iHt/\hbar}|\psi\rangle = U|\psi\rangle \tag{2.10}$$

실험가들은 시간에 따라 변하는 계의 행태를 강조할 때 해밀토니안으로 표현한 다. 하지만 이 책에서는 고정된 시간간격 동안 도달할 수 있는 특정한 형태의 행 동에 관심이 있으므로, 유니터리 연산자로 표현하는 것이 가장 쉽다. 이 책을 통 틀어서 유니터리 연산자는 게이트로 표현된다.

큐비트와 중첩에 대해 논의할 때 살펴보겠지만, 슈뢰딩거 방정식의 해는 가능 한 해들의 가중치를 갖는 선형 결합으로 나타낼 수도 있다. 이때 가중치는 그 합 이 1이어야 한다.

2.3 큐비트

지금까지 '큐비트'라는 용어를 비공식적으로 사용해왔다. 여기서는 큐비트의 특 성과 어떻게 표현하는지를 살펴본다.

2.3.1 큐비트란 무엇인가?

고전 비트는 0과 1의 두 값을 가질 수 있는 데이터 원소다. 이는 물리현상의 거 의 끝없는 배열을 이용해 나타낼 수 있다. 고전 컴퓨터에서는 활성 CMOS 회로의 전하^{charge}나 디스크 드라이브의 작은 자기장의 방향을 이용한다. 양자 컴퓨터의 큐비트는 비트에 대응된다. 큐비트는 전자 스핀의 방향이나 광자의 편광 방향과 같은 진짜 2준위 계나, 2준위 계로 간주할 수 있는 원자의 두 에너지 준위와 같은 모의 2준위 계를 이용해 표현된다. 물론, 전자 스핀은 0과 1이 아니라 '위'와 '아래'로 주어진다. 따라서 두 상태 중 하나를 0으로, 다른 하나를 1로 정해둬야 한다. 고전적인 회로의 예를 들자면, +5볼트를 논리적인 1로, 0볼트를 논리적인 0으로 정의하는 것과 같다. 고전 비트와 큐비트의 차이점은 큐비트는 두 상태의 중첩이 가능하다는 것이다. 즉, 부분적으로 0이면서 부분적으로 1이 가능하다. 그런 큐비트의 상태는 다음과 같이 쓸 수 있다.

$$|\psi\rangle = \alpha|0\rangle + \beta|1\rangle \tag{2.11}$$

여기서 α와 β는 복소수이고, $|\alpha|^2$은 큐비트를 0 상태에서 발견할 확률이다. 큐비트가 0이나 1 중에서 반드시 발견되려면 $|\alpha|^2 + |\beta|^2 = 1$을 만족시켜야 한다.

위의 수식은 0과 1에서 큐비트를 발견할 확률이 같다고 하면, 다음과 같이 묵시적으로 위치 벡터처럼 쓸 수도 있다.

$$|\psi\rangle = \begin{bmatrix} \alpha \\ \beta \end{bmatrix} \tag{2.12}$$

기술적으로 켓 벡터 안의 0과 1은 상태를 나타내며, 어떤 두 벡터를 $|0\rangle$과 $|1\rangle$로 두어도 상관없다. 이 책에서는 편의상 다음과 같이 정하겠다.

$$|0\rangle \equiv \begin{bmatrix} 1 \\ 0 \end{bmatrix}, |1\rangle \equiv \begin{bmatrix} 0 \\ 1 \end{bmatrix} \tag{2.13}$$

단일 큐비트의 상태는 그림 2.1에서 볼 수 있듯이 크기가 1인 단위벡터로 주어지는 블로흐 구면$^{Bloch\ sphere}$으로 나타낼 수 있다(광학 분야 연구자들은 이 구면을 푸앵카레^{Poincaré} 구면으로 부른다. 이것은 빛의 편광 상태를 구면의 한 점에 대응시킨 것이다). 만

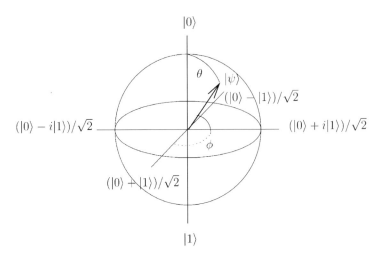

그림 2.1 블로흐 구면. 이 그림에서 Z축은 위쪽 방향이며, X축은 책으로부터 나오는 방향이다. Y축은 오른쪽을 향하고 있다.

약 벡터가 북극에 있으면 이 큐비트는 $|0\rangle$ 상태에 있다. 반대로 벡터가 남극에 있으면 이 큐비트는 $|1\rangle$ 상태에 있다. 남극과 북극 사이의 축은 **Z**축이다. **X**축 +방향은 독자 방향, 그러니까 2차원 표현인 경우에는 책이나 화면에서 빠져나오는 방향이다. 그리고 **Y**축은 오른쪽에서 왼쪽으로 가는 방향이다. 만약 단위 벡터가 당신을 향한다면 그것은 $(|0\rangle + |1\rangle)/\sqrt{2}$ 상태이고, $|+\rangle$로 표시한다. 반대로 당신으로부터 멀어지는 방향이라면 $(|0\rangle - |1\rangle)/\sqrt{2}$가 되며, $|-\rangle$로 표시한다. $|+\rangle$는 플러스 켓 벡터, $|-\rangle$는 마이너스 켓 벡터라고 부른다. **Y**축 +방향 벡터는 $(|0\rangle + i|1\rangle)/\sqrt{2}$이고, **Y**축 −방향 벡터는 $(|0\rangle - i|1\rangle)/\sqrt{2}$다. 위상phase은 **Z**축을 중심으로 한 벡터의 방위각이다(그림에서 각도 ϕ다).

불행히도, 둘 이상의 큐비트 상태를 시각화하는 것은 큐비트 수만큼의 구면을 이용하는 것보다 더 복잡하다. 그게 쉬웠더라면, 양자 상태의 복잡도는 지수함수적으로 증가하지 않았을 것이고 양자 계산은 관심을 끌지 못했을 것이다. 블로호 구면에 있는 점들의 집합으로서 하나 이상의 큐비트를 시각화하는 것은 가능하다. 이는 마요라나 표현^{Majorana representation}이라고 한다. 단 이것은 순수 상태^{pure state}로 제한되며, 섞인 상태^{mixed state}를 표시하기에는 자유도^{degree of freedom}가 충분치 않다[MAR 04].

2.3.2 양자 레지스터와 확률 가중치

어떤 단일 큐비트에 대해 상태 벡터는 2차원이다. 여기서 0 상태로는 $|0\rangle \equiv \begin{bmatrix} 1 \\ 0 \end{bmatrix}$을 이용하고, 1 상태로는 $|1\rangle \equiv \begin{bmatrix} 0 \\ 1 \end{bmatrix}$을 이용할 것이다. 어떤 n큐비트 레지스터가 있을 때, 상태 벡터는 $N = 2^n$차원이다. 이를 위해 켓 벡터 안에 2진수를 길게 늘여서 적을 것이다. 예를 들어, 7을 나타내는 4큐비트 상태는 $|0111\rangle$이다. 이 상태는 또한 $|0\rangle|1\rangle|1\rangle|1\rangle$이나 $|0\rangle \otimes |1\rangle \otimes |1\rangle \otimes |1\rangle$을 나타내며, 이때는 4개의 분리된 2준위 계의 텐서곱이라는 것을 강조하려는 의도다. 이 표기법은 아래에서 좀 더 자세히 설명하겠다.

때때로, 위의 큐비트를 $|7\rangle$처럼 쓸 수도 있다. 편의상 10진 기수법으로 적었지만, 여전히 양자 레지스터에는 2진법으로 표현되어 있다(원자의 에너지 준위와 같은 많은 물리현상은 둘 이상의 준위를 갖고 있으며, 예를 들어 $|2\rangle$는 세 번째 준위를 나타낸다. 다만, 이 책에서는 2준위 큐비트로 논의를 한정한다). 레지스터의 크기는 경우에 따라 다르다. 만약 큐비트가 작은 수를 나타낸다면, 높은 자릿수의 비트는 0으로 보면 된다. 어떤 경우에는 $|0\rangle^{\otimes k}$처럼 나타낼 수도 있는데, 이것은 k개의 큐비트가 모두 0 상태에 있다는 뜻이다.

둘 이상의 큐비트를 갖는 양자 레지스터^{quantum register}도 나타낼 수 있다. 2개의 고전 비트는 00, 01, 10, 11의 네 가지 상태 중 하나일 수 있다. 2개의 큐비트는 네 가지 상태의 가중치 결합으로 동시에 존재할 수 있다. 가령 2큐비트 상태에 대해

$$|\psi\rangle = \alpha\,|00\rangle + \beta\,|01\rangle + \gamma\,|10\rangle + \delta\,|11\rangle = \begin{bmatrix} \alpha \\ \beta \\ \gamma \\ \delta \end{bmatrix} \tag{2.14}$$

처럼 쓸 수 있으며, 여기서 $|\alpha|^2 + |\beta|^2 + |\gamma|^2 + |\delta|^2 = 1$이며, 각 진폭은 복소수
다. 예를 들어 $\alpha = \delta = 1/\sqrt{2}$이고 $\beta = \gamma = 0$이라면, $|00\rangle$에서 큐비트를 찾을 확
률이 50%이고 $|11\rangle$에서 큐비트를 찾을 확률이 50%이지만, 나머지 다른 상태에
대해서는 0%다. 이 경우 다음과 같이 쓸 수 있다.

$$|\psi\rangle = \frac{|00\rangle + |11\rangle}{\sqrt{2}} \tag{2.15}$$

마찬가지로, 3개의 큐비트는 한 번에 8개의 상태로 존재할 수 있고, n개의 큐
비트는 다음과 같이 한 번에 2^n개의 상태로 존재할 수 있다.

$$|\psi\rangle = \sum_{i=0}^{2^n-1} \alpha_i |i\rangle \tag{2.16}$$

이때 모든 가중치 α_i의 절댓값 제곱을 합하면 1이 돼야 한다.

$$\sum |\alpha_i|^2 = 1 \tag{2.17}$$

4큐비트 상태에 대해, 완전한 상태 벡터는 $2^4 = 16$개의 요소를 가질 만큼 길
다. 다행히도 여러 개(최대 $2^n - 1$개)의 가중치 α_i가 0인 경우가 있는데, 이때는 다
음과 같이 짧게 쓸 수 있다.

$$|\psi\rangle = \begin{pmatrix} \frac{\sqrt{3}}{2} \\ 0 \\ 0 \\ 0 \\ 0 \\ 0 \\ 0 \\ 0 \\ 0 \\ 0 \\ 0 \\ 0 \\ 0 \\ 0 \\ 0 \\ \frac{1}{2} \end{pmatrix} \begin{matrix} \leftarrow 0000\text{의 진폭} \\ \leftarrow 0001\text{의 진폭} \\ \leftarrow 0010\text{의 진폭} \\ \leftarrow 0011\text{의 진폭} \\ \leftarrow 0100\text{의 진폭} \\ \leftarrow 0101\text{의 진폭} \\ \leftarrow 0110\text{의 진폭} \\ \leftarrow 0111\text{의 진폭} \\ \leftarrow 1000\text{의 진폭} \\ \leftarrow 1001\text{의 진폭} \\ \leftarrow 1010\text{의 진폭} \\ \leftarrow 1011\text{의 진폭} \\ \leftarrow 1100\text{의 진폭} \\ \leftarrow 1101\text{의 진폭} \\ \leftarrow 1110\text{의 진폭} \\ \leftarrow 1111\text{의 진폭} \end{matrix} = \frac{\sqrt{3}}{2}|0000\rangle + \frac{1}{2}|1111\rangle \tag{2.18}$$

당연하겠지만, 가운데 있는 지루하고 틀리기 쉬운 형태보다는 우변의 간단한 표현이 더 좋다!

2.3.3 간섭

양자계의 상태는 슈뢰딩거 방정식에 대응하는 파동 함수다. 고전 파동역학에서 배웠듯이 두 파동은 간섭할 수 있고, 이는 파동의 상대적인 위상에 따라 달라진다. 보강 간섭은 특정 상태의 진폭을 키우는, 즉 확률을 키우는 간섭이고, 상쇄 간섭은 확률을 줄인다. 상태의 위상이 사실상 복소수이므로, 위상의 합 또한 복소수다.

간단한 예로, 첫 번째 양자 게이트인 아다마르 게이트^{Hadamard gate}를 소개한다. 아다마르 게이트는 다음과 같다.

$$H = \frac{1}{\sqrt{2}} \begin{bmatrix} 1 & 1 \\ 1 & -1 \end{bmatrix} \tag{2.19}$$

아다마르 게이트를 $|0\rangle$ 상태에 적용하는 것은 다음과 같다.

$$|\psi\rangle = H\,|0\rangle = \frac{1}{\sqrt{2}}\begin{bmatrix} 1 \\ 1 \end{bmatrix} = \frac{|0\rangle + |1\rangle}{\sqrt{2}} = |+\rangle \tag{2.20}$$

이제 상태는 두 상태의 중첩에 해당하는 두 항으로 이뤄지며, $|+\rangle$ 상태라고 부른다. 여기에 한 번 더 아다마르 게이트를 작용하면, 계는 두 항의 간섭에 의해 원래 상태로 되돌아온다.

$$H\,|\psi\rangle = \frac{1}{2}\begin{bmatrix} 1 & 1 \\ 1 & -1 \end{bmatrix}\begin{bmatrix} 1 \\ 1 \end{bmatrix} = \frac{1}{2}\begin{bmatrix} 1+1 \\ 1-1 \end{bmatrix} = \begin{bmatrix} 1 \\ 0 \end{bmatrix} = |0\rangle \tag{2.21}$$

위쪽 성분은 보강 간섭(1 + 1)을 보여주고, 아래쪽 성분은 상쇄 간섭(1 − 1)을 보여준다.

2.3.4 얽힘

두 양자는 한쪽에 대한 연산이 다른 쪽에 영향을 주는 공유된 상태에 있을 수 있다. 이때의 두 양자를 얽혀 있다고 한다. 결과적으로, 두 얽힌 큐비트의 확률은 독립적이지 않다(단, 2.3.6절에 중요한 경고사항이 있다). 예를 들어, 어떤 상태가 $(|00\rangle + |11\rangle)/\sqrt{2}$(즉, $\alpha = \delta = 1/\sqrt{2}$)에 있다고 해보자. 이 계를 측정할 때 두 큐비트는 둘 다 0이거나 둘 다 1이다. 비록 각 큐비트는 0일 확률이 50%, 1일 확률이 50%임에도 불구하고, 두 상태는 독립적이지 않다. 이 상태에서 시작하면, 한 큐비트가 0이면서 다른 큐비트가 1인 경우는 절대로 발견할 수 없을 것이다.

얽힘은 이산적이지 않으며 연속적인 현상이다. 계의 얽힌 정도를 측정하는 다양한 방법이 있는데, 모두 0에서 1까지의 척도를 사용한다. 0은 전혀 얽힘이 없는 것이고, 1은 완전히 얽힌 것이다(먼로Munro 등의 저술[MUN 01]과 그 안의 참고문헌을 보라). 이 책의 목적을 위해, 완전히 얽힌 큐비트와 전혀 얽히지 않은 큐비트에 주로 관심을 가질 것이다. 얽힘에 대한 자세한 논의는 이후에 벨 짝을 논의할 때 함께 설명할 것이다.

2.3.5 결잃음

양자 상태는 매우 깨지기 쉽다. 들뜬 원자는 감쇠하고, 원자와 원자핵의 스핀은 저절로 뒤집힌다. 어떤 양자계든지 환경과 상호작용해 영향을 받으며, 그 상태에 대한 정보가 환경으로 누출되어 우리가 복구할 수 없거나 이용할 수 없게 된다. 계의 상태가 이렇게 점진적으로 감쇠하는 것을 **결잃음**^{decoherence}이라고 부른다. 결잃음이 발생하면 계의 측정이 원하는 결과를 내지 못할 것이며, 결과적으로 양자 알고리듬은 실패한다. 결잃음을 측정하는 데는 T_1과 T_2라는 두 가지 척도가 있다. T_1은 에너지 완화시간^{energy relaxation time}이며, T_2는 위상 완화시간^{phase relaxation time}이다. 둘 다 확률적 행태를 보이며 기억 효과^{memory effect}는 없다. 큐비트가 사용 가능한 상태로 남아서 사용할 수 있는 시간은 T_1과 T_2 중 더 작은 값의 함수다. 연구자들은 이 값들을 실험적으로 측정하고 있으며, 환경과 제어계를 주의 깊게 이용해 이 시간들을 늘리는 것은 양자장치 연구에서 중요한 분야다. 8.2절에서 결잃음에 대해 자세히 논의할 것이다.

2.3.6 순수 상태, 섞인 상태, 밀도 행렬

양자 상태는 순수하거나 섞일 수 있다. 지금까지 논의한 것은 모두 순수 상태에 관한 것이었다. 이때의 '순수'란 상태 벡터를 쓸 때 중첩 상태가 단 하나의 항만을 갖는다는 뜻이 아니다. 순수라는 단어는 상태를 상태 벡터 꼴로 쓸 수 있다는 뜻이다. 예를 들어, $|\psi\rangle = |0\rangle$과 $|\psi\rangle = (|0\rangle + |1\rangle)/\sqrt{2}$는 모두 순수 상태다. 하지만 모든 양자 상태가 이와 같은 상태 벡터 꼴로 완전히 적힐 수 있는 것은 아니다. 실험가들은 계의 더 복잡한 상태를 나타내기 위해 $2^n \times 2^n$ 밀도 행렬 꼴로 그런 상태를 나타내는 경우가 있다. 특히, 밀도 행렬 표현은 양자 상태의 정보가 주변 환경으로 누출돼버린 것처럼, 완전한 상태가 알려질 수 없을 때에도 계의 상태를 나타낼 수 있다. $|\psi\rangle = (|00\rangle + |11\rangle)/\sqrt{2}$ 같은 기본적인 얽힘 상태를 예

로 든다면, 이때의 밀도 행렬은 다음과 같다.

$$\rho = |\psi\rangle\langle\psi| = \frac{1}{\sqrt{2}}(|00\rangle + |11\rangle)\frac{1}{\sqrt{2}}(\langle 00| + \langle 11|) \tag{2.22}$$

$$= \frac{1}{2}|00\rangle\langle 00| + \frac{1}{2}|00\rangle\langle 11| + \frac{1}{2}|11\rangle\langle 00| + \frac{1}{2}|11\rangle\langle 11| = \begin{bmatrix} \frac{1}{2} & 0 & 0 & \frac{1}{2} \\ 0 & 0 & 0 & 0 \\ 0 & 0 & 0 & 0 \\ \frac{1}{2} & 0 & 0 & \frac{1}{2} \end{bmatrix} \tag{2.23}$$

밀도 행렬의 대각 성분 $\rho_{j,j}|j\rangle\langle j|\,(0 \leq j < 2^n)$는 특정 상태에서 계가 발견될 확률이며, 따라서 반드시 실수여야 한다. 비대각 성분 $\rho_{j,k}|j\rangle\langle k|\,(0 \leq j, k < 2^n, j \neq k)$는 양자 결맞음$^{\text{quantum coherence}}$이며 허수가 될 수 있다.

적절한 밀도 행렬이 되기 위해, 대각합(대각선 성분의 합)은 반드시 1이어야 한다. 즉, $\text{Tr}(\rho) = 1$이다. 대각합이 1이 돼야 하는 이유는 관측되었을 때 양자계가 반드시 어떤 상태에서인가는 발견돼야 하기 때문이다. 순수 상태의 경우, 밀도 행렬의 제곱 역시 대각합이 1이다. 즉, $\text{Tr}(\rho^2) = 1$이다. 만약 대각합이 적절한 기저 변환에 의해 대각화됐다면, 순수 상태는 0이 아닌 대각 성분이 단 하나뿐이다. 그때의 고유상태에 대응하는 고유벡터가 계의 상태다.

그림 2.1에서는 단일 순수 큐비트의 상태를 시각화하기 위해 블로흐 구면을 설명했다. 이를 이용하면 단일 큐비트의 섞인 상태도 시각화할 수 있다. 어떤 순수 상태가 블로흐 표면에 붙어 있는 길이 1.0인 벡터라면, 섞인 상태는 그보다 짧아서 구면의 안쪽을 가리킨다.

2.3.4절에서 얽힘에 관한 정의를 할 때 순수 상태와 섞인 상태의 차이를 이해해야 한다고 경고했었다. 그에 대해 논의해보자. 사실 두 큐비트의 상태가 섞인 상태라면 얽힘이 없더라도 두 큐비트는 서로 의존적일 수 있다. 식 (2.23)과 비교하기 위해, 다음과 같은 상태를 예로 들어보자.

$$\frac{1}{2}(|00\rangle\langle00| + |11\rangle\langle11|) = \frac{1}{2}\begin{bmatrix} 1 & 0 & 0 & 0 \\ 0 & 0 & 0 & 0 \\ 0 & 0 & 0 & 0 \\ 0 & 0 & 0 & 1 \end{bmatrix} \qquad (2.24)$$

이런 섞인 상태에서는 두 큐비트의 상태가 독립적이지 않지만 얽힘 상태는 아니다. 한 큐비트에 대한 작용이 다른 큐비트에 영향을 줄 수 없기 때문이다. 이런 경우, 밀도 행렬은 고전적인 종속 확률을 나타낸다.

좀 더 수학적으로 나타내면 밀도 행렬은 다음과 같다.

$$\rho \equiv \sum_i p_i |\psi_i\rangle\langle\psi_i| \qquad (2.25)$$

여기서 p_i는 계가 순수 상태 $|\psi_i\rangle$에서 발견될 고전적인 확률이다. 간단한 예를 살펴본다면 밀도 행렬 표현과 상태 벡터 표현 사이의 차이가 드러나며, 고전적인 확률과 양자 중첩의 차이를 좀 더 잘 이해할 수 있다. $|+\rangle = (|0\rangle + |1\rangle)/\sqrt{2}$ 상태는 큐비트가 $|0\rangle$이나 $|1\rangle$에 있는 상태가 아니고 단순히 모른다는 뜻이다. 전자는 파동의 진짜 중첩이고, 후자는 동전을 던졌지만 확인하기 전까지는 모르는 것과 같다. 이 상태를 밀도 행렬 꼴로 쓴다면, 중첩 상태는

$$\rho_+ = |+\rangle\langle+| = \left(\frac{|0\rangle + |1\rangle}{\sqrt{2}}\right)\left(\frac{\langle0| + \langle1|}{\sqrt{2}}\right) \qquad (2.26)$$

$$= \frac{1}{2}(|0\rangle\langle0| + |0\rangle\langle1| + |1\rangle\langle0| + |1\rangle\langle1|) \qquad (2.27)$$

$$= \frac{1}{2}\begin{bmatrix} 1 & 1 \\ 1 & 1 \end{bmatrix} \qquad (2.28)$$

이 되고, 고전적인 확률 분포는

$$\rho_{50/50} = \frac{1}{2}(|0\rangle\langle0| + |1\rangle\langle1|) \qquad (2.29)$$

$$= \frac{1}{2} \begin{bmatrix} 1 & 0 \\ 0 & 1 \end{bmatrix} \tag{2.30}$$

이다.

식 (2.21)에서, 아다마르 게이트를 $|+\rangle$ 상태에 적용해 $H|+\rangle$를 계산했을 때 간섭 효과에 의해 $|1\rangle$ 부분이 사라지고 $|0\rangle$만 남는 것을 설명했었다. 밀도 행렬에 어떤 유니터리 연산자 U를 적용하면

$$\rho' = U\rho U^\dagger \tag{2.31}$$

이 되며, 이를 위의 두 경우에 대입하면

$$\rho'_+ = H\rho_+ H^\dagger = H\frac{1}{2}\begin{bmatrix} 1 & 1 \\ 1 & 1 \end{bmatrix} H^\dagger = \begin{bmatrix} 1 & 0 \\ 0 & 0 \end{bmatrix} = |0\rangle\langle 0| \tag{2.32}$$

와

$$\rho'_{50/50} = H\rho_{50/50} H^\dagger = H\frac{1}{2}\begin{bmatrix} 1 & 0 \\ 0 & 1 \end{bmatrix} H^\dagger = \frac{1}{2}\begin{bmatrix} 1 & 0 \\ 0 & 1 \end{bmatrix} = \frac{1}{2}|0\rangle\langle 0| + \frac{1}{2}|1\rangle\langle 1| \tag{2.33}$$

을 얻는다.

아다마르 게이트를 $|+\rangle$ 상태에 적용하면, 예상대로 $|0\rangle$을 얻는다. 하지만 50 대 50 확률을 갖는 상태에 적용하면, 정확히 똑같은 섞인 상태로 되돌아온다. 이것은 중첩은 두 파동 성분이 함께 있는 것이지만, 섞인 상태는 단지 모르는 상태이기 때문이다. 만약 동전을 던진 다음 뭔가로 덮어놓았는데, 열어보기 전에 동전을 뒤집었다고 하자. 이것은 확률을 바꾸지 않으며, 앞/뒤가 나올 확률은 여전히 50 대 50이다. 이 사례는 파동 함수의 성분이 중첩된 것과 단지 고전적인 확률의 차이를 보여준다.

완전히 섞인 상태는 어떤 기저에서 봐도 같다는 사실도 알아두자. 만약 $\{|0\rangle,$ $|1\rangle\}$ 기저에서 50 대 50의 확률이었으면, $\{|+\rangle, |-\rangle\}$ 기저나 그 밖의 기저에서도

마찬가지다.

$$\rho_{50/50} = \frac{1}{2}(|+\rangle\langle+| + |-\rangle\langle-|) \tag{2.34}$$

$$= \frac{1}{2}\begin{bmatrix} 1 & 1 \\ 1 & 1 \end{bmatrix} + \frac{1}{2}\begin{bmatrix} 1 & -1 \\ -1 & 1 \end{bmatrix} \tag{2.35}$$

$$= \frac{1}{2}\begin{bmatrix} 1 & 0 \\ 0 & 1 \end{bmatrix} \tag{2.36}$$

$$= \frac{1}{2}(|0\rangle\langle0| + |1\rangle\langle1|) \tag{2.37}$$

상태 벡터에 대해 논의할 때 기저 벡터는 $\{|00...0\rangle, |00...1\rangle, ..., |11...1\rangle\}$이다. 이 기저에서 밀도 행렬을 이용해 상태를 다시 적으면, 얽힘 상태의 비대각 성분 중 적어도 하나는 0이 아닐 것이다. 2.5.1절에서 어떤 상태를 이 제약조건을 만족하지 않는 다른 기저 집합을 이용해 적을 수 있다는 점을 논의한다.

2.3.7 충실도

밀도 행렬을 통해 표현된 섞인 상태는 불완전한 정보만이 알려져 있는 상태다. 이것을 어떤 원하는 상태에 대한 그 상태의 **충실도**^{fidelity}로 정량화할 수 있다. 충실도는 $0 \leq F \leq 1$ 범위에 있으며, 다음과 같이 정의한다.

$$F = \langle\psi|\,\rho\,|\psi\rangle \tag{2.38}$$

여기서 $|\psi\rangle$는 생성하려고 했던 상태이고, ρ는 실제로 얻은 상태의 밀도 행렬이다. 충실도는 실제 상태와 생성하려던 상태의 **겹침**^{overlap}을 나타낸다. 순수 상태에 대한 충실도는 1.0이고, 계의 잡음 때문에 상태의 품질이 나빠지면서 충실도도 떨어진다. n큐비트 상태에 대해 모든 상태가 무작위적으로 완전히 섞인 상태의 경우 충실도는 $F = 2^{-n}$으로 주어진다.

충실도는 어떤 경우 $F = \sqrt{\langle\psi|\,\rho\,|\psi\rangle}$로 정의하기도 한다. 다만 이 책에서는 조자^{Jozsa}의 정

의를 따르고 있으며[JOZ 94], 제곱근 기호를 사용하지 않을 것이다. 이렇게 하면 수학적으로 간단해지는 부분이 있다. 만약 $|\psi\rangle$가 하나의 항만을 갖고 있다면, 충실도는 밀도 행렬에서 그에 대응되는 대각 성분으로 주어진다. 예를 들어, $|\psi\rangle = |00\rangle$이라면 충실도는 밀도 행렬의 왼쪽 위 성분인 $\rho_{0,0}$이다.

켓 벡터와 밀도 행렬을 어떻게 사용하는지 한 가지 예를 들어보자. 2큐비트 레지스터를 $|00\rangle$ 상태로 초기화한다고 하자. 하지만 초기화 과정은 불완전하다. 얼마나 불완전한지 알기 위해, 이 과정을 여러 번 반복해서 상태를 측정해 원하는 상태를 만들어낼 수 있는 능력을 통계적인 관점에서 따져보려고 한다(여기서 측정의 불완전성은 무시하자). 예를 들어, 각각의 큐비트에 대해 1%의 확률로 $|0\rangle$이어야 하는데 $|1\rangle$로 잘못 배정될 수 있다고 해보자. 이 경우 밀도 행렬은

$$\rho = \begin{bmatrix} 0.9801 & 0 & 0 & 0 \\ 0 & 0.0099 & 0 & 0 \\ 0 & 0 & 0.0099 & 0 \\ 0 & 0 & 0 & 0.0001 \end{bmatrix} \tag{2.39}$$

$$= 0.9801\,|00\rangle\langle 00| + 0.0099\,|01\rangle\langle 01| + 0.0099\,|10\rangle\langle 10| + 0.0001\,|11\rangle\langle 11| \tag{2.40}$$

이 될 것이다.

(각 큐비트마다 독립적인 초기화 과정을 수행했기 때문에 여기서는 얽힘이 없고, 따라서 비대각 성분도 없다.) 원하는 상태인 $|00\rangle$에 대한 충실도를 계산해보면 다음과 같다.

$$\begin{aligned} F &= \langle\psi|\,\rho\,|\psi\rangle & (2.41) \\ &= \langle 00|\,\rho\,|00\rangle & (2.42) \\ &= \langle 00|\,(0.9801\,|00\rangle\langle 00| + 0.0099\,|01\rangle\langle 01| \\ &\quad + 0.0099\,|10\rangle\langle 10| + 0.0001\,|11\rangle\langle 11|)\,|00\rangle \\ &= 0.9801\langle 00|00\rangle\langle 00|00\rangle + 0.0099\langle 00|01\rangle\langle 01|00\rangle \\ &\quad + 0.0099\langle 00|10\rangle\langle 10|00\rangle + 0.0001\langle 11|00\rangle\langle 11|00\rangle \\ &= 0.9801 & (2.43) \end{aligned}$$

일반적으로 양자 네트워크에서 오류 검출 기법은 충실도가 $F > 0.5 + \epsilon$이면 작동한다. 여기서 ϵ은 충실도가 1/2에서 얼마나 멀리 떨어져 있는지를 나타내는 값이다.

2.3.8 측정

큐비트의 측정은 파동 함수의 붕괴를 불러온다. 이는 중첩된 상태 중의 하나로 계가 강제로 들어간다는 뜻이다. 슈뢰딩거의 유명한 사고실험에서 측정은 고양이가 들어 있는 상자를 여는 것이고, 고양이가 살았는지 죽었는지 알게 된다. 측정이 이뤄지기 전까지 계의 상태는 중첩 상태에 있을 수 있고, 확률적으로만 결정되는 다양한 역사와 결과물을 가질 것이다. 계를 측정했을 때, 상태와 역사는 상대적인 확률에 기반한 과거의 가능한 상태들 중에서 계가 따라왔을 하나의 잘 짜인 줄거리를 고른다. 만약 측정이 하나 이상의 역사를 허용하도록 남아 있다면, 이중슬릿 양자 간섭 실험(예를 들어, 파인먼의 물리학 강의[FEY 63] 1권 37장을 참고하라)에서 본 것처럼 그 모두와 딱 맞아 떨어지도록 남아 있을 것이다. 간섭에 대해서는 2.3.3절과 7.1.2절에서 더 자세히 다룰 것이다.

예를 들어 $|\psi\rangle = |0\rangle$인 경우 이 계는 100% 확률로 0에 있다. 큐비트의 상태를 측정하면 확실하게 0이 나올 것이다.[1] 계의 상태가 $|\psi\rangle = (|0\rangle + |1\rangle)/\sqrt{2}$라면 0과 1을 얻을 확률이 각각 50%다. 일단 측정이 이뤄진다면, 가령 0이 나왔다면 전체 계는 0이라는 하나의 상태에 전부 들어간다고 보는 것이 합당하다.

둘 이상의 큐비트에서 측정은 계의 전체나 일부에 대해 이뤄진다. 그중 하나의 큐비트를 측정하는 것은 계의 상태를 바꿀 수도 있다. 예를 들어, 2큐비트 상태 $|\psi\rangle = (|00\rangle + |11\rangle)/\sqrt{2}$에 대해 낮은 자릿수 큐비트(오른쪽 끝)를 측정한다면

---

1 측정은 Z축(0/1) 방향으로 이뤄진다고 가정한다. 그 밖의 기저에 대한 측정은 이후에 다룰 것이다.

두 경우에 대해 50%의 확률을 얻게 된다. 그리고 그 결과, 계는 그에 맞는 상태로 들어간다. 측정 결과 그에 따르는 상태는 다음과 같이 쓸 수 있다.

$$0: \quad |\psi\rangle \rightarrow |0\rangle \tag{2.44}$$

$$1: \quad |\psi\rangle \rightarrow |1\rangle \tag{2.45}$$

이 경우 하나의 큐비트를 측정한 것이 다른 상태도 결정한다. 예를 들어, $|\psi\rangle$ = $(|00\rangle + |10\rangle)/\sqrt{2}$ 상태는 $|\psi\rangle$ = $(|0\rangle + |1\rangle)|0\rangle/\sqrt{2}$로 인수분해할 수 있다. 낮은 자릿수 큐비트에 대한 측정은 항상 0이 나올 것이다. 그리고 계의 상태는 $(|0\rangle + |1\rangle)/\sqrt{2}$가 되며, 높은 자릿수 큐비트(이제 남아 있는 큐비트 하나)는 변하지 않는다. 이런 경우 두 큐비트는 분리 가능separable하다고 하며, 그 사이에는 얽힘이 없는 상태다.

측정은 복잡하고, 때로는 반상식적인 주제다. 이에 대해 충분히 깊이 있는 설명은 여러 책과 학회에서 발표돼왔다[ALT 01]. 이 주제를 공부하려면 프레스킬의 강의록[PRE 98a]에서 시작하는 것도 좋은 선택이다. 이 주제에 대한 수학적인 논의는 9.1절에서 다룰 것이다.

2.3.9 부분 대각합

이제, 부분 대각합partial trace에 대해 알아보자. 부분 대각합은 다양한 목적으로 사용된다. 예를 들어, 환경으로 상태의 정보가 '누출'되는 경우나 광양자 컴퓨터에서 광자의 손실을 표현하는 것 등이 있다.

계의 상태를 계system와 저장체reservoir라는 용어로 설명해보자. 여기서 계는 관심을 갖고 통제할 수 있는 큐비트이며, 저장체는 그 외의 나머지 세계다. 초기에 계와 저장체는 얽혀 있지 않았다. 즉, 분리 가능한 상태였고 이는 다음과 같이 쓸 수 있다.

$$\rho = \rho_S \otimes \rho_R \tag{2.46}$$

여기서 ρ는 전체 상태이고, ρ_S는 양자계의 상태이며, ρ_R은 저장체의 상태다. 이 때 저장체의 상태는 절대로 완전히 알 수는 없다. 시간이 지남에 따라 정보는 양자계에서 누출되어 더 큰 세계, 즉 저장체로 빠져나간다. $\rho(t)$를 시간에 따른 상태라고 하면,

$$\rho = \rho_S \otimes \rho_R. \rho_S(t) = \text{Tr}_R(\rho(t)) \tag{2.47}$$

여기서 Tr_R은 저장체에 대한 부분 대각합이다.

2큐비트 양자계에서 보통의 컴퓨터 아키텍처에서 사용하는 대로 0과 1을 이름 붙이면, ρ^0을 큐비트 1에 대해 대각합을 계산한 밀도 행렬이라고 하고, ρ^1은 큐비트 0에 대해 대각합을 계산한 것이라고 하자. 부분 대각합은

$$\rho^0 = \text{Tr}_1(\rho) = \langle_1 0 | \rho | 0_1 \rangle + \langle_1 1 | \rho | 1_1 \rangle \tag{2.48}$$

이고, 여기서 $|0_1\rangle$은 큐비트 1의 0 상태에 대한 기저 벡터다. $\langle 0|0 \rangle = \langle 1|1 \rangle = 1$이고 $\langle 0|1 \rangle = \langle 1|0 \rangle = 0$이며, 대각합이 선형이라는 것을 생각하면, 식 (2.23)의 예제에 대한 부분 대각합은 다음과 같다.

$$
\begin{aligned}
\rho^0 &= \text{Tr}_1(\rho) = \frac{1}{2}\text{Tr}_1(|00\rangle\langle00|) + \frac{1}{2}\text{Tr}_1(|11\rangle\langle00|) + \frac{1}{2}\text{Tr}_1(|00\rangle\langle11|) \\
&\quad + \frac{1}{2}\text{Tr}_1(|11\rangle\langle11|) \\
&= \frac{1}{2}\langle_1 0|00\rangle\langle00|0_1\rangle + \frac{1}{2}\langle_1 0|11\rangle\langle00|0_1\rangle + \frac{1}{2}\langle_1 0|00\rangle\langle11|0_1\rangle + \frac{1}{2}\langle_1 0|11\rangle\langle11|0_1\rangle \\
&\quad + \frac{1}{2}\langle_1 1|00\rangle\langle00|1_1\rangle + \frac{1}{2}\langle_1 1|11\rangle\langle00|1_1\rangle + \frac{1}{2}\langle_1 1|00\rangle\langle11|1_1\rangle + \frac{1}{2}\langle_1 1|11\rangle\langle11|1_1\rangle \\
&= \frac{1}{2}|0\rangle\langle0| + \frac{1}{2}|1\rangle\langle1| \\
&= \begin{bmatrix} \frac{1}{2} & 0 \\ 0 & \frac{1}{2} \end{bmatrix}
\end{aligned}
\tag{2.49}
$$

$Tr((\rho^0)^2) = 1/2$이고, 이는 섞인 상태라는 뜻이다. 원래의 순수한 상태는 환경과 섞였고, 더 이상 양자 레지스터 단독으로는 분명하게 표현하는 것이 불가능할 수도 있다.

2.4 큐비트 다루기

양자 계산은 큐비트의 집합을 만들어서 그 상태를 원하는 계산이 수행되도록 변화시키고 그 결과로 무슨 일이 일어났는지를 읽어내는 것이다. 파인먼이 원래 상상했던 양자 컴퓨터는 고전적인 시뮬레이션이나 실험적으로 검증하기에는 어려운 다체계many-body system의 물리적 행동을 시뮬레이션하도록 설계된 시스템이었다. 이때는 파동 함수의 수치해석적 계산보다는 양자역학 문제를 아날로그적 관점으로 계산한다는 관점이었다[FEY 02, LLO 96, ABR 97, BYR 06]. 이 접근법은 전기 공진기를 이용해서 기계 공진기를 시뮬레이션했던 아날로그 컴퓨터와 유사한 접근법이다[KOR 56, GIL 64, MEA 89]. 그러나 양자 현상으로 문제를 푸는 방법은 그뿐만이 아니다. 양자 계산은 고전적 디지털 컴퓨터와 유사한 방식으로 작동하도록 만들어지고 프로그램된 회로로 정의할 수 있다. 최근에는 단열 양자 계산[FAR 01, STE 03, AHA 04b]이나 클러스터 상태cluster state 계산[RAU 03, NIE 05, WAL 05] 등의 발전이 있었다. 이들은 모두 계산 능력에서는 동등하지만, 얼마나 유용한 알고리듬을 찾을 수 있을지는 많이 다를 것으로 생각된다. 이 책에서는 회로 모형을 주로 다룰 것이다. 회로 모형은 쇼어의 인수분해 알고리듬을 비롯한 현재까지 발견된 다른 중요한 양자 알고리듬의 기초이기 때문이다.

2.4.1 양자 게이트란 무엇인가?

회로 모형에서 양자 계산은 개별적인 게이트로 분해되고, 고전적인 회로의 선을 따라서 조직화될 수 있다. 이런 양자 컴퓨터의 능력이 '보편적'이려면, 단일 큐비트에 대해서는 블로흐 구면의 어떤 점에든지 도달할 수 있어야 하고 두 큐비트를 얽힘 상태로 만들 수 있어야 한다. 먼저 양자 계산을 구성하는 각각의 게이트에 대해 논의하고, 그다음 절에서 더 큰 회로에 대해 자세히 논의하겠다.

물리학자들, 특히 이론가들은 종종 양자 게이트^{quantum gate}를 커다란 유니터리 변환으로 간주한다. 하지만 이 책에서는 그 단어를 더 작은 단위에만 사용하는 것으로 한정할 것이다. 작은 단위에 대해서만 대부분의 제안된 구현체들이 물리적으로 좀 더 현실적이기 때문이다. 여기서 다루는 게이트는 1개, 2개, 3개 큐비트의 변환에 관한 것들이다.

2.4.2 단일 큐비트 게이트와 블로흐 구면

고전 세계에서 비트를 다시 배정하는 것을 제외하면, 유일하게 남는 단일 비트 연산은 NOT 게이트다. 양자 세계에서는 블로흐 구면에서 단일 큐비트를 회전시키는 것이 있다. 블로흐 구면의 좌표축에 대한 회전은 파울리 행렬^{Pauli matrix}로 표현된다. 180° 회전에 대한 변환은 다음과 같다.

$$X = \sigma_x = \begin{bmatrix} 0 & 1 \\ 1 & 0 \end{bmatrix} \tag{2.50}$$

$$Y = \sigma_y = \begin{bmatrix} 0 & -i \\ i & 0 \end{bmatrix} \tag{2.51}$$

$$Z = \sigma_z = \begin{bmatrix} 1 & 0 \\ 0 & -1 \end{bmatrix} \tag{2.52}$$

만약 각 좌표축에 대해 각도 θ만큼 회전시킨다면, 그 변환은 다음과 같다(닐슨과 추앙의 책을 참고하라[NIE 00]).

$$R_x(\theta) = e^{-i\theta X/2} = \begin{bmatrix} \cos\frac{\theta}{2} & -i\sin\frac{\theta}{2} \\ -i\sin\frac{\theta}{2} & \cos\frac{\theta}{2} \end{bmatrix} \tag{2.53}$$

$$R_y(\theta) = e^{-i\theta Y/2} = \begin{bmatrix} \cos\frac{\theta}{2} & -\sin\frac{\theta}{2} \\ \sin\frac{\theta}{2} & \cos\frac{\theta}{2} \end{bmatrix} \tag{2.54}$$

$$R_z(\theta) = e^{-i\theta Z/2} = \begin{bmatrix} e^{-i\theta/2} & 0 \\ 0 & e^{i\theta/2} \end{bmatrix} \tag{2.55}$$

이 회전은 식 (2.10)의 유니터리 변환 U에 해당한다. ω가 물리계에 의해 결정되면, 각도 $\theta = \omega t$는 자기장과 같이 그 큐비트를 회전시키는 요인을 포함한다.

범용 양자 계산은 블로흐 구면의 임의의 장소에서 출발해서 임의의 다른 장소에 도달할 수 있는 능력을 요구한다. 이렇게 하기 위해 3개의 회전축이 모두 필요하지는 않으며 2개로 충분하다. 게다가 임의의 회전은 고정된 회전의 작은 집합으로 근사할 수 있다[DAW 06]. 그런 게이트의 사례가 그림 2.2에 나타나 있다. 여기에는 유니터리 변환 행렬의 그림 표현도 있다. 그중 일부는 기술적으로는 잉여인데, 가령 CZ$^{\text{Control-Z}}$ 게이트와 SWAP 게이트는 다른 것들로 만들 수 있다.

간단한 예로, 식 (2.20)에서처럼 아다마르 게이트를 $|0\rangle$ 상태에 적용해 만든 상태를 생각해보자. 새로 만들어진 상태는 두 상태의 중첩에 해당하는 두 항을 갖고 있다. 마찬가지로, 아다마르 게이트를 $|1\rangle$ 상태에 적용하면 $|-\rangle$ 상태를 얻는다.

$$|\psi\rangle = H|1\rangle = \frac{1}{\sqrt{2}}\begin{bmatrix} 1 & 1 \\ 1 & -1 \end{bmatrix}\begin{bmatrix} 0 \\ 1 \end{bmatrix} = \frac{1}{\sqrt{2}}\begin{bmatrix} 1 \\ -1 \end{bmatrix} = \frac{|0\rangle - |1\rangle}{\sqrt{2}} = |-\rangle \tag{2.56}$$

기하학적으로 보면, 아다마르 게이트는 Z축에 대한 $180°(\pi)$ 회전을 하고 Y축에 대해 $90°(\pi/2)$ 회전을 한 것이다. Z축에 대한 회전은 그 직후에 상태를 측정한다

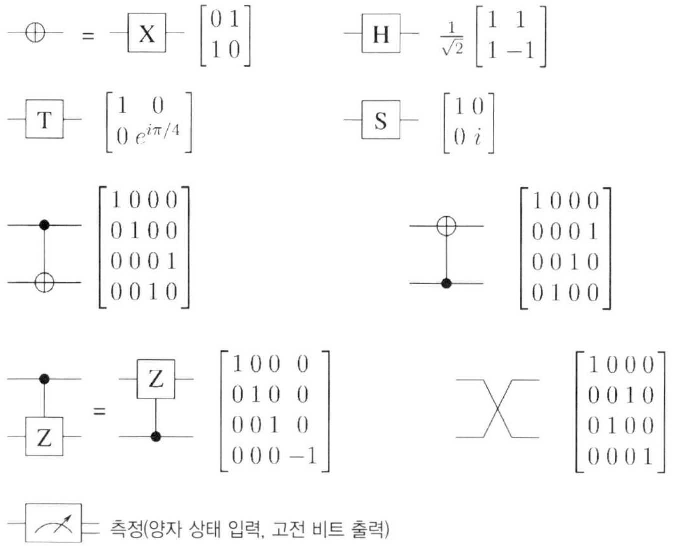

$$\oplus \;=\; \boxed{X} \quad \begin{bmatrix} 0 & 1 \\ 1 & 0 \end{bmatrix} \qquad\qquad \boxed{H} \quad \frac{1}{\sqrt{2}}\begin{bmatrix} 1 & 1 \\ 1 & -1 \end{bmatrix}$$

$$\boxed{T} \quad \begin{bmatrix} 1 & 0 \\ 0 & e^{i\pi/4} \end{bmatrix} \qquad\qquad \boxed{S} \quad \begin{bmatrix} 1 & 0 \\ 0 & i \end{bmatrix}$$

$$\begin{bmatrix} 1 & 0 & 0 & 0 \\ 0 & 1 & 0 & 0 \\ 0 & 0 & 0 & 1 \\ 0 & 0 & 1 & 0 \end{bmatrix} \qquad\qquad \begin{bmatrix} 1 & 0 & 0 & 0 \\ 0 & 0 & 0 & 1 \\ 0 & 0 & 1 & 0 \\ 0 & 1 & 0 & 0 \end{bmatrix}$$

$$\boxed{Z} \;=\; \boxed{Z} \quad \begin{bmatrix} 1 & 0 & 0 & 0 \\ 0 & 1 & 0 & 0 \\ 0 & 0 & 1 & 0 \\ 0 & 0 & 0 & -1 \end{bmatrix} \qquad\qquad \begin{bmatrix} 1 & 0 & 0 & 0 \\ 0 & 0 & 1 & 0 \\ 0 & 1 & 0 & 0 \\ 0 & 0 & 0 & 1 \end{bmatrix}$$

측정(양자 상태 입력, 고전 비트 출력)

그림 2.2 위의 두 줄: 기본적인 1큐비트 게이트(NOT 게이트(X), 아다마르 게이트(H), $\pi/8$ 게이트(T), 위상 게이트(S)). 아래의 두 줄: 2큐비트 게이트(CNOT 게이트, 조건부 위상 게이트, SWAP 게이트)

면 0이나 1을 발견할 확률에는 직접 영향을 주지 않는다. 그러나 이렇게 두 단계로 상태를 변화시켜보면, 위상(Z축을 중심으로 한 방위각)의 중요성이 분명하게 보인다.

다중 큐비트 연산자 행렬을 어떻게 구성하는지 설명하기 위해, 1큐비트 게이트에 대한 유니터리 변환을 2큐비트 계에 적용하는 경우를 살펴보자. 다중 큐비트 레지스터에 대한 연산에서 U_i는 레지스터의 i번째 큐비트에 대해 유니터리 연산자 U를 적용한다는 뜻이다. 큐비트에는 0번부터 번호를 붙일 것이고, 따라서 0번 큐비트는 계에서 가장 낮은 자릿수를 나타낸다. 큐비트 i는 2진 기수법에서 2^i에 해당한다(여기서는 일반적인 컴퓨터 아키텍처 때문에 0부터 시작하는 것으로 한다. 물리학자들은 대체로 1번부터 시작하며, 왼쪽 큐비트, 즉 높은 자릿수부터 사용한다). 회로도에서는 낮은 자릿수 큐비트는 아래쪽 큐비트가 될 것이다. 식 (2.7)의 텐서곱을

사용하면, 낮은 자릿수 큐비트에 대한 아다마르 게이트의 변환 행렬은 다음과
같다.

$$H_0 \equiv I \otimes H = \frac{1}{\sqrt{2}} \begin{bmatrix} 1 & 1 & 0 & 0 \\ 1 & -1 & 0 & 0 \\ 0 & 0 & 1 & 1 \\ 0 & 0 & 1 & -1 \end{bmatrix} \tag{2.57}$$

그리고 높은 자릿수에 대한 변환 행렬은 다음과 같다.

$$H_1 \equiv H \otimes I = \frac{1}{\sqrt{2}} \begin{bmatrix} 1 & 0 & 1 & 0 \\ 0 & 1 & 0 & 1 \\ 1 & 0 & -1 & 0 \\ 0 & 1 & 0 & -1 \end{bmatrix} \tag{2.58}$$

여기서 I_i는 i번째 큐비트에 대한 항등 연산이고, H_i는 i번째 큐비트에 대한 아다
마르 연산이다. 두 게이트는 각각의 독립적인 큐비트에 대해 작용하므로, 더 큰
유니터리 게이트나 두 게이트를 사용하는 순서는 중요하지 않다.

$$H_0 H_1 = H_1 H_0 = H \otimes H = \frac{1}{2} \begin{bmatrix} 1 & 1 & 1 & 1 \\ 1 & -1 & 1 & -1 \\ 1 & 1 & -1 & -1 \\ 1 & -1 & -1 & 1 \end{bmatrix} \tag{2.59}$$

2.4.3 광역위상 대 상대위상

위의 식에서 양자 상태의 위상^{phase}이란 블로흐 구면의 Z축을 중심으로 한 방위
각이라고 했었다. 좀 더 완전한 논의를 위해, 광역위상$^{global\ phase}$과 상대위상$^{relative\ phase}$
의 차이를 설명할 필요가 있다. 단일 큐비트 상태 $|\psi\rangle = \alpha|0\rangle + \beta|1\rangle$을 예로 들
어보자. 여기서 다음과 같이 위상을 인수분해해서 꺼낼 수 있다.

$$|\psi\rangle = e^{i\gamma}(\alpha'|0\rangle + \beta'|1\rangle) \tag{2.60}$$

여기서 γ는 실수이고, α'은 음수가 아닌 실수다. 이때 γ를 광역위상이라고 한다.

$|e^{i\gamma'}| = 1$이므로, $|\alpha'| = |\alpha|$이고 $|\beta'| = |\beta|$이다. 측정 결과가 0과 1에서 어떻게 나올지에 대한 확률은 변하지 않는다. 사실, 큐비트를 측정하는 기저를 어떻게 선택하더라도 광역위상을 바꾸는 것은 확률에 영향을 주지 않는다. 즉, 광역위상은 관측불가능량이며 인수분해해서 꺼내거나 무시할 수 있다.

β'의 위상은 상대위상이며, 상태 벡터의 $|1\rangle$ 부분에 음수나 허수 항을 부여하며, 이는 그림 2.1의 블로흐 구면 그림에 있는 방위각 ϕ로 표현된다. 광역위상과는 다르게 상대위상은 관측가능량이며 양자 계산에 실제로 중요한 역할을 한다. 상대위상은 식 (2.55)에서처럼 Z축에 대한 회전에 의해 바뀔 수 있다. 위상[2]의 효과적인 사용은 양자 알고리듬에서 사용하는 간섭 무늬를 만드는 데 핵심적이다.

양자 레지스터 전체에도 위상을 적용할 수 있다. 앞서 설명한 것은 단일 큐비트의 예였지만, Z 게이트를 아무 큐비트에 적용할 때 그 큐비트가 1이라면 전체 레지스터의 상대 위상을 바꾼다. 위상이 상태 벡터의 각 항에 부호화되어 있고 각각은 레지스터의 모든 큐비트에 대해 하나의 값을 갖는다는 사실을 보면 쉽게 알 수 있다. 예를 들어, 식 (2.14)에서 Z 게이트를 첫 번째 큐비트에 작용하면 γ와 δ의 값은 그대로 두고 위상이나 부호만 바뀐다. 마찬가지로, Z 게이트의 두 번째 큐비트에 적용하면 β와 δ만 변한다.

2.4.4 2큐비트 게이트

당연히 계산은 하나 이상의 큐비트로 수행한다. 따라서 2큐비트 게이트도 필요하다. 먼저, 제어된 NOT[CNOT, Controlled-NOT] 게이트를 살펴보자. 입력 중 하나의 변수는 제어선이고 다른 하나는 표적이 된다. 만약 제어 비트가 1이면, NOT 게이트가 표적 비트에 작용한다. 만약 제어 비트가 0이라면, 표적 비트는 바뀌지 않고

---

2   이후 특별한 언급이 없는 한, 위상이라는 용어는 상대위상을 가리킨다. – 옮긴이

그대로다. 출력 결과는 두 비트의 배타적 OR[XOR, Exclusive OR]과 입력 비트 중 하나로, $(a, b) \rightarrow (a, a \oplus b)$로 쓸 수 있다. A를 제어 비트로 놓고 B를 표적 비트로 두 었을 때 CNOT 게이트의 진리표를 표 2.1에 표시해뒀다. CNOT 게이트를 같은 비트에 두 번 적용하면 원래 상태로 되돌아온다. 즉, $(a, b) \rightarrow (a, a \oplus b) \rightarrow (a, a \oplus b \oplus b) = (a, b)$다.

표 2.1 CNOT 진리표

입력		출력	
A	B	A	B
0	0	0	0
0	1	0	1
1	0	1	1
1	1	1	0

CNOT 게이트를 적을 때는 어떤 큐비트가 어떤 큐비트인지 구분할 필요가 있다. 그 경우 첫 번째 아래첨자는 제어 큐비트이고, 두 번째 아래첨자는 표적 큐비트다. 예를 들어

$$CNOT_{1,0} = \begin{bmatrix} 1 & 0 & 0 & 0 \\ 0 & 1 & 0 & 0 \\ 0 & 0 & 0 & 1 \\ 0 & 0 & 1 & 0 \end{bmatrix} \tag{2.61}$$

이고

$$CNOT_{0,1} = \begin{bmatrix} 1 & 0 & 0 & 0 \\ 0 & 0 & 0 & 1 \\ 0 & 0 & 1 & 0 \\ 0 & 1 & 0 & 0 \end{bmatrix} \tag{2.62}$$

이다.

어떤 물리적인 구현체에서는 제어된 위상 게이트는 자연적인 해밀토니안이다. 제어된 위상 게이트나 제어된 Z 게이트의 유니터리 행렬은

$$CZ_{1,0} = \begin{bmatrix} 1 & 0 & 0 & 0 \\ 0 & 1 & 0 & 0 \\ 0 & 0 & 1 & 0 \\ 0 & 0 & 0 & -1 \end{bmatrix} \qquad (2.63)$$

이며, 대체로 큰 쓸모는 없지만 좀 더 일반적으로 Z축에 대한 방위각을 임의로 회전시키는 게이트는

$$CZ_{1,0}(\theta) = \begin{bmatrix} 1 & 0 & 0 & 0 \\ 0 & 1 & 0 & 0 \\ 0 & 0 & 1 & 0 \\ 0 & 0 & 0 & e^{i\theta} \end{bmatrix} \qquad (2.64)$$

이다. 그러나 CZ 게이트를 이용하면 CNOT 게이트를 만들 수 있다. 이것은 CZ 게이트를 표적 큐비트에 대한 한 쌍의 아다마르 게이트로 둘러싸면 된다.

$$H_0 CZ_{1,0} H_0 = CNOT_{1,0} \qquad (2.65)$$

디빈센조^{DiVincenzo}는 초창기 논문[DIV 98]에서 그 밖의 관련 게이트들을 제안했다. 제어된 위상 게이트는 사실상 대칭인데, 왜냐하면 두 큐비트 중 어느 것을 제어 큐비트로 두고 어느 것을 표적 큐비트로 두느냐에 관계없이 작동하기 때문이다. 계 상태의 변화는 같다.

마지막으로 관심을 가질 2큐비트 게이트는 두 변수를 교환하는 SWAP이며, 매우 간단한 변환이다.

$$SWAP = \begin{bmatrix} 1 & 0 & 0 & 0 \\ 0 & 0 & 1 & 0 \\ 0 & 1 & 0 & 0 \\ 0 & 0 & 0 & 1 \end{bmatrix} \qquad (2.66)$$

2.4.5 양자 회로

양자 컴퓨터는 추상적으로는 계의 초기 상태에 유니터리 변환을 적용해서 원하는 상태를 만들고 측정하는 것이다. n큐비트에 대한 완전한 유니터리 변환은 $2^n \times 2^n$ 행렬이다. 그러므로 큐비트가 몇 개만 넘어가도 복잡한 기능을 구현하는 유니터리 변환을 직접 만드는 것이 어렵다. 양자 계산을 위한 물리현상은 일반적으로 복잡한 변환을 직접 구현하는 것을 허용하지 않는다. 물리현상은 쌍방간에만 작용하기 때문이다. 게다가, 인류는 큰 시스템에 대해 잘 상상하지 못한다. 하지만 큰 시스템을 작은 부분으로 나눠서 구성하는 것은 매우 잘한다. 따라서 양자 회로quantum circuit의 추상화가 중요하다. 양자 효과는 전체 변환을 적절한 큐비트에 정해진 순시로 작은 게이트(1큐비트에서 3큐비트까지)를 여러 번 적용해 구현한다.

연구자들은 특정한 유니터리 변환을 만드는 방법이 알려져 있는 여러 개의 작은 게이트로 분해하는 방법들을 알아냈다. 어떤 방법은 (이산적인 게이트로 구성될 필요는 없는) 최적 진화 경로를 찾지만 너무 이론적이며, 이 방법으로 대형 프로그램을 어떻게 컴파일하는지 즉각적으로 명확하게 보이지는 않는다[NIE 06, CAR 06]. 가장 일반적인 방법을 이용하면 문제 크기에 따라 필요한 게이트의 수는 지수함수적으로 증가하며, 이는 양자 컴퓨터를 사용하는 계산 복잡도에서의 어떤 이점도 누리지 못하게 된다[SCH 03]. 기본적으로 양자 프로그래밍 언어의 작업들 대부분은 게이트를 분해하는 문제를 프로그래머들에게 위임한다[GAY 05, ÖME 02, AHO 03, SVO 06]. 다행스럽게도, 많은 양자 알고리듬은 효율적인 분해법이 알려진 기초적 요소들(양자 푸리에 변환 등)이나 고전적인 회로에서 곧바로 번역할 수 있는 아이디어(산술 연산 등)에 의존한다는 점이다.

그림 2.3에 4개의 큐비트를 다루는 양자 회로의 간단한 예가 있다. 그림 2.2에서 본 기호를 사용하면, 이 회로는 2개의 아다마르 게이트와 3개의 CNOT 게

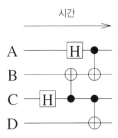

그림 2.3 간단한 양자 회로. 시간은 왼쪽에서 오른쪽으로 흐른다. 각각의 가로선은 큐비트(양자 변수)이고, 각각의 상자나 세로선 기호는 1큐비트 게이트나 2큐비트 게이트다.

이트로 이뤄져 있다. 게이트는 동시에 다른 큐비트에 실행될 수 있으며 이는 수직으로 줄을 맞춰두었다. 이런 그림은 게이트의 순서를 표현하고 게이트 사이의 의존성을 나타낸다. 하지만 다른 게이트들은 실제로는 실행시간이 매우 크게 달라질 수 있다.

2.5 벨 짝

많은 양자 네트워크를 만드는 기본 요소인 양자원격전송은 벨 짝$^{Bell\ pair}$이라는 자원을 소모한다. 벨 짝은 (앞에서 설명했듯이) 얽힘의 표준적인 예다. 그리고 사실은 벨 짝의 한 형태가 2.3.4절의 식 (2.15)에 주어져 있었다.

벨 짝, 또는 벨 상태는 존 벨$^{John\ Bell}$이 1960년대에 개발한 개념이다. 처음에는 아인슈타인^{Einstein}, 포돌스키^{Podolsky}, 로젠^{Rosen}의 주장을 확장하고 명확하게 하기 위한 사고실험의 일환이었다. 이 세 명의 학자들은 양자역학 방정식들이 '원거리에서의 괴상한 작용'을 요구한다는 점과, 따라서 양자역학은 불완전할 수밖에 없음을 지적했다. 벨은 이러한 비국소적인 특성을 통계적으로 검증할 수 있음을 보였다. 만약 얽힌 양자의 짝을 만들어서 실험을 반복한다면, 그 결과를 분석해 얽힘 상태가 실제로는 이미 결정되어 있는데 단지 알지 못하는 상태일 가능성을 배제할 수 있다는 것이다. 두 양자계가 먼 거리를 건너뛰어서 서로에게 영향을 줄 수 없다고 가정하는 이론을 '숨은 변수 이론'이라고 한다. 벨은 국소적인 작용과 비국소적인 작용의 특성을 구분 짓는 식을 부등식 형태로 나타냈다. 부등식이 성립하면, 숨은 변수 이론과 고전적인 확률 이론으로 실험 결과를 설명할 수 있다. 만약 실험 결과가 부등식을 위반한다면 분리된 두 양자계 사이의 비국소적인 효과만이 결과를 설명할 수 있다. 부등식의 위반은 양자역학의 비국소적인 해석을 지지하는 것으로 본다.

2.3.2절에서 설명했듯이, 벨 짝은 그 상태가 서로 독립적이지 않고 얽혀 있는 2개의 큐비트로 이뤄져 있다. 즉, 두 큐비트 중 하나를 측정하면 가능한 두 결과 중 하나를 얻는다. 측정 결과를 예측할 수는 없으며, 그 확률만이 예측 가능하다. 벨 짝의 경우 그 확률은 항상 50 대 50이다. 그러나 우리가 측정 결과 하나를 알고 있으면 다른 한쪽의 측정 결과도 확실하게 알 수 있다.

벨 짝은 네 가지 형태가 있다.

$$|\Phi^+\rangle = \frac{|00\rangle + |11\rangle}{\sqrt{2}} \tag{2.67}$$

$$|\Phi^-\rangle = \frac{|00\rangle - |11\rangle}{\sqrt{2}} \tag{2.68}$$

$$|\Psi^+\rangle = \frac{|01\rangle + |10\rangle}{\sqrt{2}} \tag{2.69}$$

$$|\Psi^-\rangle = \frac{|01\rangle - |10\rangle}{\sqrt{2}} \tag{2.70}$$

좀 더 분명하게 적는다면 첫 번째 벨 짝은 다음과 같이 쓸 수 있다.

$$|\Phi^+\rangle = \frac{|0\rangle_A \otimes |0\rangle_B + |1\rangle_A \otimes |1\rangle_B}{\sqrt{2}} \tag{2.71}$$

이 표현은 벨 짝이 A와 B라고 하는, 공간적으로 분리되어 있을 수 있는 두 큐비트로 이뤄져 있음을 드러낸다. 앨리스가 A를 갖고 있고, 밥이 B를 갖고 있다고 해보자. 이때 두 사람은 벨 짝을 바꾸는 행동을 하지 않고 임의로 멀리 떨어져 있을 수 있다.

$|\Phi^+\rangle$ 벨 짝은 두 큐비트가 둘 다 0이거나 1로 주어져 있고, 그 확률은 같다. 앨리스가 자신의 큐비트를 측정해서 1을 얻었다면, 밥의 측정 결과도 1이 될 것임을 확신할 수 있다. 비슷하게, 앨리스가 0을 얻었다면 밥의 결과도 0으로 측정될 것이다. 반면에, $|\Psi^+\rangle$ 상태의 경우 두 큐비트는 반상관관계를 갖고 있다. 만약 앨리스가 1을 얻었다면 밥이 0을 얻게 되며, 그 반대의 경우도 마찬가지다. 게다가, 이 효과는 밥이 자기의 큐비트를 먼저 측정하거나 둘이 동시에 측정하더라도 변하지 않는다.

앨리스와 밥이 갖고 있는 벨 짝의 두 짝이 멀리 떨어져 있다고 하더라도, 국소적 연산만을 통해 하나의 벨 상태에서 다른 벨 상태로 변환할 수 있다. 즉, 앨리스와 밥은 임의의 원거리 양자 연산이나 얽힌 양자 상태를 소모하지 않고 자신의 큐비트에 연산을 수행할 수 있으며 상태를 바꿀 수 있다. 상호전환가능성에 이런 제약조건이 있다는 것은 국소적 연산과 고전적 통신^{LOCC, Local Operations and Classical Communication}이라고 한다. 앨리스와 밥이 1을 다른 상태로 바꾸려면 어떻게 해야 하는지는 독자들에게 연습문제로 남겨두겠다.

2.5.1 벨 기저

네 가지 유형의 벨 짝은 2큐비트 상태의 기저 집합^{basis set}으로 사용할 수 있다. 계산 기저^{computational basis}는 $\{|00\rangle, |01\rangle, |10\rangle, |11\rangle\}$의 네 가지 벡터로 되어 있다. 이 벡터를 중첩 상태로 결합해서 가능한 모든 순수 2큐비트 상태를 표현할 수 있다. 대신에, 4개의 벨 짝 $\{|\Phi^+\rangle, |\Phi^-\rangle, |\Psi^+\rangle, |\Psi^-\rangle\}$를 기저로 사용할 수 있으며 이를 벨

기지$^{\text{Bell basis}}$라고 부른다. 식 (2.67)에서 $|\Psi^+\rangle$를 계산 기저인 $|00\rangle$과 $|11\rangle$을 이용해 정의했었다. 하지만 $|00\rangle$을 벨 기저에 대해 나타낼 수도 있다.

$$|00\rangle = \frac{|\Phi^+\rangle + |\Phi^-\rangle}{\sqrt{2}} \tag{2.72}$$

이 식의 확인과 벨 기저의 나머지 경우에 대한 확인은 독자들의 몫으로 남겨 두겠다. 벨 기저로 쓰인 전체 밀도 행렬을 8.2.3절에서 설명할 텐데, 그 이후로는 벨 기저를 주로 사용할 것이다.

2.5.2 벨 기저의 측정

벨 측정$^{\text{Bell measurement}}$이라는 연산은 레지스터의 상태가 $\{|00\rangle, |01\rangle, |10\rangle, |11\rangle\}$인지 측정하는 것이 아니라 $\{|\Phi^+\rangle, |\Phi^-\rangle, |\Psi^+\rangle, |\Psi^-\rangle\}$ 중 어떤 상태인지를 측정한다. 계산 기저를 사용한 측정과 마찬가지로, 측정하기 전의 상태는 $(|\Psi^+\rangle + |\Psi^-\rangle)/\sqrt{2}$ 처럼 벨 기저의 중첩 상태로 표현할 수 있다. 하지만 벨 기저에 대한 측정은 레지스터가 어떤 중첩된 상태에 있었더라도 그 상태를 붕괴시켜서 정확히 하나의 상태로 만든다.

어떤 측정은 원래의 큐비트를 건드리지 않는 대신 중첩된 다른 항을 붕괴시킬 수 있는데, 이런 측정은 비파괴적일 수 있다. 이 측정은 얽힘 상태를 만들기 위해 한 큐비트의 상태를 다른 큐비트로 투사^{project}할 수 있다. 이와 관련된 연산은 8장에서 다룰 것이다. 이 장의 목적에서는 측정 후 얽힘이 없는 고전적 데이터만 남는 두 큐비트의 파괴적인 측정으로 충분하다.

A와 B가 가진 큐비트가 4개의 벨 상태 중 어느 상태인지 결정하는 간단한 회로가 그림 2.4에 나타나 있다. 첫 번째 CNOT 게이트 연산은 두 큐비트의 홀짝성을 보존하면서 B의 상태를 바꾸는데, 계산 기저, 즉 Z축에 대한 큐비트 B의 측정은 상태가 $|\Phi\rangle$인지 $|\Psi\rangle$인지 알려준다. 큐비트 A의 아다마르 기저$(+/-$, 또는

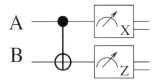

그림 2.4 벨 측정을 실행하는 간단한 한방향 회로

X축)에 대한 측정은 상태가 +인지 −인지 알려준다. 표 2.2에 측정 결과에 따른 상태를 표시해둔다.

표 2.2 그림 2.4의 회로를 통과한 후 A와 B의 측정값 과 레지스터에 있었던 벨 상태의 관계

A	B	벨 상태
−	1	$\lvert\Psi^-\rangle$
+	1	$\lvert\Psi^+\rangle$
−	0	$\lvert\Phi^-\rangle$
+	0	$\lvert\Phi^+\rangle$

2.5.3 벨 부등식과 비국소성

1930년대에 아인슈타인^{Einstein}, 포돌스키^{Podolsky}, 로젠^{Rosen}(이하 EPR)은 비국소적$^{non\text{-}local}$(또는 '기괴한') 양자 이론의 불완전성을 보이려는 의도로 사고실험을 제안했다. 이것은 얽힌 양자계의 두 부분이 물리적으로 아무리 멀리 떨어져 있고, 심지어 광원뿔$^{light\ cone}$ 밖에서 서로 독립적으로 측정한다 하더라도, 그 결과가 광속의 한계를 넘는 속도로 신호가 전달돼야 한다는 뜻이다.

벨 부등식의 현대적인 형태는 클로저^{Clauser}, 혼^{Horne}, 시모니^{Shimony}, 홀트^{Holt}가 CHSH 부등식으로 나타냈다[CLA 69]. 벨 짝 중에 $\lvert\Psi\rangle$('단일항^{singlet} 상태'라고 하며, 7장에서 논의할 것이다)를 초기 상태로 준비하고, 앨리스와 밥에게 큐비트의 한

쪽씩을 보내서 각자 측정하게 한다. 이때 측정은 가능한 두 축에 대해, 또는 가능한 두 검출기 설정 중 무작위적으로 선택된 하나로 이뤄진다. 부등식을 최대화하려면, 앨리스와 밥은 각기 다른 축을 선택해야 한다.

이 책의 표기법을 따른다면, 앨리스가 A를 측정할 때 Z축 기저를 이용할 경우 그 결과로 $\{|0\rangle, |1\rangle\}$ 중 하나를 얻을 것이고, X축 기저를 이용할 경우 그 결과로 $\{|+\rangle, |-\rangle\}$ 중 하나를 얻을 것이다. 만약 앨리스가 Z축에 대해 측정을 했다면, 그렇게 얻은 값은 0이나 1이 될 테지만 위상에 대한 정보는 알 수 없다. 반면에 앨리스가 X축에 대해 측정을 했다면, 위상 정보는 얻을 수 있지만 비트값은 알 수 없다. 각각의 측정은 고윳값으로 +1이나 −1을 생성한다. 즉, Z축에 대한 측정에서 $|0\rangle$이리면 +1을 얻고 $|1\rangle$이라면 −1을 얻는다.

B의 측정은 앞에서 사용한 Z와 X축의 가운데 있는 축들을 이용한다. 블로흐 구면에서 Z축과 X축 사이의 각도가 $\pi/2$였으므로, 밥이 측정에 사용할 축이 되는 ϕ와 ϕ'이 Z축과 이루는 각도가 각각 $\pi/4$와 $3\pi/4$로 주어진다. 이렇게 하면 $\angle(Z, \phi) = \angle(X, \phi) = \angle(X, \phi') = \pi/4$이고, $\angle(Z, \phi') = 3\pi/4$다. 블로흐 구면의 각도와 단일 큐비트 상태 벡터의 원소들 사이의 관계를 생각하면, ϕ에 해당하는 밥의 검출기 설정은 $\{(\frac{1}{2}\sqrt{2+\sqrt{2}}|0\rangle + \frac{1}{2}\sqrt{2-\sqrt{2}}|1\rangle), (\frac{1}{2}\sqrt{2-\sqrt{2}}|0\rangle - \frac{1}{2}\sqrt{2+\sqrt{2}}|1\rangle)\}$이고, ϕ'에 해당하는 설정은 $\{(\frac{1}{2}\sqrt{2-\sqrt{2}}|0\rangle + \frac{1}{2}\sqrt{2+\sqrt{2}}|1\rangle), (\frac{1}{2}\sqrt{2+\sqrt{2}}|0\rangle - \frac{1}{2}\sqrt{2-\sqrt{2}}|1\rangle)\}$이 된다.

이 실험을 진행할 때 앨리스와 밥은 어떤 기저 설정에서 측정할지를 각자 무작위로 고르게 되며, 따라서 (Z_A, ϕ_B), (Z_A, ϕ'_B), (X_A, ϕ_B), (X_A, ϕ'_B)와 같이 네 가지 설정이 가능하다. 이때 설정에 관계없이 A와 B의 측정 결과가 모두 +1이 된 경우를 N_{++}로 표시할 것이다. 그렇게 되면, 양자 상관계수를 다음과 같이 정의한다.

$$E = \frac{N_{++} + N_{--} - N_{+-} - N_{-+}}{N_{\text{total}}} \tag{2.73}$$

즉, 두 측정 결과가 같은 경우와 다른 경우의 차이를 전체 실험 횟수로 나눈 것이다. CHSH 부등식은 다양한 설정 조합에 따라 다음과 같이 E를 이용해 나타낼 수 있다.

$$S = E(Z_A, \phi_B) - E(Z_A, \phi'_B) + E(X_A, \phi_B) + E(X_A, \phi'_B) \tag{2.74}$$

고전적으로는

$$-2 \leq S \leq 2 \tag{2.75}$$

이어야 한다. 만약 양자역학의 비국소적인 해석이 옳다면, S의 네 가지 항은 그 절댓값이 $1/\sqrt{2}$까지 도달할 수 있으며 그 경우 S 값은 $\pm2\sqrt{2}$까지 가능하다.

2.5.4 벨 부등식 위반의 실험적 증명

존 벨은 벨 부등식을 1964년에 발표했고, 그 이후 40년간 다양한 큐비트와 실험장치에 대해 점점 더 복잡한 실험장치로 실험적 증명이 이뤄졌다. 벨 부등식의 위반을 확실하게 보여주는 것으로 널리 알려진 가장 유명한 실험은 아스펙트[Aspect], 그렌지어[Grangier], 로저[Roger]가 1981년과 1982년에 수행한 것이다[ASP 81, ASP 82, ASP 99]. 이 실험에 관한 이야기는 길더[Gilder]의 책 『The age of Entanglement)』[GIL 08]에 약간의 과장과 함께 잘 서술되어 있다.

이 실험에서는 편광의 자유도에 대해 얽힌 광자 쌍을 큐비트로 이용하고 있다(이 실험은 큐비트라는 용어나 이 책에서 사용하는 표기법이 만들어지기 전에 수행됐지만, 여기서는 현재 용어를 사용해 설명하겠다). 블로흐 구면이 수학적인 추상화라는 사실을 생각해보면, 일반적으로는 큐비트의 물리적 전달자의 물리적인 방향이 블로흐 구면의 방향과 대응되지는 않는다. 광자의 경우 $|0\rangle$은 수직 방향($0°$)이고, 그에

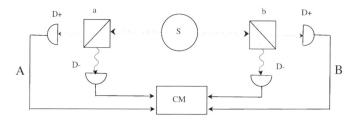

그림 2.5 벨 부등식 테스트 장치의 일반적인 표시. 아스페(Aspect)의 장치와 유사하다.

직교하는 |1⟩은 수평 방향(90°)일 수 있다. 수직 방향은 |V⟩, 수평 방향은 |H⟩로 표기하기도 한다. 이것이 앨리스의 첫 번째 기저이고, 두 번째 기저는 45°와 135° 만큼 돌려서 사용한다. 앨리스가 어떤 기저를 선택하는가는 +와 ×를 이용해 나타낼 수도 있다. 밥의 기저는 사각을 22.5°만큼 돌린 것이다.

그림 2.5에서 **S**로 표시된 송신자가 광자 쌍을 만들어서 하나는 앨리스에게 주고, 다른 하나는 밥에게 주었다. 각각 편광 기저를 선택하면, +와 −로 표시된 두 검출기는 고유치가 +1인지 −1인지 검출한다. 가장 직접적으로 실험한다면, 편광기를 각도를 정확히 맞춰서 물리적으로 돌리는 것이다. **CM**으로 표시된 상자는 식 (2.73)에서 설정된 각각의 짝들을 통계적으로 분석하는 동시관찰기^{coincidence monitor}다.

이와 같은 실험적 증명은 가능한 논리적 허점을 제거하는 데 많은 노력이 필요하다. 어떤 경우에는 얽힌 짝이 편광기의 설정을 '검출'한 다음, 거기에 맞게끔 광자를 생성할 수도 있다. 따라서 이런 논리적 허점을 막으려면 설정을 결정하고 바꾸는 작업을 광자가 만들어진 다음에 수행해야 한다. 이는 물리적으로 달성하기 어려운 조건이다. 또 다른 예는 광자 쌍을 생성하는 데 실패하거나, 통신 선로에서 광자를 손실하거나, 편광기에서 흡수/반사가 일어나거나, 검출기의 오작동과 같은 이유로 검출이 자주 실패하는 것이다. 일반적으로는 이런 실패들이 실험 결과에 영향을 줄 수 있는 어떤 통계적 편향도 만들어내지 않는다는 가정을 해야만 한다. 이와 같은 가정에서는 식 (2.73)의 N_{total}을 계산할 때 광자가 검출되지 않거나 1개만 검출된 경우는 제외하고, $N_{++} + N_{--} + N_{+-} + N_{-+}$로 계산해야 한다.

1997년 제네바에서 10km 이상의 거리에 대한 장거리 벨 부등식의 테스트가 이뤄졌다[TIT 99]. 얽힘에 대한 그 밖의 측정도 이뤄졌다[ALT 05].

2.6 복제불가 정리

양자 데이터에는 복제불가 정리$^{no\text{-}cloning\ theorem}$로 알려진 제한사항이 걸려 있다. 표준적이고 고전적인 오류 제어법은 구현될 수 없다[WOO 82]. 양자 데이터는 백업될 수 없고, 오류의 검출이나 보정을 위한 반복적인 부호 처리를 위한 복제도 불가능하다.

CNOT 게이트를 이용해 데이터를 복사하려고 해보자. $|\psi\rangle$를 제어 큐비트로 두고 $|0\rangle$을 표적 큐비트로 해서 입력하면, 두 큐비트는 마치 $|\psi\rangle$처럼 보일 것이다. 이것은 '전개^{fanout}' 연산이라고 하며, 다른 장소에 있는 시스템이나 알고리듬에서 같은 변수의 사본에 접근하고 싶을 때 널리 사용하는 기술이다. 하지만 실제로는 $|\psi\rangle$의 독립적인 사본이 만들어지는 것이 아니라, 두 큐비트의 얽힘 상태인 $|\Phi^+\rangle$와 비슷한 상태가 만들어진다. $|\psi\rangle = \alpha|0\rangle + \beta|1\rangle$이라고 한다면

$$|\psi\rangle|0\rangle \to \alpha|00\rangle + \beta|11\rangle \tag{2.76}$$

이 된다.

만약 $|\psi\rangle = |+\rangle$라면 결과는 정확히 $|\Phi^+\rangle$가 되고, 당연히 다른 입력 상태에 대해서는 다른 출력이 나올 것이다. 사실 어떤 입력 상태에 대해서는 얽힌 정도를 바꾸지 않을 수 있지만, 일반적으로 이런 방식은 얽힌 정도를 바꿔버린다.

이 상태의 한쪽 큐비트를 측정하면, 중첩 상태가 붕괴되면서 얽힘 상태가 깨지고 두 큐비트는 같은 상태에 있다고 가정할 수 있다. 따라서 두 큐비트는 원본 $|\psi\rangle$의 독립적인 사본이 아니며, 그런 목적으로는 사용할 수 없다.

복제불가 정리가 보여주는 이런 행동에 대한 연구는 우터스[Wootters]와 주렉[Zurek]이 1982년에 수행했고, 양자 키 분배와 양자 중계기를 포함한 양자 네트워크의 동작에 영향을 주는 핵심 원리다[WOO 82].

2.7 결론

2장에서는 양자 정보의 기초적인 내용을 공부했다. 이 책의 내용을 이해하는 데 필요한 중요한 개념은 모두 다뤘다. 사실, 이 정도 기초 내용이라면 좀 더 열성적인 독자들이 참고문헌과 계속 등장하는 새로운 연구결과를 읽어보는 데 충분할 것이다.

이 장의 내용에 덧붙여, 이 책의 뒷부분에서 소개할 기본 개념이 있다. 분산된 얽힘 상태에 대한 추가적이고 중요한 내용은 6.1절에 있고, 안정자 표현에 대해서는 6.1.1절에서 소개한다. 양자 오류 보정에 대해서는 11.1절에서 소개할 것이다.

3

네트워크 배경지식

3장에서는 네트워크의 중요한 문제를 소개할 것이다. 그리고 인터넷 규모의 네트워크와 인터네트워크에 의해 제기된 문제점을 다룬다. 이 책은 네트워크에 대한 완전한 설명을 목적으로 하지는 않으므로, 기본적인 설명에 대해서는 가령 쿠로세[Kurose]와 로스[Ross], 피터슨[Peterson]과 데이비[Davie], 타넨바움[Tanenbaum] 등이 저술한 책을 추천한다[KUR 12, PET 11, TAN 10]. 또한 이 장에 있는 내용의 많은 부분이 인터넷과 관련된 네트워크에 한정적인 내용이다. 용어와 개체들 사이의 관계가 다른 형태의 네트워크에서 사용하는 것과는 다를 수 있다. 여기서는 인터넷 설계 원리를 양자 중계기 네트워크의 개발에 적용하기 위한 기초 개념을 설명하는 데 집중하려고 한다.

통신[communication]이란 메시지의 교환이나 둘 이상의 참여자가 상태를 공유하는 것이다. 물론 두 모형은 동등한 것으로 알려져 있다. 이는 참여자들이 어떤 노드나 다른 노드에 이미 있는 정보를 기반으로 계산하거나 결정을 할 수 있도록 한다. 또는 활동을 동기화할 수도 있다. 양자 통신이란 얽히거나 얽히지 않은 양자 상태의 전송이거나, 얽힘 상태의 생성이거나, 이미 얽힘 상태가 생성되어 있을 때 그것을 사용하는 것이다.

통신은 하나 이상의 메시지message에 기반하거나, 연속적인 흐름stream일 수도 있다. 통신 세션은 믿을 만한 전송, 순차적 전송을 보장할 수 있으며, 둘 다 보장하거나 둘 다 보장하지 않을 수도 있다. 세션은 또한 하나의 송신자가 하나의 수신자에게 보내는 단자수신unicast, 하나의 송신자가 여럿의 수신자에게 보내는 다자수신multicast, 메시지를 들을 수 있는 영역에 있는 모든 노드가 메시지를 받을 것이라고 보는 방송broadcast이 있다.

통신은 물론 메시지를 송신지source에서 목적지destination로 보내는 능력에 의존한다. 만약 딱 둘뿐인 참여자가 같은 방에 있으면 이런 문제는 거의 일어나지 않는다. 참여자가 많아지면 대화를 조절하는 일은 더 복잡해진다. 게다가, 보통은 다수의 참여자가 하나의 방이 아니라 여러 곳에 퍼져 있다. 먼 거리를 넘어 다수의 참여자가 통신해야 할 때는 네트워크 아키텍처를 생각해야 한다.

멧칼프의 법칙Metcalfe's Law에 따르면, 네트워크의 효용성은 참여자 수의 제곱에 비례해서 커진다. 그 가치는 인터넷이 채택된 것을 보면 쉽게 알 수 있다. 더 많은 사람이 인터넷을 통해 통신하게 될수록, 거기에 연결되지 않은 사람들이 더 많이 참여하고 싶어지기 때문이다. 그러나 크기가 커져도 견고하게 남아 있는 네트워크 아키텍처를 만드는 것은 커다란 기술적 도전이다. 인터넷은 이런 도전에 훌륭하게 맞섰고, 그래서 이 책에서는 인터넷을 기본 모델로서 사용하고 있다.

대중 언어로 말한다면, 인터넷이라는 말은 마치 하나의 광역적인 데이터 네트워크처럼 들린다. 좀 더 정확하게 말하자면 인터넷은 네트워크들의 네트워크, 즉 인터네트워크internetwork다. 사실, 인터넷은 데이터 패킷data packet이라고 하는 작은 메시지를 교환할 수 있는 4만 개 이상의 분리된 네트워크로 이뤄진다. 각 네트워크를 구성하는 기술은 물리적 구현법, 세대, 속도, 안정성, 크기를 비롯한 다양한 특징이 어마어마하게 다르며, 각 네트워크는 개인에서부터 대학, 회사, 정부 등 다른 많은 주체에 소유되어 운영된다.

양자 네트워크도 인터넷에 그 서비스를 통합할 필요가 있을 것이다. 양자 인터넷은 고전 인터넷과 함께 제공되어 사용자에게 새롭고 더 많은 능력을 갖춘 서비스를 제공할 것이다.

이 장에서는 먼저 핵심적인 네트워크 개념들을 설명할 것이다. 이어서, 행성 전체에 퍼져 있는 시스템을 만드는 문제를 논의한다. 또한 네트워크를 만드는 데 사용하는 중요한 설계 패턴을 설명하고, 인터넷 자체를 매우 간단하게 설명하겠다.

3.1 개념

3.1.1 다중홉 통신: 그래프로서의 네트워크

네트워크network는 상호작용하는 참여자들의 모임이다. 각 참여자들은 잠재적으로 다른 참여자와 교류하기를 원할 수 있다. 컴퓨터 네트워크는 노드node와 노드를 연결하는 링크link로 구성된다. 링크는 노드와 노드 사이에 메시지를 전달한다. 네트워크 노드network node는 사람이 사용하는 노트북 컴퓨터가 될 수도 있고, 커다란 서버 컴퓨터일 수도 있으며, 인터넷 라우터router 같은 네트워크 자체의 '내부' 노드일 수도 있다. 인터넷 라우터 주소에 기반한 목적지까지 메시지를 송신하는 장치다. 고전 네트워크에서 메시지를 보내거나 받는 노드는 호스트host라고 한다. 이 메시지들은 패킷packet이라고 하며, 통신 세션의 관리와 주소지정을 위해 메타데이터

metadata 정보와, 송신자(송신지)가 하나 이상의 수신자(목적지)에게 전달하려는 데이터도 갖고 있다.

네트워크에 있는 메시지 전체는 전송량 부하traffic load라고 한다. 양자 네트워크를 통한 전송량은 직접 측정할 때까지는 중력 모형이 적절한 추측이 될 수 있다 [MED 02]. 양자 네트워크를 이용하는 인간의 행태는 고전 통신을 이용하는 경우와 비슷할 것으로 기대되기 때문이다.

노드는 링크에 연결하기 위해 물리적 인터페이스physical interface를 사용한다. 링크는 양방향이거나 단방향일 수 있으며, 양방향 링크는 다시 전이중과 반이중으로 나뉜다. 이는 동시에 양방향 전송을 지원하는지, 아니면 시간을 나눠서 사용하는지에 따라 다르다. 링크는 양자 간이나 다자간으로 설명할 수도 있다. 양자 간 링크는 양 끝단에 알려진 두 노드가 참여하는 경우이며, 다자간 링크는 다수의 노드를 연결한다.

양자 간 링크 또는 통신선로channel는 섀넌Shannon 통신 모형의 뼈대다. 그러나 그림 3.1의 왼쪽에서 볼 수 있듯이, 네트워크에 있는 N개의 모든 노드를 모두에게 직접 연결하려면 대략 $N^2/2$개의 링크가 필요하다. 일반적인 경우, 그림 3.1의 오른쪽에 나타나 있는 다중홉 전달multihop forwarding을 사용해 링크를 더 작은 집합으로 나누어 완전한 연결성을 지원한다. 전달forwarding은 노드의 수와 거리에 대해 물리적 계의 확장성을 담보하는 기본 개념이다. 각 개별 노드는 여러 개의 물리적 인터페이스를 갖고 있고, 메시지를 받으면 그 메시지를 그 메시지가 기대하는 목적지에 보내기 위해 어떻게 하는 것이 최선인지 결정한다.

통신하기를 원하는 두 노드가 있을 때, 존재하는 링크들 중에서 경로path를 찾을 수 있어야 하고, 통신은 여러 경로 중 하나를 통해 이뤄진다. 라우팅routing(경로설정)은 네트워크의 토폴로지와 그 변화를 결정하고 패킷이 선호하는 경로를 계

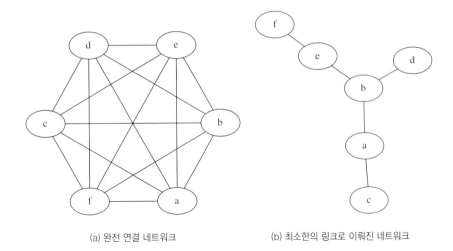

(a) 완전 연결 네트워크   (b) 최소한의 링크로 이뤄진 네트워크

그림 3.1 메시지 전달이 없는 다자간 통신은 $O(N^2)$개의 링크를 필요로 하지만(왼쪽), 메시지 전달은 겨우 $O(N)$개의 링크만을 필요로 한다(오른쪽).

산하는 연속적인 백그라운드 프로세스^{background process}다.[1] 라우팅은 그 과정을 통해 미리 결정된 경로를 사용해 패킷을 노드 바깥으로 빼내는 실시간 작동을 하는 반면, 패킷 전달^{packet forwarding}은 인터넷의 기반이다.

라우터는 네트워크의 '내부에' 특화된 노드다. 링크에 도착한 메시지를 받아들여서, 목적지로 가는 최선의 경로를 위해 어떤 노드에게 보내야 하는지 정하고, 밖으로 나가는 링크를 통해 메시지를 전달하기 위해 적절한 이웃 노드(다음 홉 ^{next hop}이라고 한다)에게 전달한다. 또한 라우터는 정책에 기반한 작동을 한다. 패킷의 일부분을 다시 작성한다거나, 어떤 조건을 위반한 패킷을 폐기하기도 한다. 라우터는 나중의 처리나 전달을 위해 패킷을 저장할 수도 있다. 이는 밖으로 나가는 링크의 가용성, 또는 서비스 **품질**^{quality of service} 보증이나 메시지 순서와 같은 제약조건에 의해 정해진다. 라우터는 과부하가 발생하거나 어떤 이유로 전달할 수

---

1   무선 네트워크의 경우, 네트워크 탐색과 경로 계산은 필요할 때 즉시 이뤄지기도 한다. 단, 여기서는 좀 더 일반적으로 백그라운드에서 연산이 이뤄진다고 가정했다.

없는 경우, 메시지를 전달하지 않고 폐기하는 것이 가능하다.

그래프 이론의 많은 개념이 네트워크 결정에서 중요한 역할을 한다. 그중 중요한 개념은 네트워크의 지름^{diameter}이다. 일반적으로 두 노드는 그 사이에 있는 가장 짧은 경로를 사용해 통신하기를 원한다. 지름은 네트워크에서 생성된 임의의 두 노드 간 가장 짧은 경로 중에서 가장 긴 것이다. 그림 3.1의 왼쪽 네트워크의 지름은 단순히 1이다. 반면에 오른쪽 네트워크의 지름은 4다. 인터넷의 지름을 정확히 정하는 것은 어려운 일이다. 하지만 인터넷 데이터 분석 협동 연합$_{CAIDA, Cooperative Association for Internet Data Aanalysis}$이 2014년 1월에 조사한 바에 따르면,[2] 측정 지점 중 하나로부터 다른 측정 목적지까지 연결하는 데는 최대 36단계가 필요하고 중간 값은 18단계다.

노드도$^{node\ degree}$는 노드가 갖고 있는 링크의 수다. 전체 네트워크 그래프에 걸친 이 노드의 분포(링크를 1개 가진 노드의 수, 2개 가진 노드의 수, 3개 가진 노드의 수 등등)는 네트워크의 중요한 특징이다. 이를 통해 네트워크에서 전달할 수 있는 전송량, 장소에 따른 지연시간, 노드나 링크가 실패했을 때에 대한 네트워크의 견고함 등을 평가할 수 있다. 그러나 그 분포 하나에만 너무 많은 의미를 부여하지 않도록 조심해야 한다. 링크의 형태와 대역폭도 관건이다. 각 링크에 따라 한 가닥의 광섬유나 통신선일 수도 있고, 하부 계층 네트워크를 통해 회복력이 있는 경로일 수도 있기 때문이다. 특히, 인터넷 기간망 링크는 종종 라우팅 프로토콜이 볼 수 없는 계층에서 여유롭게 공급된다. 게다가, 네트워크의 성능과 오류 허용 한계는 높은 노드도의 노드가 네트워크의 중심에 있는지 가장자리에 있는지에 따라서 달라진다. 실제로 인터넷의 가장자리 쪽에 있는 노드(가내 사용자에 가까운)는 낮은 대역폭 링크를 많이 갖고 있지만, 중간 쪽의 노드들은 몇 개의 높은 대역폭 링크를 갖고 있다[DOY 05, MAH 06].

---

2 http://www.caida.org/projects/ark/statistics/san-us.html

인터넷이 연결 실패, 또는 특정 노드에 대한 공격에 취약하다는 점에 대해 여러 학자들이 걱정해왔다. 그러나 네트워크 자체는 사실상 놀랍도록 견고하고, 노드와 링크는 서로 오가면서 스스로 치료한다. 더 큰 걱정은 널리 사용되는 라우터 공급자로부터 제공되는 소프트웨어에서 아직 알려지지 않은 버그가 드러나거나, 네트워크에 있는 라우터를 대량으로 마비시키거나, 그에 대한 공격을 허용하는 경우다. 인터넷은 기본적으로 참여자들 사이의 신뢰와 협동에 기반하기 때문에, 고의 또는 실수로 라우팅 시스템이 패킷을 보내야 할 곳으로 가도록 제대로 설정하지 못하는 것 또한 취약점이며, 그런 상황은 자주 발생한다.

3.1.2 자원

어떤 통신이나 계산을 실행할 때는 자원^{resource}을 소모한다. 자원은 메모리, 네트워크 링크에 대한 대역폭이나 접근성, CPU 실행시간 등이 될 수 있다. 이런 자원의 효과적인 관리, 특히 이종 기술 간에 분산된 작동을 하면서 자율적으로 관리되도록 하는 것은 도전적인 문제다. 자원을 너무 많이 소모하거나 전송량 부하가 네트워크 용량을 초과하는 경우 혼잡^{congestion}을 초래할 수 있다. 이는 겨우 몇 장소에서만 발생하더라도 통신 세션을 망가뜨리거나 전체 네트워크의 전달 과정을 심각하게 붕괴시킬 수 있다. 그에 반해서, 자원을 남겨두는 것은 경제적으로는 비효율적이다.

자원은 어떤 시스템 설계 목표보다 여유 있게 관리된다. 다중화 규칙^{multiplexing} ^{discipline}을 어떻게 정하느냐에 따라 활성화된 다중 작업이 자원을 어떻게 공유할지가 결정된다. 최대의 처리량, 최소의 대기시간, 가능한 한 많은 자원의 공유를 위해 다중화 규칙을 설계할 수 있다.

그림 3.2에 아령 네트워크가 나타나 있는데, 이는 분리된 연결을 위해 링크를 공유하는 가장 간단한 추상적 네트워크다. 여기서는 다른 링크에 대해 다른 자

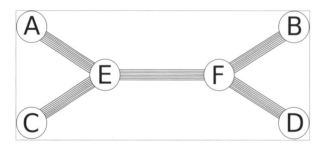

그림 3.2 공유 링크(EF)를 사용하는 가장 간단한 네트워크인 아령 네트워크. A가 B와 통신하기를 원하고 C가 D와 통신하기를 원할 경우, 자원(여러 실선으로 표현)은 두 경쟁하는 세션에 할당돼야 한다.

원을 제공한다. 뉴욕과 로스엔젤레스 사이의 통신이나 인터넷이 워싱턴과 덴버 사이의 링크를 쓸 수 있고, 발티모어와 피닉스 사이의 두 번째 통신 역시 워싱턴-덴버 링크를 선택할 수도 있다.

자원 할당에 대한 제인^{Jain}의 공정성 척도$^{fairness\ measure}$는 경쟁하는 사용자들 사이의 시스템 균형을 측정하는 정확한 수학적 방법을 제공한다[JAI 91]. 만약 n명의 경쟁하는 사용자 중 i번째 사용자의 성능을 x_i라고 한다면 공정성은 다음과 같다.

$$\mathcal{J}(x_1, x_2, \ldots, x_n) = \frac{(\sum_{i=1}^{n} x_i)^2}{n \sum_{i=1}^{n} x_i^2} \tag{3.1}$$

공정성이 $\mathcal{J} = 1.0$이라면 사용자들 사이에 자원이 완벽하게 잘 분배된 경우이지만, $\mathcal{J} = 1/n$은 자원이 다른 사용자를 모두 막아버리고 단 한 명의 사용자에게 집중되어 있다는 뜻이다. 이 책에서는 13장에서 통신선로와 버퍼 메모리의 다중화를 논의할 때 이 척도를 사용할 것이다.

3.1.3 프로토콜

네트워크 프로토콜$^{network\ protocol}$은 두 참여자 사이에 통신을 위해 사용하는 규칙의 집합이다. 이는 그들 사이에 공유하는 언어이자, 무엇을 언제 말해야 하는지에 대한 규칙이기도 하다. 예를 들어, 인간의 전화 프로토콜은 전화를 건 쪽에서 연결을 만들고 전화를 받은 쪽에서는 전화기를 귀에 가져다 대면서 "여보세요?"라고 말하는 것으로 대화를 시작한다. 프로토콜은 교환하려는 메시지의 형식, 내용, 의미를 규정한다. 대체로는 메시지의 순서와 시간간격을 포함한다.

프로토콜의 역할은 섬세하게 제한돼야 한다. 완전한 시스템을 만들기 위해 다양한 프로토콜을 이용하는 것이 보편적이다. 예를 들어, 어떤 프로토콜은 단일 링크를 통한 데이터 전송 방법만을 제공할 수 있다. 또 다른 프로토콜은 여러 단계를 거쳐 데이터를 옮기는 네트워크를 만들기 위해 앞의 프로토콜이 제공하는 서비스를 사용할 수도 있다. 프로토콜을 구성하는 공통적인 방법은 계층화^{layering}를 다룰 때 설명할 것이다.

프로토콜은 노드에 따라 하드웨어, 소프트웨어, 또는 둘의 조합으로 구현된다. 다른 소프트웨어는 인터페이스^{interface}를 통해 프로토콜이 제공하는 서비스에 접근할 수 있다. 유닉스 형식의 시스템인 경우 어떤 프로토콜은 운영체제에 내장되어 있지만 어떤 것들은 사용자 소프트웨어에 구현되어 있을 수 있다. 내부와 외부 인터페이스는 다를 수 있다. 다양한 프로토콜에 접근을 제공하는 인터페이스는 소켓^{socket}이라고 한다.

단, 소프트웨어 인터페이스는 프로토콜 규격과는 독립적이다. 어떤 프로토콜은 겉으로 보이는 행동만을 규정한다. 가령 어떤 메시지가 교환될 수 있는지, 노드가 어떤 행동을 할 것인지 등을 말한다.

3.1.4 명명법과 주소지정

메시지의 배달은 명명법^{naming}, 주소지정^{addressing}, 라우팅^{routing}에 의존한다. 이름은 각 개체에 붙어 있는 표식이며, 그 개체가 무엇인지 식별하는 데 사용된다. 하나의 개체가 많은 이름을 가질 수 있다. 주소는 메시지 배달을 안내하는 목적으로 사용하는 이름의 한 형태다. 주소에는 위계와 같은 구조가 드러날 수 있다. 이 구분은 어떤 인물의 이름과 그 인물이 사는 주소 사이의 관계와 비슷하다. '누구한테' 말을 걸고 싶은지는 이름이 알려주고, 주소는 그가 '어디에' 있는지를 알려주며, 라우팅은 그들 사이에 메시지를 전달할 경로를 '어떻게' 찾아낼지 알려준다.

이름과 다양한 형태의 주소들은 메시지를 배달할 필요가 있을 때 직접 사용되지는 않는다. 먼저, 이름을 현재 맥락에 맞는 적절한 주소로 번역해야 한다. 컴퓨터 시스템에서 이름 찾기$^{name\ resolution}$는 중요한 문제다. 이름은 맥락^{context}, 이름공간^{namespace}, 또는 접근 가능한 **근방**^{closure}에서 찾는다. 이름은 이름공간에 따라 광역적으로, 또는 국소적으로 유일할 수 있다. 번역^{translation}은 대체로 각 개체(프로그램이나 소프트웨어 모듈)가 통신하려는 다른 개체의 이름을 알고 있지만 실제로 통신을 하기 위해 다른 형태의 이름을 사용해야 할 때 이뤄진다.

이름 지어져야 하는 개체는 다음과 같이 여러 가지 형태로 나타난다.

노드: 네트워크에서 양 끝의 호스트와 중간에 있는 라우터는 메시지를 받는다. 따라서 이들은 꼭 이름을 붙일 수 있어야 한다. 최소한 노드는 적어도 하나의 주소를 갖고 있어야 하며, 다른 이름을 가질 수도 있다.

네트워크: 각 네트워크나 네트워크의 모임도 다양한 목적에서 이름 붙일 필요가 있다. 인터넷 용어로는 큰 기관은 일반적으로 하나 이상의 자율 시스템$^{AS,\ Autonomous\ System}$을 갖는데, 이는 광역적 수준에서 라우팅을 조절하는 일을 작은 단위로 나눠서 수행한다. AS는 AS 번호$^{AS\ number}$로 식별한다. 각 AS는 차례대로 서브넷^{subnet} 숫자로 구성되는데, 이는 일반적으로 2의 거듭제곱 덩어리의 숫자로 된 인터넷 프로토콜$^{IP,\ Internet\ Protocol}$ 주소다.

서비스와 포트: 통신 세션은 클라이언트^{client}와 서버^{server}라고 하는 양 끝단의 소프트

웨어 개체가 처리한다. 서버에 연결하고자 하는 애플리케이션은 그 장치 자체를 식별할 수 있는 이름을 갖고 있어야 하며, 어떤 서비스^{service}에 접근할 것인지에 대한 이름도 갖고 있어야 한다. 이는 보통은 세션을 다루는 소프트웨어 프로세스가 초기화해준다. 인터넷 세계에서 이런 서비스는 종종 포트 번호$^{port\ number}$로 식별되고 많은 서비스(예: 이메일, 웹 서비스)가 클라이언트 소프트웨어에게 잘 알려진 포트$^{well-known\ port}$를 사용하며, 이는 표준화되어 있다.

(여기서 '포트'는 소프트웨어 용어다. 이 단어는 이더넷 교환기$^{Ethernet\ switch}$의 물리적인 연결점에도 사용한다.)

사용자: 때때로, 사용자 그 자체를 식별할 필요가 있다.

메모리 위치: 특정 데이터 요소의 메모리 위치는 컴퓨터 내부에 저장되어 있고, 일반적으로는 감춰진 것으로 간주한다. 하지만 어떤 프로토콜들은 컴퓨터 바깥에 이런 주소를 공유하는데, 그 방법을 양자 네트워크에서도 사용할 수 있다.

컴퓨터 시스템 내부에서는 가상 메모리 주소$^{virtual\ memory\ address}$라고 하는 또 다른 형태의 명명법이 있어서, 애플리케이션이 데이터를 저장하고 불러오기 위해 궁극적으로 접근해야 하는 물리 메모리 주소$^{physical\ memory\ address}$로 번역돼야 한다. 이 번역 과정은 애플리케이션이 모르게 진행되며, 애플리케이션은 절대로 물리 주소를 보거나 다룰 수 없다. 이와 같은 개념, 즉 클라이언트가 볼 수 있는$^{client-visible}$ 이름 번역과 클라이언트가 볼 수 없는$^{client-transparent}$ 이름 번역 개념이 양자 중계기 네트워크를 설계할 때 사용될 수 있다.

요청: 통신 세션에서 특정한 요청에 이름이 필요할 수도 있다. 모호함이 없는 요청 ID$^{request\ ID}$를 공유하는 것이 바람직하다.

3.1.5 보안

양자 네트워크를 사용하려는 중요한 동기 중 하나는 인터넷에 배포된 소프트웨어들의 보안성을 향상하는 것이다. 이 책에서는 이미 QKD를 소개했고, 양자 네트워크를 활용하는 보안 문제에는 비밀 공유나 비밀 대표 선출 등이 있다. 이 책에서 컴퓨터 보안의 전체 영역을 명시적으로 다루지는 않을 것이다. 하지만 이런 활용 분야에 대한 이해뿐만 아니라 양자 네트워크 그 자체의 보안에 관한 문제를 이해하는 데 필요한 중요한 개념들을 설명하겠다.

인증authentication은 행위자가 누구인지 확인하는 과정이다. 당신은 당신이 당신이라고 주장하는 바로 그 사람인가? 개인을 식별하는 문제는 당신 그 자체(생체측정), 당신이 가진 것(물리적 열쇠), 당신이 아는 것(암호) 등을 이용해 해결한다. 공개키 암호화는 셋 중 마지막 항목을 당신이 계산할 수 있는 것으로 바꾼 것과 같다.

허가authorization는 자원을 사용할 수 있는 권리다. 즉, 예를 들어 네트워크에 연결하거나 파일에 접근하는 권한 등을 말한다. 컴퓨터에서 허가는 권리right나 권한permission으로 표현되며, 암호학에서는 능력capability이라고 부른다.

데이터 무결성data integrity을 가진 시스템은 사용자가 허가받지 않은 이용자에게 의해 변경되지 않았음을 확인해준다. 이것은 데이터에 디지털 서명digital signature을 적용해 달성된다. 디지털 서명은 암호적으로 안전한 데이터의 해시값이며, 검증자에게 높은 확률로 데이터의 무결성을 확인해줄 수 있다.

개인정보보호data privacy는 사람들이 데이터 암호화를 생각할 때 떠올리는 바로 그것이다. 즉, 정확한 복호화 키가 없는 사람에게 데이터는 비밀로 남아 있는 것이다.

금융 계약과 같은 중요한 거래를 다루는 시스템에서는 부인방지non-repudiation도 중요한 요소다. 이는 행위자가 계약을 하면서 문서에 디지털로 서명을 한 경우, 나중에 그렇게 하지 않았다는 주장을 할 수 없게 한다.

끝으로, 양자 키 분배와 대표 선출을 다룰 때 설명하겠지만 참여자나 공격자에 의해 결과가 편향되거나 원하는 결과에 도달하기 위한 상태의 확률이 변경되는 것이 불가능해야 한다는 문제가 있다.

3.2 네트워크 규모를 키울 때의 문제

네트워크 설계에 해당하는 모든 항목에서 네트워크의 규모가 커지면 어려움도 커진다. 이번 절에서는 인터넷을 연구개발해온 집단이 수십 년간 발전시켜온 해법과 함께 몇 가지 관심 있는 부분을 요약하겠다.

3.2.1 이질성

인터넷이 성공할 수 있었던 중요한 이유 중 하나는 이질성heterogeneity에 대한 탄력성이다. IP는 손실률을 포함한 다양한 특성을 갖는 구리선, 광섬유, 전파, 단거리 무선랜 등을 사용하는 링크 계층에서 작동한다. IP는 대역폭이 계속해서 성장할 거라는 중요한 문제에 대한 신호가 없었는데도 초당 수백 비트에서 초당 40기가 비트를 넘는 대역폭을 가진 링크에서도 작동하며, 이는 규모가 8 자릿수나 차이가 나는 범위다.

IP는 다양한 라우팅 프로토콜과 평화롭게 공존하며, 심지어 네트워크 혼잡도를 가라앉히고 메시지를 순서대로 전달하는 것을 보장하는 TCP의 여러 버전들과 매끄럽게 상호작용해왔고, 이를 통해 인터넷이 변해도 작동하는 견고한 소프트웨어 프로토콜임을 증명했다.

이런 유연성은 비행 중에 재조립한다고 말할 정도로 계속해서 진화하는 인터넷의 특성 때문이기도 하고 그런 특성의 원인이기도 하다. 의심의 여지 없이 인터넷에 연결된 초창기 시스템은 아두이노^{Arduino} 같은 소형 임베디드 장치^{embedded device} 및 최신형 슈퍼컴퓨터와 함께 아직도 작동하고 있다.

3.2.2 규모

인터넷 운영에 있어 가장 큰 도전과제 중 하나는 수직 상승하고 있는 규모다. 어떤 추정치에 따르면 인터넷에 연결된 장치의 수는 2009년에 이미 인류의 인구수를 넘었고, 2020년에는 500억 개의 장치가 연결될 것으로 전망하고 있다[EVA 11]. 물론 이를 정확히 확인하기란 불가능한데, 네트워크의 노드를 모두 관장하는 등기소가 없기 때문이다. 이런 등기소가 없다는 것은 사실 성장하기 쉽다는 점에도 영향을 주어 인터넷의 대중성을 높였다.

이렇게 거대한 크기는 명명법, 주소지정, 라우팅, 보안, 노후화, 그 외의 실질적인 모든 설계 문제에 새로운 해법이 필요함을 뜻한다. 양자 네트워크의 경우 결정적으로, 가장자리 근처의 노드는 네트워크를 통해 통신 세션이 어떤 경로를 이용할지에 대한 자세한 정보와 같은 네트워크 내부에 관해서는 어떤 것도 알기가 어렵다.

3.2.3 유효기간이 지난 정보

네트워킹이 어려운 이유 중 하나는 단순히 유효기간이 지난 정보를 다루는 문제다. 정보는 (양자 네트워크에서조차) 빛보다 빠른 속도로 전달될 수 없으므로, 데이터의 전송뿐만 아니라 네트워크 상태에 대한 정보 그 자체의 전송도 지연되는 것을 피할 수 없다.

여기에는 동적 연결 상태가 포함될 수도 있다. 가령, 내 메시지 중 어느 부분이 도착했을까? 그럼, 이것을 어떻게 말해야 할까? 특히, 세션의 양 끝단은 연결 상태 정보를 어떻게 공유할 수 있을까?

라우터의 경우, 이 문제는 네트워크의 상태에 대한 유효기간이 지난 정보를 포함한다. 라우팅 프로토콜은 수렴^{converge}(네트워크의 토폴로지가 바뀐 후 새로운 기능적 안정 상태에 도달)하는 데 시간이 걸리며, 링크가 끊어진 이후에 수렴할 수도 있다. 게다가 네트워크의 어느 부분이 혼잡하다는 정보가 네트워크 전체에 제때 퍼져 나갈 것이라고 기대할 수도 없다. 실제로 인터넷 공학자들은 그런 정보를 공유하는 명시적 시스템을 만들지 않기로 했으며, 이를 직접 감지하거나 알려주는 것은 드문 일로 남아 있다.

3.2.4 기관의 수요

네트워크의 이점을 누리려는 기관은 네트워크에 참여하는 능력이나 적극성에 따라 다른 수요를 갖는다. 이들은 연결을 늘릴 때마다 통신회사에 연락하기 싫어서라도 네트워크를 공유하는 정도, 사용하는 기술의 종류, 심지어는 연결하는 노드의 수까지도 통제하고 싶어 한다. 그런 정보는 독점적인 것으로 생각되며, 때로는 네트워크를 작동하게 만드는 극소수의 필요한 사람들 외에는 공유하고 싶어 하지 않는다.

현대적인 네트워크 설계에서는 어떤 기관이 어떤 종류의 제한적인 권한으로 든 새로운 서비스를 개발하고 배포해도 될 만큼 유연한 기본 기반을 만드는 것이 현명하다고 간주된다. 사실 기업은 고객에게 서비스를 제공하기 위해 네트워크를 사용하며, 심지어 네트워크 공급자 그 자체가 되어 기존의 네트워크 공급자와 경쟁하고 싶을 수도 있다.

3.2.5 노드의 이상행동

네트워크가 견고하기 위해서는 단일 노드나 노드의 작은 집단이 네트워크 전체의 작동을 방해할 수 없어야 한다. 인터넷에서는 (방금 말했듯이) 노드, 네트워크, 서비스의 자율성이 이를 뒷받침한다. 이 말은 앞으로 일어날 모든 행동을 예측하는 것은 기본적으로 불가능하다는 뜻이기도 하다. 노드나 노드 집단이 다른 노드의 작업이 완료되는 것을 적극적으로 방해하는 것을 서비스 거부[DoS, Denial of Service] 공격이라고 한다. DoS는 앞에서 논의한 허가와는 동전의 양면이다.

아주 작은 노드 집단이라도 소속 구성원들의 이상행동을 감지할 수 있어야 한다. 분산된 시스템에서 결함을 추론하는 일은 나중에 소개할 상태 기계[state machine]가 처리한다[SCH 90].

이상행동을 감지하고 적극적으로 상태를 이해하는 많은 문제가 비잔틴 동의[Byzantine agreement] 또는 비잔틴 장군의 문제[Byzantine generals problem]로 표현된다[LAM 82]. 비잔틴 장군의 문제에서는 협력해야 하는 군대들이 도시를 포위하고 있다. 도시에 대한 공격을 성공시키려면 군대는 반드시 동시에 공격해야 한다. 각 군대는 연락책을 통해서만 통신할 수 있으며, 불행하게도 그 연락책은 메시지를 전달하다가 늦거나 방해를 받을 수도 있다. 레슬리 람포트[Leslie Lamport], 로버트 쇼스탁[Robert Shostak], 마셜 피스[Marshall Pease]는 이 문제를 명확히 보고, 두 가지 전제조건하에서 해답을 제안했다. 메시지의 진위를 서명과 편지로 확인할 수 있는 경우와 구두에 의한 전달처럼 확인할 수 없는 경우다. 그 이후 다른 사람들이 해답의 실현 가능성을 향상했고, 따라서 고전적인 시스템에서는 (새로운 예외들이 계속 나오긴 하지만) 풀린 문제로 간주한다[CAS 99, KOT 10]. 이에 대한 고전적인 문제와 그 변종의 양자역학적 해법을 6.5절에서 자세히 다룰 것이다.

3.3 설계 패턴

3.3.1 위계구조

네트워크에서 밝혀진 최초의 설계 패턴은 조직에 위계구조^{hierarchy}를 적용하는 것이다. 초기 전화 네트워크가 이런 특징을 보인다. 지역 전화 교환기는 더 작은 도시에서 큰 도시로 연결되는 장거리 회선을 연결했다. 이런 사실은 전화번호 자체에서도 볼 수 있는데, 전화번호는 애초에 지역적 위계구조에 따라 엄격하게 할당돼왔다.

네트워크의 기간망^{backbone}은 네트워크의 멀리 떨어진 부분들을 연결하는 더 빠르고 중앙집중된 링크와 노드로, 그 비용은 많은 사용자가 분담한다. 대도시에서 대도시로 가는 전화 기간망은 초창기에도 풍부하게 연결된 토폴로지를 갖고 있었다. 하지만 라우팅은 대체로 트리^{tree} 구조에 기반했다. 트리 구조란, 먼저 목적지의 주소(전화번호)가 요구하는 수준까지 위계구조에서 위로 올라갔다가 다시 트리의 반대쪽으로 내려가는 방식이다.

아르파넷^{ARPANET}(인터넷의 전신)은 겨우 수십 개의 노드만으로 네트워크가 구성됐던 매우 초창기에도 2단계 위계구조 시스템을 적용했다. 건물이나 캠퍼스에는 지역 네트워크^{LAN, Local Area Network}가 사용되고, 기관들 사이에는 광역 네트워크^{WAN, Wide Area Network}가 사용된다. 문제는 두 종류의 네트워크를 연결하는 것이다. 이 역할은 게이트웨이^{gateway}가 담당한다. 이것은 필요에 따라 프로토콜을 번역하는 데 특화된 기계다. 네트워크 토폴로지 문제를 다루다 보면 위계구조는 반복적으로 볼 수 있다.

3.3.2 계층화

3.1.3절에서 프로토콜의 아이디어와 프로토콜은 종종 다른 프로토콜과 함께 작

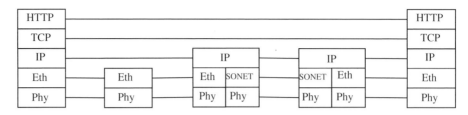

그림 3.3 고전적인 다중홉/다계층 아키텍처. IP를 이용한 다중홉 경로를 일부 사용하는 부분을 포함하고 있다.

동하도록 설계한다는 언급을 했었다. 그림 3.3에서 볼 수 있듯이, 현대 통신 아키텍처에서 기능은 **프로토콜 계층**protocol layer의 집합으로 나눠져 있다. 각 계층은 애플리케이션이 요구하는 끝 대 끝end-to-end 통신을 지원하는 데 있어 다른 역할을 담당한다. 각 계층은 원격 노드에 연결하기 위해 아래 계층에서 제공하는 서비스를 이용한다. 실제로는 이 계층에서 구현된 소프트웨어는 하나의 모듈로 통합되어 있을 수도 있지만, 대체로 계층마다 분리되어 구현된 것처럼 설명한다.

이 접근법의 중요한 특징은 네트워크의 중간에 있는 노드에서 필요한 기능을 제한해 확장성을 증대시킨다는 점이다. 네트워크 중간에 있는 하나의 라우터는 수백만 개의 계속적인 연결의 일부를 전송할 수 있다. 만약 경로에 있는 모든 라우터가 각 연결의 설정에 모두 참여해야 한다면, 필요한 자원(시간, 처리 능력, 메모리)은 상당할 것이다. 게다가, 만약 새로 개발된 서비스를 위해 라우터의 작동과 충돌하거나 라우터에 새로운 기능을 구현할 필요가 있다면 새로운 서비스의 배포가 어려워진다(대체 아키텍처로서, 전화 네트워크의 원래의 아날로그 방식에서 디지털 방식으로의 전환에 주목해볼 수 있다. 디지털 방식은 어떤 수준의 성능을 보증하는 경로를 따라 자원을 할당하는 등의 끝 대 끝end-to-end 설정 작업을 수행할 수 있다. 하지만 초기 네트워크는 음성 정보를 전달하는 데 모든 자원을 투입하기 때문에, 여기서 제시하는 다른 문제들을 해결하는 데 쓰기에는 어려움이 있다).

3.3.3 얇은 허리

빈트 서프[Vint Cerf]와 밥 칸[Bob Kahn]은 1970년대 초에 영리한 제안을 했다. 인터넷 프로토콜 주소[Internet protocol address], 즉 IP 주소라고 하는 추가적인 주소 계층을 써서 메시지를 다수의 네트워크를 통해 전달할 수 있도록 하며, 이는 인터네트워킹 아키텍처를 가능하게 만들었다[CER 74].

이 개념은 IP 그 자체에 내장되어 있다. IP는 공통의 접점이 되며, 서비스를 구축하는 기반이다. IP는 많은 다양한 종류의 링크 계층을 넘어서 작동하며, 상위 계층의 프로토콜은 IP가 제공하는 기본 서비스를 사용한다. IP 자체는 그 아래에서 작동하는 링크나 네트워크의 용량과 보장에 대해 최소한의 가정만 한다. 즉, 주어진 패킷을 전달하려고 노력하는 것만을 전제하고, 메시지의 전달 순서나 심지어 확실히 전달된다는 보장도 하지 않는다. 아키텍처 관점에서 이 계층은 모래시계[hourglass] 또는 얇은 허리[narrow waist]로 볼 수 있다. 그림 3.4에 나타나 있듯이, 'IP는 모든 것을 넘어서고, 모든 것은 IP로 전달한다'고 할 수 있다[DEE 01].

양자 네트워크가 전 세계에서 사용되면, 유사한 인터네트워킹 아키텍처가 중요해질 것이다. 제안된 아키텍처 중 하나를 15장에서 다룬다.

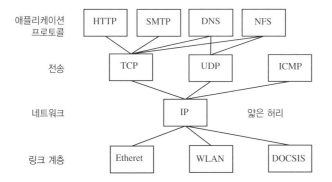

그림 3.4 '모래시계' 모양의 인터넷 프로토콜 계층 아키텍처(이상적인 모습)

3.3.4 다중화 자원

네트워크 자원을 관리하는 가장 간단한 접근법은 회로 교환^{circuit switching}일 것이다. 세션이 시작되는 시점에 경로를 선택하고, 세션이 끝날 때까지 그 경로에 있는 모든 자원이 통신에 사용되며, 그 세션이 끝나야 자원을 다른 세션에 제공할 수 있는 방식이다. 이는 아날로그 회로가 물리적으로 연결되는 기존의 전화 네트워크에서 만들어진 방법이다. 당연히 네트워크 사용량이 조금만 높아져도 다른 세션은 막혀버린다. 그림 3.5에서, 만약 AB 세션이 먼저 사용하기 시작했으면 EF 링크는 이 세션에만 사용된다. 다른 끝단인 C, D가 세션을 시작하려고 한다면, AB 세션이 완료될 때까지 기다릴 수밖에 없다. 반면에, CE와 DF 링크는 유휴 상태로 남아 있다. 더 크고 더 복잡한 네트워크에서는 네트워크에 요청이 대기열에 어떤 순서로 들어오는지에 따라 네트워크의 전체적인 효율이 나빠지거나 연결될 때까지 매우 오랫동안 기다려야 할 수도 있다. 초기 전화 네트워크에서는 동시에 여러 세션을 사용하기 위해 다중 회선을 통한 장거리 회선^{trunk line}을 통해 해결했다. 이 방식을 여기서 설명하지는 않을 것이다.

시분할 다중화^{TDM, Time Division Multiplexing}나 시분할 다중 접속^{TDMA, Time Division Multiple Access}은 다양한 통신 세션에 할당하기 위해 시간을 나눠서 여러 칸, 즉 타임 슬롯^{time slot}들을 만들어둔다. 세션은 자신에게 할당된 타임 슬롯 동안만 링크를 사용할 수 있고, 세션이 준비되지 않았다면 링크는 사용되지 않는다. 대체로 세션은 하나

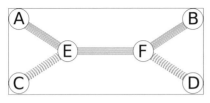

(a) 회로 교환을 통해 EF 링크가 AB에 할당된 상태. 굵은 선으로 표시되어 있다.

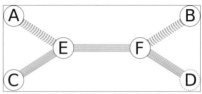

(b) EF 링크가 CD에 할당된 상태

그림 3.5 간단한 회로 교환

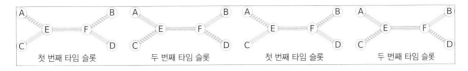

첫 번째 타임 슬롯   두 번째 타임 슬롯   첫 번째 타임 슬롯   두 번째 타임 슬롯

그림 3.6 두 가지 통신 흐름의 시분할 다중화. 굵은 실선은 통신 흐름이 사용 중인 링크를 나타낸다.

의 타임 슬롯 내에 가능한 것보다 많은 데이터를 전송하려고 하므로, 여러 개의 타임 슬롯을 쓰게 될 것이다. 양 끝단에 있는 애플리케이션은 네트워크가 자신의 차례가 올 때까지 끈기 있게 기다려야 한다. TDM은 그 특성상 단일 통신선로에 대해 구현과 분석이 쉽고, 공정하다는 것이 보장된다. 다중홉 경로의 각 홉마다 독립적으로 할당된다면, 분석은 더 복잡해진다. TDM은 초기 디지털 전화 네트워크, 비동기식 전송 방식[ATM, Asynchronous Transfer Mode] 네트워크, 그리고 몇몇 2세대 휴대전화 네트워크에 사용됐다.

인터넷은 네트워크에 대한 방향성 없이 구축됐다. 끝단 노드와 중간 노드는 데이터를 전송할 준비가 되면 정보를 독립적으로, 비동기적으로 보낸다. 따라서 링크의 즉시적인 가용성은 확률적 과정이 되고, 많은 수의 송신자가 내보내는 정보량의 종합적인 통계에 의존한다. 이것을 통계적 다중화[statistical multiplexing]라고 한다. 링크가 즉시 사용 가능하지 않을 경우, 데이터는 대체로 나중의 전송을 위해 임시저장[buffer]된다.

13장에서 설명하겠지만, 양자 중계기 네트워크는 중계기 노드에 있는 버퍼 메모리 가용량에 매우 의존한다. 그런 제한된 자원에 대해서는 메모리를 n개의 같은 부분으로 나눠서 각각을 분리된 통신 세션이 처리하도록 하는 방법이 있다. 이것을 버퍼 메모리 분할 다중화[buffer memory division multiplexing]라고 한다. 그림 3.7을 보면, AB 세션과 CD 세션은 각각 E와 F 메모리의 절반씩 받는다. 이렇게 고정된 할당 기법은 더 느리지만 각 연결의 행동을 예측할 수 있을 때 허용된다. 이 방식은 고전 네트워크에서는 회로 교환 작동의 묵시적인 일부분을 제외하면 널리 사

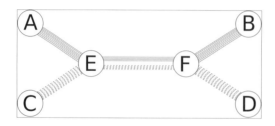

그림 3.7 버퍼 공간 다중화

용되지 않는다.

세션의 끝 대 끝^end-to-end 통신이 막힌 경우, 가장 자연스러운 접근 방법은 단순히 끝 대 끝 경로를 다시 사용할 수 있을 때까지 기다리는 것이다. 이를 대체하는 방법은 경로의 사용 가능한 부분을 예측해서 적극적으로 사용하는 것이다. 데이터가 중간 노드에 임시저장될 것이라고 가정한 상태로 데이터의 일부분을 보내는 고전 네트워크에서 이 방법이 사용된다면, 이는 전송 대역폭의 가용성을 지연시킨다. 13장에서 설명할 양자 중계기 네트워크에서는 이것이 전체 네트워크 처리량에 유의미하게 긍정적인 영향을 준다.

3.3.5 똑똑한 네트워크와 멍청한 네트워크

인터넷의 중간에 있는 라우터는 기본적인 최소한의 기능만을 제공하도록 되어 있다. 인터넷에서 메시지 전달은 신뢰하기 어려우며, 순서가 보장되지 않고, 각 끝단 노드에서 의미를 해석하도록 강제한다. 사실, 파일 전송에서 한쪽의 디스크에서 다른 쪽 끝의 디스크에 파일이 담고 있는 데이터가 정확하게 전송됐는지 판단하는 것은 오직 양 끝단 자체에서만 가능하다. 다중홉 전송에서 단계마다 정확한 전송을 확인하는 것은 수신 측 호스트가 데이터를 정확하게 받을 수 있을지를 보증하지 못한다. 결국은 작동이 성공적으로 끝났음을 선언하기 전에 최종 점검을 해야 한다.

이 기능을 그 필요성을 가장 잘 아는 장치, 즉 끝단 노드에게 위임한다는 아이디어는 끝 대 끝 논증end-to-end argument으로 알려져 있다. 이것은 제리 살처Jerry Saltzer, 데이비드 리드David Reed, 데이브 클라크Dave Clark가 명확히 했다[SAL 84, CLA 90]. 그들의 주장을 요약하면 다음과 같다.

> 이 질문에 해당하는 기능은 통신 시스템의 끝점에 있는 애플리케이션의 지식과 도움을 활용해야만 완전히, 그리고 정확하게 구현될 수 있다. 그러므로 통신 시스템 그 자체의 기능으로서 질문한 기능을 제공하는 것은 불가능하다(때로는 통신 시스템이 불완전한 기능이라도 제공하는 것이 성능 향상에 유용할 수 있다).

데이비드 아이젠버그David Isenberg는 예상치 못한 새로운 기능을 우연히 막아버릴 수도 있다는 우려 때문에, 내부 노드의 행동을 강제로 제한해야 한다는 주장을 하며 이 아이디어를 다시 가져와 "바보 같은 네트워크의 부상"이라고 했다[ISE 97]. 이 접근법은 노드의 기능을 단순하게 유지하고 고성능 시스템을 더 쉽고 저렴하게 만드는 데 도움을 주었다.

3.3.2절에서 언급한 대로, 초기의 전화 네트워크에 이용된 많은 아키텍처는 소비자 측보다 네트워크 교환기 측에 지능성을 도입하기로 결정했다. 그리고 그 결정은 네트워크를 특정 데이터 형식(인간의 목소리)에 묶어두었고, 새로운 서비스의 발명을 늦추는 의도치 않은 효과를 만들었다.

3.3.6 분산된 관리와 자율성

인터넷은 기본적으로 노드, 네트워크, 그리고 심지어 꼭대기에 만들어진 소프트웨어 서비스까지도 독립적이고 자율적으로 움직일 것이라는 전제를 기반으로 한다. 새로운 서비스를 배포하는 데 어떠한 중앙 권력으로부터의 허가도 필요하지 않다. 중앙집중 조율은 인터넷 할당 번호 관리 기관[IANA, Internet Assigned Numbers Authority]과 같은 곳에서 이메일이나 웹처럼 널리 사용되는 서비스에 사용하는 포트 번호를 정하는 정도에만 적용됐다. 이론적으로는 어떤 노드든지 다른 모든 노드에 도달할 수 있지만, 실제로는 네트워크에서 다른 네트워크로 전송하는 것은 사업적 협약과 법적 문제가 가로막기도 한다. 연결성이 약해지면서 어떤 사용자에게 네트워크의 가치가 떨어질 수는 있어도, 모든 네트워크를 연결하는 데 요구조건[requirement]은 없다.

개별 네트워크는 (이후 라우팅 프로토콜을 논의할 때 보겠지만) 다른 네트워크에 연결할 때 필요한 몇 가지 기본적인 안내사항만 따른다면 원하는 만큼 매우 많은 것을 할 수 있다. 기본적인 링크 기술의 선택은 전적으로 개별 네트워크에 달려 있으며, 네트워크 외부에서는 전혀 보이지 않는다.

중앙집중 제어가 적용되는 몇 안 되는 분야 중 하나는 각 네트워크가 독점적으로 사용해 광역적으로 인터넷에 도달할 수 있도록 하는 IP 주소의 분배다. 이 주소는 개별 네트워크에 할당할 수 있도록 IANA가 지역 등기소에 나눠준다. 그러나 일단 각 기관이 주소를 받으면, 더 이상 어떤 권력기관의 통제 없이 원하는 대로 많은 것을 할 수 있다.

3.3.7 상태 기계

이제 작동이 견고하고 효율적임을 증명하기 위해 분산된 통신 세션 참여자들의 행동을 엄밀하게 설명할 방법이 필요하다[YUA 88]. 그런 설명을 하는 데 필수적인 요소는 '누가', '무엇을', '언제' 알고 있는지 결정하는 것이다. 그렇게 하면 각 노드가 예측대로 결정하기 위해 충분한 정보를 가졌는지, 그리고 그 오류 모형이 이해됐는지를 보일 수 있다. 견고한 작동을 하려면 또한 교착상태[deadlock]가 일어나지 않는다는 것을 보여야 한다. 교착상태란 두 노드가 서로 상대방이 메시지를 보낼 때까지 기다리는 것이다. 이런 방식의 노드 작동은 **프로토콜 상태 기계**protocol state machine를 이용해 제어하는 것으로 설명할 수 있다. 분산 시스템 설계에 상태 기계를 사용하는 방법은 낸시 린치Nancy Lynch의 고전적인 책에서 잘 다루고 있다[LYN 96].

통신 세션 양 끝단의 행동을 설명하는 것은 이들이 마주친 상황과 그 상태를 바꾸는 사건이 일어났을 때 어떤 일이 발생하는가이다. **상태**state는 일반적으로 노드가 마주친 상황이나 가장 공통적으로 기다리는 다음 사건을 설명하는 이름을 갖고 있다. 상태는 하나 이상의 허용 가능한 사건을 가지며, 이는 대체로 메시지를 받거나 국소적으로 일어난 일(대체로 유효기간의 도래)과 같은 것이다. 어떤 작동이 실행된 후, 사건은 항상 **상태 전이**state transition를 유발한다. 상태 전이는 다시 같은 상태로 되돌아오는 자기 상태 전이self-transition일 수도 있다. 상태 전이에 의한 작동은 **부수효과**side effect라고 한다. 이 책의 목적에 비춰본다면, 국소적 양자 연산이나 메시지를 하나 이상의 노드에 보내는 것이 부수효과에 해당한다.

그림 3.8에 간단한 예를 들었다. 만약 두 신호등을 서로 연결한다면, 목표는 상대편이 적색으로 변했다는 신호를 받은 후 녹색으로 바뀌는 것이다. 녹색으로

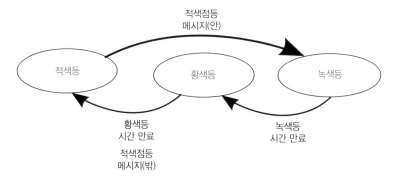

그림 3.8 신호등에 대한 상태 기계. 초기화는 무시하고 두 신호가 연결되어 있다고 가정한다.

변한 후 특정 간격이 지나면 황색으로 변하고, 그후 적색으로 변한 다음 '적색 등'이라는 메시지를 보낸다(여기서 시스템이 시작하는 시점에 어느 쪽이 녹색이고 어느 쪽이 적색인지를 정해야 한다는 것은 무시한다). 이 책에서 상태는 문장이 들어간 원으로 표기하고, 화살표는 상태 전이를 표시한다. (안)이나 (밖)이라고 적힌 표지는 메시지를 나타낸다. (안)이라는 표지는 받았을 때 변화를 일으키는 것이고, (밖)이라는 표지는 변화가 일어났을 때 전송된다. 이 책에 실린 대부분의 상태 기계는 다른 상태 기계와 함께 구성할 수 있도록 설계됐다. 따라서 그 초기 상태는 무시하고, 대신에 상태 기계를 호출할 때 사건으로 들어오는 상태 전이를 표시하고, 상태 기계가 끝나는 것을 나가는 상태 전이로 표시한다.

이 책에서는 메시지가 항상 잘 전달되고, 순서대로 전달되며, 제시간에 전달된다고 가정한다. 처음의 두 가지 요건은 TCP를 사용하면 해결할 수 있는데, TCP는 제시간에 도착하는 것을 보증하지는 않는다. 지연시간의 분포를 포함한 이와 관련된 자세한 논의는 이 책의 범위를 넘어가므로 다루지 않는다.

3.3.8 약한 정합성과 연성 실패

인터넷의 규모를 키울 수 있게 하는 설계 고려사항은 핵심 프로토콜의 약한 정합성weak consistency이다. 도메인 이름 시스템DNS, Domain Name System은 인간이 읽을 수 있는 이름을 IP 주소로 번역하는 서비스인데, 노드에게 변환된 주소의 사본을 보관할 수 있게, 즉 캐시cache할 수 있게 한다[MOC 88]. 그 내용의 변경은 네트워크에 걸친 모든 노드에 즉시 적용되지 않을 수도 있다. 따라서 일정 기간 동안 노드는 부정확한 IP 주소를 사용하려고 시도할 수 있고, 연결에 실패할 수 있다. 하지만 시스템은 점진적으로 자기 자신을 고쳐나가고, 영향을 받는 사용자는 적은 수가 된다. 결국, 캐시를 사용해 유효기간이 지난 데이터나 인증되지 않은 답을 갖고 있다고 하더라도 종합적인 정합성은 시스템에 엄청난 확장성을 허용한다. 좀 더 최근에는 주문형 서비스가 늘어나면서 DNS에 더 높은 정합성이 요구되고 있다.

마찬가지로, 라우팅 시스템에서도 노드와 링크가 생기거나 사라지면서 발생하는 네트워크 변경 구조의 모든 변화를 즉시 모든 노드가 알 수는 없다. 라우팅 시스템이 보증하는 것은 점진적인 수렴이며, 결과적으로 도달이 불가능한 경우는 임시적일 것으로 기대된다.

3.3.9 분산 라우팅 프로토콜

라우팅 알고리듬은 그래프에서 경로를 선택하는데, 두 부분으로 나누어져 있다. 하나는 단일 링크에 대한 비용을 정의하는 부분이고, 다른 하나는 이를 기반으로 경로에 대한 비용을 계산하는 함수다. 이렇게 해서 단일 점 대 점^{point-to-point} 통신선로를 더 풍부한 네트워크로 확장할 수 있다. 예를 들어 다익스트라의 최단 경로 우선 알고리듬은 각 링크에 대해 간단한 스칼라 비용을 주고, 후보가 되는 경로의 비용 합을 계산해 링크의 비용으로 삼는다[DIJ 59].

공식으로 나타내면 다음과 같다.

$$C_{\text{path}} = \sum_i c_i, i \in \{P\} \tag{3.2}$$

여기서 $\{P\}$는 경로에 포함된 링크의 집합이며, c_i는 i번째 링크의 비용이다. 문제는 이 추상적인 알고리듬을 네트워크에 있는 모든 네트워크 참여자가 버려지거나 루프에 갇히지 않고 정합적인 결론에 도달하도록 하면서 이것을 분산된 상태에서 수행하도록 하는 것이다. 이런 견고함은 라우팅 프로토콜의 가장 중요한 특성이며, 어떤 관심 있는 척도에 대해 최적 경로나 최적에 가까운 경로를 찾아내는 것은 사실상 두 번째 목표다.

인터넷이 그 선조로부터 성장하면서 다양한 라우팅 프로토콜이 고안됐고, 내부 토폴로지를 숨기고 확장성을 제공하며 자율적인 관리와 개인정보보호를 위해 내부 게이트웨이 프로토콜^{IGP, Interior Gateway Protocol}과 외부 게이트웨이 프로토콜^{EGP, Exterior} Gateway Protocol의 2단계 위계구조를 도입했다. 이 위계구조는 다른 계층을 가질 수 있으나, 현재까지 계층의 구조와 수는 고정되어 있다.

다익스트라 알고리듬의 분산된 형태로 만들어진 열린 최단 경로 우선^{OSPF, Open} Shortest Path First 프로토콜은 수천 개의 노드, 따라서 지름이 20 미만이고 가장 큰 네트워크에서도 평균 경로 길이가 4~7 정도인 네트워크에서 활용되고 있다[BAS 01, GOV 02, MOY 97]. OSPF에서는 각 노드가 전체 네트워크의 토폴로지를 학습하고, 그 자신으로부터 다른 노드에 이르는 최선의 경로를 계산한다. OSPF 는 많은 자율적인 시스템에서 IGP로 사용한다. 하지만 각 AS는 IGP를 공통적으로 쓰는 다른 것들 중에서 자유롭게 고를 수 있고, 직접 만들 수도 있고, 심지

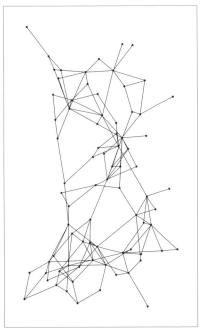

(a) 중간 크기의 AS   (b) 큰 인터넷의 AS

그림 3.9 두 인터넷 AS의 토폴로지

어 완전히 수동 설정으로 내부적인 경로 설정을 유지할 수도 있다. 로켓퓨얼 도구$^{Rocketfuel\ tool}$를 이용해 측정한 두 인터넷 AS의 토폴로지가 그림 3.9에 나타나 있다. 이 그림은 끝단 노드가 아니라 라우터만을 포함한다. 끝단 노드의 수는 자릿수 규모가 훨씬 크다.

다른 네트워크의 보안과 자율성을 보존하고 확장성을 향상하기 위해 한쪽 AS에 있는 라우터는 다른 AS의 내부 토폴로지에 대해서는 결코 알아낼 수 없다. 그리고 수백만 개의 다른 노드와 링크에 대해 정확한 환경을 학습하는 것은 비현실적이다. 라우터는 네트워크의 어떤 이웃 AS에서 받은 것을 다른 이웃 AS에 전달하는 환승연결^{transit}을 포함해서 AS의 한쪽에서 다른 AS로 가는 경로의 존재를 학습하며, 이는 지역 정책과 실무적인 결정에 따라 이뤄진다.

3.3.10 오버레이, 가상화, 재귀

시간이 지나면서 두 네트워크가 다른 네트워크를 통해 연결되어 있지만, 마치 직접 연결된 것처럼 처리해야 할 필요성이 생겼다. 이것은 한 네트워크가 다른 네트워크의 상부에 있도록 하거나, 데이터 패킷이 네트워크의 경계를 넘어설 때 주소를 변환하기 위해 필요하다. 이는 터널^{tunnel}이라고 하는 것을 이용하는데, 이것은 한쪽의 터널 끝점$^{tunnel\ end\ point}$에서 다른 메시지에 원래의 메시지를 포장^{encapsulate}해서 보내고, 반대쪽 터널 끝점에서는 전달받은 메시지를 개봉^{decapsulate}해서 전달하는 방법이다. 이렇게 하면 두 끝점은 물리적인 링크로 연결된 것처럼 작동하는 네트워크에 있을 수 있다. 터널은 멀리 떨어진 두 사무실이 같은 건물에 있는 것처럼 연결하는 등의 관리 목적에서 두 네트워크를 효과적으로 결합할 수 있기 때문에 필요하다. 또한 터널은 패킷을 암호화할 수 있는데, 양 끝의 네트워크가 아닌 더 큰 네트워크를 가로질러 갈 때 비밀을 보장받을 수 있다. 이것이 가상 사설망$^{VPN,\ Virtual\ Private\ Network}$의 사례다. 이 접근법은 5.4.1절에서 IPsec을 논의할 때 다룰 것이다. 둘 이상의 터널을 이용하면 오버레이 네트워크^{overlay network}를 구성할 수 있는데, 또 다른 네트워크의 상부에 가상의 토폴로지를 만드는 것이다.

가상 네트워크^{virtual network}, 터널, 오버레이, 이동형 IP, 네트워크 주소 번역^{NAT,} ^{Network Address Translation}은 다양한 기술적, 운영적 목표를 위해 사용된다. 그러나 이것들은 모두 주소를 지정하고 경로를 설정하는 데 사용하는 원래의 단일화된 기법에 간섭한다. 결과적으로, 이들은 서로 다른 계층에서 다시 구현된 기능을 위해 똑같은 노력을 너무 반복하게 되는 결과를 낳는다[DAY 08a]. 최근, 이 계층들은 임의의 계층 구조를 지원하는 더 일반적이고 유연한 재귀적 아키텍처^{recursive architecture}의 한 사례로 이해되고 있다[DAY 08b, TOU 08, TOU 10].

네트워크의 부분집합은 전체 토폴로지에 임베딩^{embedding}될 수 있다. 그런 임베딩은 그림 3.10에서 볼 수 있듯이 복잡한 서브넷 구조를 숨기기 위해 고전 네트워크에서 유용하게 사용된다. 재귀적인 네트워크는 임베딩된 서브넷을 더 높은 계층에서 보기에 라우터로 표현한다. 임베딩은 네트워크 토폴로지를 숨기고, 라우팅을 단순화하며, 자율성을 강화한다. 이는 여러 번 반복될 수 있고, 때로는 이미 존재하는 임베딩 위에서도 일어날 수 있다. 바로 이것이 재귀적^{recursive}이라는 용어를 쓰는 이유다. 그림 3.10과 그림 15.1이 비슷하다는 점을 주목하자. 여러 층의 프로토콜에서 어떤 정해진 계층이 클라이언트에 인터페이스를 제공할 때

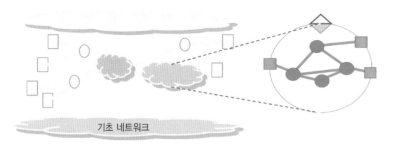

기초 네트워크

그림 3.10 고전 네트워크 재귀. 서브넷(구름)은 오버레이 네트워크의 라우터처럼 작동한다. 재귀적인 라우터(안쪽 원)는 들어오고 나가는 가상 호스트(안쪽의 회색 사각형)와 내부 라우터(회색 원)로 구성된다.

그걸 사용하는 서비스의 인터페이스와 같으면 재귀의 구현은 간단하다.

재귀적인 네트워크는 2000년에 개발됐다[TOU 01]. 그리고 미래 인터넷을 위해 가능한 아키텍처로 발전했다[DAY 08a, DAY 08b, TOU 01, TOU 06, TOU 08, TOU 10]. 이는 프로토콜 소프트웨어의 계층화, 메시지 전달, 토폴로지 임베딩을 통합하는 데 사용된다. 양자 네트워크는 15장에서 볼 수 있듯이 재귀적 네트워크의 창발적인 개념에 의해 잘 설명된다.

3.4 인터넷

이 장에서 설명한 다양한 내용 외에도, 몇 가지 사실들이 인터넷에 대한 개념을 강화하는 데 도움을 줄 것이다. 이는 완전하지는 않아도 지금 수준에서는 충분한 정도다. 인터넷의 역사를 따라가면 1969년에 시작된 초기의 실험적 아르파넷을 만나게 된다. 하지만 인터넷의 탄생을 좀 더 구체적으로 논의한다면, 이는 1983년 1월 1일이다. 이날, IP가 오래된 NCP 프로토콜을 대체해서 초창기 네트워크의 모든 노드에 의무사항이 됐다. NCP와 IP는 아르파넷 기간망에서 몇 년간 공존했다. 하지만 NCP는 끝단 노드에 직접 도달할 수 없었고, IMP라고 하는 LAN의 입구에서 멈췄다. EGP 프로토콜의 도입은 2단계 라우팅 구조를 규격화하고, 라우팅과 자율 시스템[AS]을 포함한 관리 책임을 분할했다.

아르파넷의 시대에는 모든 노드가 정확히 작동했고 프로토콜은 제대로 운영됐기 때문에 하드웨어 문제 같은 오작동에 대비해 네트워크가 견고할 필요가 없었다. 1980년에, 하나의 노드에서 발생한 하나의 갇힌 비트가 유발한 라우팅 메시지의 폭주로 인해 네트워크가 가득 차면서 네트워크 전체가 무너지는 상황이 발생했다[ROS 81].

사실, 제대로 작동하는 노드들의 네트워크도 네트워크 전체가 실패하는 것과 같이 예측하지 못한 행동을 보일 수 있다. 혼잡의 개념은 이전에도 알려져 있었지만, 1986년에 인터넷의 혼잡 붕괴^{congestive collapse}가 일어나면서 매우 가까이 다가왔다. 노드가 반복적으로 그들의 메시지를 네트워크를 통해 보내려고 시도하는데 네트워크는 이미 데이터로 넘쳐나고 있고, 반복적인 시도는 문제를 악화시키고, 유효한 처리량은 대부분의 연결이 초당 수십 비트로 떨어질 정도로 감소하는 등 '필요한' 소통량이 전체 흐름을 거의 멈추게 했다. 이 문제는 반 제이콥슨 ^{Van Jacobson}의 혼잡 제어 알고리듬이 거의 다 배포될 때까지 계속됐다[JAC 88]. 이 분야의 연구는 계속됐고, 베가스^{Vegas}, 리노^{Reno}, QBIC, 스티븐 로^{Steven Low}의 제어 이론^{control theory} 기반 접근법 등 많은 혼잡 제어 알고리듬이 등장했다. 양자 네트워크에서도 실시간으로 충실도가 감소하는 문제를 해결하려면 꼭 필요하며, 혼잡은 특히 시급한 문제로 나타날 것이다.

끝으로 언급해야 하는 것은 1988년의 인터넷 웜^{Internet Worm}이다. 이것은 인터넷의 '순수의 상실'이라고도 불리며, 모든 행위자(노드, 소프트웨어, 인류 등)가 서로 협동적으로 행동할 것이라고 믿을 수 없음을 분명하게 했다. 인터넷 웜의 중요한 효과는 인터넷 대부분에 대한 대규모의, 명백하게 의도하지 않은 서비스 거부^{DoS} 공격이었다.

인터넷의 역사는 복잡하며 기념비적인 사건들이 있었지만, 1980년대의 이런 사건들이 있었기에 인터넷의 유년기라는 딱지를 떼고 현재와 같은 모습이 될 수 있었다고 본다. 위와 같은 네 가지 사건의 의미를 이해해두면 양자 네트워크를 만드는 데 있어 공학적으로 좋은 선택을 할 수 있도록 이끌어줄 것이다.

3.5 결론

3장에서는 절충안으로 몇 가지 기초적인 부분을 다뤘다. 고전 네트워크의 모든 작동을 다루는 것은 분량의 한계로 인해 불가능하다. 그러나 여기서 다룬 내용은 기초부터 네트워크를 설계하는 데 중요한 문제들을 잡기에 충분할 것이다. 양자 네트워크를 설계하는 공학적 접근법은 인터넷 설계자, 건설자, 운영자의 경험으로부터 많은 개념을 가져올 것이기 때문에, 인터넷을 사례로 사용했다. 마찬가지로, 양자 중계기 네트워크에 의해 가능해질 서비스들이 고전 인터넷과 매끄럽게 통합돼야 한다는 점은 피할 수 없는 요구사항이다. 이것의 가장 중요한 사례로 5장에서 양자 키 분배를 다룰 것이다.

4

양자원격전송

많은 양자 네트워크가 양자원격전송에 의존한다. 2장에서 벨 짝에 대한 확장된 논의 및 벨 부등식 위반과 그 CHSH 형태를 다뤘다. 이러한 기초 위에서 양자 원격전송을 좀 더 깊이 있게 이해해보자. 먼저 실험 절차를 설명하고, 그에 따르는 실험적 결과를 소개할 것이다. 이어서 고전적인 상태 기계와 고전 통신이 왜 양자원격전송을 지원할 필요가 있는지 중계기 메모리의 정확한 식별자 같은 문제는 걱정하지 않고 간단하게 논의할 것이다.

4.1 기본적인 양자원격전송 연산

찰리 베넷과 그 동료들은 1993년의 그 유명한 논문을 통해 양자원격전송을 설명했다[BEN 93]. 양자원격전송은 앨리스가 갖고 있지만 아직 알려지지 않은 데이터 큐비트인 $|\psi_D\rangle = \alpha|0\rangle + \beta|1\rangle$과 앨리스와 밥이 한 쪽씩 나눠 갖고 있는 벨 짝으

로 시작된다. 네 가지 벨 상태 중 어떤 것을 써도 좋지만, 이 장에서는 기본적으로 앨리스와 밥이 $|\Psi^-\rangle$ 상태를 공유하고 있다고 가정하겠다.

연산을 하는 동안 벨 짝의 얽힘과 앨리스가 갖고 있는 큐비트인 $|\psi_D\rangle$는 붕괴된다. 앨리스는 밥에게 고전적인 메시지를 보내야 하며, 그 메시지는 밥이 어떤 연산을 수행해야 하는지 지시한다. 연산의 마지막에 밥은 원래의 큐비트인 $|\psi_D\rangle$와 같은 상태를 갖고 있으며, 이때 밥이나 앨리스는 원래 상태가 무엇이었는지 전혀 알 필요가 없다.

실험 과정은 다음과 같다.

1. 앨리스와 밥이 $|\Psi^-\rangle$ 벨 상태를 준비한다. 둘이 벨 상태의 한 쪽씩을 갖는다. 여기서 앨리스가 가진 쪽을 $|\Psi^-\rangle_A$라고 하고, 밥이 가진 쪽을 $|\Psi^-\rangle_B$라고 할 것이다.

2. 앨리스가 양자원격전송을 하려는 상태 $|\psi_D\rangle$를 준비(또는 취득)한다. 이 과정은 첫 번째 단계와 함께 일어날 수도 있다.

3. 앨리스가 $|\psi_D\rangle|\Psi^-\rangle_A$를 벨 기저를 사용해 측정한다. 그 결과, 앨리스는 2개의 고전 비트를 얻는다. 밥은 갖고 있는 하나의 큐비트가 $|\psi_D\rangle$와 관련이 있다는 것은 알고 있지만, 정확한 관계는 아직 모른다.

4. 앨리스가 밥에게 2개의 고전 비트를 전송한다.

5. 밥은 2개의 고전 비트를 받아서, 그가 갖고 있는 큐비트에 X와 Z 보정을 해야 할지 결정한다.

6. 필요한 보정이 끝나면, 밥의 큐비트는 앨리스의 원래 상태 $|\psi_D\rangle$와 같다.

전체 3큐비트 상태의 변화를 자세히 들여다보자. 먼저, 초기 상태는 다음과 같다.

$$|\psi_D\rangle|\Psi^-\rangle = (\alpha|0\rangle + \beta|1\rangle)_D(|01\rangle - |10\rangle)_{AB}/2 \tag{4.1}$$

이 상태는

$$|\psi_D\rangle\,|\Psi^-\rangle \;=\; \frac{1}{2}\,\big[\,|\Psi^-\rangle_{DA}\,(-\alpha\,|0\rangle - \beta\,|1\rangle)_B$$
$$+\,|\Psi^+\rangle_{DA}\,(-\alpha\,|0\rangle + \beta\,|1\rangle)_B$$
$$+\,|\Phi^-\rangle_{DA}\,(\beta\,|0\rangle + \alpha\,|1\rangle)_B$$
$$+\,|\Phi^+\rangle_{DA}\,(\beta\,|0\rangle - \alpha\,|1\rangle)_B\,\big] \tag{4.2}$$

라고 다시 적을 수 있다. 이 수식의 증명은 독자들에게 연습문제로 남겨둔다. 만약 위에서 설명한 대로 D와 A에 대해 벨 측정을 수행한다면, 식 (4.2)의 네 항중 정확히 하나를 고르게 된다. B가 갖고 있는 상태가 원래 상태와 똑같은 계수인 α와 β를 갖고 있다는 사실은 쉽게 알 수 있을 것이다.

예를 들어, DA가 $|\Psi^+\rangle$에서 발견됐다고 해보자. 그렇다면 여기에 대응되는 B의 상태는 $(-\alpha\,|0\rangle + \beta\,|1\rangle)_B$다. 이것을 원래 상태인 $|\psi_D\rangle$로 보정하려면, $|1\rangle$ 항의 부호만을 바꾸는 Z 게이트(위상 게이트)를 한 번 적용하면 된다. 발견된 각 상태에 대해 필요한 보정 방법을 표 4.1에 작성해뒀다.

표 4.1 앨리스가 DA에 대해 측정해서 알아낸 벨 상태에 따라, X와 Z 보정은 밥이 갖고 있는 큐비트 B에 적용돼야 한다. 사전에 앨리스와 밥은 $|\Psi^-\rangle$ 벨 짝을 공유하고 있다고 가정한다. 이 관계표는 처음에 어떤 벨 상태를 공유하고 있었느냐에 따라 달라질 수 있다.

D 측정 결과	A 측정 결과	DA의 벨 상태	X 게이트 적용	Z 게이트 적용
1	1	$|\Psi^-\rangle$	N	N
0	1	$|\Psi^+\rangle$	N	Y
1	0	$|\Phi^-\rangle$	Y	N
0	0	$|\Phi^+\rangle$	Y	Y

여기서 논의한 경우와 $|\Psi^-\rangle$에서 발견된 경우, $|0\rangle$에 마이너스 부호가 붙고 $|1\rangle$에 플러스 부호가 붙는 것은 인수분해를 통해 쉽게 보일 수 있다. 하지만 2.4.3절에서 설명했듯이, 어떤 양자 상태의 광역위상은 관찰할 수 없다. 따라서 어떤 식

이든 모든 항에 동시에 −1을 자유롭게 곱할 수 있다. 그러므로 $(-\alpha|0\rangle + \beta|1\rangle)_B$ 는 $(\alpha|0\rangle - \beta|1\rangle)_B$와 기능적으로 동등하지만 $(-\alpha|0\rangle - \beta|1\rangle)_B$와는 다르다.

흥미로운 점은 원래의 상태 $|\psi\rangle$와는 독립적으로 4개의 벨 상태가 똑같이 가능하다는 것이다. 앨리스가 네 상태 중 어떤 것을 얻을지 아무도 예측할 수 없고, 따라서 밥이 $|\psi\rangle$를 복구하기 위해 적용해야 할 보정 방법도 알 수 없다. 벨 상태를 재구성하기 위해 두 비트는 반드시 고전적인 통신선로를 통해 앨리스로부터 밥에게 전송돼야 한다. 이러한 보정 정보 없이 밥은 B를 측정할 수 없고, 어떤 유용한 정보도 복구해낼 수 없다. 이에 따르는 지연시간은 양자원격전송이 아인슈타인의 특수상대성이론을 위반하는 것을 막는다.

기본 개념은 그림 4.1에 회로 형태로 그려져 있다. 그림에는 다섯 단계가 표시되어 있다. 첫째, 벨 짝을 생성한다. 둘째, 벨 짝을 분배한다. 셋째, 벨 상태 측정BSM, Bell State Measurement을 수행한다. 넷째, 벨 상태 결과를 고전 통신으로 보낸다. 다섯째, 어떤 보정 연산이 적용돼야 하는지 고전적으로 결정한다. 벨 짝의 생성과 측정은 다양한 물리적 기법으로 수행될 수 있으나, 그 모든 것은 아래의 회로도에 그려진 것과 같은 논리적 효과를 갖는다(여기서는 오직 순수 상태만을 고려하고 있다).

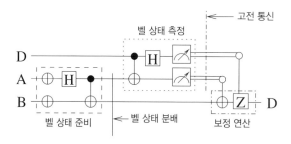

그림 4.1 기본 양자원격전송 회로. A와 B는 둘 다 $|0\rangle$에서 시작했다고 가정한다. 점선 사각형 안의 게이트에서 $|\Psi^-\rangle$ 상태를 만든다. 어떤 물리계는 그림에 그려져 있는 게이트를 통하지 않고도 이 상태를 직접 만들수 있다. 상태 생성 후, A는 앨리스에게 주어지고 B는 밥에게 주어진다. X와 Z 게이트는 양자 연산으로 제어되지 않으며, 밥이 BSM의 결과에 따라 수행할지 여부를 고전적으로 결정한다.

벨 짝의 생성은 어디서 하더라도 상관없다. 앨리스가 해도 되고, 밥이 해도 되며, 제3자가 할 수도 있다. 일단 생성된 다음, 벨 짝은 둘로 나눠져서 하나는 앨리스가 갖고 다른 하나는 밥이 가져간다. 8장에서 앨리스와 밥에게 일어나는 일들의 시간이 달라지는 다양한 링크 구성을 살펴볼 것이다.

네트워크 자원: 양자원격전송은 정확히 하나의 벨 짝을 소모한다. (나중에 설명할 광역 관리 프로토콜을 무시한다면) 측정 결과인 2개의 고전 비트가 반드시 통신으로 전달돼야 한다. 수행시간은 단방향 지연의 결과다. 공학적으로 잘 설계하면 이 과정은 여러 참여자들을 연쇄적으로 이어줄 수 있다.

4.2 양자원격전송의 실험적 증명

비엔나^{Vienna}의 안톤 자일링거$^{Anton\ Zeilinger}$ 연구진은 제안된 지 4년 만에 처음으로 중요한 양자원격전송 실험을 수행한 연구단 중 하나다[BOU 97]. 양자원격전송의 첫 심상은 정지해 있는 큐비트가 빛의 얽힘 상태를 이용해 원격전송하는 것이었지만, 사실 그들의 기법은 앨리스의 위치에 있던 한 광자의 상태를 밥의 위치로 원격전송시킨 것이었다. 실험 전체를 광자만으로 수행하는 것은 물론 어려운 일이지만, 광자를 물질과 상호작용하게 하는 작업보다는 훨씬 쉬운 작업이다.

이 실험은 광자 쌍으로 $|\Psi^-\rangle$ 상태를 이용했다. $|\Psi^-\rangle$ 상태는 8장에서 설명할 매개하향변환$^{PDC,\ Parametric\ Down\ Conversion}$이라고 하는 물리적 과정을 통해 직접 생성된다. 이 실험에서 BSM 장치는 앨리스가 가진 벨 짝의 큐비트와 앨리스 자신의 데이터 큐비트로부터 오직 $|\Psi^-\rangle$ 상태만을 모호함 없이 검출하도록 설계되어 있다. 앞서 살펴봤듯이 앨리스는 네 가지 벨 상태를 얻을 확률이 동등하므로, 이 실험은 광자가 전혀 손실되지 않는다고 하더라도 네 번 중 한 번만 성공한다. 실험의 전체적인 구도는 그림 4.2에 나타나 있다.

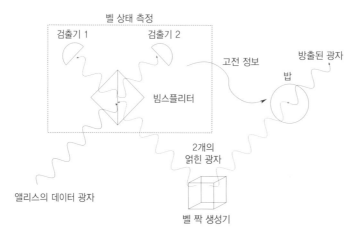

그림 4.2 자일링거가 양자원격전송 실험에 사용한 장치의 구도. BSM 결과를 받으면, 밥은 그가 가진 광자가 앨리스가 전송하려는 상태와 같은지 여부를 알 수 있다. 이 장치에서 원격전송이 정확히 이뤄질 확률은 25%이고 그 밖의 상태는 버려지기 때문에 보정 연산은 수행할 필요가 없다.

그다음 해, 캘리포니아공과대학교 제프 킴블Jeff Kimble의 연구진이 빛의 상태를 부호화하기 위해 2준위의 2진수 큐비트가 아니라 양자 연속 변수CV, Continuous Variable를 이용하는 매우 다른 형태의 양자원격전송 실험을 수행했다. 벨 상태를 연속 변수 공간에 대응시키면서 그 실험은 네 가지의 모든 가능한 벨 상태를 검출할 수 있었고, 필요한 보정 연산에 대해 작동했다[FUR 98]. 이 과정에서 연구진은 양자원격전송이 실제로 일어났음을 증명하는 데 필요한 논리적 허점을 몇 가지 막았다. 아키라 후루사와Akira Furusawa는 당시 킴블의 연구단에 있던 과학자였는데, 그의 연구단에서 연속 변수 시스템에 대한 실험을 수행했다. 그림 4.3은 도쿄대학교 후루사와 교수의 실험실에 있는 양자원격전송 실험장치의 최근 사진이다.

그림 4.3 도쿄대학교 아키라 후루사와 교수의 실험실에 있는 양자원격전송 실험장치의 최근 사진. 아키라 후루사와 교수의 허가하에 게재함

양자원격전송의 정의는 오직 추상적인 양자 상태만을 필요로 한다. 그 상태는 다양한 물리적(또는 논리적) 현상으로 표현될 수 있다. 사실상, 양자원격전송은 광자에서 원자로 이뤄질 수도 있으며, 그 반대도 가능하다. 광자를 정적인 메모리에 결합하는 작업은 이 방법에 따른 양자원격전송을 이용해 진행된다. 광자와 다른 정적인 메모리 사이의 양자 상태를 맞교환할 수 있는 능력 없이는, 매우 먼 거리에 떨어져 있는 요소들을 이용해 양자 컴퓨터를 만들 수도 없고 다양한 형태의 양자 중계기도 만들 수 없을 것이다. 닐스 보어 연구소^{Niels Bohr Institute} 유진 폴직^{Eugene Polzik}의 연구진은 2009년 중요한 이정표에 도달했다[SHE 06]. 그 실험에서 셔슨^{Sherson}은 강한 광 펄스를 원자의 앙상블 상태에 결합하고 펄스를 50cm 이상 전송했다. 결국, '데이터' 상태는 적은 수의 광자의 연속 변수 상태였던 것이다. 데이터 상태는 강한 광 펄스를 이용해 함께 측정됐고, 그 결과 데이터 상태에서 원래의 원자 앙상블에 대한 양자원격전송이 이뤄졌다.

멀리 있는 두 원자 사이를 빛으로 결합하는 방식이 아니라, 가까이 있는 두 원자의 상호작용으로 생성된 벨 짝을 직접 멀리 떨어트리는 방식으로 두 원자 사이의 양자원격전송이 실현됐다[RIE 04, BAR 04]. 결합 매체로 빛을 이용해 1m 떨어진 두 원자 메모리 사이의 양자원격전송을 달성했고[OLM 09], 좀 더 최근에는 광섬유를 이용해 광자를 150m 정도 전송해 실현됐다[BAO 12]. 최근 실험에서는 21m 떨어진 두 원자 메모리에 대해 88%의 충실도에 도달했고, 그 성공확률은 이전의 실험에 비해 몇 자릿수 높은 0.1%에 도달했다[NÖL 13]. 하나의 광자에서 다른 광자로 양자원격전송하는 실험은 점차 실제 환경에서 수행되고 있다. 스위스컴^{Swisscom}이 설치한 통신 네트워크의 일부분인 800m의 광섬유로 연결된 550m 떨어진 두 지점이 물리적 생산공장으로 이용됐다[LAN 07]. 이 실험에서는 흐름 제어 부분이 TCP/IP 네트워크를 통해 전달됐다. 앞의 세 가지 실험은 모두 대략 90%에 달하는 충실도를 보였다. 2012년에 자일링거의 연구진은 카나리아 제도^{Canary Islands}에 설치된 두 망원경을 이용해 143km의 자유공간에 대한 광자 대 광자 양자원격전송 실험을 시작했다. 이 실험에서는 80% 이상의 충실도를 보였고, 시간당 수백 회의 양자원격전송 성공률을 달성했다.

4.3 양자원격전송을 위한 상태 기계

그림 4.4는 양자원격전송 목적지에서 큐비트를 관리하는 데 사용하는 프로토콜 상태 기계^{PSM, Protocol State Machine}를 보여준다. 이 간단한 PSM은 더 큰 소프트웨어 계층에 결합된다. 큐비트의 제어는 두 가지 조건이 확인되면 이 기계(아래쪽 화살표)에 맡겨진다. (1) 예상되는 양자원격전송 송신지에서 적절한 충실도를 갖는 벨 짝이 존재하고, (2) 양자원격전송 목적지에서 이 큐비트가 확인된 경우다.

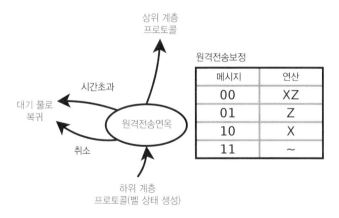

원격전송보정

메시지	연산
00	XZ
01	Z
10	X
11	~

그림 4.4 양자원격전송의 수신 큐비트에 대한 간단한 상태 기계. '원격전송연옥'이 유일한 상태다. 화살표 옆의 단어는 사건을 나타낸다. 오른쪽 표에 '원격전송보정' 메시지를 받은 부수효과로서 적용해야 할 게이트의 목록이 있다.

이 프로토콜의 가운데 상태(하나뿐이긴 하지만)는 '원격전송연옥'[1]이다. 밥이 아는 것은 앨리스가 큐비트를 여기에 원격전송시켰을 가능성이 매우 높다는 것뿐이다. 밥은 앨리스가 송신을 했다는 메시지를 받기 전까지는, 앨리스가 이미 송신을 했다 하더라도 밥이 그것을 모르는 상태다. 일반적으로 밥은 적절한 보정 연산을 수행해 양자원격전송을 완성하기 전에는 이 큐비트를 사용할 수 없다. 그러므로 이 큐비트는 양자원격전송연옥$^{teleportation\ limbo}$에 있는 것이다.

앨리스는 '원격전송보정' 메시지나 '취소' 메시지를 보낼 수 있다. '원격전송보정' 메시지는 밥에게 앨리스의 원래 $|\psi\rangle$ 상태를 복원하기 위해 어떤 보정 연산을 수행해야 하는지 알려준다. 이 연산이 수행되고 나면 양자원격전송은 완성되고, PSM의 일은 끝난다. 큐비트의 제어는 더 높은 계층의 프로토콜이나 양자원격전송된 데이터가 도착하기를 기다리고 있는 애플리케이션으로 넘어간다.

---

1   연옥은 천국과 지옥 사이에 있는 곳으로, 어디로 갈지 결정되지 않은 영혼이 머무는 곳이다. - 옮긴이

네트워크가 견고하게 작동하려면, 노드는 네크워크의 다른 노드가 실패했을 때나 통신선로가 연결에 실패했을 때 복구할 수 있어야 한다. 최소한, 제한시간을 설정해서 만약 정해진 시간 동안 상대방과 통신이 되지 않아서 실패로 판단되면 사용 중인 자원을 되돌려놓도록 해야 한다. 일반적으로, 복구된 자원은 사용 가능한 메모리 풀^{pool}로 되돌아올 것이다. 여기서 다시 활용되러 갈 때까지 다시 초기화되고 어떤 연산에 할당돼야 한다. 그림에 있는 '시간초과' 전이는 이 사건을 나타낸다.

엄밀히 말해, '취소'는 불필요하다. 일단 벨 짝이 만들어지면(PSM에 들어오는 조건이다), 그림 4.4의 회로에는 앨리스가 양자원격전송을 취소하고 싶은 명백한 실패 상태가 없다. 게다가 '시간초과'만이 필요하며, 이것으로 충분하다. 어떤 취소 작용을 하고 싶으면 단순히 시간초과 기능에 의해 복구될 때까지 기다릴 수 있기 때문이다. 하지만 어떤 BSM은 모호한 결과를 내놓을 수 있는 물리적 기법을 사용할 수도 있다. 또는 앨리스가 오류가 발생하는 것을 예측하고 어떤 연산을 할 수도 있다. '취소' 메시지를 추가하는 것은 시스템 효율을 크게 높일 수 있다.

이런 형식화에서 벨 짝의 생성 과정은 양자원격전송 연산과 분리된다. 벨 짝 생성은 양자정화(9장)나 얽힘교환과 완전한 중계기 작동(10장)과 같은 복잡한 연산을 포함할 수 있기 때문이다. 물리적 큐비트보다는 오류 보정 부호화에 대한 논리적 수준에서 일어날 수 있다(11장).

소프트웨어 모듈화와 유연성을 대가로 벨 짝의 생성을 상태 기계에 직접 통합하는 것은 가능하다. 하지만 주의 깊게 수행한다면, 이렇게 하여 더 비동기식으로 작동 가능하며 잠재적으로 성능 향상을 기대할 수 있고 메모리 수명이 나쁜 시스템에서 치명적일 수 있는 대기시간을 줄일 수 있다. 비동기식 작동이 증가한다는 것은 미래의 어떤 지점에서 조건 (1)과 (2)가 만날 것을 보장한다. 일반적으로 조건 (1)은 신뢰할 수 있는 링크 계층을 필요로 한다. 이는 한쪽에서 벨 짝의 절반을 다른 쪽보다 훨씬 먼저 받고 그에 대한 연산을 수행하는 것이다. 조건 (2)는 고전적인 분산 시스템에서 골치 아픈 문제다. 이는 매우 높은 지연시간을 갖고 공유 메모리에 접근하려는 두 프로세서가 같은 목적으로 어떤 정해진 메모리 영역을 사용하는 경우를 보장하는 것과 유사하다. 이것은 양 끝에서 메모리의 정확한 할당을 보장하는 규칙을 구현해 달성할 수 있다.

밥이 연옥에 빠진 큐비트를 사용하는 것을 막는 규칙에는 중요한 몇 가지 예외가 있다. 이는 클리포드 군 연산^{Clifford group operation}인데, 연산의 순서를 재배치하고 끝에 보정 연산자가 실행되도록 한다. 상태 기계를 순서에 상관없이^{out-of-order} 실행하는 것을 지원하도록 변형하려고 하면 앞서 말한 것과 같은 조건을 보장하는 문제와 마주칠 뿐만 아니라, 여러 메모리 구역, 잠재적으로는 몇 개의 다른 노드를 넘어서 보정 연산을 묶어 실행하는 것을 추적할 수 있는 기법도 추가해야 한다. 이에 대해서는 12장에서 다룰 것이다.

첫 중계기 통신 세션 기법은 동기식 작동을 가정했다. 최근 들어, 여기서 자세히 다루지 않은 상태 기계로 바꿔야 하긴 하지만 비동기성을 증대시키는 기법이 연구되고 있다. 이런 아키텍처는 12장에서 볼 것이다.

4.4 양자원격전송 게이트

잠시 생각해보면, 정확히는 게이트 작동이 확률적이긴 하지만 일반적인 양자원격전송 연산은 데이터 큐비트를 한 장소에서 다른 곳으로 옮기는 게이트와 같다. 가령, 측정 결과가 11이면 상태에 아무 일도 일어나지 않고 이는 항등 게이트 I를 적용한 것이다. 만약 측정 결과가 01이라면, 이것은 상태에 Z 게이트가 이미 적용됐음을 뜻한다. 그것이 만약 원하는 결과라면, 마치 다음 연산으로 어떻게든 Z를 적용하겠다고 계획이 되어 있었던 것처럼, 양자원격전송 연산이 이미 그 게이트를 적용한 것과 마찬가지이므로 양자 상태를 그냥 놔두면 된다. 비슷한 이야기를 10과 00의 결과를 얻은 경우에도 적용할 수 있다.

하지만 이것들은 상대적으로 간단한 단일 큐비트 게이트이고, 확률적이다. 원하는 결과를 항상 얻기 위해서는 정정 연산을 수행해야 할 수도 있다. 범용 계산에 대한 완전한 게이트 집합을 얻으려면, 임의의 단일 큐비트 회전과 하나의 얽힘 연산이 필요하다. 사실 장거리에 걸친 얽힘 연산을 할 수 있으면, 몇 개의 큐비트만 가진 노드를 기반으로 하는 분산 양자 컴퓨터(양자 다중 컴퓨터)를 만들 수 있다[JIA 07b, LIM 05, OI 06, VAN 06].

1999년에 고츠만^{Gottesman}과 추앙은 특별한 4큐비트 얽힘 상태를 이용해 CNOT 게이트가 멀리 떨어진 두 큐비트 사이에서 어떻게 원격으로 실행될 수 있는지를 보였다. 이 접근법은 광컴퓨터와 같은 어떤 물리적 구현에서는 이점이 있다. 그뿐 아니라, 다중 컴퓨터에서 변하는 위치와 알고리듬을 관리하는 데 잠재적으로 유용할 수 있다[VAN 08].

여기에 필요한 4큐비트 상태는 다음과 같다.

$$|\chi\rangle = \frac{(|00\rangle + |11\rangle)\,|00\rangle + (|01\rangle + |10\rangle)\,|11\rangle}{2} \tag{4.3}$$

$|\chi\rangle$의 처음 두 큐비트는 앨리스가 가진 것이고, 뒤의 두 큐비트는 밥이 가진 것이다. 각각은 데이터 큐비트도 갖고 있다. CNOT 게이트가 작동할 때 밥의 큐비트는 제어를 담당하고 앨리스의 큐비트는 표적이 된다.

고츠만과 추앙은 $|\chi\rangle$에 대해 두 가지 예를 들었다. 하나는 2개의 $|\Phi^+\rangle$ 벨 짝을 사용한 CNOT 게이트이고, 다른 하나는 2개의 3큐비트 상태인 $(|000\rangle + |111\rangle)/\sqrt{2}$의 GHZ 상태와 BSM을 이용한 것이다(GHZ 상태에 대해서는 6.1.2절에

서 자세히 다룰 것이다). 여기서 설명한 대로 정확히 구현된다면, 고츠만의 첫 프로토콜은 양자원격전송된 CNOT 게이트 그 자체를 필요로 한다. 그림 4.5의 왼쪽 절반에 단일 큐비트만을 원격전송시키는 데 필요한 다른 방식을 제시해뒀다.

밥은 시작하면서 큐비트 B, C, D를 이용해 $(|000\rangle + |111\rangle)/\sqrt{2}$ 상태를 생성한다. Tp라는 표지가 붙은 상자가 B를 앨리스에게 원격전송시키면, 앨리스는 $|+\rangle$에 들어 있는 A를 이용해 CNOT 게이트를 적용한다. 그 결과가 상태 $|\chi\rangle$이고, 여기서 밥은 제어 큐비트로 2개의 큐비트를 갖고 있고, 앨리스는 표적 큐비트로 2개의 큐비트를 갖고 있다. 양 끝에서 BSM이 실행되면 BSM 결과에 기반한 단일 큐비트 회전으로 보정을 수행하고, 결과적으로 게이트 원격전송은 완료된다.

네트워크 자원: 만약 그림 4.5에 있는 방법으로 $|\chi\rangle$를 준비한다면, 양자원격전송을 하면서 정확히 하나의 벨 짝이 소모된다. 필요한 고전 통신은 두 비트를 서로 보내야 하므로 단방향이 아니라 양방향이다. 결과는 독립적이며 전송은 동시에 이뤄진다.

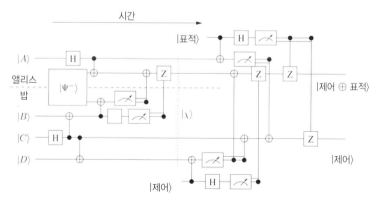

그림 4.5 CNOT 게이트의 완전한 원격전송 게이트를 위한 회로도. $|\Psi^-\rangle$로 표시한 상자가 벨 짝을 만든다.

4.5 결론

이 책을 집필하는 시점에도 양자원격전송 분야에서 최고 수준의 실험은 계속해서 발전하고 있다[KRA 13, TAK 13, STE 13]. 성공 확률의 향상은 검출은 가능하지만 드물게 이뤄지는 과정을 효율적으로 확정적인 작동 과정으로 바꾸고 있다. 빛이 물질 큐비트와 결합하는 능력, 출력 충실도, 통신 파장으로의 변환 효율 등 모든 방면에서 이 책이 포착할 수 있는 것보다 더 빠르게 발전하고 있다. 독자들에게 이 책의 출판 이후의 발전을 다룬 문헌을 꼭 참고하기를 권한다.

양자원격전송은 어떤 먼 거리에 걸쳐서 얽힌 벨 짝을 생성하는 능력에 의존한다. 당연하게도 실험 연구진의 다수가 더 크고, 더 멀고, 더 높은 충실도를 갖고, 더 오래 살아남는 얽힘 상태를 만들 수 있는 한계를 밀어붙이고 있다. 이와 관련된 물리적 기법에 대해서는 8장에서 좀 더 자세히 다룰 것이다.

4장에서는 독립된 연산으로서의 양자원격전송을 논의했다. 이후의 장에서는 양자원격전송이 어떻게 완전한 양자 중계기 네트워크 및 분산된 애플리케이션과 통합되는지 볼 수 있다. 좀 더 분산된 시스템에서 중요한 요소는 표 4.1에 있는 보정 작업을 수행하기 위한 고전 정보를 공유하는 것이다. 실제로 이 정보를 받아들이는 데는 당연히 빛의 속도와 고전 네트워크 요소에 의한 제한을 받는다. 하지만 어떤 환경에서는 이것이 연산을 더 적용하기 위해 원격전송된 상태를 사용하는 것을 방해하지 않는다.

사실, 양자원격전송은 임의의 4개의 벨 상태뿐만 아니라 현재 알려지지 않은 벨 상태를 이용해서도 수행 가능하다. 고전 정보는 의도적으로 또는 피할 수 없는 송신 문제로 지연될 수 있다. 하지만 고전 정보가 어떤 벨 상태를 갖고 있었는지 알려주기 때문에, 또는 갖고 있는 상태를 특정한 벨 상태로 바꾸기 위해 어떻게 고쳐야 할지 알려주기 때문에, 보정하는 시점은 심지어 다른 연산을 하고 나서 나중에 하는 것으로 미룰 수도 있는데, 이렇게 한 번에 하는 과정을 파울리 관찰계 보정Pauli frame correction이라고 한다. 이 내용은 10장과 11장에서 구체적으로 다룰 것이다.

PART **02**

응용

5

양자 키 분배

5장에서는 가장 중요한 양자 통신 기술의 상업적 응용 중 하나인 양자 키 분배QKD, Quantum Key Distribution에 대해 다룬다[GIS 02, LO 08]. QKD는 두 참여자 사이에 공유되는 비밀 난수를 생성한다. 이 수는 대체로 보안이 허술한 네트워크를 통해 보안 통신을 지원하기 위해 암호화 세션 키key로 사용된다.

QKD의 핵심 아이디어는 도청자의 존재나 부재를 검출하기 위해 양자역학을 사용한다는 것이다. 앨리스와 밥은 프로토콜을 실행하면서 양자 상태를 공유한다. 도청자eavesdropper가 있다면, 데이터값에 대해 알아내려는 시도 속에서 교환되는 상태를 측정할 것이다. 앞에서 살펴봤듯이, 이 측정은 양자 상태의 붕괴를 유발한다. 민감한 통계적 방법은 도청자의 측정에 의한 변화를 밝혀낼 수 있고, 심지어 도청자가 양자 상태에 대한 영향을 최대한 제한하려고 최선을 다한다고 하더라도 그렇다. 기본적으로, 도청자가 많이 알게 될수록 도청자의 존재가 감지될 기회는 더 늘어난다. 시간이 흐름에 따라 도청자가 감지되지 않을 가능성은 0에 가까울 정도로 작아진다. 분산된 수치 계산뿐만 아니라, QKD를 양자 감지 네트워크quantum sensor network의 표준적인 사례로 볼 수도 있다. 7장에서 관찰 기준계로 공유된 양자 상태를 사용하는 것에 대해 공부하면서 다른 형태의 감지 네트워크, 가상 물리계를 살펴볼 것이다.

먼저, QKD의 이면에 숨어 있는 개념을 제시하고 그 이유에 대해 배운다. QKD는 현재 양자 중계기 네트워크를 배치하는 데 있어 가장 중요한 동기이기 때문에, 암호 통신의 현재 상태를 더 자세하게 살펴볼 필요가 있다. 일단 이유를 이해한 다음, QKD 프로토콜 그 자체에 대해 설명한다. 원래의 BB84 프로토콜[BEN 84]과 에커트의 얽힘 기반 프로토콜[EKE 91]을 논의한다. 두 가지 중요한 QKD의 테스트베드로 다르파DARPA 네트워크와 도쿄 네트워크를 개괄적으로 살펴보고, 유럽의 SECOQC 테스트베드를 연결 기반의 QKD에서 본격적인 네트워크로 진행해야 하는 공학적 필요성을 논의하기 위한 예로 들 것이다. 최근의 공격과 대응, 그리고 보안 증명에 대한 이론적인 발전도 언급한다. 그러나 이 책의 목적이 QKD에만 한정된 것은 아니므로, 더 자세히 다루지는 않을 것이다.

5.1 QKD와 암호화의 목적

QKD 시스템은 멀리 떨어져 있는 두 참여자 사이에 공유하는 비밀 난수를 생성하는 것, 그 이상도 그 이하도 아니다. QKD는 이 기능만으로도 많은 학자의 시간과 경력을 문제 삼지 않고 연구 프로젝트, 제품 생산, 스타트업startup에서 큰 연구비를 승인받을 수 있을 만큼 중요하다. 연구자들은 새롭고, 기본적으로는 예측되지 않는 물리현상에 참여하고 이를 탐색하는 것은 가치가 있다는 간단한 이유 때문에 매력을 느낄 수 있다. 하지만 제품 투자는 또 다른 문제다. 공유된 비밀 난수는 왜 가치 있는가?

그 답은 컴퓨터 시스템과 네트워크 보안, 특히 암호화 세션을 위한 키 생성^{key} ^{generation} 또는 키 동의$^{key\ agreement}$라는 매우 중요한 분야에 있다. 공유된 비밀 난수는 확실하게 비밀로 유지되기만 하면, 암호화 키$^{cryptographic\ key}$로 사용될 수 있고, 이는 인터넷과 같이 물리적으로 보안이 허술한 네트워크를 가로질러 보안 통신을 할 수 있도록 한다(여기서 '보안'이라는 말은 3.1.5절에서 논의했던 개인정보보호, 무결성, 인증, 부인방지 중 어느 것이든, 또는 전부를 의미할 수 있다. 이에 대한 자세한 사항은 이 책의 범위를 넘어가며, 관심 있는 독자들은 보안이나 응용 암호론 서적을 참고해 더 공부해볼 수 있다[SCH 96]).

이상적으로, 그런 암호화 키는 정확히 한 번만 사용하고 파기된다. 데이터를 키와 배타적 OR 연산^{XOR}을 하고 절대로 재사용하지 않는 것을 1회용 암호$^{OTP,\ One-}$ $^{Time\ Pad}$, 또는 버논 암호기$^{Vernon\ cipher}$라고 한다. 이것은 확실하게 완벽한 보안성을 갖춘 유일한 암호화 기법이다. 하지만 OTP는 전송된 데이터와 정확히 같은 양의 키 자원을 소모하기 때문에, 대부분의 경우 실용적이지 않다. 더 큰 문제는 일반적으로 암호화 키 자체가 비밀리에 전송돼야 한다는 것이며, 더 나아가면 참여자들 중 통신을 시도할 수 있는 모든 짝에 대해 그렇게 해야 한다. 누구든지 다른 누군가와 통신을 하기로 결정할 수 있는 일반적인 네트워크에서, 가능한 모든 대화를 위해 키를 미리 공유해야 한다는 것은 $O(n^2)$개의 OTP 키를 공유해야 한다는 뜻이며, 이것은 확실히 비실용적인 접근법이다.

대신에 진보된 암호 표준$^{AES,\ Advanced\ Encryption\ Standard}$과 같은 실용적인 암호화 방법이 대량의 데이터를 암호화해 전송하는 데 사용된다. AES는 대칭적인 비밀키 시스템이다. 이런 종류의 방법은 키가 반드시 공유돼야 하고 비밀이 유지돼야 한다는 점에 의존하는데, 따라서 키 교환 기법에 의존적이다. 키 교환은 디피-헬만 키 교환$^{Diffie-Hellman\ key\ exchange}$(또는 디피-헬만-머클 키 교환$^{Diffie-Hellman-Merkle\ key\ exchange}$)을 가장 많이 사용한다. 때때로 이는 키 동의$^{key\ agreement}$라고도 하는데, 실제로 암호화 키가 네트워크를 가로질러 교환되지는 않기 때문이다[DIF 76]. 디피-헬만 키 교환 기법은 두 참여자 사이에 공공 네트워크를 통해 암호화되지 않은 메시지를 교환하는 것으로 공유되는 비밀을 생성한다. 먼저, 기수^{base} g에 대해 소수$^{prime\ number}$인 p를 사용한다고 동의한다. 앨리스는 비밀 a를 선택하고, 밥은 비밀 b를 선택한다. 앨리스는 $A = g^a \bmod p$를 계산한 값을 공개하고, 밥은 $B = g^b \bmod p$를 계산한 값을 공개한다. 이제 앨리스는 $B^a \bmod p$를 계산할 수 있고, 밥은 $A^b \bmod p$를 계산할 수 있다. $(g^a)^b \bmod p = (g^b)^a \bmod p$이므로, $B^a \bmod p = A^b \bmod p$가 성립한다. 이제 앨리스와 밥은 네트워크를 통해 그 수를 직접 교환하지 않고도 같은 수를 계산해냈다. 이 메시지들이 공개되기는 했으나, 관찰자가 위에서 결정한 키를 알아내는 것은 어렵다. 앨리스와 밥은 그 수를 비밀키로 사용하기로 합의할 수 있다. 단, 중간자 공격$^{man-in-the-middle\ attack}$을 방지하기 위해서는 메시지의 송신자가 밥과 앨리스라는 것이 반드시 인증돼야 한다.

이런 기법의 보안성은 일반적으로 특정 문제의 계산 난이도에 관한 가설적이지만 증명되지 않은 사실에 의존한다[SCH 96]. 표 5.1에 암호화된 통신 세션을 지원하는 데 필요한 세 가지 기능, 또는 세션의 상태, 그리고 기능에 대한 가능한 공격들이 정리되어 있다. 인수분해와 이산 로그의 계산 난이도는 연관되어 있다. 그리고 계산 복잡도 등급 P의 밖에 있는지는 알려져 있지 않다. 인수분해에 대해 가장 널리 알려진 방법은 수체 체$^{number\ field\ sieve}$ 알고리듬이다. 이 알고리듬은 인수분해 문제를 성공적으로 공략해 널리 사용된다[KLE 10]. 대칭키 암호화의 설계 목표는 비트를 하나 추가할 때마다 공격자가 고려해야 하는 경우의 수가 두 배로 늘어나는 것이다. 공격자는 지름길에 대한 정보를 결코 얻을 수 없다. 물론 암호화 알고리듬에는 숨어 있는 버그가 있을 수 있으며, 나중에 표면적으로 드러날 수 있다.

표 5.1은 QKD를 배치하는 것이 타당한 경우를 설명하고 있다. 사실상 QKD

표 5.1 암호화된 통신 세션의 데이터를 알아내기 위한 여러 세션 상태에서의 공격 가능성

기능/통신 단계	고전적인 구현	공격자의 행동	무효화의 유효 시간	필요한 능력
인증	RSA 또는 미리 공유된 비밀키	중간자 공격	세션 활성화 시간	실시간 인수분해(RSA), 가능한 모든 키의 시도(미리 공유된 비밀키)
키 교환	디피-헬만	수동 기록	정해지지 않은 미래	이산 로그
대량 데이터 암호화	예: AES, 이상적으로는 OTP	수동 기록	정해지지 않은 미래	모든 키의 테스트(또는 암호화 결함)

는 가장 널리 쓰이고 있는 디피-헬만 키 교환을 대체할 수 있는 명백한 후보다. 이상적으로는 대량 데이터 암호화에 사용하는 AES를 QKD로 생성한 키를 이용하는 OTP로 대체하는 것이 바람직하다. 하지만 그렇게 하려면 대량 데이터 암호화 속도를 유지하기 위한 충분한 키 자원이 필요하다. 대량 암호화는 초당 기가비트를 넘는 연산이 필요하다. 하지만 가장 빠른 QKD 시스템조차도 가장 이상적인 조건에서 초당 메가비트 이하의 속도를 보이며, 중계기 기반의 시스템 역시 예측 가능한 미래에 대해 그보다 조금 더 느릴 것이다.

현재, 그리고 조만간 개발될 기술을 이용한다면, 현실적인 사용 방법이 딱 하나 있다. 바로 표준 고전 인증과 QKD 기반 키 동의 및 표준 고전 암호화 기법을 이용한 대량 데이터 암호화다(다계층 암호화를 이용해 좀 더 강화된 암호 시스템을 이용하는 것도 가능하고 바람직하지만, 그렇게 되면 공격자가 두 계층을 동시에 공격할 것이다. 여기서는 단일 계층 시스템만을 가정할 것이다). 누가 이러한 조합의 잠재적 사용자일까?

암호화는 정부, 기업, 개인에 의해 사용된다. 정부와 기업의 경우 내부 조직 간 통신, 고객과의 보안성 있는 전자상거래 등이 있고, 개인의 경우 각 고객과의 활동, 가족이나 친구와의 통신, 변호사, 자산관리사, 의사, 그리고 아마도 심리조

언가 등과의 통신 등이 있을 것이다. 오늘날 이 모든 목적은 고전적인 암호화에 의해 만족스럽게 제공된다. 그렇다면 어떤 조건에서 방금 말한 상황을 주목하게 될 것인가?

답은 정보 민감성 수명information sensitivity lifetime에 있다. 어떤 공격이 금융 거래를 고치려는 목표를 갖고 있다고 할 때, (데이터 무결성을 직접 고치거나, 중간자 공격을 시도하는 등) 이 과정은 반드시 실시간으로 이뤄져야 한다. 마찬가지로 어떤 암호화 기법을 무력화하는 것은 누군가의 은행 계좌를 텅 비게 만들 수도 있다. 그 밖의 보안 시스템으로는 발전소나 전력망 같은 실시간 제어 시스템이 있다. 이런 암호를 해킹하는 것은 제한적인 쓸모가 있다. 가령, 50년이라고 하자. 반면에 외교 서신의 내용은 지금부터 50년 후에도 단순한 역사적 관심 이상이 쏠릴 테고, 정부는 그 비밀을 숨기려고 최선을 다할 것이다. 이 개념은 그림 5.1에 나타나 있다. 디피-헬만 키 교환을 이용한 AES 암호화, QKD를 이용한 AES 암호화, QKD를 이용하면서 대칭키 암호화를 더 발전시킨 AES++, QKD가 생성한 키를 사용하는 OTP의 이상적인 경우 등이다. LANL의 리처드 휴스Richard Hughes는 오랫동안 저장된 통신의 복호화를 '역반응 취약점retroactive vulnerability'이라고 지칭한다.

표 5.1에 요약된 것과 같이, 결국은 인수분해 문제를 풀거나, 모든 AES 암호화 키를 무력화하거나, 악용할 수 있는 허점을 찾거나 하는 문제의 상대적 어려움으로 되돌아온다. 그럴듯한, 아마도 널리 퍼진 믿음은 시간이 지나면 인수분해가 AES처럼 잘 설계된 대칭키 시스템을 무효화하는 것보다 쉬워질 것이라는 점이다. 예를 들어 1000비트의 수를 인수분해하는 것이 지금은 도달하기 어려운 일이지만, 고전적인 알고리듬을 뛰어넘는 양자 컴퓨터를 이용하면 20년 이내에 달성할 수 있다는 것을 사실로 받아들이고 있다[SHO 97]. 그리고 동시에 앞으로 50년간은 AES의 무력화를 효과적으로 달성하기 어렵다는 것도 사실로 받아들이고 있다. 이런 경우, 현재 시점에 디피-헬만 알고리듬을 QKD로 바꾸면 데

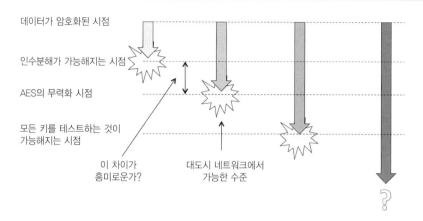

D-H + AES QKD + AES QKD + AES++ QKD + OTP

데이터가 암호화된 시점

인수분해가 가능해지는 시점

AES의 무력화 시점

모든 키를 테스트하는 것이
가능해지는 시점

이 차이가
흥미로운가?

대도시 네트워크에서
가능한 수준

그림 5.1 정보 민감성 수명의 개념은 암호화된 데이터가 역반응 취약점이 되는 경우에 대해 설명한다.

이터 비밀을 30년간 더 보장해줄 것이다.

이런 목표를 염두에 두고, 실제 네트워크에서 QKD를 어떻게 사용하는지에 대한 문제를 논의하기 전에 먼저 두 가지 기본적인 QKD 알고리듬을 설명하겠다.

5.2 BB84: 단일 광자 QKD

도청자의 존재를 밝히는 앨리스와 밥의 접근법은 양자 상태를 교환할 때 도청자를 감지하는 것이다. 이것은 도청자를 강제로 양자 측정에 참여하게 만들어서 그 존재를 드러낼 수밖에 없도록 하는 게 가장 쉬운 방법이다. 1984년 찰리 베넷과 길레스 브라사드가 출판한 논문에서 제안한 베넷-브라사드 프로토콜(BB84)에서, 앨리스는 개별 광자들을 계속해서 밥에게 보내고 밥은 광자가 도착했을 때 측정을 시도한다. 상당수의 광자는 도착하지 못하거나 검출되지 않을 것이다. 결과적으로 도착한 비트들 중 일부는 보관해 암호화 키로 사용하고, 나머지는 도청자를 찾는 데 사용한다.

BB84를 가능하게 만드는 기본적인 통찰은 앨리스가 큐비트를 보낼 때 사용한 기저를 비트에 담을 수 있다는 것이다. 원래 기저에서 측정이 이뤄지면 앨리스가 정한 고전 비트를 만들어낼 것이고, 다른 기저를 고르게 되면 큐비트의 상태를 바꾸고, 따라서 다른 비트를 만들어낼 수 있다. 만약 도청자가 자신의 실험 장치에서 '틀린' 기저를 사용해 큐비트를 측정하고 그 결과를 밥에게 보낸다면, 밥은 '올바른' 기저를 이용해 측정할 것이고 그 결과 큐비트가 전달되는 도중에 바뀌었다는 사실을 감지할 수 있다.

앨리스는 광자 큐비트를 사용할 때 몇 가지 선택지가 있다, 하지만 그중 가장 간단한 것은 편광을 이용한 설명이다. 앨리스는 +로 표시되는 수평/수직 기저(예: $|V\rangle \equiv |\uparrow\rangle \equiv |0\rangle$과 $|H\rangle \equiv |\rightarrow\rangle \equiv |1\rangle$)를 쓰거나, ×로 표시되는 대각 기저(예: $|\nearrow\rangle \equiv |0\rangle$과 $|\searrow\rangle \equiv |1\rangle$)를 사용할 수 있다.

이 프로토콜은 몇 가지 단계를 갖는다.

1. 앨리스가 밥에게 양자 상태를 보낸다. 2개의 고전 비트를 보내는데, 하나는 (a) 사용한 부호화 기저(+ 또는 ×), 다른 하나는 (b) 전송한 비트(0 또는 1)다.

2. 밥은 큐비트를 받아서 측정한다. 측정에 사용하는 기저는 고전적인 난수 비트를 사용하거나 양자 효과를 이용해 선택한다. 이것이 이 프로토콜의 마지막 양자 연산이다.

3. 밥은 앨리스에게 고전 통신선로를 통해 자신이 어떤 큐비트를 받았는지 전송한다.

4. 밥과 앨리스는 고전 통신선로를 이용해 그들이 선택한 기저를 교환한다(밥의 메시지는 앞 단계와 함께 보낼 수 있다). 앨리스와 밥이 같은 기저를 선택

한 경우에는 측정 결과를 보관하고, 만약 다른 기저를 선택한 경우에는 결과를 파기한다. 이것을 걸러냄^{sifting}이라고 한다.

이 시점에서 앨리스와 밥은 각각 비트의 집합을 갖고 있다. 이상적인 경우, 그리고 도청자가 없는 경우라면 두 비트의 집합은 같을 것이다. 실제로는 그들이 암호화를 하기 전에 두 가지 작업이 남아 있다. 실제로 도청자를 감지하는 것과 비트에 대한 오류 보정이다. 도청자의 존재를 점검하려면, 앨리스는 부호화에 사용한 비트 중 일부를 무작위로 골라서 공개한다. 밥이 같은 비트를 받았다면 도청자는 양자 상태에 간섭하지 못한 것이고, (여전히 비밀인) 나머지 비트는 암호화 키로 사용할 수 있다. 그러나 자연의 많은 과정에서 오류가 있을 수 있으므로, 도청자의 존재를 결론짓기에는 통계적으로 복잡한 문제가 된다. 그리고 표준 고전 오류 보정법을 남아 있는 암호화 키에 적용한다. 끝으로, 도청자가 얻은 정보의 양에 대한 마지막 의심을 뽑아내는 데 비밀 증폭^{privacy amplification}이라고 하는 고전 정보 이론에 기반한 기술이 사용된다. 이 단계들 중 대부분은 통계적인 신뢰를 얻을 수 있을 만큼 앨리스와 밥 사이에 연속적으로 많은 비트의 흐름이 있다는 사실에 의존한다.

오류 보정과 비밀 증폭을 제외한 핵심 원리의 사례를 표 5.2에 제시했다. 이 사례에서 도청자는 없으며, 따라서 앨리스와 밥은 도청자의 존재를 밝히기 위해 비트의 일부를 공개할 때 항상 같은 값을 얻는다. 이렇게 되면 도청자가 경로 중간의 어디에서도 큐비트를 측정하지 않았다는 사실이 확인된다.

그림 5.2는 2012년 가을의 게이오대학교 공개 박람회를 위해 만들어진 QKD 원리를 상호작용하며 시연하는 사용자 인터페이스다. 앨리스의 비트값과 부호화 기저 선택은 전송 단계 실행 전에 나타나 있다. 밥과 도청자를 위해 같은 인터페이스를 만들었고, 단일 광자보다는 밝은 편광 레이저를 사용하는 하드웨어 장치를 만들어서 시범을 보였다.

표 5.2 BB84 절차의 핵심적인 부분의 사례. 두 번째 열은 메시지의 방향을 표시한다.

앨리스의 데이터		1	0	0	0	1	1	1	0	1	0	1	1
앨리스의 기저		+	×	+	×	×	+	×	+	+	+	+	×
앨리스가 보낸 비트	→	→	↗	↑	↗	↘	→	↗	→	→	→	→	↘
밥의 기저		×	+	+	×	×	+	×	×	×	+	+	+
밥이 광자를 측정했는가			◇	◇	◇		◇			◇	◇	◇	◇
밥의 측정 결과			↑	↑	↗		→			↘	→		→
밥이 알려준 기저	←		+	+	×		+			×	+		+
앨리스가 공개한 기저	→		×	+	×		+			+	+		×
같은 기저가 사용됐는가				◇	◇		◇				◇		
앨리스가 공개한 비트 일부분	→				0		1						
밥이 공개한 같은 부분의 비트	←				0		1						
남아 있는 키 데이터				0							1		

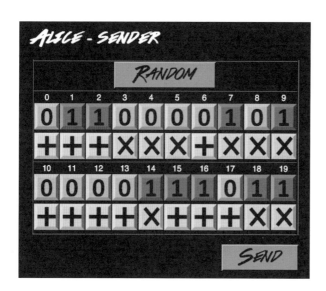

그림 5.2 QKD의 원리에 대해 상호작용적이고 교육적인 시범을 보여주기 위한 아이패드 기반의 사용자 인터페이스. 앨리스가 보는 화면이다.

도청자의 가장 간단한 공격 방법은 광자가 자신을 통과한 것처럼 만들 수 있는 측정 기저를 선택하고, 광자를 측정한 후, 밥에게 그 결과대로 광자를 보내는 것이다. 만약 도청자와 앨리스가 둘 다 무작위로 고른다면 절반은 맞고 절반은 틀릴 것이다. 도청자의 존재를 감지하는 것은 매우 간단하다. 밥과 앨리스가 서로 선택한 기저가 같은 경우를 알려주면, 밥은 그중 절반은 틀린 값을 얻을 것이다. 만약 도청 감지를 위해 서로 공개한 비트의 수를 p라고 한다면, 도청자가 운 좋게 감지되는 것을 피해갈 수 있는 확률은 2^{-p}이다.

도청자는 들켰을 때 계속해서 공격을 할 수 있다. 진짜 중간자 공격은 (설명이 필요하긴 하지만) 고전 통신선로에 대한 인증과 데이터 무결성 점검에 의해 좌절된다. 처리 과정에서 양자역학적 부분을 포함하는 좀 더 정교한 기술들은 대부분 특정 구현법의 약점을 공격한다. 이 모든 시도가 무력화될 수 있음을 증명하는 데 지난 20년간 많은 노력이 소모됐고, 이 책을 집필하는 시점에 그 증명은 완성된 것으로 간주된다. 제대로 구현된 QKD 시스템에 대한 도청자의 어떤 공격도 성공할 수 없다. 이에 대한 보안성 증명은 이 책의 범위를 넘어가며, 자세한 내용을 알고 싶다면 QKD에 대해 더 조사해볼 것을 권한다[GIS 02, LO 08].

BB84의 가장 큰 문제는 거리 제한이다. 광섬유나 대기를 통해 겨우 수백 킬로미터 정도만을 보낼 수 있다. 물론 지구 궤도에 있는 인공위성과의 연결에 사용할 수 있다는 점은 주목할 만하다[FED 09, ASP 03, VIL 08, WAN 13]. 도달거리는 중계기를 통해 늘릴 수 있다. 모든 QKD 네트워크가 이 방법을 사용한다. 하지만 그 중계기들은 반드시 믿을 수 있어야 하고, 보안 전문가들에 따르면 심각한 단점이 있다. 이 문제를 완화하는 한 가지 방법은 동시에 네트워크의 두 가지 서로 분리된 경로를 통해 QKD가 이뤄지도록 라우팅하는 것이다[SAL 10]. 이후 설명할 중계기 기반의 QKD는 이런 문제가 없다.

5.3 E91: 얽힘 기반 프로토콜

1991년에 아르투르 에커트는 광자의 얽힌 쌍을 이용한 QKD를 제안했고, 이 프로토콜은 현재 E91이라고 부른다[EKE 91]. 앨리스 또는 제3자가 갖고 있는 벨 짝 생성기가 광자 쌍을 만드는 데 사용되며, 앨리스와 밥은 광자 쌍 중 하나의 광자를 받는다. 앨리스와 밥은 각자 광자를 측정하고, 그 결과를 암호화 키의 일부로 사용할 수 있다.

도청자가 E91에 대해 할 수 있는 최선의 공격은 통신선로를 통해 전송 중인 큐비트에 세 번째 큐비트를 얽히게 하는 것이다. 2.5.3절에서 벨 부등식을 설명할 때 얽힘의 존재를 테스트하는 절차를 다뤘다. 앨리스와 밥은 둘로 나눠진 순수한 얽힘 상태를 생성하려고 하는 중이다. 도청자가 여기에 끼어들면, 앨리스와 밥의 관점에서는 그들의 벨 짝은 섞인 상태가 되며 다른 모르는 외부 환경과 얽힘 상태가 된다. 따라서 벨 부등식에 대한 테스트는 도청자를 찾는 테스트가 된다.

벨 짝의 흐름을 이용하면 둘로 나눠진 얽힘의 존재를 쉽게 테스트할 수 있고, 앨리스와 밥의 광자에 얽힌 세 번째 광자(또는 다른 큐비트)의 가능성을 제거할 수 있다. 식 (2.74)에서 정의한 S를 이용하는데, 만약 $|S| = 2\sqrt{2}$라면 벨 짝은 순수 상태다. 그리고 도청자 검출에 이용하고 남은 벨 짝은 측정해 모두 암호화 키를 생성하는 데 사용할 수 있다.

에커트가 그의 프로토콜을 처음에 제안할 때는 광자 단일항($|\Psi^-\rangle$)을 직접 생성하는 것으로 설명했지만, 이 프로토콜은 어떻게 생성됐는가나 물리적 형태에 상관없이 어떤 벨 짝에 대해서든 똑같이 잘 작동한다. 사실, 이 프로토콜이 이 책에서 중점적으로 다루는 장거리 다중홉 중계기 네트워크의 핵심 동기 중 하나를 제공한다.

네트워크 자원: 벨 짝은 단지 필요한 자원의 형태일 뿐이다. 필요한 데이터 전송률(도청자 처리와 비밀 증폭)은 뒤에서 논의할 것이다. 충실도는 벨 짝의 정보가 누출된 양에 따라 나빠지기 때문에, 도청자 검출은 더 어렵고 끝 대 끝end-to-end 벨 짝의 상당 부분을 소모해야 한다. 매개변수의 범위와 두 가지 양자정화 스케줄링scheduling 기법에 대해 벨 짝의 충실도, 국소 게이트 연산 충실도, 끝 대 끝 키 분배율 사이의 관계를 자세히 다룬 최근 논문이 있다[BRA 13]. 좀 더 상세한 중계기 하드웨어 제안이 키 생성에 대한 의문점을 테스트했다[LOO 06, LAD 06].

5.4 QKD의 활용

이번 절에서는 양자 중계기 네트워크에 QKD를 사용하는 두 가지 상황을 소개하고, QKD에 의존하는 네트워크의 회복성에 대해 논의한다. 물론 다른 많은 방법도 가능하지만, 여기서 소개하는 두 응용이 기존의 IP 기반 네트워크 인프라에 매끄럽게 합쳐지고 점 대 점 통신과 허브 앤 스포크hub-and-spoke 통신을 보여준다. 또한 이 방식들은 가까운 장래에 도입 가능하며, 이 책의 다른 부분에 비해 좀 더 구체적으로 성능을 테스트할 수 있다.

5.4.1 캠퍼스 간 가상 사설망

그림 5.3에 간단한 QKD를 실제 고전 네트워크에 결합한 방식이 나타나 있다. 그 목표는 같은 기관에 속해 있으면서 두 장소에 있는 두 네트워크를 보안성 있게 연결하는 것이다. 예를 들어, 도쿄 중심부의 게이오대학교 미타 캠퍼스Mita Campus와 쇼난 후지사와 캠퍼스SFC, Shonan Fujiswa Campus는 서로 50km 정도 떨어져 있다. 두 네트워크 사이의 데이터는 암호화돼야 한다. 네트워크 프로토콜은 IPsec을 선택했다. 이는 바로 이런 목적을 위해 IETFInternet Engineering Task Force에 의해 표준화

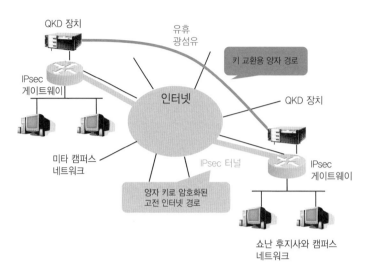

그림 5.3 IPsec과 QKD를 이용하는 가상 사설망 설비. 진한 회색신은 유휴 광섬유 또는 증폭기를 통하지 않는 광섬유로 전달되도록 다중화된 QKD 신호다. 연한 회색선은 IPsec 터널이며, 오버레이 네트워크의 단일 링크로 작동한다.

된 기법이다[FRA 11, KEN 05]. SFC에서 출발해 미타 캠퍼스로 가는 데이터 흐름은 IPsec 게이트웨이를 지나가도록 라우팅됐다. 데이터는 암호화되어 두 게이트웨이 사이에 설치된 터널^{tunnel}로 전송된다. 데이터 패킷은 미타 게이트웨이로 가는 '봉투'에 담기고, 포장된 패킷은 통상의 인터넷을 통해 전송된다. 이 패킷은 미타 게이트웨이에 도착했을 때 봉투가 벗겨지고 복호화된다. 그리고 최종 목적지로 전달된다. 이것은 데이터가 SFC나 미타에 있는 '내부' 네트워크에 전달되면서 복호화된다는 뜻이다. 이 방법을 가상 사설망$^{VPN, Virtual Private Network}$이라고 한다. 3.3.10절에서 설명했듯이 VPN은 오버레이 네트워크의 한 형태이며, 여기서 노드가 볼 수 있는 네트워크의 상호 간 토폴로지는 실제 링크와 노드의 물리적 배치에 대응되지 않는다.

IPsec은 두 부분으로 나뉜다. 하나는 캠퍼스의 두 네트워크에 있는 컴퓨터로부터 대량의 패킷 암호화를 하는 것이고, 다른 하나는 인터넷 키 교환$^{IKE, Internet}$

Key Exchange으로 알려진 키 생성과 관리다[RFC 05]. QKD 장치는 유휴 광섬유[1]와 같은 어떤 물리적 경로를 통해 연결되어 있고, 키 재료를 지속적으로 생성한다 [NAG 09, ALL 09]. 고전 통신선로는 키를 걸러내고 기저를 알려주기 위해 사용한다. 결과적으로 인터넷을 통해 인증된 연결이 가능하다.

장거리 시스템을 위해, 전용 시스템을 중계기들의 네트워크로 교체할 필요가 있다.

네트워크 자원: 이 환경에서 미타-SFC 터널은 긴 수명을 갖는다. 앞에서 설명했듯이 이상적으로는 QKD로 만든 비트열을 OTP로 사용하는 것이 좋겠지만, 그렇게 하려면 벨 짝 생성률이 기가헤르츠 정도로 높아져야 한다. 그렇지 않으므로, 키 유효시간이 지날 때마다 터널의 키를 바꾸는 것으로 만족해야 한다. 여기서 키 유효시간은 정해진 길이의 시간 동안 고전 키를 사용한 다음, 또는 정해진 분량의 데이터를 사용한 다음에 키를 바꾼다는 뜻이다. 시간 기반의 제한은 암호사용기간cryptoperiod이라고 한다. 오늘날의 키 수명은 대체로 24시간 정도로 설정된다. 하지만 훨씬 짧게 설정할수록 보안성이 매우 향상된다. 초당 10비트의 키 재료 데이터 전송률은 30초마다 키를 바꿀 수 있도록 한다. 벨 짝의 수와 키 비트 사이의 정확한 관계는 복잡하지만, 초당 몇 개의 벨 짝으로도 더 신속하게 키를 교체할 수 있다. 이것이야말로 근래에 가장 실질적이고 매력적인 양자 중계기 네트워크의 사용이라고 할 것이다.

5.4.2 전송 계층 보안

전송 계층 보안TLS, Transport-Layer Security은 보안 소켓 계층SSL, Secure Sockets Layer에서 발전된 것이며, 웹 클라이언트와 웹 서버의 통신 등에서 단일 통신 세션을 암호화하

---

1 원문에 'dark fiber'로 되어 있는데, 이는 광섬유 링크를 가설하면서 미래의 사용을 위해 만들어둔 여분의 광섬유 링크다. - 옮긴이

는 데 사용된다. 밍크^{Mink} 등은 QKD 기반에 TLS를 이용하는 방법을 제안했다 [MIN 09].

VPN 상황에서는 기본적으로 몇 개의 네트워크만이 참여하는 정적인 네트워크 환경을 논의했다. 반면에 TLS는 대체로 몇 초에서 몇 분 정도만 세션이 유지될 정도로 클라이언트가 매우 동적이다. 게다가, 클라이언트-서버 아키텍처에서 토폴로지는 대체로 허브 앤 스포크 모양이다. 개별 클라이언트는 한 시간에 겨우 몇 개의 연결만이 필요할 수 있지만, 서버나 서버 모임(서버 농장^{farm})은 그런 집단적인 고객 기반을 지원하려면 수천에서 수백만 배 많은 용량이 필요하다.

네트워크 자원(클라이언트): 웹사이트 고객은 대체로 3초 이하의 지연시간을 요구한다[NYG 10]. TLS는 IPsec에서와 마찬가지로, 256비트 키의 AES를 이용한

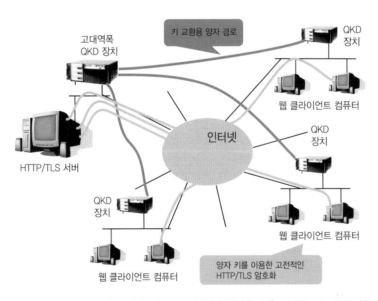

그림 5.4 QKD와 TLS를 이용한 네트워크. 진한 회색선은 유휴 광섬유 또는 증폭기를 통하지 않는 광섬유로 전달되도록 다중화된 QKD 신호다. 연한 회색선은 TLS로 암호화된 연결이다. 각 클라이언트는 신뢰할 수 있는 QKD 장치를 갖고 있거나, QKD 인터페이스 그 자체다. 각 컴퓨터는 QKD 장치와 보안 연결을 가져야 한다.

대용량 암호화가 가능하다. 3초 안에 이 키를 생성하려면 클라이언트는 이에 따르는 모든 네트워크 부담을 감당할 수 있다고 했을 때 초당 대략 100비트의 키 재료를 생성할 수 있어야 한다.

네트워크 자원(서버): 초당 10,000명의 고객을 지원하는 서버나 서버 농장은 예정된 비밀 증폭에 사용할 키 재료를 초당 메가비트 정도 요구할 것이다. 아마도 매우 적은 클라이언트만이 QKD로 보안된 통신 능력으로부터 이익을 얻을 수 있을 것이다. 그러므로 처리량이 낮은 서버의 구현에서부터 서비스를 시작해 점점 빠른 것으로 업그레이드할 수 있어야 한다.

틀림없이, 이것은 일반적으로 사용되는 중계기 네트워크의 가장 그럴듯한 두 번째 사용 사례다. 데이터 전송률은 더 높아지지만, QKD 기반 IPsec 사용이 현실적으로 된 이후 몇 년 안에 발전할 수 있는 범위에 있다.

5.4.3 QKD에 의존하는 네트워크의 탄력성

QKD에 대한 논의는 긍정적인 면에 집중되는 경향이 있다. 물리적인 기법(양자역학)으로 도청자를 감지한다거나, 작동의 보안성(키 생성)을 보장하는 새로운 방법을 제공한다거나 하는 등이다. 하지만 이런 능력은 단점도 있다. 비록 공격자가 키 생성에 대해 알아낼 수 없다고 하더라도, 링크를 단지 듣는 것만으로도 키 생성을 하지 못하도록 QKD 네트워크 참여자들을 방해할 수 있기 때문이다. 이것은 서비스 거부 공격의 한 형태가 된다. 클라이언트가 QKD 서비스에 의존한다면, 그런 서비스 거부 공격은 작동 과정에 심각한 문제가 될 수 있다.

물론 어떤 통신이든지 통신선로의 방해에는 취약하다. 그리고 보통의 인터넷 통신이나 QKD도 광섬유나 전선을 끊거나 다른 물리적 문제에 면역이 된 것은 아니다. 3.2.5절에서 살펴봤듯이, 인터넷의 개방성은 이 부분을 특히 취약하게 만든다. 그러나 인터넷의 아키텍처는 그런 문제에 대해 우회 방법을 제공하고 있다.

QKD 네트워크는 적어도 초기에는 인터넷과 같은 풍부한 토폴로지를 갖지 않을 것이다. 그리고 중요한 서비스 제공자의 바깥에 있는 허브나 링크는 상거래나 다른 통신을 망가뜨려서 방해하는 데 매력적인 표적이 될 것이다.

나가야마[Nagayama]와 반 미터[Van Meter]는 최소한 IPsec을 사용하는 경우에는 네트워크 관리자들이 도청자가 감지됐을 때를 대비한 대책[fallback] 행동을 정의할 수 있는 능력이 주어져야 한다고 제안했다[NAG 09]. IPsec 터널과 QKD 키 생성을 통해 암호화된 통신은 본질적으로 분리될 수 있다. 키 유효시간이 도래했을 때, 새로운 키 재료를 사용하지 못할 수도 있다. 일단 중계기 네트워크가 얽힘 기반의 QKD로 배치됐을 때 이것은 도청자가 키 생성이 멈췄음을 감지했기 때문에 나타날 수도 있고, 계획된 키 생성률을 하회할 정도로 링크가 노후화됐기 때문일 수도 있으며, 더 큰 네트워크가 혼잡하기 때문일 수도 있다. 게이트웨이는 어떻게 해야 하는가?

세 가지 즉각적인 선택지가 있다.

- 멈춘다. 이는 가장 안전하지만 가장 연약한 작동이다.

- 갖고 있는 키를 계속 사용한다. IPsec 터널이 이미 QKD로 생성한 키를 이용해 구축됐다고 가정한다면, 그리고 앞에서 설명한 것만큼 실질적으로 짧은 키 유효시간이라고 한다면, 사용불능이나 지연이 잠깐이기를 기대하며 키를 계속 사용하도록 하는 것은 받아들일 만할 수 있다. 이 선택지는 주의 깊게 골라야 한다.

- 디피-헬만이나 또 다른 고전 기술로 되돌아간다. 디피-헬만 기술의 취약점이 QKD를 배치하도록 만드는 가장 중요한 이유였다고 하면, 이 선택지는 대부분의 네트워크 관리자에게 매력적이지 않을 것이다. 하지만 사

용불능이 조사되고 수정되는 동안 네트워크 관리자가 직접 작업하는 등의 잠깐 동안의 제한된 작동을 위해서는 유용할 수 있다.

주문형 임시 키를 사용하는 TLS 상황은 실용적으로 고려할 다른 부분이 보일 것이다.

5.5 사용 중인 QKD 네트워크

QKD의 구현체는 실험 단계를 잘 넘어섰다. QKD는 미국의 NIST나 LANL, 일본의 NICT 같은 정부 연구소, HP, IBM, NEC, NTT, 도시바^{Toshiba}와 같은 기업 연구소의 초기 작업과 함께 전 세계 많은 연구소에서 실증됐다. MagiQ 테크놀로지스^{MagiQ Technologies}와 ID 퀸티크^{ID Quantique}라는 두 회사는 몇 년 내에 QKD 게이트웨이를 시장에 내놓을 것이다. 두 회사의 제품은 모두 QKD 자체로 대량 데이터를 고전적으로 암호화하는 부분을 포함한다. 거의 30년간 이뤄진 거대한 범위는 이 책의 범위를 넘어간다. 여기서는 링크 계층보다는 네트워크 계층의 문제에 집중할 것이다.

대도시 영역의 시범 네트워크는 보스턴, 비엔나, 제네바, 바르셀로나, 두르반, 도쿄, 중국의 몇몇 도시, 그리고 전 세계의 몇 군데에 건설되어 있다[CHE 10, ELL 03, ELL 05a, DOD 09, PEE 09, STU 11, URS 07]. 세계 최초로 배치된 QKD 네트워크인 다르파^{DARPA}가 지원하는 보스턴 영역의 네트워크와 도쿄 QKD 네트워크를 논의할 것이다. 다음 절에서는 QKD 네트워크 공학에 대한 유럽 SECOQC의 기여를 살펴볼 것이다.

다르파 QKD 네트워크는 그림 5.5에 나타나 있듯이 몇 개의 다른 QKD 구현을 운영하는 10개의 노드로 구성된다. 처음의 네 노드, 즉 앨리스, 밥, 안나, 보리

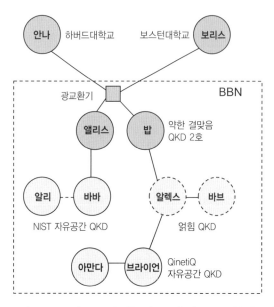

그림 5.5 보스턴 QKD 네트워크의 노드와 링크. BBN 칩 엘리엇(Chip Elliott)의 허가하에 게재함

스는 단일 광자를 생성하기 위해 레이저로부터 나오는 감쇠된 약한 결맞음 펄스 weak coherent pulse를 사용한다. 명명 규약을 사용한다면, A 노드는 송신기를 갖고 있고, B 노드는 수신기를 갖고 있다. 안나는 하버드대학교에 살고 보리스는 보스턴대학교에 살고 있으며, 다른 두 노드는 다르파 네트워크 개발 팀이 운영하는 BBN에 있다. BBN의 광교환기는 안나가 보리스나 밥과 대화할 수 있도록 하고, 앨리스도 보리스나 밥과 대화할 수 있도록 한다. 교환기가 순수한 광학계이므로, 그 존재는 시스템의 보안 증명에 영향을 주지 않는다. 장소 간 통신은 이미 지하에 매설된 배관을 통해 이 목적을 위해 특별히 설치된 광섬유를 통해 이뤄진다. 그림 5.6에 실린 처음 네 노드의 사진은 초기 QKD 구현에 사용된 장치의 크기를 보여준다. 좀 더 최근에는 서버랙의 4칸 정도(4U) 높이의 양산을 위한 장비가 있다.

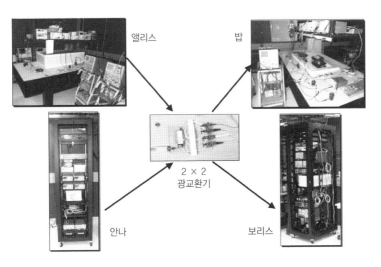

앨리스   밥

2 × 2
광교환기

안나   보리스

그림 5.6 보스턴 QKD 네트워크에 설치된 처음 네 노드와 광교환기의 사진. BBN 칩 엘리엇의 허가하에 게 재함

광교환기 노드에 덧붙여, 네트워크는 다르파 네트워크에 참여하는 3개의 다른 기관에서 BBN 소프트웨어를 이용해 구현한 3개의 QKD 링크로 구성된다. 그중에서 둘은 양 끝에 광학 망원경을 이용한 자유공간 링크를 이용하고 있다. 끝으로, 보스턴대학교에서 만든 것은 PDC 과정(8.1절에서 논의한다)으로 생성된 얽힌 광자 쌍을 이용한다. 하나의 하부 시스템은 광학적 벨 짝을 생성하고, 그중 하나는 알렉스가 측정(소모)하며, 다른 하나는 바브가 측정한다. 벨 짝의 생성이 두 수신기의 가운데에 놓여 있긴 하지만, 이 구현에서 알렉스는 벨 짝 생성기를 갖고서 송신하지 않고 그 광자를 측정한다.

물론 A 노드는 B 노드 전부와 직접 연결되어 있지 않다. 그리고 어떤 노드는 여러 단계로 떨어져 있다. BBN은 노드들 사이에 비밀키를 공유할 수 있게 하는 양자 키 연계^{relay} 프로토콜을 개발했다[ELL 05b]. 연계는 끝 대 끝$^{end-to-end}$ 양자 링크 경로를 필요로 한다. 이는 노드들 중 몇몇은 사실상 같이 설치되어 있고 사설망 연결을 공유한다는 뜻이다. 이 구현에서는 겹침 없는 경로 기술이 여러 노드를 뒤집어 엎으려는 공격을 할 수 있더라도 경로의 가운데 있는 노드들은 반드시 신뢰할 수 있어야 한다[SAL 10].

QKD 구현체는 대량의 오류 검출과 보정 기능을 필요로 한다. 예를 들어, 다르파 네트워크의 링크 중 하나는 전형적인 오류율이 대략 5%라고 보고됐다. 이 정도의 오류를 관리하기 위해 가장 널리 쓰이는 프로토콜은 브라사드와 살베일Salvail이 개발한 폭포수 프로토콜Cascade protocol이다[BRA 94]. BBN은 폭포수 프로토콜과 직접 개발한 나이아가라Niagara 전방 오류 보정FEC, Forward Error Correction을 모두 구현했다. 3%의 비트 오류율에 대해, 나이아가라 FEC는 고전 통신에 비해 40분의 1로 줄였고, 헤매는 통신의 수를 68에서 1로 줄였으며, 오류 보정 단계에 필요한 CPU 소모량은 16분의 1로 줄었다.

이 프로토콜 또는 유사한 프로토콜은 E91 프로토콜을 이용한 중계기 기반의 QKD 구현에서도 사용될 수 있다. 얽힌 광자 쌍을 사용하긴 해도 이미 존재하는 알렉스와 바브 링크에는 BB84 프로토콜이 사용됐다. E91이 요구하는 얽힘의 충실도를 확인하기 위한 완전한 CHSH 부등식 테스트를 위해 많은 추가 소프트웨어 개발이 필요할 수 있다.

그림 5.7은 이 네트워크를 위해 BBN이 제작한 소프트웨어 계층도다. 이 소프트웨어는 유닉스Unix 기반 시스템에서 작동하며, QKD 프로토콜은 모두 사용자 계층 프로세스로 작동한다. QKD로 생성한 난수는 궁극적으로는 5.4.1절에서 설명했던 IPsec 터널을 위한 키로 사용된다. 이것은 IKE를 변경해서 달성됐다. IKE+IPsec의 표준 소프트웨어 구현은 IKE를 구현하는 사용자 계층 프로세스에서 키 관리에 위치한다. 실제 데이터 패킷 암호화와 전송은 커널에서 담당한다. IKE 모듈은 키를 유지하고 필요할 때마다 커널에 키를 설치한다. IP 커널 모듈은 어떤 키가 사용되고 암호화가 필요한지 아닌지에 따라 전송 패킷에 적절하게 보안 정책을 적용한다.

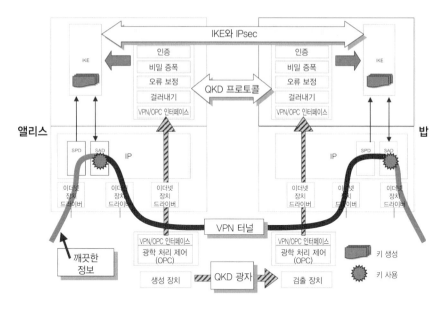

그림 5.7 BBN이 구현한 소프트웨어 요소와 프로토콜 계층도. BBN 칩 엘리엇의 허가하에 게재함

도쿄 QKD 네트워크는 코가네이, 오테마치, 혼고, 이렇게 세 지역을 연결하는 6개의 링크를 사용한다. 그중 어떤 링크는 같은 광섬유를 통해 두 번 되돌아오면서 더 먼 거리를 흉내 낸다. 또한 이 네트워크는 몇 가지 다른 QKD 구현을 사용한다.

5.6 고전 제어 프로토콜

가장 중요한 QKD 테스트베드 중 하나는 유럽의 양자 암호 기반의 보안 통신
SECOQC, Secure Communication based on Quantum Cryptography 네트워크다[ALL 07, PEE 09]. 점 대 점 네트워크나 작은 테스트베드를 더 크고 더 견고한 네트워크로 옮길 필요성이 있는 많은 복잡한 고전 제어 프로토콜의 예로 사용하기 위해 이 네트워크에 대한 논의를 미뤄왔다. 여기서 설명할 많은 부분은 물리적 구현에 집중하지 않고

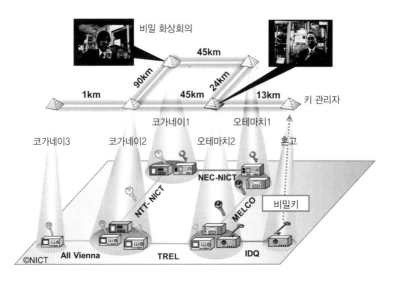

그림 5.8 도쿄 QKD 네트워크. NICT 마사히데 사사키(Masahide Sasaki)의 허가하에 세새함

네트워크의 작동이 서비스로 어떻게 적용됐는지 의도적으로 추상화할 것이다. 이 내용은 BB84와 E91 기반 QKD에 모두 똑같이 잘 적용할 수 있다.

일반적인 정보 아키텍처는 양자 평면, (고전적인) 비밀 평면, 데이터 평면이라는 세 가지 네트워크 '평면', 또는 오버레이로 부호화되는데, 여기서 실제로 데이터 암호화가 수행된다(그림 5.9 참고)[DIA 08, WEI 11]. 양자 평면은 물리적 네트워크를 포함한다. 반면에, 비밀 평면은 링크 계층 키 재료를 계속 생성하는 것과 같은 네트워크의 운영과 관리를 담당한다. 비밀 평면은 토폴로지가 복잡한 네트워크에서 다중홉 키 생성과 같은 소프트웨어 서비스를 제공한다.

양자 기간망^{QBB, Quantum Backbone} 노드는 양자 네트워크에 직접 연결된 노드들이다. QBB 노드는 그 뒷면에 연결된 네트워크의 클라이언트 컴퓨터에서 작동하는 애플리케이션으로부터 연결 요청을 받는다. 이 클라이언트들은 각자의 QBB 노드와 보안 연결을 갖고 있다고 가정된다. QBB 노드가 없는 네트워크도 양자 접속

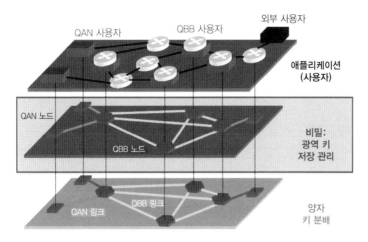

그림 5.9 SECOQC QKD 아키텍처의 오버레이 네트워크 구성. 각 평면의 토폴로지는 다를 수 있다. 로맹 알로메(Romain Alléaume)의 허가하에 게재함

노드$^{QAN,\ Quantum\ Access\ Node}$를 통해 전체적인 보안 네트워크 계획에 통합될 수 있다. QAN은 고전 암호화 게이트웨이만을 공급하지만, 그 클라이언트들에게 보안 평면에 있는 QBB와 같은 서비스를 제공한다. 이 네트워크에서 최상위 평면은 '데이터 평면'이라고도 하며, '애플리케이션 평면'이라고 부르기도 한다. 여기서는 네트워크의 소프트웨어 클라이언트가 암호화된 연결을 만든다. 이 연결은 잠재적으로는 여러 단계에 걸칠 수 있고, 결과적으로 하부의 양자 네트워크와는 매우 다른 중첩된 토폴로지를 가질 수 있다.

SECOQC 프로젝트의 참여자들은 QKD 제어 정보의 교환을 위한 패킷 내용을 자세하게 정했다[DIA 07]. 전체 프로젝트에서 가장 중요한 측면은 표준화다. 이 작업의 일부는 유럽 통신 표준 연구소$^{ETSI,\ European\ Telecommunication\ Standards\ Institute}$ 공업 표준 그룹$^{ISG,\ Industry\ Specification\ Group}$의 주도하에 진행됐다.[2]

---

2   이 작업의 대부분은 IP 기반 네트워크에서 했던 것과 크게 다르지 않다. 따라서 표준화 노력은 IETF의 범위를 벗어난다. 그러나 QKD와 IPsec의 인터페이스는 IETF의 업무 영역으로 들어간다[NAG 09].

SECOQC 프로젝트는 또한 다중홉 QKD 네트워크를 위해 다익스트라 알고리듬에 기반한 라우팅 프로토콜도 정의했다[DIA 08]. 표준 OSPF가 사용됐고, 대체로 핸드셋 링크 비용 정도가 필요하다. 필자는 OSPF가 각 인터페이스에 대해 독립적으로 작동하기를 제안한다. 이것은 다중 경로 전송을 촉진하고, 링크 비용을 통신량 부하에 따라 동적으로 조절하기 위해서다.

5.7 결론

QKD는 가장 완전하게 개발된 양자 정보 기술의 상업적 사용 사례다. BB84 프로토콜이 이 책에서 집중적으로 설명한 양자 중계기에 간접적으로 관련되기는 해도, 이는 양자 기술이 시장의 관심을 끌 만한 능력이 되는 핵심 시범 사례를 보여준다. 대부분의 네트워크와 영업 문제는 중계기 기반의 QKD가 실용적이 되면 직접적으로 변할 것이다.

양자 네트워크가 제공하는 서비스는 인터넷과 같은 고전적인 네트워크가 제공하는 서비스와 통합돼야만 한다. QKD가 고전 통신에 의존하기 때문에, 이 통합은 실제로 양방향으로 작동한다. 많은 작업이 필요하고, 시의적절한 표준화가 사업을 이끌 것이다.

여기서 이 모든 노력 너머에서 떠오르는 질문은, 언제쯤 양자 네트워크 서비스가 이 장치들을 위한 커다란 시장이 발달할 정도로 충분한 주목을 끌 수 있을 것인가다. QKD 장치를 위한 구현 비용은 기술이 성숙해지면서 감소한다. 그리고 ATM을 이용한 거래와 같은 단거리 작동을 위해 핸드폰처럼 손에 들고 다니는 장치에 간단히 구현될 수 있을 만큼 도전적인 새로운 방법이 테스트되고 있다. 광역 네트워크에서는 고전적인 신호와 양자 신호를 다중화하는 능력이 중요하고, 잠재적으로 엄청난 양의 설치비를 감소시킬 수 있을 것이다.

QKD가 양자 중계기 네트워크를 위한 가장 주목받는 사용 사례이긴 해도, 이후의 2개 장에서는 새로이 부상하는 최신 응용을 다룰 것이다.

6

분산 디지털 계산과 통신

6장은 양자 네트워크가 무엇을 할 수 있으며 어떻게 작동하는지 궁금한 독자들에게 가치 있을 것이다. 더 효율적인 분산 계산을 위한 장거리 얽힘의 응용 사례가 다뤄진다. 어떻게 쓰이는가의 관점에서는 (두 기술에 필요한 이론이 본질적으로 같기는 하더라도) 분산 동의 프로토콜과 분산 계산이라는 두 종류로 나눠서 볼 수 있다. 분산 동의 프로토콜의 목표는 네트워크에 있는 여러 참여자가 고전적으로 비슷한 환경에서 도달할 수 있는 것보다 더 적은 통신 교환으로 결정을 공유할 수 있는 것이다. 이 주제는 아래에서 다룰 다자간 보안 통신 같은 주제와 관련이 있다.

이 장에서 다룰 대부분의 프로토콜은 그 자체가 응용이라기보다는 빌딩 블록이 된다. 다만, 가장 실용적으로 다듬어진 응용기술은 여전히 QKD다. 그러나 이 빌딩 블록들은 분산 결정 알고리듬과 암호화 목적, 그리고 양자 자금의 개발과 같은 중요한 문제에 유용하다[WIE 83, AAR 12].

또 다른 주제로 수치 계산을 위한 분산 양자 컴퓨터의 사용이 있다. 이런 계산은 용량만 충분하다면 단일 시스템에서 수행된다. 하지만 계산 자원이나 데이터의 가용성 때문에 클라이언트-서버 방식으로 작동해야 할 수도 있다. 공략하려는 문제를 풀기 위해 다수의 충분히 큰 컴퓨터 구조를 갖는 다수의 양자 컴퓨터를 함께 작동시켜야 할지도 모른다[VAN 06]. 다만 그 부분은 이 책의 주목적인 광역 네트워크라기보다는 시스템 네트워크에서 이뤄질 가능성이 더 높긴 하다.

통신 복잡도communication complexity 분야에서는 효율적인 분산 컴퓨터를 묻는 질문에 대해, 계산 참여자들이 갖고 있는 상태의 함수를 계산이 반드시 실행돼야 하는 통신의 수와 교환돼야 하는 비트의 수에 집중해 평가한다. 십여 년쯤 전, 버만Buhrman, 클리브Cleve, 와트러스Watrous, 반 담van Dam 등의 초기 작업을 포함하여 브라사드가 이를 정리하는 작업을 했을 정도로 양자 통신에 대해 잘 알려져 있었다[BRA 03]. 양자 게이트와 기본적인 양자 알고리듬의 분산된 버전을 포함하는 분산 양자 컴퓨터에 대한 더 초기의 저작도 역사적인 참고사항으로서 도움이 된다[CLE 97, BUH 03, DE 02, MEY 04]. 이들 중 좀 더 공식적인 모형은 동트d'Hondt의 박사학위 논문[D'HO 05a], 가보일Gavoille[GAV 09], 케레니디스Kerenidis[KER 09], 엘킨Elkin[ELK 13] 등이 주어진 작업을 완료하기 위해 몇 번의 통신 교환이 있어야 하는지를 중점적으로 다뤘다. 고전 분산 컴퓨터와 양자 컴퓨터의 관계에 대한 브로드벤트Broadbent의 예측도 읽어볼 만하다[BRO 08]. 이론적 한계에 관심이 있는 독자는 위의 논문들을 읽어볼 것을 추천한다.

이 장에서 통신 복잡도 이론을 직접적으로 다루지는 않을 것이다. 그 대신, 실제로 사용될 수 있는 몇 가지 분산 양자 알고리듬에 대해 같은 일을 하는 고전 알고리듬을 뛰어넘는 이론적 이점을 평가하고, 실제로 알고리듬을 수행하기 위해 요구되는 중계기 네트워크 자원에 대한 기초적인 평가를 할 것이다.

6.1 유용한 분산 양자 상태

2.5절에서 $|\Phi^+\rangle = \frac{|00\rangle + |11\rangle}{\sqrt{2}}$ 과 같은 벨 짝이라고 하는 2큐비트 얽힘 상태를 설명했다. 벨 짝은 분산된 얽힘 상태에서 가장 많이 논의되는 형태이고, 가장 간단한 양자 중계기 네트워크는 높은 충실도의 끝 대 끝$^{end-to-end}$ 벨 짝을 생성하며, 그 과정에서 더 짧고 낮은 충실도의 벨 짝을 생성하고 소모하는 데 집중할 것이다.

다양한 작업 형태에 따라 유용하게 쓰이는 더 큰 다자간 얽힘 상태도 있다. 여기서는 GHZ 상태, W 상태, 그래프 상태를 소개할 것이다.

6.1.1 안정자 표현

지금까지 이 책에서는 양자 상태를 논의할 때 상태 벡터와 밀도 행렬 표현을 사용했다. 얽힘 상태와 양자 오류 보정을 논의할 때는 유용하게 쓰이는 또 다른 표현법이 있다. 안정자^{stabilizer}의 집합을 어떤 순수 상태에 대해 적을 수 있다. 어떤 상태 $|\psi\rangle$에 대한 안정자 S는 $S|\psi\rangle = |\psi\rangle$라는 조건을 따른다. 즉, $|\psi\rangle$는 S의 고유 상태다.

예를 들어 단일 큐비트에 대해 $Z|0\rangle = |0\rangle$이므로 Z가 $|0\rangle$을 안정화한다고 할 수 있고, $-Z|1\rangle = |1\rangle$이므로 $-Z$가 $|1\rangle$을 안정화한다고 할 수 있다. 그러므로 $|1\rangle$의 안정자는 $-Z$다. 마찬가지로, $|+\rangle$와 $|-\rangle$에 대한 안정자는 각각 X와 $-X$가 된다. 벨 상태에 대한 안정자를 표 6.1에 나타냈다.

표 6.1 4개의 벨 상태에 대한 안정자

벨 상태	안정자
$|\Psi^-\rangle$	$-XX, -ZZ$
$|\Psi^+\rangle$	$XX, -ZZ$
$|\Phi^-\rangle$	$-XX, ZZ$
$|\Phi^+\rangle$	XX, ZZ

n개의 큐비트와 n개의 안정자가 정해져 있으면, 그 상태는 완전히 제약돼서 (잠정적으로는 많은 수의 중첩된 항으로 구성된) 단 하나의 양자 상태만이 모든 조건을 만족시킬 수 있다. 만약 $n - k$개의 안정자만 있으면, 그 양자 상태는 큐비트를 부호화하는 데 k개의 자유도를 갖는다. 이 특성은 양자 오류 보정에 사용된다.

완전한 상태 벡터나 밀도 행렬은 큐비트의 수에 따라 지수함수적으로 늘어나는 데 비해, 안정자 표현은 양자 상태를 표현하는 데 있어 큐비트 개수에 따라 선형적으로 늘어나는 단지 몇 개의 항만을 필요로 한다. 이 간결한 표현은 양자 상태를 쉽게 다룰 수 있고 빠르고 친근한 방법이다. 단, 안정자 표현은 다양한 양자 상태 중 적은 부분만 표현할 수 있다는 단점이 있다.

6.1.2 GHZ 상태와 W 상태

그린버거-혼-자일링거 상태Greenberger-Horne-Zeilinger state, 즉 GHZ 상태는 $|\Phi^+\rangle$를 일반화한 것이다[BRA 06, GRE 89]. 이 상태는 모든 큐비트가 0 상태에 있거나 모든 큐비트가 1 상태에 있는 양자 상태다.

$$|\psi\rangle_{\text{GHZ}} = \frac{|0\rangle^{\otimes N} + |1\rangle^{\otimes N}}{\sqrt{2}} = \frac{|000...\rangle + |111...\rangle}{\sqrt{2}} \tag{6.1}$$

지안-웨이 판Jian-Wei Pan의 연구진은 '열린 목적지 원격전송'이라고 하는 실험을 선보였다. 이것은 4자 간 GHZ 상태를 만들고 이를 이용해 5번째 큐비트를 한 장소에서 다른 세 장소 중 임의의 한 곳으로 양자원격전송시킨 것이다[ZHA 04]. 여기서는 양자 상태를 받지 않는 다른 두 참여자의 협력이 필요하다. 그들은 자신이 가진 큐비트를 $\{|+\rangle, |-\rangle\}$ 기저를 이용해 측정하고, 필요하다면 그 결과를 수신자가 가진 큐비트를 보정할 수 있도록 수신자에게 보내야 한다.

이와 같은 양자 상태는 다자간에 동일한 정보를 공유하는 것이라는 점에서 또한 유용하다. 양자원격전송의 한 확장으로, 여러 개의 목적지에 '펼쳐진' 변수들의 사본으로 사용할 수 있기 때문이다. 양자 상태를 먼저 배포하고 나중에 측정함으로써, 이를 이용해 지연된 상태로도 동전 던지기와 동등한 결정을 할 수 있다. 상태가 측정되면, 당연히 모든 구성원이 0이든 1이든 똑같은 값을 얻는다. 그러므로 GHZ 상태가 매우 깨지기 쉽다는 것은 명백하다. 큐비트 하나라도 손실하여 섞인 상태로 빠져버리면, 응용 분야에서 쓸모가 없어지기 때문이다. 큐비트에 작용하는 아무리 사소한 측정이라도 중첩 상태를 붕괴시킬 수 있다.

벨 상태 중 $|\Psi^+\rangle = (|01\rangle + |10\rangle)/\sqrt{2}$를 일반화한 것이 W 상태다[DÜR 00]. W 상태는 1 상태를 하나만 가진 모든 상태의 중첩이다. 3큐비트 형태는 다음과 같다.

$$|\psi\rangle_W = \frac{|001\rangle + |010\rangle + |100\rangle}{\sqrt{3}} \tag{6.2}$$

이 상태는 큐비트 중 하나에 대한 손실이나 우연한 측정에 대해 GHZ 상태보다 더 견고하다. 여기서 큐비트 손실이 발생하는 경우, 섞인 상태이긴 해도 여전히 얽힘 상태로 남아 있기 때문이다.

하나의 벨 상태는 쉽게 다른 벨 상태로 변환할 수 있다. 심지어 두 큐비트가 멀리 떨어진 장소에 있을 때도 마찬가지다. 예를 들어, $|\Phi^+\rangle$를 $|\Psi^+\rangle$로 바꾸는 데는 둘 중 한 큐비트에 단지 X 게이트를 적용하면 된다. 여기에는 추가적인 얽힘을 사용할 필요도 없고 현재 얽힌 정도를 바꿀 필요도 없다. 두 상태는 국소적 연산만으로 변환이 가능하며, 고전 통신으로 보조를 할 수도 있다. 이를 LOCC 등가^{LOCC equivalent}라고 한다.

흥미롭게도, $|\Phi^+\rangle$와 $|\Psi^+\rangle$가 LOCC 등가이기는 하지만 더 큰 다자간 상태는 그렇지 않다. 3자 간, 또는 그 이상의 GHZ 상태는 같은 크기의 W 상태로 변환할 수 없다.

6.1.3 그래프 상태

그래프 상태$^{graph\ state}$는 분산 양자계에서 관심을 끌고 있는 얽힘 상태의 한 부류다. 그래프 상태는 그래프의 각 변에 대응하는 얽힘 연산을 통해 그래프가 정의되어 생성되는 상태다. 이 상태를 생성하는 것은 그래프의 각 꼭짓점에 $|+\rangle$ 상태에 있는 큐비트를 둠으로써 시작한다. 이어서 모든 변의 대응하는 양 꼭짓점에 대해 제어된 Z 게이트를 실행한다. 예를 들어 V를 꼭짓점의 집합으로 하고 E를 변의 집합으로 하는 그래프를 $G = (V, E)$라고 정의한다면, 그래프 상태의 생성을 다음과 같이 쓸 수 있다.

$$|0\rangle^{\otimes V} \to |+\rangle^{\otimes V} \to \prod_{(a,b)\in E} CZ_{(a,b)} |+\rangle^{\otimes V} = |G\rangle \tag{6.3}$$

이 변환의 첫 단계는 매우 간단하다. 각 큐비트를 초기화하고 아다마르 게이트를 적용하기만 하면 된다. 큐비트가 다른 장소에 있다면, 두 번째 단계는 장거리 얽힘 연산을 적용하는 것이 된다. 이것은 각 큐비트에 제어된 Z 게이트를 양자원격전송시킴으로써 가능하다[GOT 99]. 또는 정지해 있는 큐비트에 (확률적 과정이기는 하지만) 물리적으로 결합하는 기법을 쓸 수도 있다[CAM 07, HEI 06].

그래프 상태의 안정자 표현은 다음과 같이 쓸 수 있다.

$$K_G^a = X^a \prod_{b\in\mathrm{ngbr}(a)} Z^b \tag{6.4}$$

여기서 $\mathrm{ngbr}(a)$는 a의 모든 이웃의 집합이다. 즉, a와 연결된 변의 맞은편에 있는 큐비트들이다. 이 안정자 표현은 어느 한 곳의 큐비트를 0에서 1로 값을 바꾸거나, 반대로 1에서 0으로 바꾸면 그 이웃에 있는 나머지 다른 큐비트의 위상을 바꾸게 되고, 이를 다시 복원할 수도 있다. 그래프의 각 꼭짓점마다 그렇게 할 수 있는 안정자가 하나씩 존재한다.

GHZ 상태는 다른 그래프와 LOCC 등가인 것으로 알려져 있다. 흥미롭게도, GHZ 등가인 그래프는 두 종류가 있다. 하나는 성형 그래프로, 하나의 큐비트가 허브^{hub} 역할을 하고 나머지 큐비트는 모두 허브와 각자 얽힘 상태로 있는 것이다. 다른 하나는 완전히 연결된 그래프로, $n(n - 1)/2$개의 얽힘이 존재한다[HEI 06].

노드 A를 허브로 두고, B, C, D가 여기에 연결된 잎사귀 노드라고 한다면, 이때의 4큐비트에 대한 안정자 표현은 다음과 같다.

$$X_A Z_B Z_C Z_D \tag{6.5}$$

$$Z_A X_B I_C I_D \tag{6.6}$$

$$Z_A I_B X_C I_D \tag{6.7}$$

$$Z_A I_B I_C X_D \tag{6.8}$$

이 상태를 켓 표기법으로 적으려면 16개의 항이 필요하다. 이것은 안정자 표기법이 갖는 간단함의 가치를 보여준다.

보통의 격자에 구성된 그래프 상태, 특히 2차원 정사각형 격자는 클러스터 상태$^{cluster\ state}$라고 한다. 클러스터 상태를 비롯한 어떤 그래프 상태는 측정 기반 양자 계산$^{MBQC, Measurement-Based\ Quantum\ Computation}$을 위해 사용된다. 이것은 로버트 라우센도르프$^{Robert\ Raussendorf}$, 대니얼 브라운$^{Daniel\ Browne}$, 한스 브리겔$^{Hans\ Briegel}$ 등이 개발했다 [RAU 03]. MBQC에서는 먼저 일반적인 클러스터 상태를 생성한다. 그리고 각 큐비트에 대해 측정을 수행한다. 측정은 Z, X, Y 기저 중 하나를 이용해 이뤄진다. 자연스럽게, 각 측정은 얽힘 상태로부터 큐비트를 제거한다. 측정 결과 기저의 선택은 남아 있는 얽힘 상태를 바꾸게 되는데, 여기에 4.4절에서 논의한 게이트 양자원격전송에 대한 파울리 기준계 보정을 적용하고 나면, 큐비트에 게이트를 실행한 것과 마찬가지가 된다. MBQC의 기본 형태에서는 정사각형 격자 모양의 클러스터 상태가 만들어진다. 이때 격자의 한쪽 변에 $O(n)$개의 격자 칸이 있고, 다른 변에 $O(k)$의 격자 칸이 있다. n은 계산에 사용하는 큐비트의 수이고, k는 실행될 게이트의 수다.

얽힘 상태를 만들자마자 파괴하는 것은 낭비처럼 보이지만, 광학계와 같은 어떤 물리계에서는 이 방법이 더 쉽다. 광학계에서는 CNOT 같은 게이트를 직접 실행하기가 어렵기 때문이다. 광학계에서 기본 얽힘 연산과 측정은 기술적으로는 달성하기 어렵지만 잘 연구되어 있다. 하지만 가장 이상적인 경우에도 확률적으로 작동하고[KNI 01] 통신선로의 손실과 불완전한 검출기 때문에 확장성에 더 큰 제약이 걸린다. 그래프 상태 그 자체는 일반적이므로, 실험 실패로 이미 존재하는 클러스터 상태의 일부가 손상된다 하더라도 클러스터 크기가 커질수록 평균적으로 더 많이 해야 하지만 확률적으로 많이 수행하면 연산이 작동된다. 그러므로 확률적으로 성장하는 그래프 상태를 이용한 MBQC는 물리적으로 확률적인 기초 연산을 이용해 구축된 시스템의 확장성을 늘리는 매력적인 방법을 제공하는 것이다.

또한 양자 데이터를 다른 장소로 전송하는 데 그래프 상태를 사용할 수도 있다. 파울리 기준계 보정은 기본적으로 고전 정보의 전송을 요구하므로, 변화된 상태를 실제로 사용하기 위해서는 빛의 전파 속도만큼의 제한이 걸리게 된다.

6.2 동전 던지기

6.2.1 가장 간단한 다자간 분산 양자 프로토콜

임의의 비트를 선택해서 그 값을 공유하는 것은 흔한 컴퓨터 작업이다. 양자계에서는 $|+\rangle = (|0\rangle + |1\rangle)/\sqrt{2}$ 상태에 있는 단일 큐비트를 사용해 이를 수행할 수 있다. 이 큐비트를 양자 알고리듬에서 있는 그대로 사용하거나, 고전적 난숫

값을 만들기 위해 측정할 수 있다. 믿을 만한 신뢰할 수 있는 네트워크 환경에서 GHZ 상태를 만들어서 공유한 모든 참여자가 같은 작업을 분산된 상태로 간단히 달성할 수 있다. 믿을 수 없는 네트워크나 신뢰할 수 없는 참여자들을 암호화와 관련된 프로토콜을 사용해 다룰 수 있는데, 아래에서 논의하겠다.

네트워크 자원: 만약 네트워크가 GHZ 상태를 만드는 것을 직접 지원한다면, 필요한 것은 단지 n자가 참여하는 상태뿐이다. 만약 네트워크가 GHZ의 생성을 직접 지원하지 않는다면, 가장 간단한 프로토콜은 대표가 GHZ 상태를 생성해서 나머지 $n - 1$명의 참여자들에게 각각 큐비트를 양자원격전송하는 것이다.

6.2.2 QKD 기반 프로토콜

서로 간에는 신뢰할 수 있는 참여자이지만 네트워크 중계기는 믿을 수 없는 경우가 있다. 이들이 동전을 함께 던지고 싶어 한다면, QKD의 에커트 버전을 사용하는 간단한 방법이 있다[EKE 91].

네트워크 자원: QKD에서는 양 끝단의 충실도와 보안이 유지되는 연결을 만들기 위해 많은 수의 벨 짝이 만들어지고 측정된다.

6.2.3 실질적인, 최적의 강한 양자 동전 던지기

좀 더 흥미로운 경우는 두 참여자가 서로 믿을 수 없는 경우다. 이 경우, 전화를 통해 동전 던지기를 할 수 있을까? 블룸[Blum]이 이 문제와 해법을 1983년에 제안했다[BLU 83]. 블룸의 해법은 보안이 유지되는 단방향 함수의 계산에 의존한다. 여기서 보안성은 상대방이 무제한의 계산력에 접근할 수 없다는 가정에 의존한다. 만약 한쪽이 속임수를 써서 무제한의 계산력에 접근한다면, 그는 단방향 함수, 공개키 암호화, 그리고 그와 관련된 개념들을 쉽게 깨트릴 수 있다. 이 경우, 어떤 알려진 해법도 없다. 만들어질 것으로 예상되는 대규모의 고속 양자 컴퓨터가 이런 고전 해법의 비보안성을 잠정적으로 보여줄 것이다. 이제 양자 네트워크가 양자 동전 던지기의 균형을 실질적으로 회복할 수 있을까?

양자역학 관점에서 이 문제는 두 가지 경우로 나뉜다. 하나는 강한 동전 던지기 strong coin flipping이고, 다른 하나는 약한 동전 던지기weak coin flipping다. 강한 동전 던지기에서 참여자들은 특정 결과와 연관되지 않는다. 약한 동전 던지기에서는 각 결과가 참여자와 연관이 있다. 예를 들어 앞면은 앨리스, 뒷면은 밥, 이런 식이다. 약한 동전 던지기에서는 참여자들이 자신과 연관이 있는 상태가 나오도록 편향을 주려고 시도할 수 있다. 하지만 지기 위한 편향은 하지 않는다. 이 편향은 한쪽으로만 작용한다.

어떤 불성실한 참여자가 성실한 참여자가 가진 큐비트를 직접 바꾸는 능력을 제외한 무제한의 (양자) 계산 능력을 갖고 있으면, 완전히 편향이 안 된 강한 동전 던지기를 할 수 있는 방법이 존재하지 않음이 증명됐다. 완벽하지는 않더라도, 항상 어떤 참여자가 결과에 영향을 줄 수 있다. 모촌Mochon은 $\epsilon > 0$인 ϵ에 대해, 약한 동전 던지기에서 속임수의 성공 확률을 $1/2 + \epsilon$으로 줄일 수 있는 방법을 개발했다[MOC 07]. 샤일루Chailloux와 케레니디스Kerenidis는 강한 동전 던지기의 경우 속임수를 쓴 쪽의 성공 확률을 1에서 $1/\sqrt{2}$, 즉 대략 71%로 제한하도록 프로토콜을 확장했다[CHA 09]. 이 프로토콜은 직접 물리적인 광자 전송 분야에서 분석되고 있다[PAP 11].

네트워크 자원: 모촌의 약한 동전 던지기 프로토콜은 참여자들이 양자 상태를 주고받는 적은 수의 연산이 필요하다. 샤일루와 케레니디스의 강한 동전 던지기 프로토콜도 같은 수의 연산을 필요로 한다. 따라서 각 프로토콜은 양자원격전송에 사용되는 적은 수의 벨 짝만을 필요로 한다.

6.3 대표 선출

대표 선출은 개인이 모인 집단에서 사전에 알려진 어떤 특권 없이 무작위로 한 명의 행위자를 특정하는 문제다. 이 문제를 풀면 더 복잡한 분산 알고리듬을 지원할 수 있다. 이 문제의 해답은 어떤 집합에서 최댓값을 찾는 문제나 분산 스패닝 트리^{distributed spanning tree} 같은 실세계 문제도 지원한다.

6.3.1 두 번째로 간단한 다자간 분산 양자 프로토콜

동전 던지기에서와 마찬가지로, 신뢰할 수 있는 상대방과 신뢰할 수 있는 네트워크 인프라를 가진 간단한 경우에는 간단한 프로토콜이 존재한다. 이것은 신년 양배추 프로토콜^{New Year's Cabbage Procotol}이라고 한다. 남부 웨스트버지니아의 어떤 가족에게는 새해 첫날 양배추를 요리한 냄비에 동전을 하나 넣는 것이 관습이다. 그리고 그 동전을 찾는 사람에게는 그해에 행운이 함께할 것이라는 이야기가 있다. 이 이름을 붙인 것은 2005년에 이 프로토콜을 설명했던 동트^{d'Hondt}와 파난가덴^{Panangaden}이다[D'HO 05b].

이 프로토콜은 다음과 같이 작동한다. 참여하는 n자 간에 W 상태를 구축하고, 각자 큐비트 1개씩을 나눠 갖는다. W 상태가 가중치 1짜리 해밍^{Hamming}이라는 점을 생각해보자. 즉, 중첩된 각 항에 단 하나의 0이 아닌 큐비트를 갖고 있다. 이 상태를 측정해, 0이 아닌 큐비트를 얻은 참여자를 대표로 선언하면 된다. 다른 양자 알고리듬과 마찬가지로, 이 측정 연산은 고전적인 값이 도착할 때까지 지연될 수 있다. 물론, 모를 뿐이지 동전의 위치가 정해져 있는 양배추 프로토콜과는 다르게 양자 프로토콜은 1비트의 위치를 중첩시켜서 사용하므로 측정될 때까지는 실제로 결정되지 않은 상태다.

이 책에서는 이 프로토콜을 두 번째로 간단한 분산 프로토콜이라고 하겠다.

왜냐하면 W 상태를 만드는 알고리듬이 믿을 수 있는 동전 던지기 프로토콜에서 사용된 GHZ 상태를 만드는 데 필요한 알고리듬보다 더 복잡하기 때문이다.

네트워크 자원: 만약 네트워크가 W 상태를 직접 만드는 것을 지원한다면, 단 하나의 n자 간 얽힘 상태가 필요하다. 만약 네트워크가 W 상태를 만드는 것을 직접 지원하지 않는다면, 가장 간단한 프로토콜은 어떤 대표자가 W 상태를 만들어서 $n-1$명의 참여자에게 큐비트 1개씩 양자원격전송으로 나눠주는 것이다.

6.3.2 타니의 양자 프로토콜

2005년에 타니[Tani], 고바야시[Kobayashi], 마츠모토[Matsumoto]가 두 가지 대표 선출 프로토콜을 제안했다[TAN 05, TAN 12]. 이 프로토콜의 경우 양자 알고리듬 중에서는 거의 유일하게 참여자들 사이의 연결성에 주의를 기울여야 한다. 연결성은 이웃 사이의 상호작용을 상세하게 하고 그래프로 네트워크 상태를 나타낸다. 그러나 이 프로토콜은 다른 무거운 프로토콜과는 다르게, 통신량과 교환량을 사용한다. 여기서는 두 가지 방식 중 첫 번째 알고리듬만 살펴볼 것이다.

이 알고리듬이 대표 선출 문제를 확률적이지 않고 몇 번의 시도 이내에 확정적으로 풀 수 있도록 하는 중요한 특성은 익명 네트워크에서 작동한다는 점이다. 익명 네트워크란 어떤 노드에도 미리 할당된 식별자가 없는 경우다. 그리고 이것은 네트워크의 토폴로지에 상관없이 잘 작동하며, 어떤 무작위성 근원에도 의존하지 않는다. 현재 실제 세계의 제약조건에서 잘 작동하고 있는 알고리듬을 실제 네트워크에서 꾸준히 사용 중이긴 하지만, 이런 조건에서 신뢰할 수 있게 작동하는 고전 알고리듬은 없는 것으로 알려져 있다. 이 알고리듬은 미래 네트워크에서 유용할 수 있고, 양자 및 고전 컴퓨터와 통신의 상대적인 능력에 대해 무언가 말해줄 수 있다.

네트워크 자원: 타니의 첫 번째 알고리듬은 $n-1$개의 완전한 단계로 작동한다.

각 단계는 $4(n-1)$개의 큐비트를 각자 생성해서 모든 이웃과 교환하는 보조 절차를 사용한다. 이 보조 절차에 필요한 작업량은 각 노드의 노드도 d에 따라 달라진다. 실행시간은 양자 계산 부분을 모든 노드에서 병렬로 처리할 수 있으면 $O(n^2)$이다. 만약 각 노드의 처리장치가 병목을 겪고 있다면, $O(Dn^2)$의 실행시간을 갖는다. D는 그래프에 있는 노드들의 노드도 중의 최댓값이다. 전체 양자 네트워크 부하량은 2자 양자원격전송이 $O(n^2|E|)$번 필요하다. 이때 E는 그래프를 구성하는 변의 집합이다. 그래프에 대해 별다른 정보가 없다면, 최선일 때 $|E| \sim n$, 최악일 때 $|E| \sim n^2/2$로 알려져 있다. 그러므로 네트워크의 부하량은 $\Omega(n^3)$과 $O(n^4)$이다.

6.4 양자 비밀 공유

6.4.1 준고전적 다자간 비밀 생성

이제 비밀 양자 상태 $|\psi\rangle$를 공유하고 그 상태를 재구축할 수 있게 하는 프로토콜에 대해 논의하겠다. 다자간 고전적 비밀을 공유하는 양자 프로토콜도 물론 존재한다. 그중 하나는 볼프강 티텔^{Wolfgang Tittel}, H. 츠빈덴^{Zbinden}, 니콜라스 가이신^{Nicolas Gisin}이 GHZ와 유사한 상태를 사용해 실증했다. 이 알고리듬에서 재구축하려는 참여자는 비밀값을 찾기 위해 측정 결과를 공유해야만 한다[TIT 01]. 원래의 참여자들에게 알려져 있는 미리 결정된 비밀을 공유한다기보다는 송신자가 일반적인 GHZ 상태를 만들어서 큐비트 하나를 각 수신자에게 보내고, 그 큐비트를 고전적인 최종 결과가 나오거나 계산을 수행하도록 수신자 측에서 연산을 진행한다.

원래의 실험은 광학 용어로 표현된다. 하지만 여기서는 간결하게 다음과 같이 설명할 것이다. 송신자는 GHZ 상태를 둘 이상의 참여자들에게 전송한다. 여기서는 앨리스, 밥, 클레어, 이렇게 세 명의 참여자가 있다고 가정한다. 수신자들 (재구축하려는 참여자들)은 각자 0이나 $\pi/2$ 중 하나를 무작위로 고르고, 전체 상태 에 위상 이동을 적용한다. 이렇게 하면 전체 상태는 다음과 같다.

$$|\psi\rangle = \frac{1}{\sqrt{2}}(|000\rangle + e^{i(\alpha+\beta+\gamma)}|111\rangle) \tag{6.9}$$

여기서 α, β, γ는 각각 앨리스, 밥, 클레어가 선택한 위상 이동값이다. 이제 각자 큐비트를 $\{|+\rangle, |-\rangle\}$ 기저에 대해 측정하면 그 결과는 +1이나 −1이 나올 것이다. 세 명의 측정 결과를 각각 a, b, c라고 하자.

이제 '비밀'이란, $abcd = 1$이라는 방정식을 만족시키는 a, b, c 중의 하나가 된다. 여기서 d는 $d = \cos(\alpha + \beta + \gamma) = \pm1$이다. 이 값을 알아내려면, 각 참여 자는 자신이 선택한 위상 이동값을 공개해야 한다. 그리고 세 위상 변화의 합이 0이나 π가 되는 경우만 남긴다. 이제 각 참여자들은 자신의 값을 알고 있으므로 d 값도 알게 됐다. 이 지점까지 모든 참여자는 반드시 성실하게 협력해야 한다. 프로토콜의 첫 번째 단계가 여기서 끝난다.

이후 세 참여자 중 어느 둘이 협력하면, 다른 한 명의 측정값을 그의 도움 없이도 알아낼 수 있다. 예를 들어, 앨리스와 밥이 클레어의 값을 결정하려고 하는 경우 그들은 서로 측정값을 교환한다. 그렇게 하면 앨리스와 밥은 각각 a, b, d를 알고 있으므로 c도 계산할 수 있다(여기서 앨리스와 밥은 이미 그들의 측정값을 몰래 공유할 수 있는 능력을 갖고 있어야 한다). 따라서 이 값은 세 참여자에 대해 공유되는 고전적인 비밀 비트로 사용할 수 있다.

그런 비트를 많이 갖고 있으면 큰 무작위 비밀을 생성할 수 있다. 이 비밀의 보안성을 보증하려면, 양자 키 분배의 에커트 방식(5.3절)에서 사용했던 것처럼 비밀의 일부를 점검용 비트로 사용할 수 있다. 이때 3자 간의 CHSH 부등식 (2.5.3절)을 사용한다. 이로부터 도청자가 얽힘 상태를 갖고 있거나 또는 다른 제

3자가 상태를 고쳤는지를 알아낼 수 있다. 따라서 이 알고리듬은 양자 키 분배의 다자간 형태가 된다.

n명의 참여자에게 이와 같은 특정한 프로토콜이 있으면, 그중 어느 $n - 1$명이라도 나머지 n번째 참여자의 값을 재구성할 수 있고, 그것을 공유하는 비밀로 선언할 수 있다. 그러나 필요한 비밀 통신선로를 포함하여 고전 통신은 여기에 대해 n에 따라서 증가한다.

네트워크 자원: 이 프로토콜은 네트워크에 의해 생성됐거나, 참여자 중 둘로 나뉘진 벨 짝을 이용한 큐비트의 양자원격전송이 가능한 쪽에 의해 공급되는 n자간 GHZ 상태가 필요하다.

6.4.2 기본 양자 비밀 공유 프로토콜

비밀 공유secret sharing는 중요한 (고전적인) 암호화 능력이다. 비밀 공유에서 한 참여자(경우에 따라서는 중개인dealer이라고도 한다)는 특정 환경에서 다른 사람과 공유하려는 비밀을 생성한다. 예를 들어, 저자의 사망 후에 읽히기를 원하는 유언장처럼 특정 시점에 공개되기로 한 문서의 암호를 푸는 키값일 수 있다. 비밀을 한 장소에 보관하는 것보다 더 안전하게 보관하기 위해 중개인은 키를 다수의 사람, 즉 유언장을 쓴 저자의 아이들에게 나눠줄 수 있다. 당연히 저자는 어느 아이도 혼자서는 암호를 풀지 못하게 하고 아이들이 모두 모이면 유언장을 읽을 수 있게 하고 싶다(분명 아이들은 저자의 사망 이후에만 그렇게 하기로 동의할 것이다).

n명의 아이들이 이것을 달성하려면, 비밀은 n개의 조각으로 쪼개져야 하고 각 조각이 한 명의 아이에게 주어져야 한다(여기서 아이를 행위자player라고 하자). 각 조각들은 단순히 원래 비밀의 일부분이 아니라(비밀키의 일부를 알고 있으면 원래의 비밀키를 알아낼 수 있는 부분군을 만들기가 더 쉬워진다) 암호학적으로 부호화된 조각을 주려고 한다. 비밀 공유 시스템은 대체로 원래의 비밀을 재생하려면 특정

수량 이상의 조각을 모아야 하는 문턱값[threshold]이 있다. 그렇게 된다면, 예를 들어 다수의 아이들이 모여서 유언장을 읽기로 동의할 수 있다. 문턱값보다 적게 모인 행위자들의 어떤 일부도 원래의 비밀에 대해 정보를 얻을 수 없음이 보장된다. 만약 t를 그 부호화를 방해할 수 있는 사기꾼(또는 모인 사람들)의 수라고 한다면, 그런 기법을 $(n-t, n)$의 문턱값을 가진 비밀 공유 프로토콜이라고 한다.[1]

클리브[Cleve], 고츠만[Gottesman], 로[Lo]는 양자 오류 보정 부호에 기반한 양자 등가를 개발했다[CLE 99, GOT 00]. 예를 들어 그 원리를 설명해본다면 다음과 같다. 먼저, 큐트리트[qutrit]를 사용할 것이다. 이것은 일반적인 큐비트와는 다르게 $|0\rangle$, $|1\rangle$, $|2\rangle$의 세 가지 기저 상태를 갖는다. 중개자는 비밀 큐트리트를 만들어서 그걸 3개의 큐트리트로 부호화한다.

$$
\begin{aligned}
\alpha\,|0\rangle + \beta\,|1\rangle + \gamma\,|2\rangle \quad \rightarrow \quad & \alpha(|000\rangle + |111\rangle + |222\rangle) \\
+ \quad & \beta(|012\rangle + |120\rangle + |201\rangle) \\
+ \quad & \gamma(|021\rangle + |102\rangle + |210\rangle)
\end{aligned}
\tag{6.10}
$$

그리고 앨리스, 밥, 클레어에게 큐트리트를 하나씩 보낸다. 각 개별 큐트리트에 아무 정보가 없다는 사실은 쉽게 알 수 있다. 각각을 독립된 상태로 간주한다면 완전히 섞인 상태이기 때문이다. 위의 방정식에서 세로로 줄을 맞춰놓은 그대로 아래로 항들을 읽어보자. 가장 왼쪽에 있는 큐트리트인 $|0\rangle$의 부호가 각각 α, β, γ임을 볼 수 있다. 이것은 $|1\rangle$이나 $|2\rangle$에 대해서도 마찬가지다. 만약 앨리스가 공유되는 비밀로 첫 번째 큐트리트를 받았다면, 중개자의 원래 상태를 재구축할 수도 없고, 어떤 정보를 추출할 수도 없다.

그러나 셋 중 둘이 협력한다면 중개자의 원래 상태를 재구축할 수 있다. 그렇

---

1 상태를 재구축하는 데 필요한 수에 집중하는 경우도 있고, 암호화를 깰 수 있는 사기꾼의 수에 주목하는 경우도 있다. 이런 논문을 읽을 경우 독자들은 그 표기법에 주의해야 한다.

게 하기 위해 그 둘은 큐트리트에 3에 대한 모듈로^{modulo} 덧셈을 수행할 필요가 있다. 앨리스의 큐트리트를 밥에게 더하고, 그 결과를 다시 앨리스의 큐트리트에 더한다. 이렇게 하면 결과는 다음과 같다.

$$(\alpha |0\rangle + \beta |1\rangle + \gamma |2\rangle)(|00\rangle + |12\rangle + |21\rangle)/\sqrt{3} \tag{6.11}$$

이제 앨리스는 원래의 비밀 큐트리트를 갖고 있고, 밥과 클레어는 특별한 관심이 없는 평범한 상태로 남았다. 말할 필요도 없이, 밥은 이 재구축 프로토콜에 동의하기 전에 앨리스를 신뢰해야 한다.

더 발전된 방법은 앞의 기본적인 아이디어를 큐비트로 작동시키고, 오류 보정 부호를 직접 사용한다. t개의 사라진 큐비트를 보정하는 양자 부호는 문턱값이 t인 비밀 공유 기법으로 쓰일 수 있다.

네트워크 자원: 중개자는 전체 다자간 상태를 만들어서 행위자에게 배포한다. 앞의 큐트리트 사례에서는 만약 앨리스, 밥, 클레어가 더 이상 모친과 살지 않는다면, 모친은 세 사람에게 각각의 비밀 일부를 양자원격전송으로 공유해야 한다. 나중에 재구축 단계를 하는 동안, 밥이 앨리스에게 자신의 비밀 조각을 보내서 재구축하게 하거나, 양자원격전송 게이트를 이용해 원격으로 게이트를 실행해야 한다. 전자가 단지 한 번의 양자원격전송만을 사용하므로 네트워크 자원을 덜 요구한다. 좀 더 일반적인 기법에서 중개자는 n개의 메시지를 양자원격전송으로 전송하고, 재구축하려는 쪽에서는 최소한 $n - t - 1$개 이상의 비밀 조각을 모아야 한다. 각 메시지가 m개의 큐비트로 되어 있고, m이 중개자가 공유하려는 원래 비밀의 최소 크기라고 하자. 각 큐비트의 짝마다 연산을 해야 하므로 네트워크는 각 단계마다 최소한 $(2n - t - 1)m$개의 끝 대 끝$^{end-to-end}$인 높은 충실도의 벨 짝을 만들어야 한다. 이론적으로 각 단계는 병렬적으로 수행할 수 있으므로 $O(1)$ 깊이를 갖는다. 하지만 실제로는 중개자와 재구축자 사이의 대역폭에

의해 제한받을 가능성이 높다. 연산자 실행시간과 재구축자 선정에 관한 기본적인 조율을 넘어서, 일단 모든 게 끝나고 나면 프로토콜은 더 이상 왕복하는 통신이 필요 없다. 즉, 이것은 상호작용하는 프로토콜이 아니다.

6.4.3 확인 가능한 양자 비밀 공유와 보안성 있는 다자간 양자 계산

앞에서 소개한 프로토콜을 짧게 요약하면 다음과 같다. '중개자가 협상의 끝에 약속을 지킬지 여부를 행위자가 판단하는 것은 불가능하다.' 중개자는 굉장히 많은 작업을 해야 한다. 초기 비밀을 준비하고, 보내기 전에 오류 보정 부호에서 부호화하는 것까지 담당한다. 여러 이유로, 중개자가 만들고 분배하는 상태는 실질적으로는 오류 보정 부호에 맞는 단어를 부호화할 수 없다. 행위자가 그 상태가 맞는지 확인할 수 있기를 원한다면, 나중에 원래의 비밀도 복구할 수 있게 될 것이다(물론 이것이 복구된 비밀이 어떤 식으로든 의미 있을 것이라고 보증하지는 않는다).

크레포^{Crépeau}, 고츠만, 스미스^{Smith}가 클레브, 고츠만, 로의 원래 프로토콜을 그런 확인이 가능하도록 2준위 시스템으로 확장했다. 이 프로토콜을 확인 가능한 양자 비밀 공유$^{VQSS, Verifiable Quantum Secret Sharing}$라고 한다[CRÉ 02, SMI 01]. 먼저, 보안 매개변수 k를 고른다. 성실한 재구축자의 목표는 성실한 중개자의 원래 상태 $|\psi\rangle$를 $t < n/4$명의 사기꾼을 이용해 $F = 1 - 2^{-\Omega(k)}$라는 충실도로 재생하는 것이다. 여기서는 이 프로토콜에 대한 양자 연산이나 보안성에 대한 자세한 설명 없이 여기서 필요한 네트워크 활동의 개괄만을 제시하겠다. 이 프로토콜은 간단한 분산 양자 계산 형태의 기저로서 사용되고, 이 장의 뒷부분에서 논의할 양자 비잔틴 동의 문제의 기저로도 사용된다.

중개자는 각각 최소한 n개의 큐비트를 갖고 있는 $(k + 1)^2$개의 양자 레지스터를 만든다. 레지스터 중 하나는 원래 상태 $|\psi\rangle$의 부호화된 사본 $|\psi\rangle_L$을 갖고 있다. 레지스터 중 k개는 입력 상태에 기반한 국소적으로 변환된 값을 포함한다.

그리고 나머지 레지스터는 논리적 0 상태인 $|0\rangle_L$의 사본을 갖고 있다. 각 레지스터는 n개의 부분으로 나누어져 있고, 그 부분은 각각 n명의 행위자에게 분배되어 있다. 이 시점에 각 행위자는 $O(k^2)$개의 큐비트를 중개자로부터 받는다.

다음으로, 각 행위자는 각각의 큐비트를 부호화한다. 각자 n개의 큐비트를 받았고, 이것을 다른 $n-1$명의 행위자에게 공유한다. 이어서, 각 행위자는 받은 큐비트를 보관한다. 여기까지 각 행위자는 $O(k^2 n)$개의 큐비트를 주고받았다. 큐비트의 대부분은 검증을 위해 사용된다. 국소 연산이 진행되고 큐비트를 측정한다. 그런 다음, 각 결과를 인증된 고전 통신선로를 통해 공개적으로 방송한다. 그러면 각 행위자는 높은 확률로 중개자가 실제로 적법하게 부호화된 상태를 보냈는지, 그리고 t 이하의 사기꾼들이 있는지를 확인할 수 있다.

재구성 단계에서 $n-1$명의 행위자가 남아 있는 큐비트를 재구성자에게 보낸다. 재구성자는 받은 $k(n-1)$개의 큐비트를 이용해 재구성을 수행한다.

이 기법을 분산 계산에 적용하려면, 각 행위자가 큐비트를 갖고 시작해서 중개자가 큐비트를 배포하듯이 실행하면 된다. 각 행위자는 n큐비트의 작은 일부를 갖고 있다. 오류 보정 기법을 적절히 선택하면, 행위자들이 집단적으로 어떤 동의된 회로(응용 알고리듬)를 국소 상태인 n개의 큐비트에 대해 실행할 수 있다. 재구축 단계가 각각의 n큐비트에 대해 수행되면 그 상태들은 측정된다. 이 측정 단계는 아직 문헌에서 정량화되지는 않았지만 분산된 연산이 필요하다. 프로토콜을 처음 설명할 때는 기초적인 분산 계산의 기능성을 설명하는 데 집중했으며, 그 자체의 자세한 연산들은 후속작업으로 남겨졌다(대부분의 양자 알고리듬에서 자원 요구조건과 예상되는 작동 변수를 정하는 것은 조직적, 집단적 노력으로 시작될 수밖에 없다. 심지어 단일 시스템용 알고리듬도 그렇다. 분산 알고리듬의 경우 이 영역은 분석을 수행할 공학자들의 관심을 아직 받지 못하고 있다).

이 과정들이 모두 끝난 후, 전체 계산의 고전적인 결과가 측정 연산의 결과를 사용해 계산된다. 집단적으로 실행되는 알고리듬이 결과로부터 그런 간섭을 허용하지 않는다고 가정한다면, 어떤 행위자도 특정 입력 데이터로부터 뭔가를 알아낼 수는 없다. 그러나 각 행위자들은 모두들 실행되는 프로그램^{program}의 존재를 알고 있다. 범용 비밀 양자 계산을 논의할 때는 이 조건이 없어질 것이다.

네트워크 자원: VQSS가 각 노드, 특히 중개자에게 대량의 계산 능력을 요구한다는 것은 명확하다. 양자원격전송을 위한 대량의 벨 짝을 요구한다는 것도 명확하다. 노드의 각 짝마다 경로가 사용된다. 이는 네트워크의 핵심에 대량의 부하를 줄 수 있다. n명의 행위자 각각은 $O(k^2 n)$개의 큐비트를 주고받는다. 따라서 전체 네트워크 부하량은 $O((kn)^2)$번의 양자원격전송 연산을 필요로 한다.

i번째 노드가 j번째 노드에게 보낸 비밀 조각은 유일하다. GHZ 상태, W 상태, 그래프 상태를 제공할 수 있는 네트워크를 갖는다고 해서 이 프로토콜에 특별한 이득은 없다. 단지 기본적인 점 대 점 벨 짝이 필요하다.

분산 계산 프로토콜은 심지어 비특정된 분산 측정 연산을 포함하지 않는다고 해도 n배 많은 연산이 필요하다.

미해결 문제: 이 절에서 설명한 프로토콜은 네트워크에 대한 참조 없이, 그리고 순수 상태만을 이용해 정의됐다. 원리는 쉽고 실세계 연산으로 옮겨질 것임은 의심의 여지가 없지만, 공학적 절충점은 점검할 필요가 있다. 보안 매개변수 k와 벨 짝 충실도의 정확한 관계가 규명돼야 한다. 일반적인 네트워크에서는 특정 통신 세션이 주어진 노드를 통과할 수 있을지 없을지를 가정할 수 없다. 예를 들어 만약 악의적인 중계기가 벨 짝의 충실도에 영향을 줄 수 있다면, 최대 t명의 악의적인 행위자가 공유된 부분을 조작하여 전체 정보보다 더 적은 양의 정보를 얻도록 할 수 있다. 이와 같은 두 가지 정보 누출의 근원을 어떻게 결합해야 할까? 분산 계산 프로토콜에 필요한 분산 측정 기법의 정확한 네트워크 비용이 규명되지 않았다.

6.5 비잔틴 동의

6.5.1 문제 원형

컴퓨터 시스템에서 다양한 참여자들이 동의하는 것은 정확한 연산에 매우 중요하다. 하지만 일부가 놓치거나 악의적으로 오작동할 수도 있다. 람포트[Lamport], 쇼스탁[Shostak], 피스[Pease]는 비잔틴 장군의 문제[Byzantine Generals problem]로 알려진 이 문제를 규명했다[PEA 80, LAM 82]. 1982년 논문의 초록은 이 문제와 핵심 결론을 잘 짚어내고 있다.

신뢰할 수 있는 컴퓨터 시스템은 반드시 시스템의 다른 부분에 모순된 정보를 주려는 악성 작동 요소를 다룰 수 있어야 한다. 이 문제는 적군의 도시를 포위한 비잔틴 군대의 장군들 모임에 관한 이야기로 추상적으로 나타낼 수 있다. 전달자를 통해서만 소통할 수 있는데, 장군들은 반드시 하나의 작전 계획에 동의해야 한다. 그러나 그중에는 한 명 이상의 배신자가 있어서 다른 장군들을 혼란스럽게 하려고 시도할 것이다. 이 충성스러운 장군들이 동의에 도달할 수 있도록 보장하는 알고리듬을 찾는 것이 문제다. 만약 구두로만 메시지를 전달한다면, 이 문제는 2/3 이상의 장군들이 충성스러울 때만 해결될 수 있다. 그러므로 한 명의 배신자는 두 명의 충성스러운 장군을 혼란시킬 수 있다. 위조될 수 없는 문서로 메시지를 전달한다면, 이 문제는 장군과 배신자가 몇 명이든지 풀 수 있다.

이런 형식화에서 메시지 시스템은 믿을 만하고 메시지 송신자는 알려져 있다. 대장은 모든 장교에게 메시지를 보내고, 장교들이 '공격하라는 지시를 받았다'는 내용의 메시지를 서로 교환한다. 이 문제는 두 가지 형태가 있다. 하나는 오직 구두로만 말을 전달하고, 다른 하나는 서명된 메시지를 전달하는 것이다. 구두로 메시지를 전달하는 경우, 불성실한 장교가 공격 명령을 받고서도 동료들에게 후퇴명령을 받았다고 말할 수 있다. 충성스러운 장군의 서명은 위조할 수 없고, 그 사본은 진위를 확인할 수 있다.

구두 메시지에 대한 원래의 람포트 해법에서는 m명의 배신자에 대해서도 안전하려면 최소한 $n \geq 3m + 1$명의 장군이 필요하며, $O(n^m)$개의 메시지를 보내는 m차 깊이의 재귀적인 알고리듬이 필요했다. 이 접근법은 n이나 m이 커지면 비실용적이다. 서명된 메시지를 이용한 해법은 길이가 $O(m)$인 $O(n^2m)$개의 메시지를 보낸다. 따라서 전체 네트워크 부하는 $O((nm)^2)$이고, $m \leq = n - 2$명의 배신자까지 허용할 수 있다. 1999년, 카스트로^{Castro}와 리스코프^{Liskov}는 3단계 진송과 복제 상대 기계를 사용하는 기법을 개발했다. 이 기법에서는 첫 단계에서 n개의 메시지를 보내고, 두 번째와 세 번째 단계에서는 길이가 고정된 $O(n^2)$개의 메시지를 보낸다[CAS 99].

6.5.2 벤오르와 하시딤의 양자 비잔틴 동의 문제

2005년에 벤오르$^{Ben-Or}$와 하시딤^{Hassidim}은 상수 시간에 작동하는 양자 알고리듬을 개발했다. 이 알고리듬은 계산 능력이 무제한이고, 완전한 정보를 갖고 있으며, 적응형 공격을 하고, 동기화된 통신 환경에서도 작동한다[BEN 05a](각각의 표현은 모두 의미가 있으며, 문제의 난이도 등급을 구분한다). 그 두 알고리듬은 실패 시 최대 $\lfloor (n - 1)/3 \rfloor$의 배신자까지 감지해 멈추는 알고리듬이다. 하지만 배신자가 존재할 때 견고한 작동은 보장되지 않는다. 더 복잡한 비잔틴 동의 알고리듬은 $m <$ $(n - 1)/3$명의 배신자에 대해서도 작동하며, 동의에 도달하는 것이 보장된다.

6.4절에서 설명한 양자 비밀 공유와 비밀 계산 알고리듬은 양자 데이터가 양자 상태로 남아 있었다. 하지만 이 알고리듬은 '고전적인' 합의에 도달하는 데 그 목적이 있다. 만약 이처럼 양자 네트워크가 쉽게 접근 가능하고 실용적으로

실현 가능한 이론적인 이익이 있다면, 양자 비잔틴 동의 문제는 고전적인 분산 시스템에서 고전적인 비잔틴 동의 모듈을 곧바로 대체할 수 있다.

설명했듯이, 양자 비잔틴 동의 문제는 심지어 배신자가 존재해도 합의에 이르를 수 있다. 하지만 정확하게 작동하려면 양자 네트워크가 필요한 벨 짝을 만들어낼 용량이 있어야 한다. 고전적이든 양자든 물리적 네트워크는 당연히 물리적 서비스 거부 공격에 취약하다. 양자 네트워크는 아마 양자 정보의 민감한 속성 때문에 더 취약할 것이다. 간단한 도청자가 양자정화 작동을 실패시키고 벨 짝의 생성을 취소할 수 있다. 이와 유사한 방법들은 실패 시 멈춤을 적용할지 비잔틴 프로토콜을 적용할지 선택할 때, 끝단 노드가 배신자일 가능성을 따져봐야 한다.

네트워크 자원: VQSS와 마찬가지로 노드 사이의 모든 짝별 경로가 사용된다. 이는 네트워크 핵심에 대량의 부하를 유발할 수 있다. n명의 행위자 각각은 $O(k^2 n)$개의 큐비트를 주거나 받고, 네트워크 전체의 부하는 $O((kn)^2)$번의 양자 원격전송 연산이 필요하다.

6.6 클라이언트-서버와 비밀 계산

양자 중계기 네트워크를 만들어야 하는 가장 자연스럽고 주목하지 않을 수 없는 이유는 고전 네트워크를 처음에 만든 이유와 맥락을 같이한다. 바로 잠재적인 사용자로부터 지리학적으로 멀리 떨어져 있는 강력한 기계와 유일한 데이터베이스 계산 자원을 공유하는 것이다.

만약 사용자가 단지 멀리 있는 시스템에 접속하고 양자 서버를 원격으로 사용하기를 원할 뿐이라면 고전 네트워크로도 충분하다. 하지만 예상 가능한 미래에 양자 컴퓨터는 모든 연산을 통제하는 고전 프론트엔드front-end 기계를 가질 것이고, 그에 대한 원격 접속이 당연해질 것이다.

명백한 응용 분야는 클라이언트와 서버 사이에 오가는 입력 또는 출력에 관한 양자 데이터의 전송이다. 데이터가 순수하게 고전적으로 전송된다면 양자 네트워크가 필요 없으므로, 여기서는 그 데이터가 중첩이나 얽힘 상태라고 가정하겠다. 당연히 이것은 클라이언트와 서버 사이에 데이터의 양자원격전송을 위한 벨 짝을 생성해야 하므로, 양자 통신이 가능한 클라이언트와 네트워크를 필요로 한다.

그런 클라이언트-서버 작동의 가장 기본적인 구현은 데이터를 암호화하지 않고 도청자에게 뺏기는 것에 취약하게 놔둔다. 중첩되거나 얽힌 데이터를 직접 측정하는 것이 상태에 대해 완전한 정보를 제공하지는 않겠지만, 많은 경우 클라이언트가 비밀로 유지하고 싶어 하는 정보가 노출될 것이다. 클라이언트는 데이터를 서버에게 보내기 전에 고전 암호화 기법이나 무작위수를 사용해 선택된 임의의 단일 큐비트 게이트를 적용할 수 있다. 서버는 암호화된 고전 통신을 통해 이 게이트의 암호화를 어떻게 풀 수 있는지 전달받는다. 당연히 이것은 서버에는 데이터가 암호화되지 않은 채로 남는다는 뜻이다. 그리고 서버는 데이터에 어떤 프로그램을 실행해야 하는지 알아야 한다. 그러므로 클라이언트는 서버를 믿어야만 한다. 하지만 여기서 서버를 전혀 믿지 않고도 한 단계 더 진행할 수 있다.

2009년에 크레이그 젠트리^{Craig Gentry}는 준동형 암호화^{homomorphic encryption}[GEN 09, GEN 10, GEN 11]를 제안했다. 준동형 암호화(이제는 젠트리 암호화라고도 한다)에서 클라이언트는 서버에게 입력인지 출력인지 가르쳐주지 않고 계산 서버가 함수를 계산할 수 있도록 하는 형태로 데이터를 암호화할 수 있다. 예를 들면, 클라이언트는 2개의 암호화된 수를 곱해달라고 요청한다. 이 시스템은 두 가지 단점이 있다. 첫째, 클라이언트가 서버에게 어떤 계산이 수행돼야 하는지 말해야 한다. 둘째, 이 기법을 사용하는 데 오버헤드가 크다. 암호화되지 않은 데이터 전송과 계산보다 수백만 배 크다. 그러나 기본 아이디어는 흥미로웠고, 학자들을 흥미로운 방향으로 이끌었다.

비밀 양자 계산^{blind quantum computation}은 이 아이디어를 더 밀어붙여서 그 간단한 형태를 사실상 실험적으로 보였다[BRO 09, BAR 12]. 비밀 계산은 클라이언트가 서버에게 계산을 요청하면서, 입력과 출력 데이터를 비롯해 심지어 어떤 계산을 수행해야 하는지까지도 계산 수행 시점에 서버로부터 감출 수 있다.

비밀 계산은 측정 기반 양자 계산의 장점을 취한다. 클라이언트는 가장 간단한 정사각형 격자보다 오히려 벽돌 모양 상태로 알려진 변형된 형태의 충분한 큐비트를 생성한다. 큐비트를 무작위적으로 선택된 방향으로 회전시킨다. 양자 상태는 조금씩 만들어져서 양자원격전송으로 서버로 보내진다. 서버는 얽힌 연산과 측정을 하고 그 결과를 클라이언트에게 되돌려준다. 서버는 회전 각도에 대한 정보 없이도 이 연산을 수행할 수 있다. 계산 결과는 클라이언트 쪽의 큐비트에 영향을 준다. 이 계산은 그 크기의 상한 외에는 계산과 관련된 자세한 내용이나 데이터값에 대해 알아차리지 못하게 하면서 수행된다.

치아-홍 치엔^{Chia-Hung Chien}, 쉬-엔 쿠오^{Sy-Yen Kuo}, 반 미터^{Van Meter}는 결함 허용성^{fault-tolerance}과 양자 오류 보정에 더해 이와 같은 알고리듬이 작동하는 데 필요한 자원을 분석했다[CHI 13]. 이 연구에서, 기본적인 양자 보정을 한 번만 사용한다면 결함을 허용하지 않는 MBQC 계산에 비해 수천 배 더 큰 크기의 클러스터가 필요하다는 사실이 밝혀졌다. 이 인자는 내성이 있을 것이다. 그러나 여전히 때때로 클라이언트는 적은 수의 큐비트에 대해 기본 양자 컴퓨팅 연산을 수행해야 하고 양자 오류 보정을 수행해야 한다. 클라이언트가 여유 메모리나 QEC를 할 필요 없이 큐비트를 측정하기만 해도 되는 독립된 방법이 있다. 하지만 이 시스템에 결함 허용성을 주는 것은 매우 부담스러운 일이다[MOR 13].

브로드벤트[Broadbent]의 개발과 거의 동시기에, 도리트 아로노프[Dorit Aharonov], 마이클 벤오르[Michael Ben-Or], 엘라드 에반[Elad Eban]은 상호작용적인 증명 방법을 써서 분리되고 완전히 비밀인 프로토콜을 개발했다[AHA 08]. 이 시스템은 다자간 보안 통신과 결합 허용 기법의 어떤 요소를 사용한다. 이 시스템을 이 책에서 자세히 다루지는 않겠다.

네트워크 자원: 벨 짝만이 필요하다. 클라이언트-서버 관점에서 양자 데이터를 사용해 중요한 계산을 수행하는 부담은 클 것이다. 이것은 1초당 수천 개, 아마 수백만 개의 끝 대 끝[end-to-end] 벨 짝을 생성할 수 있는 고성능 양자 네트워크를 요구할 것이다. 비밀 계산과 결합 허용성을 요구조건에 더하면, 오늘날의 고전 네트워크에 비해 양자 네트워크의 통신량 부담은 세 자릿수 이상 규모가 커질 것이다. 따라서 양자 중계기를 이렇게 사용하는 것은 가장 필요하겠지만 실용화되기는 양자 네트워크보다 훨씬 어려울 것이다.

6.7 결론

6장에서는 분산 양자 상태의 몇 가지 사용을 검토했다. 이 모든 사례에서 명백한 것 하나를 제외하면 모두 보안과 관련되어 있다. 좀 더 일반적인 계산을 가속화하는 얽힘의 사용 사례들은 단일 알고리듬의 분산된 형태 분류로 빠질 것처럼 보인다. 이 내용을 여기서 자세히 다루지는 않겠지만, 광역 네트워크보다 양자 다중 컴퓨터에서 더 많이 사용될 것이다. 마찬가지로, 이 장의 초반에 논의한 논문의 이론적인 한계를 실용적인 알고리듬으로 확장하면 양자 네트워크가 실제로 고전 컴퓨터로 같은 일을 할 때에 비해 얼마나 이득이 있는지 정하는 데 도움이 될 것이다.

궁극적으로 양자 네트워크가 그 가치를 정당화하려면 양자 정보의 분산된 사용이 새로운 능력을 제공해야 하고, 다른 제약조건(알려진 또는 예측되는 공격자들의 능력 등)에서 작동해야 하며, 고전 컴퓨터에 비해 매우 빠르거나 매우 저렴하게 작동해야 한다. 매력적인 운영 변수를 결정하려면, 고전적 개념과 그에 대응하는 양자적 개념의 자세한 비교가 도움이 될 것이다. 어떤 주어진 시스템 기능에 대해, 예를 들어 '벨 짝 하나가 고전 통신의 x기가바이트와 비슷하다'는 식으로 말할 수 있는가? 특히, 보안과 관련된 기능에 대해 그러한 직접적인 비교는 어려울 것이다. 이것은 미해결 작업이지만, 벤처 투자가들이 양자 정보 기술에 투자하도록 만들고, 결국은 최종 사용자가 양자 정보 장치를 구매해서 사용하도록 촉진할 것이다.

7

기준계로서의 얽힘 상태

6장에서 디지털 양자 계산의 또 다른 형태를 허용하는 장거리 얽힘의 사용을 논의했다. 5장에서 QKD를 논의할 때, 감지기 네트워크[sensor network]의 한 종류로서 QKD를 볼 수 있었다. 즉, 바탕에 깔린 양자 연산의 목표가 양자 선로에 대한 도청자의 물리적 도청 시도를 감지하는 것이다. 이 목표는 얽힘 상태와 얽히지 않은 상태 중 어느 것을 사용하든 달성할 수 있다. 7장에서는 얽힘 상태를 사용하는 다른 감지기를 살펴본다. 이 작업의 많은 부분은 기준계[reference frame]로서의 양자 상태를 사용한다[RUD 03].

분산된 얽힘 상태는 극단적으로 민감한 물리 상태이고, 다른 용도를 위한 물리적 탐침으로 사용될 수 있다. 여기서는 두 가지 응용법을 검토하려고 한다. 간섭계를 사용한 광학 망원경의 해상력 증가와 멀리 떨어진 두 시계의 상대시간 비교다. 두 가지 응용법 모두 기술의 현재 상태와 기존 제안에서 요구하는 특성상 실용성과는 거리가 있지만, 양자 정보와 실세계 감지기 및 액추에이터의 통합으로 가는 길의 중요한 이정표가 될 것이다.

7.1 큐비트에 대한 환경의 영향

많은 형태의 양자, 따라서 큐비트도 마찬가지로 환경 변화에 민감하다. 그 결과 2.3.5절에서 논의했듯이 빠른 결잃음이 나타난다. 이는 큐비트를 사용한 계산을 하려는 시도에서는 불필요한 현상이다. 하지만 긍정적인 부분도 있다. 그렇기 때문에 물리적 환경의 탐침으로 사용할 수 있다는 점이다. 중첩과 얽힘을 주의 깊게 사용하면, 고전적으로 가능한 것보다 더 정확하게 또는 점근적으로 훨씬 더 적은 연산을 측정할 수 있다.

7.1.1 세차운동

모든 물리적 큐비트는 슈뢰딩거 방정식(식 (2.10))에 따라 변한다는 관점에서 볼 때 진동한다. 예를 들어, 어떤 전자나 원자의 스핀 축은 그 자기장에 대해 정확하게 정렬되어 있지 않은 한 환경에 주어진 자기장의 방향을 중심으로 세차운동을 한다. 전자(또는 핵) 스핀의 이런 행동을 라머 세차운동^{Larmor precession}이라고 한다. 이 세차운동은 큐비트의 위상을 바꾸고, 보통은 회전하는 기준계^{rotating reference frame}를 사용해서 예상되는 위상을 추적해 양자 알고리듬의 실행 시점에 보상된다.

이 세차운동의 주기는 국소 시스템에 의존한다. 1/2 스핀 큐비트(예: 전자 스핀)에 대해 그 기저 상태를 $|0\rangle$이나 $|1\rangle$ 대신에 $|\uparrow\rangle$나 $|\downarrow\rangle$로 쓸 수 있다. 위쪽 화살표는 스핀이 실험에 사용한 자기장(편의상 +Z축) 방향으로 정렬되어 있는 경우이고, 아래쪽 화살표는 스핀이 자기장에 대해 반대 방향으로 정렬되어 있는 경우다. 반대 방향으로 정렬된 경우의 에너지 준위가 더 높다. 두 상태 사이의 에너지 차이와 라머 세차운동 주기는 국소적인 자기장 세기에 의해 결정된다. $|\pm\rangle = (|\uparrow\rangle \pm |\downarrow\rangle)/\sqrt{2}$에 있는 큐비트의 정확한 상태는 다음과 같다.

$$|+(t)\rangle = \frac{1}{\sqrt{2}}(e^{-i\Omega t/2}|\uparrow\rangle + e^{i\Omega t/2}|\downarrow\rangle) \tag{7.1}$$

$$|-(t)\rangle = \frac{1}{\sqrt{2}}(e^{-i\Omega t/2}|\uparrow\rangle - e^{i\Omega t/2}|\downarrow\rangle) \tag{7.2}$$

여기서 오메가는

$$\Omega = \frac{E_1 - E_0}{\hbar} \tag{7.3}$$

으로 주어지며, E_1과 E_0는 각각 1 상태와 0 상태의 에너지다. 여기서 1 상태가 더 높은 에너지 상태로, 반대 방향으로 정렬된 상태라고 가정했다.

단일 전자의 경우, 실험적으로 접근 가능한 자기장 크기에 대해 라머 진동수는 대체로 수십 기가헤르츠(GHz) 정도가 될 것이다. 핵 스핀의 경우에는 대체로 수십 메가헤르츠(MHz) 정도다. 이 진동수는 단일 큐비트 게이트가 실행될 수 있는 속도와 관련이 있다.

단일항 벨 상태 $|\Psi^-\rangle$는 두 큐비트가 같은 환경에 있다고 가정한다면 방금 논의한 것과 같은 세차운동을 하지 않는다. 단일항 상태의 시간 불변성은 임의의 단일 큐비트 유니터리 U 연산자에 대해,

$$(U \otimes U)|\Psi^-\rangle = (\det U)|\Psi^-\rangle \tag{7.4}$$

때문에 나타난다. 이 사실은 7.2.2절에서 설명할 조자[Jozsa], 에이브럼스[Abrams], 다울링[Dowling], 윌리엄스[Williams] 알고리듬(JADW 알고리듬)에 사용된다. 하지만 국소 기준계들 간의 작은 차이는 두 큐비트의 세차운동 속도에 작은 차이를 만들어낸다. 이를 보정하려면 복잡한 기술이 필요하며, 여기서 자세히 설명하지는 않을 것이다.

사실, 벨 짝은 똑같은 물리적 형태의 두 큐비트로 이뤄질 필요가 없다. 오랜 시간 동안 광자나 빛의 다른 상태들, 예를 들어 이온, 퀀텀닷, 다이아몬드의 질소 공공과 같은 정적인 큐비트의 얽힘 상태에 집중해왔다. 벨 짝은 $|\Phi^+\rangle = (|{\uparrow}V\rangle$ $+ |{\downarrow}H\rangle)/\sqrt{2}$와 비슷하게, 왼쪽 큐비트($|{\uparrow}\rangle/|{\downarrow}\rangle$)는 스핀 큐비트이고 오른쪽 큐비트($|H\rangle/|V\rangle$)는 광학 큐비트로 정의할 수 있다. 이 경우 광학 큐비트는 스핀 큐비트와는 다른 진동수로 진동한다. 두 큐비트를 측정하면, 두 기준계는 독립적으로 추적되어 보정돼야 한다.

이런 기준계는 시간에 따라 변할 수 있다. 사실 자기장이나 다른 제어 매개변수를 천천히 바꿔서 진동수를 단열적으로 바꾸는 것이 가능하다. 특히, 초전도 플럭스 큐비트는 그렇게 조절할 수 있는 범위가 매우 넓나.

큐비트의 위치에 따라서도 기준계가 바뀔 수 있다. 조자, 에이브럼스, 다울링, 윌리엄스^{JADW}는 스핀 큐비트를 자기장이 유지되는 상자에 넣어서 이송해야 한다고 제안했다. Z축은 자기장에 의해 정렬되어 있고, X축은 원리적으로는 자기장에 수직인 아무 방향이나 자유롭게 고를 수 있다. 하지만 그 방향은 반드시 안정적이어야 하고, 분산된 다수 큐비트 상태의 경우 모든 위치에서 같아야 한다. 이것은 지구의 회전축에 대한 정렬과 같은 외부 기준계를 반드시 사용해야 한다는 것을 제안한다. 국소적인 상대적 지형에 따라 정의된다면, 편광면은 위도와 경도에 따라 바뀔 것이다. 이것은 광자 큐비트의 정확한 해석에 영향을 준다. 게다가, 시간 그 자체도 강한 중력장에서 느려진다. 예를 들면, 광역 위치 측정 시스템^{GPS,} $_{Global\ Positioning\ System}$은 이 효과 때문에 지구의 표면과 지구 궤도상에서의 시간 차이를 보정해야 한다.

그러므로 큐비트 대부분의 기저 상태는 외부 기준계에 대해 상대적으로 정의되는 것을 피할 수 없다(스핀 큐비트의 경우 자기장의 방향과 세기, 편광의 경우 가로축과 세로축 등). 이 정렬 표식을 바꾸는 것은 시간에 따른 큐비트의 변화를 바꿀 수 있고, 상태를 잘못 해석하게 만들 수도 있다.

7.1.2 양자 광간섭

두 파동의 간섭에 대한 표준적인 시범은 얇은 2개의 슬릿^{slit}이 있는 판과 그로부터 가까이 있는 필름 조각을 이용해서 이뤄진다. 빛이 슬릿을 통과하면 회절된다. 단일 슬릿의 경우, 필름은 혼동스러운 넓은 영역을 보여줄 것이다. 레이저의 강한 결맞은 빛이 두 슬릿의 판을 통과하면 그 결과로 두 슬릿 모두로부터 필름이 빛을 받을 것이다. 빛은 슬릿을 통과한 다음 위상을 유지한다. 이는 판으로부터 움직인 거리에 대해 특정 위상을 갖고 필름에 도착한다. 판에서 필름으로 가는 빛의 경로 길이는 필름의 위치에 의존한다. 그러므로 두 슬릿으로부터 도착한 빛의 위상도 변한다.

빛의 파장 λ, 두 경로의 길이 l_L, l_R에 대해 파동 함수의 합은 $\sin(l_L/\lambda + \phi_0) + \sin(l_R/\lambda + \phi_0)$이다. 밝은 무늬는 위상이 강화되는(보강 간섭) 위치, 즉 어떤 정수 k에 대해 $(l_L - l_R)/\lambda = 2k\pi$의 위치에 발생한다. 어두운 무늬(상쇄 간섭)는 $(l_L - l_R)/\lambda = (2k + 1)\pi$의 위치에 발생한다. 헥트^{Hecht}가 쓴 표준 광학 교재[HEC 02]에서 이중 슬릿 실험과 두 팔 간섭계를 잘 설명하고 있다.

양자 광간섭계는 아주 강한 빛을 개별 광자가 판을 통과할 정도로 매우 약한 빛으로 바꾼 실험으로 보여줄 수 있다[GRA 86, TAY 09]. 빛의 양자적 특성을 확인하면, 개별 광자는 빛의 밝기에 대응하는 확률에 따라 필름 위에 나타난다. 여기서 내릴 수 있는 유일한 결론은 각 광자는 필름에 도착하기 전 실제로 두 경로를 모두 통과하며, 자기 자신과 간섭한다는 것이다. 이 현상은 한 번에 광자 하나의 간섭무늬를 생성함으로써 광자의 파동 함수가 두 슬릿에 걸쳐 퍼져 있다는 것과 함께 빛의 입자/파동 이중성을 깔끔하게 보여준다. 이 행동은 광자, 전자, 원자, 심지어 중성자에서도 나타난다[SCU 91, GRE 88]. 전자를 이용한 기본 실험은 존슨[Jönsson]과 토노무라[Tonomura] 등에 의해 간섭무늬가 만들어지는 과정을 보여주는 짧은 계몽적인 동영상을 통해 재현됐다[JÖN 61, TON 89].

두 팔 간섭계에서 빛줄기는 빔스플리터에서 일단 나눠지고 두 경로(팔)를 따라 돌아다닌다. 두 팔을 따라 잠정적으로 다른 거리를 여행한 후, 두 빛줄기는 두 번째 빔스플리터에서 합쳐진다.

파동 함수에 대해 다음과 같이 설명할 수 있다. 빔스플리터를 통과한 파동 함수는 중요한 변화가 없지만, 반사되는 경우 위상에 i가 추가된다. 또는 이것은 이 책의 표기법에 의하면 $\pi/2$의 회전에 해당한다. 마지막 빔스플리터의 각 출구는 첫 번째 빔스플리터에 의해 갈라진 두 경로의 합이다. 한쪽 출구에서는 두 경로가 다 똑같은 수의 반사를 경험한 빛들이 모인다. 다른 출구에서는 한쪽은 한 번 반사된 경로, 다른 쪽은 세 번 반사된 경로의 빛이 모인다. 이 경우 상대위상 이동은 $i^2 = -1\,(\pi)$에 해당한다. 간섭계의 팔들이 같은 길이를 갖는다고 가정한다면, 위상이 맞는 항들은 첫 번째 출구에서 보강 간섭이 되어 빛이 방출된다. 위상이 반대인 항들은 두 번째 출구에서 상쇄 간섭이 되어 빛이 방출되지 않는다.

많은 실험에서 단광자 검출기는 빔스플리터의 각 출구에 놓이고, 간섭계의 팔 길이는 $(l_L - l_R)/\lambda = k\pi + \pi/2$가 되도록 조절된다. 이는 각 검출기에서 검출될 확률을 50 대 50으로 맞추기 위해서다.

여기서 중요한 것은 광자가 두 팔 중 어느 것을 통과했는지 구분할 수 없어야 한다는 점이다. 만약 두 팔 중 한쪽에서 존재나 부재가 검출된다면, 중첩 상태는 붕괴되고 간섭은 보이지 않을 것이다. 단광자 검출기는 자연적인 시간의 창[timing window]이 된다. 그 창 안으로 들어오는 광자들은 구분할 수 없다. 검출기가 작동했을 때를 기반으로 하여 광자가 어느 팔을 통과했는지 말할 수 없도록 두 팔의 길이는 충분히 가까워야 한다.

양자 중계기 네트워크에서도 광 얽힘교환에서처럼 두 광자를 간섭시켜야 할 때가 종종 있을 것이다. 이렇게 되려면 두 광자는 모두 시간의 창 안에 도착(또는 잠재적으로 도착)해야 한다. 2.5.4절에서 논의했듯이 광학적 벨 부등식 위반을 보려는 실험 설계는 이 부분을 반드시 보정해야 한다.

7.2 분산된 시계 동기화

멀리 떨어진 시계의 동기화는 여러 시스템에서 중요한 과제다. GPS 시스템은 수신기와 위성 사이에 나노초 수준의 정확도를 요구한다. 고빈도 거래 시스템은 밀리초 수준의 정확도를 요구한다. 물리 실험은 매우 높은 정밀도의 시계를 만들어서 다른 물리현상을 측정하는 데 사용하기도 한다. 현재 국제 표준 시계는 10^{-15} 수준의 정확도를 갖고 있다[TAK 05]. 실험은 그 한계를 10^{-18}까지 밀어붙이고 있다[HIN 13]. 이 분야는 빠르게 성장하고 있다. 이런 능력에 힘입어, 중력장의 세기와 물리 상수가 검증되고 있다[YE 08, HÄN 06, CHI 00]. 또한 위치도 검증될 수 있다[GIO 01]. 광섬유 네트워크는 오늘날 적절한 거리에 대해 10^{-14}의 불안정성을 갖고 주파수 표준을 보낼 수 있다. 따라서 중계기 네트워크는 매우 높은 맥놀이 표준을 갖게 될 것이다[FOR 07].

2000년에 추앙과 조자의 연구단은 각각 동시에 양자 시계 동기화 알고리듬을 제안했다. 두 알고리듬은 라머 세차운동의 위상 진화 또는 그와 동등한 것을 보상하기보다는 이용한다. 이 절에서는 추앙의 알고리듬을 살펴보고, JADW의 알고리듬을 그다음 절에서 살펴볼 것이다. 끝으로, 몇 가지 분석과 후속연구를 설명할 것이다.

7.2.1 추앙의 알고리듬

추앙은 두 가지 알고리듬을 제안했다. 첫 번째는 핸드셰이크 프로토콜^{handshake} ^{protocol}이고, 두 번째는 양자 위상 추정$^{quantum\ phase\ estimation}$을 위해 디지털 계산과 아날로그 센서를 모두 이용하는 분산 양자 알고리듬이다[CHU 00].

티킹 큐비트 핸드셰이크: 앨리스와 밥이 각자 똑같은 간격으로 째깍거리는 시계를 갖고 있다고 가정하자. 하지만 그 사이의 위상 차이는 알려지지 않았다. 추앙 알고리듬의 핵심적인 루틴은 여섯 단계의 티킹 큐비트 핸드셰이크$^{ticking\ qubit\ handshake}$ TQH(ω, $|\psi\rangle$)다. 여기서 ω는 $|\psi\rangle$의 진동수다. 앨리스와 밥이 협력해서, 앨리스가 먼저 큐비트를 준비하고 밥에게 보낸다. 밥은 앨리스에게 몇 가지 국소적 연산을 수행하고 그 큐비트를 앨리스에게 되돌려보낸다. 앨리스는 큐비트를 최종적으로 측정한다. 각각의 메시지는 고전적인 타임스탬프^{timestamp}를 갖고 있다. 그리고 만약 ω를 모른다면 ω도 적혀 있다. 국소 연산은 참여자의 시계 값에 따라 다르게 수행된다. 여기서 필요한 모든 자세한 연산을 설명하지는 않겠지만, 이 왕복 처리 과정은 앨리스가 원래의 큐비트 $|\psi\rangle$를 $e^{-2i\omega Z\Delta}|\psi\rangle$로 바꿀 수 있도록 한다. Z는 파울리^{Pauli} 연산자이고, Δ는 앨리스와 밥이 가진 시계들의 위상 차이다.

이 루틴을 사용하기 위해 앨리스는 $|\psi\rangle = |+\rangle$로 시작하고, TQH(ω, $|\psi\rangle$)를 실행한다. 그렇게 하면, 되돌아오는 값으로

$$|\psi'\rangle = \frac{1}{\sqrt{2}}(e^{-2i\omega\Delta}|0\rangle + e^{2i\omega\Delta}|1\rangle) \tag{7.5}$$

을 얻는다.

이 큐비트에 아다마르 연산자를 적용하면

$$|\psi''\rangle = \frac{e^{-2i\omega\Delta} + e^{2i\omega\Delta}}{2}|0\rangle + \frac{e^{-2i\omega\Delta} - e^{2i\omega\Delta}}{2}|1\rangle \tag{7.6}$$

을 얻는다.

이 상태를 계산 기저에서 측정하면 0이 나올 확률은 $\cos^2(2\omega\Delta)$가 된다. 만약 앨리스와 밥이 이 연산을 여러 번 반복한다면, Δ를 결정할 수 있다. 심지어 둘 사이의 전송 지연이 알려지지 않았거나 (특정 범위 내에서) 변하는 경우에도 가능하다.

그러나 이 과정은 단순히 고전 간섭계와 동등하다. 그리고 고전적인 기법에 비해 상대적으로 실행시간에서 이득이 없다. Δ를 n비트의 정확도로 결정하려면, 앨리스와 밥은 이 과정을 2^{2n}번 반복해야 한다. 이것은 실행시간과 통신비용을 n의 지수함수적으로 증가시킨다. 양자 위상 추정을 이용하면 훨씬 더 개선할 수 있다.

양자 위상 추정$^{\text{QPE, Quantum Phase Estimation}}$은 양자 푸리에 변환$^{\text{QFT, Quantum Fourier Transform}}$ 기반의 서브루틴을 이용한다. QFT는 큰 수의 인수분해와 양자 화학에서 에너지 준위의 계산 같은 데에도 사용되는 양자 알고리듬의 핵심이다. 이에 대한 자세한 설명은 닐슨과 추앙의 교재 5장을 추천한다[NIE 00].

시계 동기화에 필요한 자원의 지수함수적인 감소를 위한 추앙의 통찰은 QFT 와 위상 추정을 사용한 것이다. 이렇게 하면 Δ를 n비트로 결정하기 위해 TQH 를 $m \approx 2n$번 반복하면 된다. 단일 큐비트를 이용해 단순히 고전 통계 결과를 모으기보다, 앨리스는 $m + 1$개의 큐비트를 갖고 시작한다. 앨리스는 큐비트 하나를 밥과 서로 주고받으며, 나머지 m개의 단일 큐비트를 레지스터에 그대로 둔다. 시작하기 전에, 아다마르 게이트를 m 레지스터에 있는 각 큐비트에 적용하면 전체 값은 $2^{-m/2} \sum_{j=0}^{2^m - 1} |j\rangle$가 된다.

j번째 TQH 단계를 들어가기 전, m 레지스터에 있는 j번째 큐비트와 왕복하는 큐비트 사이에 CNOT 게이트를 수행한다. 여기서 레지스터 큐비트가 제어

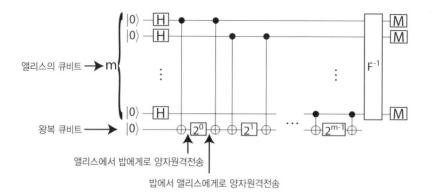

앨리스의 큐비트 ➜ m

왕복 큐비트 ➜

앨리스에서 밥에게로 양자원격전송

밥에서 앨리스에게로 양자원격전송

그림 7.1 추앙의 시계 동기화 회로. M 박스는 측정이고, 2^j 박스는 TQH 연산자에 대응된다.

큐비트이고, 왕복하는 큐비트가 표직 큐비트다. j번째 단계(단계 수는 0부터 세기 시작한다)에서 왕복하는 큐비트의 진동수는 $\omega_j = 2^j\omega_0$으로 조정돼야 한다. 여기서 ω_0는 첫 단계의 진동수다. 이렇게 실행한 연산이 $\mathrm{TQH}(2^j\omega_0, |\psi_j\rangle)$가 된다.

이 과정을 반복하면, m 레지스터는 레지스터에 있는 값에 상대적인 위상을 고르게 된다. m은 모든 가능한 m비트 수의 중첩으로 시작됐기 때문에 모든 위상의 중첩 또한 갖고 있다. 마지막 단계는 m 레지스터에 역 QFT를 실행하고 m을 측정하는 것이다. 이렇게 되면 $\Delta\omega$를 얻게 되는데, ω는 알고 있기 때문에 Δ를 쉽게 계산할 수 있다.

실용적으로 도달 가능한 정확도는 ω의 가장 높은 차수와 관련이 있다. 광 주파수 영역에서는 수 펨토초^{femtosecond}, 즉 10^{-12}초 이하의 정확도를 제공한다.

네트워크 자원: 설명했듯이, 이 알고리듬은 양자원격전송보다는 왕복 큐비트의 직접 전송을 가정한다. 또한 큐비트가 왕복하는 동안 정확히 같은 진동수를 유지하면서 세차운동할 것이라고 가정한다. 추앙은 알고리듬이 이런 문제를 처리하기 위해 변형돼야 할 것임을 지적했다. 특히, 양자원격전송이 하나의 물리적 표현에서 다른 형태로 큐비트를 옮겨가도록 허용한다는 사실을 고려해야 한다.

이런 변화를 가정하는 것은 쉽게 적용 가능하고, 알고리듬의 m번 단계를 위해 $2m$개의 벨 짝을 요구할 것이다.

이 프로토콜을 구현하는 데 있어 가장 큰 문제는 시스템을 미리 검사, 교정해 두는 것이다. 조자의 프로토콜에서와 마찬가지로, 기준계를 스스로 만들어내야 한다. 게다가 이 응용 방식은 큐비트의 진동수가 높은 정확도로 매우 넓은 영역에서 변할 수 있는 능력을 요구한다.

7.2.2 조자의 시계 동기화

추앙의 알고리듬이 실린 「피지컬 리뷰 레터$^{Physical Review Letters}$」의 같은 권호에, 별개의 논문으로 JADW의 제안이 실렸다. 여기서는 양자 시계 동기화$^{QCS, Quantum Clock}$ ^{Synchronization}를 제안했다[JOZ 00]. QCS 기법은 2개의 이미 작동 중인 시계의 위상 차이를 수치적으로 결정하기보다는 좀 더 직접적이고 물리적으로 앨리스와 밥의 큐비트 세차운동을 동기화한다.

이 논문은 식 (7.4)의 단일항 상태의 안정성이 얽힘이 깨질 때 함께 붕괴한다는 것을 인식하는 독창적인 양자적 접근법으로 시작한다. 앨리스와 밥이 벨 짝을 공유하고 있으면, 그리고 앨리스가 자신의 큐비트를 측정하면, 밥의 큐비트는 자신의 환경에서 세차운동을 시작한다. 이것은 앨리스가 측정을 언제 했는지 결정하는 데 사용할 수 있다. 당연하겠지만, 이 방법은 그렇게 간단하지 않다. 양자 원격전송에서와 마찬가지로 고전 통신의 지원이 필요하며, 이는 이 기술이 특수 상대성이론을 위반하는 것을 금지한다.

이 논문에서는 공유된 단일항 벨 짝을 전시계^{preclock}라고 부른다. 이 상태는 사용할 준비는 됐지만 독립적으로 진동을 개시하지는 않은 상태다. 단일항 상태는 $\{|+\rangle, |-\rangle\}$ 기저에서 다음과 같이 다시 쓸 수 있다.

$$|\Psi^-\rangle = \frac{|0\rangle\,|1\rangle - |1\rangle\,|0\rangle}{\sqrt{2}} = \frac{|+\rangle\,|-\rangle - |-\rangle\,|+\rangle}{\sqrt{2}} \tag{7.7}$$

이 식에서 쉽게 알 수 있듯이 만약 앨리스가 $\{|+\rangle, |-\rangle\}$ 기저에서 측정을 한다면 앨리스는 50%의 확률로 $|+\rangle$ 상태를 얻고, 50%의 확률로 $|-\rangle$ 상태를 얻는다. 앨리스가 $|+\rangle$를 찾을 때마다 밥은 $|-\rangle$를 발견할 것이고, 그 반대도 마찬가지다.

앨리스와 밥은 많은 수의 벨 짝 $|\Psi^-\rangle$를 공유하는 것으로 실험을 시작한다. 앨리스가 자신의 모든 큐비트를 $\{|+\rangle, |-\rangle\}$ 기저에서 측정해 얽힘을 깨는 것으로 프로토콜을 시작한다. 일단 얽힘이 깨지면, 각 큐비트는 식 (7.2)에 따라 독립적으로 시간에 따라 진화한다.

앨리스는 자신의 큐비트를 두 집단으로 나눈다. 하나는 $|+\rangle$에서 찾은 것들이고, 다른 하나는 $|-\rangle$에서 찾은 것들이다. 그리고 앨리스는 그 목록을 밥에게 보낸다. 밥은 마찬가지로 자신의 실험 결과를 분류한다. 하지만 밥은 단독으로는 어떤 큐비트가 어떤 것인지 알 수 없다. 따라서 앨리스가 밥에게 그 사실을 알려줄 때까지 기다려야만 한다. 앨리스와 밥은 같은 집단을 갖고 있다. 예를 들어, 앨리스의 $|-\rangle$ 집단은 밥의 $|-\rangle$와 같은 방향으로 세차운동을 한다. 왜냐하면 동시에 세차운동을 시작했고, 그 위상은 완전히 같을 것이기 때문이다. 따라서 이들은 동기화된 시계의 어떤 집단을 양쪽에 갖고 있다.

이 시계를 사용하려면, 당연히 이들로부터 고전적인 정보를 추출해야만 한다. 앨리스와 밥은 각자의 큐비트를 (다시 $\{|+\rangle, |-\rangle\}$ 기저에서) 한 번에 몇 개씩 측정해서 $|+\rangle$ 중 몇 개가 $|-\rangle$가 되고 되돌아갔는지를 관찰한다. $+$ 상태와 $-$ 상태에 대해 각각 찾을 확률은 다음과 같다.

$$P(+) = \frac{1}{2}(1 + \cos(\Omega t)) \tag{7.8}$$

$$P(-) = \frac{1}{2}(1 - \cos(\Omega t)) \tag{7.9}$$

여기서 Ω는 식 (7.3)에서 정의한 것이다.

만약 충분한 수의 큐비트를 측정한다면 위상을 결정할 수 있고, 따라서 시간 진화의 0점, 즉 얽힘이 깨진 때를 결정할 수 있다. 이것을 통계적으로 추적하고 있었으므로, 위상 측정값에 대한 신뢰수준을 얻기에 충분하도록 측정해야 한다. 이것은 완벽한 순수 상태인 경우에도 참이다. 충실도 $F < 1$인 경우에는 훨씬 많이 수행해야 한다.

사실, 어떤 정수 k에 대해 $2\pi k$의 주기를 갖는 모듈로 연산을 측정할 것이다. 만약 처음부터 세차운동의 한 주기 안에서 얼마나 떨어져 있었는지 알지 못한다면, 이 결과는 굉장히 모호해진다. 이것은 두세 번 더 분리된 집단에 대해 다른 진동수를 갖는 세차운동을 하게 하고, 동시에 시작점을 만드는 측정을 반복 시행하면 보정할 수 있다. 그리고 시간이 지남에 따른 집단 사이의 맥놀이 무늬를 관찰하면 된다.

여기서 (7.1.1절에서 논의했듯이) 이 큐비트의 물리학적 자이로스코프 특성이 견고한 물리적 기준점을 뜻한다는 점을 지적해둔다. 이 기준점에 대한 상대적 측정은 반도체 기술에서는 어쩌면 복잡할 수도 있다. 이 책에서 스핀 1 장치들은 스핀 1/2 장치와 다르게 행동할 것이라는 점도 지적해둔다. 여기서는 기본적으로 후자에 집중했다. 추가적인 제약사항으로, 똑같은 상대론적 계가 필요하다. 아니면 그 차이를 보상할 방법이 있어야 한다.

네트워크 자원: 이 방법을 사용할 때, 원하는 정확도로 0점을 잡기 위해 필요한 벨 짝의 수에 대한 명확한 분석을 제시하지 않았다. 예를 들어, 10GHz의 라머 진동수에 대해 10^{-14}초를 측정하려면 약 $2\pi \times 10^{-4}$라디안의 위상 차이를 검출해야 한다. 이것은 10^5개 정도의 표본 집단을 필요로 한다. 이때의 표본은 통계적으로 믿을 만하고, 불완전한 충실도를 포함한 값이다. 이 표본화는 충분한 주기가 돌 때까지 계속돼야 한다. 만약 각 점마다 100개의 벨 짝이 필요하고 이 10

회의 주기 동안 측정한다면, 대충 추산하기에 QCS를 한 번 수행하는 데 최소한 10^8개의 벨 짝이 필요할 것으로 생각된다. 게다가 비슷한 기술이 사실상 벨 짝 자체를 검사, 교정하는 데도 사용되므로 통계 분석은 복잡하고, 비슷한 표본 요구사항을 내놓을 것이다.

이 실험들의 기본형은 모든 벨 짝이 동시에 측정돼서 동기화된 진동을 시작한다고 가정한다. 이렇게 많은 벨 짝을 실험적으로 버퍼링하는 것은 예측 가능한 미래에 제안될 수 있는 실험 능력을 넘어선다. 더 중요한 것은, 이렇게 많은 벨 짝을 중계기 네트워크를 통해 만드는 데는 매우 오랜 시간이 걸린다는 점이다. 그 사이에 벨 짝은 세차운동과 결맞음을 방해하는 환경에 놓인다.

7.2.3 후속작업

방금 소개한 세 가지 알고리듬은 원 저자들뿐만 아니라 다른 학자들의 후속연구를 자극했다. 원래 알고리듬의 어려운 점들을 해소하는 새로운 알고리듬을 제안했고. 얽힘의 필요성을 검사했다.

일반적인 시계 동기화 문제의 어려움은 미묘하다. 하지만 여기서 기준계, 시간, 방향, 주파수 표준, 자기장의 세기와 같은 국소적 조건들에 대해 바탕에 깔려 있는 요구사항들을 떠나보내야 한다[BUR 01, JOZ 01]. 일반상대론적 효과에 의한 시간 지연의 결과로 기준계가 달라지는 문제를 보상하는 것은 7.1.1절에서 다뤘듯이 어려우면서 중요하다. 이 절의 작업들 대부분은 앨리스와 밥이 똑같은 상대론적 기준계에 있다고 가정한다. 따라서 앨리스와 밥이 동기화하려는 시계는 궁극적으로는 똑같은 속도로 째깍거릴 것이라 가정할 수 있다. 하지만 노벨상 수상자인 데이브 와인랜드[Dave Wineland]의 연구진은 지구 중력에 대해 겨우 30cm의 고도 차이에서 나타나는 일반상대론적 효과에 의해 나타나는 진동수 차이조차도 보정할 필요가 있음을 밝혀냈다.

조자의 기법이 분산된 얽힘 상태가 필요하다는 사실은 알아둘 필요가 있다. 중계기 네트워크나 물리적으로 움직이는 큐비트를 통해 얽힘이 가능하다는 것은 이론적으로는 문제가 없지만 실제로는 문제가 된다. 다른 기법은 큐비트를 재위치시킬 것을 요구한다. 하지만 애플리케이션 수준에서는 얽힘이 필요하지 않다. 드 버^{De Burgh}와 바틀릿^{Bartlett}은 애플리케이션 수준에서 얽힘을 사용하든 사용하지 않든 궁극적인 정확도의 제한은 같음을 보였다[DE 05].

이 절에서 설명한 시계 프로토콜을 포함하여, 루돌프^{Rudolph}와 그로버^{Grover}의 기준계 결정을 위한 알고리듬 등 물리적으로 큐비트를 다른 장소로 전송하는 프로토콜은 큐비트의 진동을 느리게 만드는 어떤 상대론적 효과도 측정하기에 굉장히 작을 정도로 충분히 느리게 움직여야 한다. 물론 장거리 통신에 쓸 때는 직접적인 전송보다는 중계기 네트워크를 이용한 양자원격전송을 통해 큐비트가 움직일 가능성이 높다. 이것은 큐비트의 움직임을 믿을 수 있는 네트워크 안에서 충분히 강력한 양자정화 능력을 구성하는 문제로 되돌아오게 만든다.

7.3 초장거리 광간섭계

광학 신호의 간섭을 만드는 것은 광학에 관심 있는 학부생이 실험실에서 해보는 첫 번째 실험 중 하나다. 그리고 홀로그래피^{holography}의 기초가 된다. 간섭은 양자 알고리듬의 수학적 기초를 제공한다. 또한 천문학에도 중요한 도구다.

망원경의 해상력은 관찰하려는 파장에 대한 장치의 구경 비율에 의해 제한되는데, 이를 레일리 회절 한계^{Rayleigh diffraction limit}라고 한다. 망원경의 대물렌즈(렌즈나 거울의 가장 큰 빛을 모으는 것) 가장자리에서 들어오는 빛은 회절^{diffract}되고 구부러진다. 결과적으로 별과 같은 점광원이 지글거리는 것 같은 실질적 효과가 나타난다.

긴 파장을 이용하는 전파망원경의 해상력 역시 회절 한계가 있다. 심지어 일반적으로 보이는 커다란 접시안테나인 경우에도 그렇다. 해상력을 향상하기 위해 넓은 영역에 떨어져 있는 개별 안테나의 집단으로부터 신호를 결합하는 방법이 있는데, 장거리 간섭계$^{\text{LBI, Long Baseline Interferometry}}$라고 하는 기술이다. 그림 7.2에 LBI 배열의 일부인 접시안테나 3개가 나타나 있다. 이 기술은 광원이 결맞은 빛이 아닌 연구에도 사용할 수 있다. LBI에 대해 회절 한계는 대략 다음과 같다.

$$R \approx 1.2 \frac{\lambda}{B} \tag{7.10}$$

여기서 R은 라디안 단위이고, B는 안테나 또는 망원경 배열 사이의 거리다. 예를 들이 $B - 1\text{km}$이고 $\lambda - 1\text{cm}$인 경우 $R = 1.2 \times 10^{-5}$라디안이 된다. 이는 대략 2.5각초^{arcsecond}에 해당한다. 아타카마 대형 밀리미터/서브밀리미터 배열$^{\text{ALMA,}}$ $^{\text{Atacama Large Millimeter/submillimeter Array}}$은 이 책을 집필하는 시점에 연결되는 중인데, 완성되면 수십 킬로미터에 달하는 기저거리를 이용해 어떤 주파수에서는 6밀리각초만큼 낮은 해상력에 도달할 것이다.

LBI에 도달하는 한 기법은 물론 들어오는 파동을 중심 지역으로 보내서 직접 간섭시키는 것이다. 이렇게 하려면 안테나로부터 상관계(측정장치)까지 손실이 낮은 경로를 만들어야 한다. 그리고 이 경로는 파장의 비율에 대해 경로 길이가 안정적이어야 한다. 이 거리에서 발생하는 위상 차이를 보상할 수 있어야 한다. 그리고 천문학적인 빛의 근원과 안테나 사이의 경로 길이 차이도 보상할 수 있어야 한다. 그러나 파동이 들어올 때 정확히 몇 번의 마루를 지나갔는지, 분리된 안테나에 대응되는지는 알 필요가 없다. 위상 차이가 알려지지 않은 정수 k에 대해 $\phi + 2\pi k$만큼 차이가 났다면, ϕ만을 안정적으로 측정해서 보상하면 된다.

두 번째 방법은 각 장소에서 신호를 기록 또는 디지털화하는 것이다. 그리고 간섭을 디지털적으로 계산한다. 이렇게 하려면 정확한 전달 예상 시간의 차이

그림 7.2 LBI를 위한 전파망원경 배열의 일부인 3개의 안테나. 일본 국립천문대 소속 노베야마 전파천문대다.

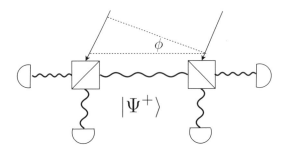

그림 7.3 양자얽힘으로 천문학적 광간섭계의 해상력을 올릴 수 있다.

를 결정하기 위해 물리적인 위치를 정확하게 기록해야 하고, 각 위치마다 위상에 민감한 측정이 필요하다. 이 디지털 간섭계는 고정밀도 GPS 시계와 시간 신호를 위한 수소메이저^{hydrogen maser}(원자시계의 일종으로, 주파수 표준으로 사용된다)를 이용해 구성된다. 들어오는 신호의 완전한 디지털화는 신호 사이의 뭉개짐을 방지하기 위해 진동수가 가진 주파수의 두 배 이상의 디지털 표본을 얻을 필요가 있다. 이것을 나이퀴스트 속도^{Nyquist rate}라고 한다. 하지만 표본 측정 속도는 헤테로다인^{heterodyne} 검출을 이용해 줄일 수 있다. 이것은 천체 신호에서 기준 신호를 빼는 방법이다. 헤테로다인 검출과 관련된 호모다인^{homodyne} 검출은 8장에서 논의한 물리적 얽힘 기법 중 몇 가지에서 사용된다. 이렇게 하면 간섭계는 신호의 주파수가 훨씬 높은 경우에도 표본화 속도를 1~10GHz 정도로 수행할 수 있게 된다. 오늘날 이 기술은 90GHz까지 진동수를 높여서 적용할 수 있고, 이는 3.3mm 전파에 해당한다. 그리고 훨씬 높은 진동수로 확장할 계획이 있다. 어떤 환경에서는 이런 종류의 간섭계는 대륙 거리로 떨어진 망원경이나, 심지어 우주에 있는 망원경 사이에도 적용할 수 있다. 이를 초장거리 간섭계^{VLBI, Very Long Baseline Interferometry}라고 한다.

가시광선의 진동수는 4×10^{14}Hz 정도다. 그리고 간섭계에 대해 충분히 정확한 직접 디지털 표본화는 그 두 배의 표본화 속도를 필요로 한다. 이는 가까운 미래에 달성 가능한 기술을 넘어선다. 중간 거리 광학 LBI는 신호의 아날로그 증폭과 헤테로다인 검출을 이용해 오늘날에도 가능하지만, 몇 가지 한계가 있다.

2012년에 고츠만, 제네와인^{Jennewein}, 크로크^{Croke}는 양자 장거리 광간섭계를 제안했다[GOT 12]. 이들은 두 망원경 L과 R 사이에서 벨 짝을 효과적으로 사용하면 빔스플리터 뒤에 있는 검출기 집단 사이에 양자 간섭 효과를 만들어낼 수 있다고 제안했다. 이 빔스플리터는 검출된 광자가 벨 짝의 일부분였는지 외부 우주에서 온 신호였는지를 알려주는 정보를 지우는 데 사용된다. 이렇게 하면 위상에 민감한 방법으로 빛을 모아서 기저선과 같은 크기의 단일 망원경을 사용한 것과 같은 신호를 만들어낼 수 있다. 실질적으로, 벨 짝은 고전 간섭계에서 사용된 헤테로다인 검출의 기준 신호로 작동한다.

성공한다면, 이 기법은 낮은 신호 세기(적은 수의 광자)와 짧은 파장을 갖는 간섭계를 이전에는 불가능했던 방법을 통해 확장할 수 있다. 하지만 이 기법에는 몇 가지 중대한 단점이 있다.

먼저, 두 안테나에 도착한 각각의 원래 광자는 두 거리에 걸쳐 있는 결맞은 중첩 상태로 도착해야 한다. 이것은 별 사이의 공간을 어느 경로를 지나왔는지 측정되지 않은 채 지나와야 한다는 뜻이다. 입력 밀도 행렬은 다음과 같이 쓸 수 있다.

$$\rho = p_A \frac{1}{2} \begin{bmatrix} 0 & 0 & 0 & 0 \\ 0 & 1 & \mathcal{V}^* & 0 \\ 0 & \mathcal{V} & 1 & 0 \\ 0 & 0 & 0 & 0 \end{bmatrix} + (1 - p_A) \begin{bmatrix} 1 & 0 & 0 & 0 \\ 0 & 0 & 0 & 0 \\ 0 & 0 & 0 & 0 \\ 0 & 0 & 0 & 0 \end{bmatrix} \tag{7.11}$$

이 식은 $|0\rangle_L |0\rangle_R$, $|0\rangle_L |1\rangle_R$, $|1\rangle_L |0\rangle_R$, $|0\rangle_L |0\rangle_R$ 기저로 적었고, 여기서 p_A는 모든 검출기 중 어디에서라도 광자가 검출될 확률이다.

$$\rho = \frac{1}{2} \begin{bmatrix} 0 & 0 & 0 & 0 \\ 0 & 1 & 0 & 0 \\ 0 & 0 & 1 & 0 \\ 0 & 0 & 0 & 0 \end{bmatrix} \tag{7.12}$$

(식 (7.12)가 $|0\rangle_L|1\rangle_R$, $|1\rangle_L|0\rangle_R$의 순수한 고전적인 섞임을 표현한다는 것을 고려하자. 즉, 50 대 50의 고전인 확률로 망원경의 왼쪽이나 오른쪽에 광자가 도착할 확률이다. 하지만

$$\rho = \frac{1}{2} \begin{bmatrix} 0 & 0 & 0 & 0 \\ 0 & 1 & 1 & 0 \\ 0 & 1 & 1 & 0 \\ 0 & 0 & 0 & 0 \end{bmatrix} \tag{7.13}$$

식 (7.13)과 같은 밀도 행렬은 순수 상태 $|+\rangle = (|1\rangle_L + |1\rangle_R)/\sqrt{2}$에 대응하는데, 이는 왼쪽 경로와 오른쪽 경로에 걸쳐서 단일 광자가 존재하는 중첩 상태다.) 가시도visibility $\mathcal{V}$는 이와 같은 환경적 요인에 의해 결정된다. 그리고 고전 간섭계와는 달리, 경로 차이에서 $2\pi k$ 인자를 보상하는 능력이 문제가 된다. 양 끝에서 벨 짝의 절반을 정확히 간섭시킬 수 있어야 하기 때문이다. 이때의 구분 불가능성은 검출기의 검출 구간에 의존한다. 벨 상태를 정확히 추적하는 소프트웨어와 시간 간격의 오차를 보정하는 것에도 의존한다. 이 부분에 대한 자세한 설명은 하드웨어 기술에 매우 특화되기 때문에 이 책의 범위를 넘어간다. 이 가시도의 양자역학적 유도 과정은 베르톨드-게오르그 엥글러트Berthold-Georg Englert가 1996년에 증명했다[ENG 96].

7.1절에서 언급했듯이, 환경에 있는 큐비트는 작은 자이로스코프처럼 작동한다. 양자 중계기 네트워크를 통해 이 특성을 유지할 필요가 있다. 간섭계와 같은 경우 입력 신호의 정확한 물리적 방향에 상대적으로 간섭이 있을 수 있기 때문이다.

네트워크 자원: 여기서는 대략 등급 7.5에 해당하는 별을 800nm 파장으로 측정하기 위해 초당 10^{11}개의 얽힌 광자 쌍이 필요할 것이라고 추정했다. 이 크기는 망원경의 크기와 파장 등 시스템의 많은 요소에 따라 크게 바뀔 수 있다. 하지만 높은 벨 짝의 생성률을 필요로 한다는 것은 명확하다. 그러나 새로운 천문학적 관찰 능력을 제공하기 위해 수십 킬로미터를 넘어서 작동하기만 하면 된다.

7.4 결론

7장에서는 시계 동기화와 양자 천문 간섭계, 두 가지 응용을 살펴봤다. 분산 양자 상태와 효과를 사용하는 몇 가지 방법은 실세계의 사이버 환경에서 감지기로 사용될 수 있다. 중첩과 얽힘은 과학 장비의 감도를 향상하거나, 수렴시간을 줄일 수 있다. 그러나 정확한 기준 신호를 주기에 충분한 정확도로 상대적인 위상과 진동을 추적 가능할 때만 그렇다.

여기서 설명한 프로토콜은 양자 간 연산이다. 이 책이 완성될 시점에 루킨[Lukin]의 연구진은 다자간 GHZ 상태를 이용한 양자 시계의 대형 네트워크에 대한 논문을 투고했다. 이 논문에서는 GHZ 상태와 참여자의 수를 늘림에 따른 정확도 향상을 논의했다[KÓM 13]. 이 제안에서는 오작동하는 노드에 대한 이 응용의 견고함도 논의했다.

QKD 네트워크를 이용한 정밀한 얽힘과 측정을 이용하면, 그런 응용 분야의 일부를 더 살펴볼 수 있다. 양자 이미징과 연관된 분야는 실질적으로 훨씬 더 넓다. 양자 효과를 이용해 이미징의 민감도를 향상하는 기법이 제안됐다[LLO 80]. 그리고 2광자 흡수(가장 확실한 양자 기술)는 VLSI 포토리소그래피[photolithography]의 미세한 가공을 위해 제안됐다[BOT 00]. 엘리처[Elitzer]와 베이드만[Vaidman]이 제안한 매력적인 사고실험 중 하나로, 양자간섭계와 간섭의 존재 또는 부재가 빛에 민감한 폭탄 기폭장치가 살아 있는지 고장 났는지 테스트하는 데 사용될 수 있다는 것이 있다. 이 책을 집필하는 시점에, 미국에서 SPIE 양자 이미징에 대한 심포지엄이 열렸다.

PART 03

양자
중계기의
연결

8

물리적 얽힘과 링크 계층 프로토콜

멀리 떨어진 고체 상태 혹은 원자 큐비트 사이에 빛을 사용해 얽힘을 생성하는 과학은 그 자체로 물리학 교재 한 권을 가득 채울 것이다. 물론 최첨단 기술은 매우 빠르게 발전해서 그 책은 필연적으로 금방 유통기한이 끝날 것이다. 여기서는 복잡한 물리를 이해하는 것은 최소화하고, 제안된 다양한 실험적 기법의 일부를 소개할 것이다. 이 장의 주제에 대한 물리학 중심의 설명을 원한다면 크리스토퍼 게리$^{Christopher\ Gerry}$와 피터 나이트$^{Peter\ Knight}$의 책을 추천한다[GER 05]. 2000년에 바우미스터, 에커트, 자일링거가 편집한 모음집도 탁월한 설명을 제공한다[BOU 00]. 닐슨과 추앙의 책 역시 양자 정보의 물리현상에 대한 이해와 엄밀한 설명을 제공하는 좋은 자료다[NIE 00].

여기서 강조점은 출력 밀도 행렬에 나타나는 충실도와 성공 확률을 어떤 요소가 제한하는지에 대한 물리적 과정을 정성적으로 이해하는 것이다. 가장 중요하게는, 링크 프로토콜 설계와 궁극적으로는 네트워크 설계에도 영향을 주는 연산들의 공통된 특성을 공부할 것이다. 이러한 기초적 기반하에 독자들은 이 분야에서 새로 개발되는 것들을 소화할 수 있고, 완전한 네트워크를 구축할 때 그 새로운 것들의 상대적 가치를 평가할 수 있을 것이다.

8.1 빛을 이용한 얽힘 생성

8.1.1 빛의 양자 상태

지금까지는 양자 정보를 $\{|0\rangle, |1\rangle\}$의 기저를 이용해 추상적으로만 논의했다. 이 것들은 2.3.1절에서 소개했듯이 계산해야 할 논리적인 값이다. 이 상태들을 완전히 실현하기 위해서는 이 논리적인 값들을 물리현상의 상태에 대응시켜야 한다.

2.5.4절에서는 수직선편광과 수평선편광을 큐비트의 하나인 $\{|H\rangle, |V\rangle\}$로 설명했다. 편광은 또한 원형이나 나선형이 될 수도 있고, 큐비트를 선편광 대신에 오른원편광과 왼원편광을 이용해 $\{|R\rangle, |L\rangle\}$처럼 부호화할 수도 있다. 선편광에서 원편광으로 바꾸는 것은 간단하다. 또한 선편광은 광학 장치들의 오정렬이나 광섬유의 왜곡에 대해 훨씬 견고하다.

편광에 더해, 광자는 데이터값을 표현하는 데 사용될 수 있는 다양한 특성을 갖고 있다. 실험장치에서 다른 경로를 따라 흐르는 빛은 $|1\rangle_L |0\rangle_R$과 $|0\rangle_L |1\rangle_R$로 정의할 수 있다. 이 표현은 왼쪽 팔과 오른쪽 팔에 있는 단일 광자를 뜻한다. 이 것은 종종 2중 궤도$^{dual\text{-}rail}$ 큐비트라고도 한다. 아래첨자는 생략할 수도 있는데, 각 경로를 구분한다. 이 표기법은 $|0\rangle |2\rangle$와 같이 각 경로에 하나 이상의 광자가 있는 것을 허용한다. 이는 여러 단계의 광자 수(3진수 이상) 작동을 할 수 있게 한다. 그리고 물리적 배열을 설명하는 데 유용하다. 하지만 논의하려는 게이트 모형이 2진 논리 상태라면, 2중 궤도 큐비트를 여기에 대응하는 것은 번거로운 일이다.

경로 선택[which-path] 기법은 실험실 수준에서는 잘 작동하지만, 먼 거리에 걸쳐서는 잘 안 된다.

장거리 전송에 더 유용한 형태는 시간 바구니[time bin]다. 하나의 상태가 서로에 대해 상대적으로 앞서거나 늦어지는 시간 차이 $\{|t\rangle, |t + \Delta t\rangle\}$를 상태로 삼는다. 통신선로에 고전적인 신호 동기화를 함께 이용하면, 이 기법은 통신선로의 많은 요동에 대해 견고하다. 편광은 편광 빔스플리터를 이용해 경로 선택 큐비트로 쉽게 바꿀 수 있다. 그리고 경로 선택 큐비트의 한쪽 팔을 길게 만들었다가 하나의 통신선로에 합치는 방식을 통해 다시 시간 바구니 큐비트로 바꿀 수 있다.

다음으로 설명할 기법 중 어떤 것들은 큐비트를 생성시킨 빛의 상태에 의존하는 서로 다른 두 파장을 이용한다. 그러므로 이 경우 주파수 정의 큐비트 $\{|\omega_0\rangle, |\omega_0 + \Delta\omega\rangle\}$가 된다.

'양자성'을 보이는 상태는 단일 광자에 국한되지 않는다. 양자 현상을 나타내지만 개별 단일 광자가 아닌 상태를 '빛의 비고전적 상태'라고 한다. 이 상태의 빛은 수학적으로 '위치'와 '운동량' 같은 용어와 비슷한 방식으로 설명된다. 고전 상태에서 두 항의 불확정성은 같지만, 양자 상태에서는 한쪽의 불확정성을 늘려서 다른 쪽의 불확정성을 줄일 수 있다. 이것을 쥐어짠 상태[squeezed state]라고 한다. 쥐어짠 상태는 디지털보다는 아날로그로 사용되며, 이 방식은 연속 변수[continuous variable] 작동이라고 한다.

강한 결맞은 빛 펄스는 제어 변수로 제안됐고 유용하다. 왜냐하면 강한 빛은 원자를 제어하는 데 있어 단일 광자보다 믿을 수 있고 빠르기 때문이다. 먼로[Munro], 네모토[Nemoto], 스필러[Spiller] 등은 약한 비선형성을 사용하는 큐버스[qubus]를 제안했는데, 그에 따르면 빛의 상태 그 자체가 양자 정보를 전달하도록 변형될 수도 있다. 이것은 물질 큐비트의 상태에 따라 빛의 위상을 바꾸는 상호작용을 이용한다[MUN 05, SPI 06].

최근 관심을 갖고 있는 또 다른 가능성으로 궤도 각운동량^{OAM, Orbital Angular Momentum}이 있다. 이는 빛의 파두가 나선형 궤적을 그리면서 진행하는 상태다[ALL 92, MOL 07, YAO 11]. 이 상태는 파두의 가장 밝은 부분이 빛줄기의 중심이 아니라 중심 주변을 회전한다는 점에서 편광과 다르다. 사실상 앞에서 설명한 경로 모드와 좀 더 비슷하며, 물리적으로 OAM과 경로 모드를 상호 변환하는 것이 가능하다. OAM은 단일 광자에 여러 개의 큐비트를 부호화하기 위해 사용될 수 있다[RAY 10].

8.1.2 방출

빛의 양자 상태(단일 광자, 소규모 광자 집단, 적절히 강력한 빛의 펄스)는 정적인 장치에 있는 큐비트를 빛 펄스로 전송하거나, 큐비트로 해석할 수 있는 단일 광자나 광자 쌍을 방출하는 직접적인 물리적 과정을 통해 생성될 수도 있다.

얽힌 광자 쌍을 생성하는 공통적인 접근 방법은 매개하향변환^{PDC, Parametric Down Conversion}으로 알려져 있다. 이것은 고에너지 광자를 특별한 유형의 결정물질^{crystal}에 쏘았을 때, 단일 광자가 흡수되면서 저에너지 광자의 얽힌 쌍이 방출되는 과정이다. 이는 그림 8.1에 나타나 있다. 양자 정보 실험에서 자주 사용되는 PDC의 유형은 폴 퀴앗^{Paul Kwiat}, 클라우스 매틀^{Klaus Mattle}, 하랄드 와인퍼터^{Harald Weinfurter} 등이 안톤 자일링거의 연구단에서 연구할 때, 그리고 알렉산더 세르기엔코^{Alexander Sergienko}와 얀화 시^{Yanhua Shih} 등이 UMBC에서 연구할 때 개발했다[KWI 95]. 이 방법은 다음과 같은 형태의 얽힌 광자 쌍을 생성한다.

$$|\psi\rangle = \frac{|HV\rangle + e^{i\alpha}\,|VH\rangle}{\sqrt{2}} \tag{8.1}$$

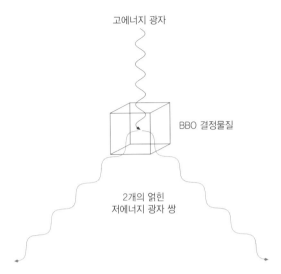

고에너지 광자

BBO 결정물질

2개의 얽힌
저에너지 광자 쌍

그림 8.1 PDC는 얽힌 광자 쌍을 생성하는 가장 대표적인 방법 중 하나다. PDC는 일반적인 벨 상태만을 만들 수 있고, 임의의 양자 상태를 전송하거나 복사하는 데 사용될 수는 없다. 이와 같이 얽힌 쌍은 멀리 떨어진 두 정적 메모리 사이에 얽힘을 개시하는 데 사용할 수 있다.

여기서 α는 결정물질에 의해 결정되며, 쉽게 보정할 수 있는 상대위상이다. 두 광자는 공간적으로 분리되어 있기 때문에, 한 광자에 대한 회전을 이용하면 네 가지 벨 짝 중 어느 것이든 쉽게 생성할 수 있다. PDC 기능은 자체 메모리가 없는 두 양 끝단에서 절반씩 수행될 수 있다. PDC는 특히 빛으로만 수행하는 실험에서 널리 사용된다.

이온 포획에 잡힌 개별 이온, 양자점, 다이아몬드의 질소 공공 등 정적인 큐비트(아래 설명함)는 큐비트 상태에 따라 직접 빛을 방출한다. 예를 들어 $|1\rangle$ 상태는 빛을 방출하도록 만들 수 있고, $|0\rangle$ 상태는 빛을 방출하지 않도록 할 수 있다. 또는 $|0\rangle$과 $|1\rangle$이 서로 다른 파장의 빛을 방출하게 할 수도 있다. 그 결과로 나온 광자는 그림 8.3에 볼 수 있듯이 큐비트의 상태와 얽힘 상태에 있다. 이 기법에는 다양한 실험적 문제가 있다. 그중에는 빛의 파장을 제어하는 것, 광자를 정확한 시간에 방출하는 것, 광자를 통신선로(광섬유 등)에 잘 집어넣는 것이 있다.

8.1.3 전송

당연하지만, 일단 빛이 생성되면 그 빛을 다음 기지국에 전송해야 한다. 광 통신 선로에는 두 가지 선택지가 있다. 하나는 거울과 렌즈를 이용해 자유공간을 통해 도달시키는 것이고, 다른 하나는 광섬유와 같은 도파로를 이용하는 것이다.

증폭기나 고전적인 신호 중계기는 이 통신선로에 사용할 수 없다. 상태를 '복사'하는 방식으로 작동하는 증폭기는 복제불가 정리(2.6절)에 의해 금지된다. 그러므로 경제적으로 그리고 물류적으로 필요한지, 성능을 매우 감소시키는 더 긴 통신선로의 높은 손실을 감수할 것인지 등을 저울질하는 것은 더 멀리 떨어진 기지국 간의 통신선로 설계에서 핵심 요소다. 강한 신호에 대해, 공학자들은 데시벨(dB) 단위로 신호의 손실량을 논의한다. 데시벨은 $L = \log_{10} S_{out}/S_{in}$으로 정의되며, 여기서 손실 L은 입력과 출력 신호 세기에 대해 dB 단위로 주어진다. -10dB는 신호의 90%가 손실되는 것이고, -20dB는 99%가 손실된다는 뜻이다. 개별 광자에 대해서는 광자를 잃어버릴 확률이 90%인 것과 99%인 것에 대응된다. 물리학자들은 손실 대신에 감쇠 길이$^{attenuation\ length}$ l_0를 정의하는데, 이것은 신호 세기(또는 도달 확률)가 $1/e$만큼 줄어드는 길이, 즉 대략 -4.3dB만큼 줄어드는 길이다.

책상보다 큰 규모에서, 공기는 잔잔히 유지되기만 한다면 이 책에서 말하는 모든 파장에 대해 적당히 투명하다. 손실은 대부분 렌즈와 검출기 표면의 불필요한 반사, 또는 정렬이 잘못된 광학계 때문이다. km 이상의 거리에서는 공기의 난류, 온도차 경계면에서의 굴절 효과, 공기 중 입자에 의한 산란 등에 의해 광자가 손실되거나 위상이 바뀐다. 빛의 자연적인 분산도 송신과 수신하는 쪽에서 정밀하게 정렬된 망원경과 커다란 구경의 수신기를 요구하기 때문에 문제가 된다.

자유공간 실험은 다양한 링크 방식과 거리에 대해 수행됐다[TUN 10]. 자유공간 링크는 본래 다르파^{DARPA} QKD 네트워크의 일부를 구성했다[ELL 05a]. 자일링거의 연구진은 카나리아 제도에 있는 두 산봉우리 사이의 144km에 걸쳐 양자 통신이 가능함을 실증했다[URS 07, FED 09].

빛이 공기를 떠나면 분산을 제외한 다른 모든 현상이 사라진다. 위성이나 국제우주정거장$^{ISS, International Space Station}$으로의 전송이 가능해진다[ASP 03, VIL 08, PEN 05]. 당연히 방향 정확도가 문제가 되고, 교정용 펄스를 연속적으로 쓰기 위해 위상 변화를 감시하기에 충분한 정확도로 거리를 직접 추적하는 것도 불가능하다. 그러나 우주 기반의 통신 시스템에 대해 실험적 검증은 이미 시작됐고, 그 결과 잘 작동할 것으로 보인다. 물론 어떤 제어 시스템이라도 고전 통신선로를 통한 해킹에는 잠재적 취약점이 남아 있으나, 위성 기반의 작동은 지표면에서 불가능한 방법으로 그 물리적 보안을 보장해주는 독특한 특징이 있다.

오늘날 인터넷에서 대다수의 장거리 연결은 도파로^{waveguide}의 일종인 광섬유$^{optical fiber}$를 사용한다. 도파로는 빛을 실제로 전달하는 코어^{core}와, 굴절률$^{index of refraction}$이 크게 다른 클래딩^{cladding}으로 구성된다. 이 차이는 빛을 내부적으로 반사되도록 만들어, 도파로가 너무 심하게 꺾이거나 구부러지지 않는 한, 빛을 강제로 도파로 안에서 진행하도록 만든다. 마이크로파 신호에 사용하는 도파로의 가장 초기형은 코어로 공기를 사용하는 단순한 알루미늄 관이었다. 가시광과 적외선 광자의 경우 코어와 클래딩은 유리나 플라스틱을 사용할 수 있다. 실리콘은 적외선에 대해서는 거의 투명해서 실리콘에 도파로를 직접 새기거나, 마이크로파에 대해서는 알루미늄과 같은 전도체에 표준 VLSI[1] 기술을 이용해 새길 수 있다.

광섬유를 통과하는 빛은 공기나 진공에 비해 대략 0.7배$(c_{fiber} = 0.7c)$ 정도로 현

---

1 VLSI(Very Large-Scale Integrated circuit): 초대규모 집적회로. 현재 사용하는 CPU나 램 같은 반도체 칩을 만드는 기술이다. - 옮긴이

저히 느려진다(광학 초보자들이 흔히 하는 오해가 이것이 광섬유 내의 반사 때문이라고 생각하는 것이다. 하지만 이는 단순히 빛이 공기보다 유리에서 더 느리기 때문이다. 그리고 이것이 곧 굴절률의 정의다). 광섬유를 통한 단방향 지연시간은 km당 약 $5\mu s$ 정도다.

광섬유는 단일모드와 다중모드의 두 가지 작동 방식이 있다. 다중모드 광섬유는 더 큰 코어를 갖고 있어서 광원을 광섬유에 확실히 집어넣기가 더 쉽다. 그러나 단일모드 광섬유는 빛의 행동을 더 강하게 제한하기 때문에, 양자 실험 등 높은 정확도를 요구하는 경우에 유리하다. 고전적 신호는 기본적으로 신호의 세기에 의존하기 때문에 빛의 완전한 결맞음을 요구하지는 않는다. 하지만 OAM과 같은 새로운 방법에서는 최소한 일정 수준의 결맞음을 요구한다. 그러므로 위상 보존 광섬유와 편광 보존 광섬유가 점차 많이 배치되고 있다.

광섬유에서 일어나는 손실은 파장에 따라 다르다. 통신용 광섬유는 $1.5\mu m$ 파장의 적외선 전송에 최적화되어 있다. 이때의 손실은 대략 0.2dB/km이고, 고급 광섬유는 0.17dB/km도 가능하다. 실험실에서는 0.12dB/km까지도 낮아진다. 0.17dB/km의 손실인 경우 감쇠 거리 l_0는 대략 25km다. 이 값은 양자 중계기 시뮬레이션에서 널리 사용된다. 이 손실 때문에 광섬유 기지국 사이의 거리는 수십 킬로미터로 제한된다. 다만 NTT에서 최근 시간 바구니 얽힘 광자를 광섬유로 300km에 걸쳐 전달하는 기록에 도달했다[INA 13].

광자 생성이 필요할 때 발생하는 문제가 하나 있다. 대부분의 가장 매력적인 기술은 $1.5\mu m$보다 짧은 파장의 빛을 생성한다. 양자 상태의 손실 없이 짧은 파장의 광자를 더 긴 파장으로 변환할 방법이 필요하다. 오사카대학교의 노부유키 이모토[Nobuyuki Imoto] 연구단에 있는 이쿠타[Ikuta] 등은 최근 충실도 $F = 0.97$인 가시광선 광자를 $F = 0.93$인 적외선 광자로 변환하는 데 성공했다[IKU 11, IKU 13]. 스탠퍼드 야마모토[Stanford Yamamoto] 연구단의 드 그리브[De Greve] 등은 광자를 통신 파장으로 변환하면서 양자점의 양자 상태와 성공적으로 얽히게 할 수 있음을 증명했다[DE 12]. 여기서 가장 흥분되는 전환점은 페케테^{Fekete} 등이 한쪽 파장은 고체 메모리와 상호작용하고 다른 쪽 파장은 통신에 적합한 파장인 얽힌 광자 쌍을 매개하향변환으로 생성한 것이다[FEK 13].

끝으로, 이 통신선로의 효율에 가장 중요한 요소는 양자 메모리와 통신선로의 접속 그 자체다. 어떤 유형의 메모리는 빛을 무작위적인 방향으로 방출하는 반면, 어떤 유형은 정해진 방향으로 방출한다. 모든 광자를 붙잡아서 그것들을 광섬유로 유도하는 것은 언제나 중요한 문제다. 이렇게 빛을 모으는 과정에서 생기는 손실이 수 데시벨에 달하며, 실험장치에 따라서는 10dB 이상이 되기도 한다.

8.1.4 검출

빛을 방출하는 것이 문제의 절반이라면, 나머지 절반은 받는 쪽에서 빛을 흡수하거나 검출하는 것이다. 빛 펄스가 도착했을 때, 어떤 기전은 고정 메모리에 빛을 물리적으로 흡수시킨다. 다른 기전은 빛을 정적인 구조 안으로 반사시킨 다음, 빛의 상태를 측정한다. 한 가지 접근 방법은 그림 8.2처럼 2개의 광자를 사용해 그들을 간섭시키고 결과 상태를 측정하는 것이다. 매개하향변환을 이용하면 이 기능은 링크의 한쪽 끝에 포함되거나, 양쪽 끝에서 자체 메모리가 없는 노드의 한쪽 방향에 포함될 수 있다.

물리적 검출기에는 두 가지 형태가 있다. 하나는 전자사태 광검출기$^{APD,\ Avalanche\ Photodiode}$이고, 다른 하나는 초전도 단광자 검출기$^{SSPD,\ Superconducting\ Single\ Photon\ Detector}$다. 이들은 디지털 카메라에서 전하결합소자$^{CCD,\ Charge-Coupled\ Device}$나 CMOS[2] 검출기와 같은 역할을 한다. 양쪽 다 작동 방식은 단광자가 흡수되면서 발생한 전자나 전류의 사슬 증폭을 이용한다. 두 종류 모두 저온에서 더 잘 작동하는데, 일반적으로

---

2   CMOS(Complementary Metal Oxide Semiconductor): 영상소자의 일종 - 옮긴이

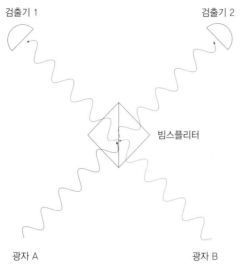

검출기 1　　　　　　검출기 2

빔스플리터

광자 A　　　　　　광자 B

그림 8.2 만약 두 광자가 빔스플리터에 동시에 들어오면, 어떤 광자가 왼쪽에서 오고 어떤 광자가 오른쪽에서 온 것인지 구분하지 못하는 검출기 사이에서는 간섭이 일어날 수 있다. 만약 각 광자가 방출됐을 때 정적인 메모리와 얽힘 상태라면, 결과도 그 두 메모리의 얽힘으로 나타날 수 있다.

SSPD는 특히 극저온 작동을 요구한다. 이들이 양자 네트워크 목적에 맞는지 평가하는 요소에는 검출기가 민감하게 작동하는 파장뿐만 아니라, 회복시간$^{cycle\ time}$도 있다. 회복시간이란 연쇄 증폭이 한 번 일어난 후 그다음 검출을 준비할 때까지 필요한 시간이다. 검출 효율$^{detection\ efficiency}$은 도착한 광자 중 제대로 검출되는 광자들의 퍼센트 비율이다. 검출기는 또한 잘못 들어온 광자나 다른 무작위 사건에 의해 작동하기도 한다. 그러므로 신호 빛이 없을 때도 검출되는 광자의 암계수$^{dark\ count}$는 정상 작동의 출력 상태의 충실도를 직접 떨어트린다.

신호 상태의 구분은 호모다인^{homodyne}이나 헤테로다인^{heterodyne} 검출 기법을 사용하는데, 이는 기준 신호와 비교해 이뤄진다. 어떤 기술에서는(예: 큐버스) 충실도와 성공 확률은 직접적인 교환관계가 있다. 높은 출력 충실도를 위해 애매한 상태를 더 많이 버린다면, 낮은 성공 확률을 얻을 수밖에 없다.

8.2 메모리와 송수신기 큐비트

양자 계산을 위한 논리와 메모리 장치는 엄청나게 다양하다. 이 주제를 적절히 완벽하게 다루는 것은 이 책의 주제를 한참 벗어난다. 이 장의 시작에서 언급했던 고전적인 참고사항들을 넘어, 적극적으로 연구되고 있는 몇 가지 유형의 최신 결과에 대해서는 라드^{Ladd} 등이 조사했다[LAD 10].

8.1.1절에서 빛의 상태 변수 가능성에 대한 사례를 살펴봤다. 메모리는 다양한 구조로 만들어질 수 있다. 하지만 상태 변수로서 사용할 수 있는 물리현상의 몇 안 되는 형태 중 하나를 설명하려고 한다. 상태는 전자의 위 스핀^{spin} 상태나 아래 스핀 상태 {|↑⟩, |↓⟩}로 나타낼 수 있고, 이는 7.1.1절에서 논의했듯이 기준이 되는 자기장과 방향이 같은지 반대인지에 따라 달라진다. 어떤 현상, 가령 어떤 원자핵의 스핀은 자연적으로 삼항^{ternary}이어서, 보통 사용하는 이항^{binary} 상태로 변환할 때 주의가 필요하다. 스핀 말고도, 원자나 양자점의 전자 궤도에서 바닥 상태$^{ground\ state}$(가장 낮은 상태)와 첫 번째 들뜬 상태$^{first\ excited\ state}$(광자와 같은 단일 에너지 양자를 흡수한 상태)를 이용할 수도 있다. 이 경우는 {|e⟩, |g⟩}라고 쓴다.

이런 상태 변수는 다양한 구조를 이용해 생성되고 제어될 수 있다. 이온 포획^{ion} ^{trap}은 이온화된 개별 원자를 진공에 붙잡아두고, 라디오 주파수의 자기장을 이용해 유지시키고, 레이저를 이용해 냉각시킨다. 이 상태 변수는 {|e⟩, |g⟩}로 표기하며, 레이저를 이용해 다루고 읽어낼 수 있다. 양자점$^{quantum\ dot}$은 전자를 포획할 수 있는 전기적 퍼텐셜 장치가 되어 있는 작은 반도체 물질 조각이다. 여기서는 상

그림 8.3 어떤 큐비트는 그 상태와 얽힌 광자를 방출할 수 있다.

태 변수가 스핀, 에너지 준위, 또는 양자점 한 쌍에서의 전자 위치가 될 수 있다. 다이아몬드에는 질소 공공이라는 특별한 형태의 결함이 있어서, 주변의 단일 전자를 붙잡아서 그 스핀을 큐비트로 사용할 수 있다. 다른 고체 상태 기술은 밀리켈빈^{millikelvin3}을 요구하는 반면에, 질소 공공은 실온에서 작동할 가능성이 있기 때문에 특히 매력적이다. 하지만 실온 작동은 질소 공공에도 쉬운 문제가 아니다. 구조와 상태 변수의 구체적인 내용에 따라 달라지지만, 양자점과 질소 공공은 전자, 자기장, 또는 빛을 이용해 제어할 수 있다. 위에 나열한 모든 장치는 가시광선 또는 가시광선 근처의 파장인 광자를 방출(그리고 좀 더 어렵지만 흡수)할 수 있고, 그 광자는 위에서 언급한 기술이 사용하는 통신 파장 대역으로 변환될 수 있다.

양자 중계기에 사용하기 위해 연구되는 또 한 가지 추가적인 형태가 있는데, 바로 초전도 조지프슨 접합 자속$^{superconducting\ Josephson\ junction\ flux}$ 큐비트다. 이것은 초전도체로 만들어진 작은 전선 고리에 흐르는 전류가 시계 방향인지 반시계 방향인지에 따라 달라지는 자속$^{magnetic\ flux}$ 양자를 상태로 이용한다. 자속 양자는 가시광선 광자가 아니라 전파 광자를 방출한다. 하지만 자속 양자는 매우 유연해서 다른 종류의 큐비트에 실험적으로 잘 결합된다. 따라서 송수신기로서 다른 유형의 큐비트를 이용하는 더 커다란 장치에서 논리회로를 구성하는 데 유용할 것이다.

이 도구상자에 있는 또 다른 기본 도구는 공진기^{cavity} 양자전자기학$^{QED,\ Quantum\ Electrodynamics}$이다. 위에서 설명한 큐비트 중 하나를 작은 반사형 공진기 안에 넣고 빛과 상호작용을 시킬 수 있는데, 이때 상호작용이 증폭된다. 만약 시스템이 큐비트의 상태에 따라 빛의 상태가 변하도록 설계되어 있다면, 그림 8.4에서 볼 수 있듯이 빛을 적절히 측정해 멀리 떨어진 정적 메모리와 얽히도록 할 수 있다.

---

3   1mK는 절대영도보다 1천분의 1도 높은 온도다. – 옮긴이

공진기 A

공진기 B

검출기

그림 8.4 공진기 안에서 일어나는 큐비트와 빛의 상호작용은 큐비트와 빛을 얽힘 상태로 만들 수 있다(그림에 그려진 대로 원자이거나, 또는 양자점일 수 있다). 공진기 A에 있는 큐비트와 빛이 먼저 상호작용하고, 그 빛을 통신선로를 통해 공진기 B에 보내서 상호작용시킨 다음 그 빛을 측정하면 두 메모리 사이의 얽힘을 생성할 수 있다.

8.2.1 게이트 잡음

큐비트에 연산을 수행할 때 잡음은 피할 수 없다. 즉, 연산을 완벽하게 수행할 수 없다. 가장 간단하고 가장 일반적인 잡음 모형은 백색 잡음$^{white\ noise}$이다. 이 경우 정보는 중요한 장치에서 빠져나가 다른 모든 곳으로 새어나간다.

게이트 잡음 매개변수를 x라고 하고, 벨 짝에 대해 밀도 행렬 ρ의 각 성분을 $\rho_{j,k}$라고 하면,

$$\rho'_{j,k} \;=\; (1-x)\rho_{j,k}, \quad j \neq k인\ 경우 \tag{8.2}$$

$$\rho'_{j,j} \;=\; (1-x)\rho_{j,j} + x/4 \tag{8.3}$$

그 성분들은 위와 같이 변한다.

이 결과는 점차적으로 상태가 완전히 섞인 상태로 감쇠돼서 대각 성분은 1/4이 되고 비대각 성분은 0이 된다는 뜻이다. 이 백색 잡음 연산자는 계산 기저나 벨 기저 중 어떤 기저를 사용하든 같다(계산 기저에서 모든 중첩과 얽힘은 비대각 성분이 0이 될 때 사라진다. 벨 짝에서는 기저 벡터 자체가 얽힘 상태이지만, 대각선 1/4 상태는 마찬가지로 얽히지 않은 섞인 상태다).

8.2.2 단일 큐비트 결잃음

물리 메모리는 필연적으로 불완전하다. 주변 환경과 상호작용하면 그 내용물은 시간에 따라 감쇄한다. 이 감쇄를 결잃음^{decoherence}이라고 하며, 양자 중계기 개발에 있어 가장 큰 문제다.

어떤 큐비트가 매우 오랜 시간 동안 혼자 남아 있으면, 결국 $|0\rangle$과 $|1\rangle$ 기저의 어떤 고전 분포로 안착할 것이다. 이 과정을 열화^{thermalization}라고 한다. 만약 두 기저 상태의 에너지 준위가 축퇴^{degenerate}(같은 에너지)되어 있다면, 최종 분포는 50 대 50이 된다.

$$\rho_\infty = (|0\rangle\langle0| + |1\rangle\langle1|)/2 \tag{8.4}$$

다른 경우, 두 상태의 에너지 준위에 차이가 있거나 온도에 따라 균형이 달라지기도 한다. 자세히 논의하지는 않겠지만, 대기 중인 큐비트의 분포율은 p의 편극^{polarization}을 갖고 있다고 가정할 수 있다. 이때 p는 $0 \le p \le 1$의 값을 가질 수 있고, 큐비트가 $|0\rangle$ 상태로 안착할 가능성이다. 여기서 각 큐비트에 대한 밀도 행렬은 다음과 같다.

$$\rho_\infty = p|0\rangle\langle0| + (1-p)|1\rangle\langle1| = \begin{bmatrix} p & 0 \\ 0 & 1-p \end{bmatrix} \tag{8.5}$$

편의상 더 낮은 에너지 상태를 $|0\rangle$으로 적는다. 절대영도에서 에너지 완화율 T_1은 $|1\rangle$ 상태에 있던 큐비트가 $1/e$의 확률에 따라 $|0\rangle$ 상태로 감쇄되는 데 걸리는 시간이다. 역으로, 무한대의 온도에서는 $|0\rangle$ 상태에 있는 큐비트가 $1/e$의 확률에 따라 $|1\rangle$ 상태로 감쇄되는 데 걸리는 시간이기도 하다.

대부분의 기술에서 상태의 진폭은 위상보다는 다른 물리적 과정에 영향을 받는다. 그러므로 T_2라고 부르는 위상 완화시간도 고려해야 한다. T_2는 $|+\rangle$ 상태가 $1/e$의 확률로 $|-\rangle$ 상태로 뒤집히는 데 걸리는 시간이다. T_1과 T_2 과정은 모두 지

수함수적 감쇠다. 다음 순간에 어떤 큐비트가 변할 확률이 직전 순간에 그 큐비트가 변했는가와는 무관하기 때문이다. 이 과정을 비기억[memoryless] 감쇠 과정이라고 한다.[4]

먼저, 단일 큐비트의 계산 기저에서 결잃음이 어떻게 나타나는지 살펴보고, 더 복잡한 벨 짝의 경우를 벨 기저에서 논의해보겠다.

결잃음 문제에 대한 다양한 수학적인 접근법들이 있다. 여기서는 $|0\rangle$과 $|1\rangle$의 상대적 가중치에 시간이 지남에 따라 어떤 일이 일어나는지 설명하는 일반화된 진폭 감쇠[GAD, Generalized Amplitude Damping]로 알려진 모형과 상태의 위상에 어떤 일이 일어나는지 설명하는 위상 감쇠[phase damping] 모형을 생각해보겠다(이 과정에 대한 좀 더 완전한 논의는 닐슨과 추앙의 책 8.3절을 참고한다).

일반적인 진폭 감쇠의 경우 $\gamma = 1 - e^{-t/T_1}$(여기서 t는 경과시간이다)을 사용해 나타낸다. 밀도 행렬에 적용된 전체 연산은 다음과 같다.

$$\mathcal{E}_{\text{GAD}}(\rho) = \sum_{j=0}^{3} E_j \rho E_j^\dagger \tag{8.6}$$

여기서

$$E_0 = \sqrt{p} \begin{bmatrix} 1 & 0 \\ 0 & \sqrt{1-\gamma} \end{bmatrix} \tag{8.7}$$

$$E_1 = \sqrt{p} \begin{bmatrix} 0 & \sqrt{\gamma} \\ 0 & 0 \end{bmatrix} \tag{8.8}$$

$$E_2 = \sqrt{1-p} \begin{bmatrix} \sqrt{1-\gamma} & 0 \\ 0 & 1 \end{bmatrix} \tag{8.9}$$

$$E_3 = \sqrt{1-p} \begin{bmatrix} 0 & 0 \\ \sqrt{\gamma} & 0 \end{bmatrix} \tag{8.10}$$

---

4   12장에서 다룰 '비기억' 중계기 아키텍처와는 관련이 없다.

$\mathcal{E}_{\mathrm{GAD}}$를 초연산자^{superoperator}라고 하며, 연산자의 합으로 적는 방식을 연산자 합 표현$^{\text{operator sum representation}}$ 또는 크라우스 표현$^{\text{Kraus representation}}$이라고 한다. 이 표현이 유일하진 않지만, 여기서는 이 정도로 충분하다.

예상한 대로, 정상 상태가

$$\mathcal{E}_{\mathrm{GAD}}(\rho_\infty) = \rho_\infty \tag{8.11}$$

라는 것은 쉽게 확인할 수 있다.

위의 식이 진폭 감쇠이며, 큐비트의 값이 T_1의 감소율로 변한다. 이 작용도 큐비트의 위상을 어떤 정도로 침묵시키지만, 위상 감쇠의 대부분은 T_2 감소율로 지배되는 또 다른 과정에서 비롯된다. 위상 감쇠와 관련된 초연산자와 연산자는 다음과 같이 쓸 수 있다.

$$\mathcal{E}_{\mathrm{PD}}(\rho) = E_0 \rho E_0^\dagger + E_1 \rho E_1^\dagger \tag{8.12}$$

여기서

$$E_0 = \sqrt{\frac{\alpha}{2}} \begin{bmatrix} 1 & 0 \\ 0 & 1 \end{bmatrix} \tag{8.13}$$

$$E_1 = \sqrt{\frac{1-\alpha}{2}} \begin{bmatrix} 1 & 0 \\ 0 & -1 \end{bmatrix} \tag{8.14}$$

위의 수식에서 $\alpha = (1 + \sqrt{1 - \lambda})/2$로 주어지고, 여기서 λ는 시간간격 t 사이에 위상 반전이 일어날 확률이며 이는 $\sqrt{1 - \lambda} = e^{-t/2T_2}$으로 주어진다.

위의 연산자들은 결과적으로 비대각 성분을 감쇠시킨다. 예를 들어보자. 만약 $|\psi\rangle = |+\rangle$로 시작한다면

$$\rho = |\psi\rangle\langle\psi| = \frac{1}{2} \begin{bmatrix} 1 & 1 \\ 1 & 1 \end{bmatrix} \tag{8.15}$$

이 되는데, 여기에 위상 반전 초연산자를 적용하면

$$\mathcal{E}_{\text{PD}}(\rho) = E_0 \rho E_0^\dagger + E_1 \rho E_1^\dagger \tag{8.16}$$

$$= \frac{1}{2} \begin{bmatrix} \alpha & \alpha \\ \alpha & \alpha \end{bmatrix} + \frac{1}{2} \begin{bmatrix} 1-\alpha & \alpha-1 \\ \alpha-1 & 1-\alpha \end{bmatrix} = \begin{bmatrix} \frac{1}{2} & \alpha - \frac{1}{2} \\ \alpha - \frac{1}{2} & \frac{1}{2} \end{bmatrix} \tag{8.17}$$

이 된다.

8.2.3 2큐비트 결잃음

큐비트가 물리적으로 분리되어 있을 때 2큐비트 상태의 결잃음은 원리적으로는 독립적인 결잃음 과정의 곱이다. 여기에 각기 다른 물리적 전달자로 부호화되어 있을 경우를 생각해야 한다. 다시 말해, 앨리스와 밥의 T_1, T_2, p가 각기 다른 경우다. 이 값에는 위첨자를 붙여서 구분하겠다.

앨리스의 큐비트에 작용하는 개별 연산자를 E_j^A라고 하고, 밥의 큐비트에 작용하는 것을 E_k^B라고 하자. 두 고립된 큐비트에 대해 완전히 독립적인 완화 과정을 생각하면,

$$\mathcal{E}(\rho) = \sum_j \sum_k (E_j^A \otimes E_k^B) \rho (E_j^{A\dagger} \otimes E_k^{B\dagger}) \tag{8.18}$$

라고 적을 수 있다.

일반화된 진폭 감쇠에서 새로운 크라우스 연산자는 앨리스와 밥의 연산자를 조합한 16개 조합이다. 위상 감쇠의 경우에는 개별 위상 감쇠 연산자의 네 가지 조합이 된다.

이 책에서 다루는 대부분의 작업들은 벨 기저로 적힌 밀도 행렬의 벨 짝을 다룬다. 이 연산자들은 계산 기저에 적혀 있다. 여기서 이 연산자들의 벨 기저 표현은 다루지 않겠으나, 직접 풀어본다면 좋은 연습이 될 것이다.

벨 짝으로 주어진 큐비트의 결잃음을 독립적으로 다룰 수 있는 능력이 된다면, 밀도 행렬의 분산된 관리에 대해 논의할 준비가 된 것이다. 이 중요한 문제는 8.5절에서 다룰 것이고, 그 전에 먼저 링크의 구조를 더 자세히 설명하겠다.

8.3 링크 구조

이 기술 도구상자의 부품들은 다양한 방법으로 조립될 수 있다. 물리적 기법의 선택에 따라, 광 펄스의 상태는 (a) 여기서 응용할 데이터와는 관련이 없지만 후속작업에 유용한 일반 상태, (b) 정적 큐비트와 얽힘 상태, (c) 정적인 큐비트의 전체 상태를 받는 상태가 될 수 있다. 빛의 상태가 얽힘을 생성하기 위해 어떻게 종료되는가는 링크 조직에도 영향을 준다.

중간에 PDC를 이용하고 끝에 메모리를 이용한 링크는 $M \leftarrow P \rightarrow M$ 링크라고 할 수 있다. 여기서 화살표는 광자의 방향을 뜻한다. 그림 8.5처럼 광자가 메모리와 얽힘 상태에서 시작하도록 링크 중간에 간섭을 사용한다면, 이것은 $M \rightarrow I \leftarrow M$이라고 할 수 있다. 빛이 공진기와 상호작용하여 빛의 전송이나 측정이 가능한 경우, 또는 PDC 기능이 송신 노드나 수신 노드에 통합되어 있을 수 있는데, 이 경우는 단순히 $M \rightarrow M$이라고 할 수 있다. 물리적 용량에 따라 이 차이가 네트워크 아키텍처에 어떤 영향을 주는지는 이후에 살펴볼 것이다.

링크 설계에서 하부 구조는 그림 8.6에서 볼 수 있는 $M \rightarrow I \leftarrow M$처럼 구현될 수 있음에도 $M \rightarrow M$, 즉 메모리에서 메모리에 대한 직접 링크인 것으로 자주 가정된다. 수신 측에 있는 각 메모리는 전송받은 광 펄스와 얽혀 있다. 대략적으로, 수신 측에 배정된 메모리의 수는 얼마나 많은 광 펄스가 한 번에 대기할 수 있는지를 결정한다. 다만, 최근 그 수를 영리하게 압축할 수 있는 제안이 있기는 하다. 전체적으로 받는 중계기는 더 많이 요구한다고 하더라도 수신자에게는 큐

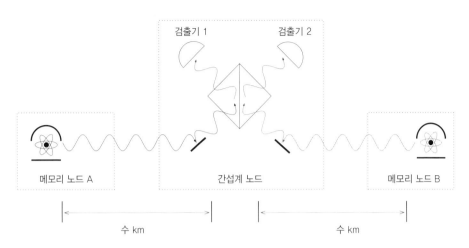

그림 8.5 $M \rightarrow I \leftarrow M$ 링크 구조

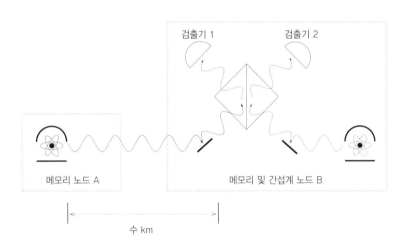

그림 8.6 $M \rightarrow M$ 링크처럼 작동하는 $M \rightarrow I \leftarrow M$ 링크 구조

비트 하나 정도면 충분하다. 더 새로운 설계는 광 펄스(또는 받은 큐비트)를 받는 즉시 측정함으로써 수신자가 메모리를 전혀 가질 필요가 없게 할 수도 있다.

링크 구조가 $M \rightarrow M$, $M \rightarrow I \leftarrow M$, $M \leftarrow P \rightarrow M$ 중 무엇인지는 처리시간에 영향을 주겠지만, 세션 아키텍처에 대한 그 외의 영향은 작게 유지돼야 한다.

I와 P 노드가 1급 네트워크 노드가 될 수 있을지, 링크에 숨겨진 채 남아 있어야 할지는 아직 미해결 문제다.

물리적 자원의 가용성은 스케줄링과 양자정화의 선택에 영향을 주고, 따라서 세션 아키텍처에도 영향을 준다. 가장 초기의 양자정화-얽힘교환 중계기는 각 노드에 수십 개의 큐비트를 요구했고, 그 수는 한 단계를 건너갈 때마다 로그 규모로 늘어났다. 이 숫자가 쉬워 보여도, 심지어 오늘날까지도 실험 용량은 그 정도 수준에 미치지 못한다. 이 접근법의 변형된 버전은 양자정화와 교환을 신중하게 스케줄링함으로써 하드웨어 요구조건을 사용 가능한 메모리 노드당 최소 2개의 죽은 큐비트까지 감소시킨다[CHI 05].

링크의 특성 또한 네트워크의 기본적인 목표에 영향을 준다. 링크 수준에서 낮은 성공 확률과 불완전한 충실도는 네트워크를 구성할 때 사용하는 원래의 양자정화-얽힘교환 방법에 대한 많은 제안들을 끝단 응용에 사용하는 것에 의해 데이터 상태를 직접 전송하기보다, (실패가 허용되는) 끝 대 끝end-to-end 벨 짝을 생성하도록 이끌었다. 매우 높은 충실도를 갖는 링크의 가용성은 가치 있는 데이터 상태의 홉별 양자원격전송을 가능케 한다. 이는 높은 수득 확률과 결합한다면, 링크 수준에서 상태의 직접 전송도 가능할 수 있다. 높은 충실도는 메모리 버퍼에 오류 보정 기법을 적용해서 달성할 수 있다. 하지만 그렇게 하는 것은 높은 손실률에 대해 영리한 적응을 필요로 한다. 유연한 네트워크 아키텍처는 이 방향을 따르는 미래의 발전에 적합할 것이다.

8.4 상태 기계와 프로토콜 상호작용

그림 8.7은 기저 수준의 얽힌 짝을 생성하는 메시지 순서를 나타낸다. 그림의 물결선(물리적 얽힘PE, Physical Entanglement)은 큐비트와 직접 상호작용하는 광 펄스이고, 직

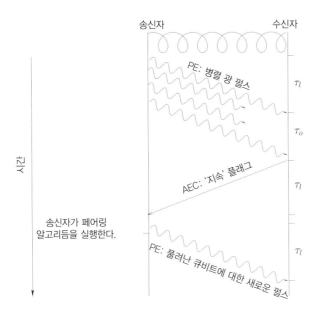

송신자   수신자

PE: 병렬 광 펄스

τ_l

τ_o

AEC: '지속' 플래그

τ_l

송신자가 페어링
알고리듬을 실행한다.

PE: 풀려난 큐비트에 대한 새로운 펄스

τ_l

시간

그림 8.7 가장 낮은 수준에서 $M \rightarrow M$ 통신선로를 이용해 벨 짝을 생성하는 메시지 순서. 물리 계층은 단일 광자나 약한 펄스를 이용하기 때문에, 펄스가 정확히 도착할 확률은 낮다. 큐버스 기법과 같은 강한 신호에 대해서는 확률이 상대적으로 높다.

선은 고전 통신을 나타낸다. 송신자에서 광 펄스는 각각의 분리된 물리적 큐비트와 얽혀 있다. 이는 장거리 광섬유를 통해 다중화되어 전송된다. 펄스는 수십에서 수백 마이크로초 정도의 전송 지연(τ_l)과 비교하면 매우 짧은 길이다. 그러므로 펄스는 실질적으로 순간적이라고 해도 된다. 수신자에게 도착하면, 펄스는 다시 다중화를 벗어나서 자유 큐비트 각각과 얽히게 되고 펄스의 어떤 특성이 측정된다[CHI 05, CIR 97, DUA 04, ENK 97]. 측정 결과는 얽힘 연산이 성공했는지 알려준다. 만약 그렇다면, 송신자의 큐비트와 수신자의 큐비트가 얽혀 있는 벨 짝을 생성한 것이다. 수신자는 각 큐비트에 대해 ACK/NAK '지속' 플래그를 준비하여 송신자에게 돌려보내서 송신자가 연산의 성공을 알 수 있게 한다. 이 측정과 플래그 준비는 그림에서 τ_o이고, 반환 메시지는 AEC[Acknowledged Entanglement Control](얽힘 제어 통보)라고 표시되어 있다.

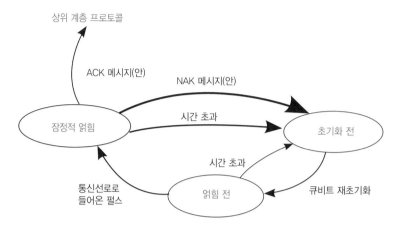

그림 8.8 가장 간단한 얽힘 통보 프로토콜에서 송수신기를 위한 유한 상태 기계

간단한 물리 계층에 대해, 그림 8.8에 나타난 것과 같은 행동을 설명하려면 세 가지 상태가 필요하다.

- 초기화 전: 알려지지 않은 상태 또는 얽힘 연산을 위한 준비가 되지 않은 상태인 버퍼 메모리 큐비트는 초기화 전 상태를 유지한다.

- 얽힘 전: 초기화 후, 버퍼 큐비트는 잠깐 동안 얽힘 전 상태로 옮겨진다. 만약 큐비트의 충실도가 대기 중에 문턱값 아래로 떨어지면 이 큐비트는 사용할 수 없으며 초기화 전 상태로 되돌아갈 것이다. 일반적으로 큐비트는 초기화 전 상태나 얽힘 전 상태에 잠깐 동안만 존재한다.

- 잠정적 얽힘: 얽힘 시도 후에 도달하는 상태. 큐비트는 원격 기지국에서 답이 올 때까지, 또는 자신의 대기시간이 지날 때까지 이 상태에 머물러 있다(기술적으로 이 상태는 보통 정적 큐비트가 링크의 끝을 향해 전송된 이동 큐비트와 얽힐 때까지의 시간을 나타낸다).

초기화 전 상태로 되돌리는 유효시간은 양자 메모리의 수명에 기반한다. 그리고 이는 실제로 충실도에 미치는 영향은 1% 정도로 제한하도록 설정된다. 만약

256

얽힘 실패 메시지를 받거나, 유효시간이 도래할 때까지 아무 답이 없다면, 큐비트는 초기화 전 상태로 옮겨져서 다시 시작한다. 만약 얽힘 성공 메시지를 받는다면, 큐비트는 프로토콜의 상위 계층으로 옮겨질 것이다.

8.5 분산된 소프트웨어에서 밀도 행렬 관리하기

이 장이 네트워크 요소를 구체적으로 다루는 첫 번째 장이기 때문에, 분산된 밀도 행렬을 관리하는 핵심 요소 몇 가지를 설명하겠다. 이 절과 다음 장에서 설명하는 원리와 데이터 구조는 시스템의 모든 계층에서 광범위하게 적용된다. 이 절의 내용은 다음 장에서도 자주 참고할 것이다.

밀도 행렬은 양자 상태를 가장 잘 이해하는 추상적인 설명이다. 본질적으로 밀도 행렬은 통계적 결과물이고, 알려진 상호작용과 우리가 사용하는 시스템을 구성하는 장비의 불완전성, 그리고 실험 데이터로부터 경험적으로 유도됐다.

밀도 행렬은 각 노드의 고전적 부분에 있는 소프트웨어 데이터 구조로 표현된다. 링크의 각 끝단에 있는 각각의 큐비트 메모리는 양자 상태에 대한 지식을 포함한, 큐비트와 연관된 밀도 행렬을 갖고 있어야 한다. 완전히 오류 보정이 될 때까지는 논리 큐비트는 중계기 노드에서 흔해야 한다. 핵심 변수는 큐비트(또는 벨 짝)의 나이(상태가 생성된 이후로 흐른 시간)와 그 큐비트가 가진 메모리의 유형이며, 두 가지 모두 충실도에 영향을 준다.

초기에 만들어진 벨 짝의 충실도는 통신선로의 조건에 의존한다. 물리적 통신선로의 특성은 시간에 따라 바뀔 것이다. 만약 통신선로가 광섬유라면, 예를 들어 온도에 따라 광섬유의 길이가 변할 수 있는데 그 변화시간은 몇 분에서 몇 시간이다. 그러므로 광섬유 통신선로에 의해 정오에 만들어진 벨 짝의 밀도 행렬은 오전 6시에 만들어진 벨 짝의 밀도 행렬과 다를 것이다. 자유공간 통신선로는 대기 조건에 따라 수 밀리초 수준에서 변할 수 있고, 이는 훨씬 어려운 문제다. 위성 링크의 지연시간도 인공위성이 움직임에 따라 변한다. 이 많은 것들은 물리 계층의 영역이며, 이 책에서 다루는 수준에서는 신경 쓰지 않을 것이다. 이 책에서는 통신선로를 사용해 얻은 양자 상태의 충실도에 대해 정돈된 사항을 양 노드가 잘 알고 있어서, 별도의 통신선로 관리 프로토콜이 통신선로 그 자체의 조건을 추적한다고 가정할 것이다.

게다가 노드는 버퍼 공간을 관리하고 메모리 수명을 최적화하기 위해서, 또는 특정 메모리 장소에서만 가능한 특정한 연산(예: 측정)이 필요하기 때문에 큐비트를 하나의 메모리 장소에서 다른 장소로 자유롭게 옮길 수 있다. 이 계층의 공통적인 연산은 물리 큐비드를 통신선로에 있는 양자 펄스와 얽히게 한 후, 더 긴 수명의 저장소에 있는 오류 보정된 논리 큐비트로 부호화하는 것이다. 이론적으로는 최소한 어떤 노드는 그런 행동을 다른 상대에게 알려줘서는 안 되며, 이상적으로는 완전히 내부에서 처리해야 한다. 고전적인 인터넷 라우터는 어쨌든 어떤 메모리에 있는 패킷이든지 자유롭게 저장할 수 있다. 하지만 양자계에서 모든 행동은 벨 짝(또는 더 큰 얽힘 상태)의 충실도에 영향을 주며, 모든 참여자가 다른 상대자와 가깝고 가능한 한 정확하게 조율된 실제 상태를 이해하는 것은 중요하다.

확실한 방법은 밀도 행렬이나 밀도 행렬의 완전한 사본을 얻을 수 있는 연산자를 갖도록 노드가 상대에게 모든 행동을 알려주는 것이다. 하지만 이 방법은 너무 번거롭다. 그리고 더 중요하게는, 시스템을 분산된 환경으로 만드는 데는 실패한 셈이다. 밀도 행렬이나 연산자의 전송은 시간이 걸리고, 그 사이에 지역 메모리의 상태가 더 나빠질 것이다. 멀리 있는 노드는 각자 갖고 있는 연산자를 적용하고, 취해야 할 더 고수준의 행동을 독립적으로 결정할 수도 있다(이에 대해 9.4절과 10.4절에서 자세히 살펴볼 것이다).

링크 수준에서 이 문제를 좁혀볼 수 있다. 어떤 노드나 네트워크 인터페이스 카드^{NIC, Network Interface Card}는 두 종류의 메모리를 갖고 있을 수 있다. 그중 하나는 물리적 송수신기이고, 다른 하나는 장기 메모리다. 링크 수준 관리 프로토콜은 위에서 설명한 대로 낮은 빈도의 변화에 대해 링크를 감시한다. 그리고 각 단말에서는 연산의 집합이 의도적으로 제한될 수 있다. 앨리스와 밥은 얽힘 연산과 링크 지연으로부터 나타나는 밀도 행렬을 함께 확정한다. 이제 앨리스는 자신의 큐비트를 메모리의 시간에 따른 손상과 유사한 어떤 위상잃음 연산자에 따라 메모리에 유지할 것이라고 밥에게 약속할 수 있고, 이는 밥이 앨리스에게도 마찬가지로 약속할 수 있다.

높은 정밀도의 동기화된 시계를 추가하면 각 단말은 벨 짝의 상태를 꽤 정확하게 계산할 수 있고, 다른 단말이 같은 시점에 정확히 같은 양자 상태를 가질 것이라고 확신할 수 있다. 앨리스의 유일한 불확실성이나 제약조건은 자신의 초기 송수신 이후로 전체 통신시간을 모른다는 것, 또는 실제 얽힘 연산이 성공했는지를 모른다는 것이다. 밥은 얽힘 신호가 언제 도착할지에 대해서는 정보가 부족하지만, 앨리스가 언제 얽힘 연산에 성공했는지는 분명히 앨리스보다 먼저 알고 있다. 이 과정을 좀 더 자세히 들여다보자.

8.5.1 링크 수준의 메모리 추적

앨리스가 고체 메모리를 통신선로를 통해 밥에게 보낸 광자와 얽히게 해서 생성한 링크를 생각해보자. 이 사례에서 광자의 상태는 선형 편광 기저 $|H\rangle$와 $|V\rangle$에 있다고 가정할 것이다. 단, 여기서 설명한 조건들은 다른 링크 아키텍처나 큐비트 기저에도 적용할 수 있다.

먼저, 영시간 짝^{zero-time pair}이라는 벨 짝 ρ_0를 정의하자. 이것은 양 끝단에 얽힘을 형성하고, 메모리에 그 저장시간이 0인 경우다. 앨리스의 메모리 큐비트는 먼저 광자와 얽힌다. 앨리스는 밥에게 광자를 전송하면서 즉시 그 메모리를 측정한다. 광자가 도착했을 때, 밥은 자신의 메모리에 광자를 얽히게 하고 메모리를 즉시 측정한다. 이 과정의 결과는 성공한 것만을 남겨두도록 후선택$^{\text{post-selected}}$된다. 이 연산을 (작은 변화는 있어도) 반복하면 ρ_0를 정확히 적을 수 있는 충분한 통계적 데이터를 얻게 된다. 이 전체 과정은 광자 상태에 대해 얽힘과 측정 과정에 의해 발생한 오류와 전송되는 동안 발생한 오류를 포괄한다.

정상 작동에서 앨리스는 측정하지 않은 큐비트를 보관한다. 대체로 얽힘의 성공 여부 확인을 기다리는 왕복시간 동안은 큐비트를 갖고 있어야 한다. 그 시간 동안 앨리스는 큐비트를 어느 메모리에서 다른 메모리로 전송할 수 있다. 밥은 메모리 결잃음 연산과 메모리 전송 같은 모든 자발적인 변화를 통지받아야 한다. 종합하면, 앨리스와 밥이 중요한 결정을 한 모든 지점에서 벨 짝에 대해 같은 아이디어를 가졌음을 보장하기 위해 다음의 조건이 반드시 만족돼야 한다.

1. 앨리스와 밥은 벨 짝의 원래 생성시간에 대해 최종 합의해야 한다.

2. 앨리스와 밥은 메모리 위상 감쇠 연산이나 연산의 순서, 충실도에 영향을 줄 수 있는 다른 어떤 행동에 대해서도 이해하고 있어야 한다.

3. 앨리스가 적용한 연산자는 밥이 적용한 것과 반드시 가환이어야 한다.

첫 번째 조건은 양 끝단에서 GPS 시계를 이용하고 앨리스가 시각이 포함된 적절한 메시지를 보내거나, 밥이 벨 짝을 언제 만들지 직접 결정할 수 있게 하여 만족시킬 수 있다. 세 번째 조건은 앨리스와 밥이 서로에게 어떤 행동을 했는지 알렸을 때를 제외하고 각자 자신이 가진 큐비트에만 집중하면 자연스럽게 만족된다. 앨리스와 밥은 각자 자신이 가진 큐비트에만 연산자를 적용할 수 있고, 따라서 그런 수학 연산자들은 당연히 가환이다. 두 번째 조건은 앨리스와 밥이 명시적으로 서로에게 충실도에 영향을 줄 수 있는 행동에 대해 알려줘야 한다. 그리고 앨리스와 밥의 고전적인 메시지 통신선로가 믿을 만해야 하고, 메시지 전달이 순서대로 돼야 하며, 오류 수준이 적어도 양자계 자체의 오류 수준보다는 확실히 낮아야 한다. 또한 링크 계층에서는 제한된 지연시간 내에 메시지가 도착할 것을 요구하기도 한다.

전형적인 링크 수준의 사건 진행 순서와 밀도 행렬의 변화가 표 8.1에 제시되어 있다. 여기서 τ_l은 앨리스에서 밥으로 가거나 그 반대 방향으로의 단방향 지연이고, 서로 같다고 가정한다. 이것은 그림 8.7에서 얽힘 성공의 경우에 대응된다. 진행하는 동안 광자의 결잃음이 ρ_0에 포함되기 때문에, 얽힘이 밥의 큐비트에 전송될 때까지 밥의 T_1과 T_2는 무한대로 계산된다. 이 과정은 벨 짝을 메모리에 갖고 있는 것으로 끝난다. 그다음 단계는 상위 계층 프로토콜에 따라 달라질 것이다.

표 8.1 링크 수준 벨 짝의 밀도 행렬 변화를 제어하는 사건 순서

시간	사건	연산자/상태
0	앨리스의 얽힘, 송신	(광자와 얽힌 메모리)
τ_l	밥의 수신, 얽힘	$\rho_1 = \mathcal{E}_{\text{GBD}}(\rho_0, \tau_l, T_1^A, T_2^A, \infty, \infty)$
$2\tau_l$	밥의 ACK를 앨리스가 받음	$\rho_2 = \mathcal{E}_{\text{GBD}}(\rho_1, \tau_l, T_1^A, T_2^A, T_1^B, T_2^B)$
$2\tau_l + \Delta$	시간 Δ 동안 보관	$\rho_3 = \mathcal{E}_{\text{GBD}}(\rho_2, \Delta, T_1^A, T_2^A, T_1^B, T_2^B)$

8.5.2 상위 계층의 동기화

자연스러운 계층 소프트웨어 아키텍처는 벨 짝을 가능한 한 빠르게 물리 계층에서 그다음 상위 계층으로 올려서 더 많은 연산을 하도록 저장할 것이다. 하지만 만약 구현이 아무렇게나 되어 있으면, 이 소프트웨어 경계는 상위 계층에서 오작동할 수 있다. 그러므로 벨 짝을 상위 계층으로 올릴 때 의미를 정의하는 것이 중요하다. 그림 8.9에 묘사된 사례를 보자. 송신자와 수신자가 이미 $F = 0.85$인

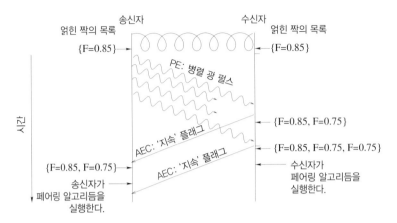

그림 8.9 페어링 불일치 문제. 송신자 측에서 실행된 상위 계층 프로토콜이 수신자와 다른 벨 짝의 목록을 보게 된다. 여기에 표시된 몇 가지 프로토콜 계층의 행동은 다음과 같다. 물리 얽힘(PE), 얽힘 제어 통보(AEC) 메시지가 링크를 만든다. 이것은 다음 장에서 논의할 양자정화 제어의 상위 소프트웨어 계층에서 페어링 행동이 일어나는 동안 이뤄진다.

벨 짝을 공유하고 있다. 그리고 $F = 0.75$인 더 많은 벨 짝이 기저에서 만들어지고 있다. 고전 메시지를 믿을 만하다고 가정하고, 양 끝단은 같은 순서로 사건을 본다. 먼저 이미 존재하는 짝을 보고, 이어서 새로운 짝을 보고, 끝으로 세 번째 짝을 본다.

그러나 만약 수신자와 송신자가 자유롭게 상위 단계 알고리듬을 동시에 선택하여 실행할 수 있다면, 양 끝단은 사용 가능한 벨 짝의 다른 목록에 알고리듬을 적용하게 된다. 여기서 수신자는 알고리듬을 $F = 0.85$, $F = 0.75$, $F = 0.75$ 순서로 실행하지만, 수신자는 $F = 0.85$, $F = 0.75$ 순서로 실행한다.

공통적으로, 다음 계층 프로토콜은 양자정화가 될 것이다. 이에 대한 자세한 내용은 다음 장에서 논의할 것이다. 양자정화의 기본 형태는 양 끝단에서 2개의 벨 짝을 사용한 연산을 하는 것이다. 앨리스와 밥은 연산을 성공시키기 위해 반드시 똑같은 두 벨 짝을 선택해야 한다. 양자정화 프로토콜이 잘 수행되려면, 프로토콜은 양 끝에 같은 벨 짝의 목록을 봐야 한다. 당연히 물리 계층은 이 과정의 자세한 내용은 모르지만, 적절한 선택은 정확한 연산을 보증할 수 있다.

밥의 상위 계층 프로토콜이 앨리스를 놀래키지 않고 앨리스가 따라 할 수 있는 결정을 하도록 보증하려면, 앞서 말한 세 가지 조건에 더해서 네 번째 조건도 만족시켜야 한다.

4. 앨리스와 밥은 과정의 같은 시점에 상위 계층 알고리듬을 실행해야 한다.

이 조건들을 만족시킬 경우, 벨 짝이 의미 있는 전체 시간 동안 앨리스와 밥이 같은 밀도 행렬을 구성하는 것뿐만 아니라 적절한 시점에 벨 짝의 같은 집합을 갖는 것까지도 보증한다.

네 번째 조건은 분명 어려운 점이 있다. 네 번째 조건이 단독으로 상위 계층 프로토콜에 책임을 지고, 물리 계층은 행복하게 그런 문제를 무시할 수 있다는 점이다. 하지만 여기서 간단한 프로토콜 변화가 유용할 수 있다. 고정된, 또는 즉석에서 설정된 시간간격 이후 밥은 모든 벨 짝에 대해 플래그를 언제 설정할지 결정하여, 소프트웨어 과정이 실행될 때 벨 짝이 때맞춰 준비된 상태로 도착하도록 할 수 있다. 만약 앨리스가 같은 과정을 거친다면, 양 끝단은 벨 짝의 같은 집단을 상위 계층 프로토콜에 전달할 수 있다. 이 연산 기술은 이후에 다시 살펴볼 것이다.

8.6 사례

이 절의 목표는 양자 중계기와 관련된 실험적 작업들을 이해할 수 있도록 다루기보다, 독자들에게 문헌을 읽을 수 있는 능력을 주고 중요한 역사적인 이정표들을 논의하여 그 맥락에서 문헌을 이해할 수 있도록 하는 데 있다. 몇 가지 시뮬레이션 링크와 가치 있는 세 가지 이론적 모형이 포함된다.

이 계층의 최종 목표는 당연히 멀리 떨어져 있는 두 정적 메모리를 빛을 매개로 얽히도록 하여, 5장에서 7장까지 논의한 응용을 지원하기 위한 양자정화, 얽힘교환, 논리 회로를 수행할 수 있도록 하는 것이다. 중간 지점까지의 중요한 이정표는 광 펄스와 고정 메모리의 얽힘을 실증한 것이다. 만약 얽힘이 간섭계($M \rightarrow I \leftarrow M$)를 사용해 만들어진 것이라면, 간섭 효과는 CHSH 부등식의 위반을 보이기에 충분한 통계 데이터가 모이기 전에, 또는 충분히 높은 충실도에 도달하기 전에 증명될 수 있다.

논의의 완성도를 위해 여기서는 물질 큐비트의 직접 얽힘에 관한 몇 가지 중요한 실험을 언급할 것이다. 여러 광자-광자 얽힘 실험이 수행됐지만, 이에 대해 자세히 논의하지는 않겠다. 실험 결과를 따라가는 것은 인터넷을 통해서는 매우 어렵고, 인쇄된 책을 통해서는 불가능하다. 하지만 여기서는 이 책을 집필하고 있는 2013년 가을 시점까지 역사적으로 중요한 몇 가지 결과를 강조해보려고 한다.

2012년, 노벨 물리학상은 데이브 와인랜드$^{Dave Wineland}$와 세르주 아로슈$^{Serge Haroche}$에게 수여됐다. 두 사람 모두 빛과 물질의 양자 상호작용과 얽힘의 실험적 증명에 대한 일들을 했다. 와인랜드의 연구단은 광학, 원자 물리 작업뿐만 아니라, 하나의 포획틀에 있는 두 이온 사이에 공유하는 진동모드를 이용해 처음으로 얽힘의 결정론적 생성을 실증했다[TUR 98]. 아로슈의 연구단은 앞에서 논의한 대로 원자를 공명 공진기에 넣어서 전자기장, 즉 빛과의 상호작용을 강화했다[RAI 01].

여러 연구단이 다양한 물질에서 정적 큐비트를 광자와 얽히게 만드는 것을 실증했다. 제네바에 있는 니콜라스 가이신$^{Nicolas Gisin}$의 연구단은 원자 앙상블을 광자, 특히 시간 바구니 광학 큐비트와 결합하는 연구를 많이 수행했다[SAN 11]. 이온 포획은 빛의 방출을 얻어낼 수 있는 실험계로서 탁월하다. 크리스 먼로^{Chris}

Monroe의 연구단은 단일 이온이 단일 광자와 얽히는 것을 실증했다[BLI 04].

양자점은 매우 유명한 고체 상태 기술이다. 양자점은 유용한 파장 대역의 적외선 광자를 방출할 것으로 기대된다. 최근까지의 실험 결과는 매우 빠르게 성장하고 있다. 양자점을 단일 광자와 얽히도록 하는 실험이 요시히사 (요시) 야마모토Yoshihisa (Yoshi) Yamamoto[DE 12], 이마모글루Imamoglu[GAO 12], 개먼Gammon과 스틸Steel[SCH 13]의 연구단에서 실증됐다. 야마모토 연구단의 결과는 통신 파장으로 변환하는 것까지 포함한다. 흥미롭게도, 이마모글루 연구단의 결과는 파장이 다른 광자를 $|0\rangle$과 $|1\rangle$ 상태로 이용한다. 이렇게 하면 상태별로 걸러내기는 쉽지만, 간섭계를 유지하기는 어려울 수 있다.

개먼/스틸 연구단은 양자점을 이용해 3kHz의 생성률로 $F = 0.59 \pm 0.04$인 얽힌 광자를 만들어냈다.

다이아몬드 질소 공공은 하버드Harvard 연구단 등에서 광범위하게 연구됐다. 그리고 질소 공공과 광학적 광자 사이의 얽힘이 2011년에 실증됐다[TOG 11, SIP 12].

2013년 말에 이르러, 정지된 두 큐비트 사이를 빛으로 결합하는 기술은 세 가지뿐이다. 바로 이온 포획, 공진기 내의 중성 원자, 다이아몬드 질소 공공이다.

2007년에 먼로는 1m 간격으로 떨어진 두 포획틀 사이의 이온을 얽히도록 하여 이온 포획의 장점을 다시 보였다. 이것은 이 책에서 $M \rightarrow I \leftarrow M$ 링크라고 부른 기법인, 두 포획틀 사이의 구분 불가능한 광자들을 간섭시키는 것으로 달성됐다[MOE 07]. 이 실험에 대한 벨 기저에서 쓰인 밀도 행렬의 근삿값은 표 8.2의 이온 포획 행에 나타나 있다(전체 밀도 행렬은 비대각 성분을 포함하고 있어서 계산 기저에서 적는 편이 더 좋을 것이다. 하지만 9장에서는 벨 기저에서 적는 것이 더 유용하며 비대각 성분은 양자정화에 큰 영향을 주지 않는다는 것을 볼 것이다). 표의 각 항목들은 모두 대략적으로만 봐야 하며, 실험에 따라 (표에 적혀 있는) 조절 변수에 의해 달라질 수 있으며, 당연히 시간에 따라 더 개선될 것이다.

2012년에 렘페^{Rempe} 연구단은 두 분리된 공진기에 있는 두 원자를 $|\psi-\rangle$에 대한 충실도가 $F = 0.85$가 되도록 얽힘 상태로 만드는 데 성공했다. 이 실험에 대한 밀도 행렬의 벨 기저에서의 근삿값은 표 8.2의 공진기 QED 행에서 볼 수 있다. 이 실험에서 후선택을 증가시키면 충실도를 향상할 수 있다.

표의 질소 공공 행에 있는 데이터는 2013년 델프트^{Delft} 연구단의 결과다[PFA 13, BER 13, NÖL 13]. 베르니엔^{Bernien}의 논문은 다이아몬드 질소 공공의 실험적 어려움에 대해 잘 요약하고 있다. 단지 3%의 광자가 영포논선$^{zero-phonon\ line}$(결정물질의 진동의 영향이 없는 선)에서 방출됐다. 이것은 빛이 간섭계를 통해 보내질 때 구분 불가능하기 위해 필요하다. 미세가공된 고체 함침 렌즈$^{solid\ immersion\ lens}$도 광자를 높은 수득율로 모으기 위해 필요하다. 불필요한 다양한 행동을 줄이려면 질소 공공의 동적 분리와 재초기화가 필요하다. 이 실험은 20kHz의 반복률로 수행됐고, 얽힘이 검출된 최종 성공률은 10^{-7}이었다. 이것은 10분마다 1개 정도의 벨 짝이 생성된 것이다. 생성률을 제한하는 중요한 요인은 $9\mu s$인 초기화 과정이다. 광자를 광섬유로 모으는 것도 어려운 일이고, 성공 확률은 광섬유의 길이에 따라 지수함수적으로 감소된다. 이 실험은 3m 떨어진 거리에서 수행됐다. 이 실험의 출력 충실도는 $F = 0.58$에서 $F = 0.73$이었고, 이는 어떤 벨 상태가 생성됐는지와 후처리 과정의 복잡함에 따라 달라진다. 표의 각 항목들은 베르니엔의 논문에 있는 부속 데이터의 그래프에서 추정됐다.

표 8.2는 중계기 해석에 주로 사용되는 단순화된 해석적 모형 두 가지를 담고 있는데, 바로 베르너^{Werner}(백색 잡음) 모형과 위상 잡음 모형이다. 베르너 모형은 다음과 같다.

표 8.2 얽힘을 생성하는 물리 계층의 예. 'E'는 실험적으로 검증된 것, 'S'는 시뮬레이션, 'A'는 해석적 모형이다. 이중선 아래쪽 행은 불완전한 시스템에 대한 추상적 모형이다.

기법	링크 구조	E/S/A	출력 밀도 행렬의 예	조절 변수
이온 포획(스핀), 단일 광자(편광)[MOE 07]	$M \rightarrow I \leftarrow M$	E	$0.11\,\lvert\Phi^+\rangle\langle\Phi^+\rvert + 0.15\,\lvert\Psi^+\rangle\langle\Psi^+\rvert + 0.11\,\lvert\Phi^-\rangle\langle\Phi^-\rvert + 0.63\,\lvert\Psi^-\rangle\langle\Psi^-\rvert$	검출기 창의 폭
공진기의 중성원자(스핀), 단일 광자(편광)	$M \rightarrow I \leftarrow M$	E	$0.055\,\lvert\Phi^+\rangle\langle\Phi^+\rvert + 0.04\,\lvert\Psi^+\rangle\langle\Psi^+\rvert + 0.055\,\lvert\Phi^-\rangle\langle\Phi^-\rvert + 0.85\,\lvert\Psi^-\rangle\langle\Psi^-\rvert$	
다이아몬드 질소 공공, 단일 광자[NÖL 13]	$M \rightarrow I \leftarrow M$	E	$0.08\,\lvert\Phi^+\rangle\langle\Phi^+\rvert + 0.10\,\lvert\Psi^+\rangle\langle\Psi^+\rvert + 0.08\,\lvert\Phi^-\rangle\langle\Phi^-\rvert + 0.73\,\lvert\Psi^-\rangle\langle\Psi^-\rvert$	검출기 창의 폭
약한 비선형성[LAD 06]	$M \rightarrow M$	S	$0.633\,\lvert\Phi^+\rangle\langle\Phi^+\rvert + 0.244\,\lvert\Psi^+\rangle\langle\Psi^+\rvert + 0.061\,\lvert\Phi^-\rangle\langle\Phi^-\rvert + 0.061\,\lvert\Psi^-\rangle\langle\Psi^-\rvert$	레이저 세기, 검출기 창의 폭
변위(낮은 광자 수)[MUN 08]	$M \rightarrow M$	S	$(1-F)\,\lvert\Phi^+\rangle\langle\Phi^+\rvert + F\,\lvert\Phi^-\rangle\langle\Phi^-\rvert$	평균 광자 수를 통한 F의 조절. 검출기 창의 폭
백색 잡음(베르너)		A	$F\,\lvert\Phi^+\rangle\langle\Phi^+\rvert + (1-F)\rho_{\text{white}}$	충실도 F
위상 반전 잡음		A	$F\,\lvert\Phi^+\rangle\langle\Phi^+\rvert + (1-F)\,\lvert\Phi^-\rangle\langle\Phi^-\rvert$	충실도 F
비트 반전 잡음		A	$F\,\lvert\Phi^+\rangle\langle\Phi^+\rvert + (1-F)\,\lvert\Psi^+\rangle\langle\Psi^+\rvert$	충실도 F

$$F |\Phi^+\rangle\langle\Phi^+| + (1 - F)\rho_{\text{white}} \tag{8.19}$$

여기서 ρ_{white}는 $\frac{1}{4}I$이며, 네 가지 벨 상태의 균등한 혼합이다. 베르너 모형은 다음과 같이 쓰기도 하므로, 계산할 때 주의해야 한다.

$$F |\Phi^+\rangle\langle\Phi^+| + \frac{1 - F}{3}(|\Psi^+\rangle\langle\Psi^+| + |\Phi^-\rangle\langle\Phi^-| + |\Psi^-\rangle\langle\Psi^-|) \tag{8.20}$$

여기서는 두 번째 정의를 따를 것이다.

이 백색 잡음 모형은 양자정화 기법을 보정하는 데 있어 가장 어려운 형태다. 그러므로 이 모형은 최악의 경우 해석에 사용될 수 있다. 반대로, 어떤 모형은 잘 규정된 한 가지 종류의 오류를 가정한다. 표에 있는 좀 더 현실적인 모형은 주된 잡음 항과 더 작은 다른 항들을 포함한다는 점을 알아둬야 한다.

8.7 결론

이 책을 집필하는 시점에도 양자원격전송을 포함한 얽힘 생성의 최첨단 실험 상태는 계속해서 발전하고 있다[SLO 13]. 새로운 형태의 양자 메모리, 광 상태 큐비트에 대한 새로운 표현들, 그리고 얽힘을 강화하는 새로운 방법들이 계속해서 제안되며 테스트되고 있다. 8장에서는 넓은 영역에 걸친 이 작업을 얕게 훑고 갈수밖에 없었지만, 새로운 기술이 등장했을 때 강점과 약점을 인지할 수 있는 능력뿐만 아니라, 실험가들과 대화할 때 필요한 용어와 개념을 제공하기 위해 독자들에게 예를 들어 설명했다.

여기서는 물리 그 자체보다는 양자 링크의 공학적 응용과 이들을 지원하기 위한 고전 프로토콜에 중점을 두었다. 이 계층의 출력은 한 단계를 건너서 얽힌 벨 짝의 열이다. 이것을 기본 짝$^{\text{base pair}}$이라고 부른다. 각 벨 짝은 밀도 행렬을 이용해 묘사되고, 상위 계층의 소프트웨어에 의해 사용될 것이다.

양자 네트워크의 성공에 중요한 요소는 적응성과 연속성이고, 네트워크의 실시간 감시가 중요한 역할을 할 것이다. 실제 생성된 양자 상태의 품질은 시간에 따라 달라질 것이다. 그러므로 AEC 소프트웨어 계층에서 다음 계층에 보고된 밀도 행렬도 시간에 따라 변할 것이다. 따라서 AEC와 다음 최상위 계층 사이의 인터페이스는 벨 짝의 제어를 전송하는 것뿐만 아니라, 그 벨 짝에 맞는 밀도 행렬의 완전한 사본을 전달하는 것도 지원해야 한다. 전형적으로 다음 소프트웨어 계층은 양자정화일 테고, 이는 다음 장에서 살펴볼 것이다.

9

양자정화

밀도 행렬은 상태에 대한 지식^{knowledge}을 나타낸다. 즉, 생성하려는 상태에 실제로 들어가 있는지를 나타낸다. 양자정화^{purification}는 어떤 상태에 대한 가설을 테스트해서 상태에 대한 지식을 증가시키는 과정이다. 이 증가는 밀도 행렬의 충실도가 증가하는 것으로 나타난다.

완전한 양자정화 프로토콜은 다음과 같이 설명할 수 있다.

1. 입력 상태의 수와 형태

2. 다음과 같이 구성되는 어떤 가설의 테스트 절차

   - 기본 연산에 대한 양자 연산

   - 성공과 실패에 대한 테스트

   - 성공한 작용과 실패한 작용

3. 양자정화에 참여하는 상태를 선택하는 데 사용할 스케줄링 알고리듬

가장 일반적으로, 필요한 입력 상태는 2개의 불완전한 벨 짝이고, 더 높은 충실도를 갖는 하나의 출력 벨 짝을 생성하는 것을 목표로 한다. 달리 언급하지 않는 한, 여기서는 벨 짝의 양자정화에 대해 논의한다고 가정하겠다.

9.1 측정 다시보기

지금까지는 측정을 상태 벡터를 바라본다거나, 상태 벡터를 설명한다는 등 기본적으로는 정성적인 용어로 논의했다. 여기서 더 나아가려면, 측정을 좀 더 수학적으로 다룰 필요가 있고, 상태 벡터보다는 시스템의 상태를 나타내는 밀도 행렬에 집중할 필요가 있다. 왜냐하면 상대의 불완진성이 가장 중요하기 때문이다.

양자 계산에서 수행하는 가장 간단한 측정은 Z축, 또는 계산 기저에 대한 사영 측정$^{projective\ measurement}$이다. 가능한 각각의 측정 결과는 그와 연관된 측정 연산자를 갖고 있다. 단일 큐비트에는 0과 1이라는 두 가지 가능성밖에 없으므로, 기본 밀도 행렬은 2×2 행렬이다.

$$\rho = \begin{bmatrix} a_{0,0} & a_{0,1} \\ a_{1,0} & a_{1,1} \end{bmatrix} \tag{9.1}$$

그리고 여기에 대응되는 사영 연산자는

$$\mathcal{P}_0 = |0\rangle\langle 0| = \begin{bmatrix} 1 & 0 \\ 0 & 0 \end{bmatrix} \tag{9.2}$$

와

$$\mathcal{P}_1 = |1\rangle\langle 1| = \begin{bmatrix} 0 & 0 \\ 0 & 1 \end{bmatrix} \tag{9.3}$$

이다.

측정할 때는 출력 결과의 확률과 결과 상태에 대해 알 필요가 있다. $|0\rangle$을 측정할 확률(좀 더 정확하게 말하자면, 그 상태에 대응하는 고윳값을 얻을 확률)은

$$\Pr(0) = \mathrm{Tr}(\mathcal{P}_0 \rho) \tag{9.4}$$

이고, 결과 상태는

$$\rho' = \frac{\mathcal{P}_0 \rho \mathcal{P}_0}{\mathrm{Tr}(\mathcal{P}_0 \rho)} \tag{9.5}$$

이다. 즉, $|0\rangle$에 대응되는 $\mathcal{P}_0$ 연산자를 밀도 행렬에 적용하고, 재정규화를 위해 확률로 나눠준다. $|1\rangle$에 대한 연산자도 비슷하다. 2.3.6절에서 밀도 행렬의 대각 성분은 그에 대응하는 상태의 확률이라고 설명했었고, 이는 식 (9.1)에서 식 (9.5)까지의 수식에서 쉽게 알 수 있다. 사실, 이 계산은 자세한 계산 없이 암산으로 할 수 있을 만큼 직관적이다. 하지만 불완전한 측정 연산자를 다룰 때는 형식론formalism이 더 필요하다.

만약 측정이 완벽하다면, 같은 연산자를 이용해 측정을 반복하는 경우 같은 결과가 나온다. 즉, $\rho'' = \rho'$이다. 불완전한 측정 연산자를 이용한다면, 현실은 같은 상태에 대해 연속적으로 측정을 한 결과가 달라질 수 있다. 실제로, 이는 측정 연산자의 전과 후에 작은 크기의 잡음을 끼워넣는 것으로 시뮬레이션 소프트웨어에서 표현된다.

9.2 기초 양자정화

가장 기초적인 양자정화 연산은 그림 9.1에 나타나 있다. 여기서는 2개의 벨 짝 $|\Phi^+\rangle_1$과 $|\Phi^+\rangle_2$를 이용한다. 앨리스와 밥은 각자 각 짝의 반쪽을 갖고 있다. '벨 짝 1번은 $|\Phi^+\rangle$에 있다'는 가설을 검증하기 위해 벨 짝 2번을 이용할 것이다.

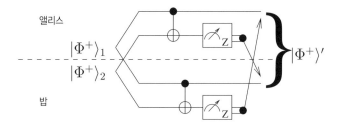

그림 9.1 기초 양자정화를 위한 회로. 화살표는 앨리스와 밥 사이에 교환되는 고전 메시지를 나타낸다. 이 과정에 필요한 작용은 표 9.1과 표 9.2에 설명되어 있다.

그림에서 볼 수 있듯이, 앨리스와 밥은 각자 자신이 갖고 있는 벨 짝 1번을 제어 큐비트로 하고, 벨 짝 2번을 표적 큐비트로 하여 CNOT 게이트를 수행한다. CNOT이 XOR 게이트와 같다는 사실로부터, 게이트 실행 후에 표적 큐비트는 제어 큐비트와 표적 큐비트의 홀짝성(패리티^{parity})을 갖고 있을 것이다. 앨리스는 자신이 가진 두 큐비트의 홀짝성을 계산해서 갖고 있고, 밥도 자신의 두 큐비트의 홀짝성을 알고 있다. 원래의 홀짝성이 짝수였다면 홀짝성은 0일 것이고, 원래의 홀짝성이 홀수였다면 홀짝성은 1이 될 것이다.

이어서, 앨리스와 밥은 각자 갖고 있는 벨 짝 2번을 측정하고 그 결과를 교환한다. 만약 측정 결과가 같으면 앨리스와 밥의 홀짝성은 같은 것이므로 벨 짝을 그대로 보존한다. 만약 다르면 벨 짝 1번을 버린다. 여기서 벨 짝 2번을 희생짝$^{sacrificial\ pair}$이라고 한다.

좀 더 자세히 보면, 벨 짝이 둘 다 완벽하고($F = 1.0$) 게이트와 측정도 모두 완벽할 때 두 CNOT 게이트는 상쇄된다. 정규화 상수를 생략하고 살펴본다면

$$\left|\Phi^+\right\rangle_1 \left|\Phi^+\right\rangle_2 \; = \; (\left|00\right\rangle + \left|11\right\rangle)(\left|00\right\rangle + \left|11\right\rangle) \tag{9.6}$$

$$= \; \left|00\right\rangle \left|00\right\rangle + \left|00\right\rangle \left|11\right\rangle + \left|11\right\rangle \left|00\right\rangle + \left|11\right\rangle \left|11\right\rangle \tag{9.7}$$

$$\xrightarrow{\text{CNOT}_A} \left|00\right\rangle \left|00\right\rangle + \left|00\right\rangle \left|11\right\rangle + \left|11\right\rangle \left|10\right\rangle + \left|11\right\rangle \left|01\right\rangle \tag{9.8}$$

$$\xrightarrow{\text{CNOT}_B} |00\rangle |00\rangle + |00\rangle |11\rangle + |11\rangle |00\rangle + |11\rangle |11\rangle \qquad (9.9)$$

$$= |\Phi^+\rangle_1 |\Phi^+\rangle_2 \qquad (9.10)$$

이고, 앨리스와 밥은 얽히지 않은 2개의 $|\Phi^+\rangle$ 짝을 갖고 있는 상태다. 두 번째 짝이 측정됐을 때, 앨리스와 밥은 50%의 확률로 0을 얻고, 50%의 확률로 1을 얻을 것이다. 하지만 측정 결과를 교환했을 때 둘은 언제나 같은 값을 얻는다.

9.2.1 비트 반전 오류

벨 짝이 불완전하면 좀 더 흥미로운 경우가 나타난다. 벨 짝이 비트 반전 오류로 손상된 경우를 생각해보자. 즉, $\rho = F|\Phi^+\rangle\langle\Phi^+| + (1 - F)|\Psi^+\rangle\langle\Psi^+|$인 경우다. 여기서 벨 짝 1번에 대해 테스트를 하면, F의 확률로 이 벨 짝이 여전히 $|\Phi^+\rangle$에 있음을 알 것이고, $1 - F$의 확률로 $|\Psi^+\rangle$가 측정될 것이다. 그렇다 해도 여전히 이 정보는 유용한데, 비트 하나를 뒤집기만 하면 $|\Phi^+\rangle$ 상태로 되돌릴 수 있기 때문이다.

첫 번째 벨 짝을 직접 검사해볼 수 없으므로, 테스트 도구로 두 번째 짝을 사용한다. 만약 실제로 두 짝이 모두 $|\Phi^+\rangle$에 있었다면, 양자 연산 회로는 앞에서 말한 대로 작동할 것이다. 이렇게 될 가능성은 F^2이다. 양자 회로를 다시 검사해보면, 두 벨 짝 중의 하나가 비트 반전 오류를 갖고 있을 때 앨리스와 밥이 각기 다른 큐비트 측정 결과를 얻는다는 사실도 쉽게 알 수 있다. 왜냐하면 오류가 1번 짝에 있는지 2번 짝에 있는지는 알 수 없기 때문에 1번 짝이 정상적이라 하더라도 1번 짝을 버릴 수밖에 없다. 만약 두 벨 짝이 모두 비트 반전 오류를 갖고 있다면, 앨리스와 밥은 같은 값을 얻는다. $(1 - F)^2$의 확률로 벨 짝 1번의 오류는 벨 짝 2번의 오류 때문에 검출되지 않는다.

이 부분이 바로 양자정화의 핵심이다. 연산이 '성공'할 확률(2중 오류로 가짜 성공이 될 가능성을 포함해서)은 $F^2 + (1 - F)^2$이고 '실패'할 확률은 $2F(1 - F)$다. 성공했을 때 최종적으로 얻는 충실도는

$$F' = \frac{F^2}{F^2 + (1 - F)^2} \tag{9.11}$$

이고, 결과 상태는 다음과 같이 된다.

$$\rho' = F' \left| \Phi^+ \right\rangle \left\langle \Phi^+ \right| + (1 - F') \left| \Psi^+ \right\rangle \left\langle \Psi^+ \right| \tag{9.12}$$

표 9.1 양자정화의 두 벨 짝에 대한 가능한 조합. 오류는 비트 반전 오류만 있다고 가정한다. 양 끝단에서 CNOT 게이트를 적용할 때 1번 짝은 제어, 2번 짝은 표적 큐비트다. 2번 짝이 측정되고, 1번 짝은 보존된다.

벨 짝 1번	벨 짝 2번	확률	같은가?	행동	결과	비고
$\left|\Phi^+\right\rangle$	$\left|\Phi^+\right\rangle$	F^2	예	보존	$\left|\Phi^+\right\rangle$	진짜 성공
$\left|\Phi^+\right\rangle$	$\left|\Psi^+\right\rangle$	$F(1 - F)$	아니요	버림	—	가짜 실패
$\left|\Psi^+\right\rangle$	$\left|\Phi^+\right\rangle$	$F(1 - F)$	아니요	버림	—	진짜 실패
$\left|\Psi^+\right\rangle$	$\left|\Psi^+\right\rangle$	$(1 - F)^2$	예	보존	$\left|\Psi^+\right\rangle$	가짜 성공

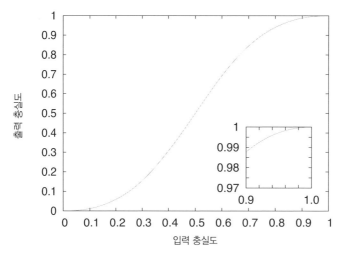

그림 9.2 입력 충실도의 함수로 나타낸 출력 충실도. 오류가 비트 반전 오류만 존재하고 양자정화 연산이 완벽할 때, 2개의 동일한 벨 짝의 기본 양자정화를 수행한 결과다.

잠깐 생각해보면 $F > 0.5$일 때 $F' > F$임을 알 수 있다. 이 행동은 표 9.1에 요약되어 있다. 입력과 출력 충실도는 그림 9.2에 그려두었다. 입력 충실도가 대략 0.8 이상인 경우 충실도는 극적으로 증가한다.

9.2.2 일반화: 위상 반전 오류와 다른 벨 짝을 포함하기

앞서 설명한 프로토콜은 두 짝 중 하나가 위상 오류를 갖고 있는 경우를 검출할 수 있는 설계가 아니다. 더 나쁜 것은 벨 짝 2번의 위상 오류가 벨 짝 1번으로 전파될 수 있다는 사실이다.

$$\left|\Phi^+\right\rangle_1 \left|\Phi^-\right\rangle_2 = |00\rangle|00\rangle - |00\rangle|11\rangle + |11\rangle|00\rangle - |11\rangle|11\rangle \tag{9.13}$$

$$\xrightarrow{\text{CNOT}_A} |00\rangle|00\rangle - |00\rangle|11\rangle + |11\rangle|10\rangle - |11\rangle|01\rangle \tag{9.14}$$

$$\xrightarrow{\text{CNOT}_B} |00\rangle|00\rangle - |00\rangle|11\rangle - |11\rangle|00\rangle + |11\rangle|11\rangle \tag{9.15}$$

$$= \left|\Phi^-\right\rangle_1 \left|\Phi^-\right\rangle_2 \tag{9.16}$$

위의 수식을 보면, 단일 큐비트의 위상 오류가 단일 CNOT 게이트의 표적 큐비트로부터 제어 큐비트로 전달된다.

8.2.3절에서 논의했듯이, 계산 기저가 아닌 벨 짝을 기저 집합으로 사용해 양자 상태를 쓸 수도 있다. 앞의 두 동일한 벨 짝을 이용한 간단한 설명 대신에, 다음과 같이 2개의 다른 벨 짝을 생각해보자.

$$\rho_i = A_i \left|\Phi^+\right\rangle\left\langle\Phi^+\right| + B_i \left|\Psi^+\right\rangle\left\langle\Psi^+\right| + C_i \left|\Psi^-\right\rangle\left\langle\Psi^-\right| + D_i \left|\Phi^-\right\rangle\left\langle\Phi^-\right| \tag{9.17}$$

여기서 $i \in \{1, 2\}$이다. 오류 항에 있는 B, C, D 중 단 하나만이 0이 아니라면 그 상태는 이항 상태[binary state]라고 한다. 이것은 '비트 반전'만 일어난 상태이고, 바로 앞에서 설명한 것이 그중 하나의 사례다. 만약 B, C, D가 모두 같다면 이것은 식 (8.20)에서 설명한 베르너[Werner] 상태다.

표 9.2 두 벨 짝을 이용한 양자정화에서 가능한 조합. 비트 반전 오류와 위상 반전 오류를 모두 고려했다. 양 끝단의 CNOT 게이트에서 벨 짝 1번은 제어 큐비트, 벨 짝 2번은 표적 큐비트다. 벨 짝 2번은 희생(측정)됐고, 벨 짝 1번은 보존된다.

벨 짝 1번	벨 짝 2번	확률	같은가?	행동	결과	비고
$|\Phi^+\rangle$	$|\Phi^+\rangle$	A_1A_2	예	보존	$|\Phi^+\rangle$	진짜 성공
$|\Phi^+\rangle$	$|\Psi^+\rangle$	A_1B_2	아니요	버림	—	가짜 실패
$|\Psi^+\rangle$	$|\Phi^+\rangle$	B_1A_2	아니요	버림	—	진짜 실패
$|\Psi^+\rangle$	$|\Psi^+\rangle$	B_1B_2	예	보존	$|\Psi^+\rangle$	가짜 성공
$|\Phi^+\rangle$	$|\Phi^-\rangle$	A_1D_2	예	보존	$|\Phi^-\rangle$	진짜 성공, 위상 오류 전파
$|\Phi^+\rangle$	$|\Psi^-\rangle$	A_1C_2	아니요	버림	—	가짜 실패
$|\Psi^+\rangle$	$|\Phi^-\rangle$	B_1D_2	아니요	버림	—	진짜 실패
$|\Psi^+\rangle$	$|\Psi^-\rangle$	B_1C_2	예	보존	$|\Psi^-\rangle$	가짜 성공, 위상 오류 전파
$|\Phi^-\rangle$	$|\Phi^+\rangle$	D_1A_2	예	보존	$|\Phi^-\rangle$	진짜 성공, 위상 오류 남음
$|\Phi^-\rangle$	$|\Psi^+\rangle$	D_1B_2	아니요	버림	—	가짜 실패
$|\Psi^-\rangle$	$|\Phi^+\rangle$	C_1A_2	아니요	버림	—	진짜 실패
$|\Psi^-\rangle$	$|\Psi^+\rangle$	C_1B_2	예	보존	$|\Psi^-\rangle$	가짜 성공, 위상 오류 남음
$|\Phi^-\rangle$	$|\Phi^-\rangle$	D_1D_2	예	보존	$|\Phi^+\rangle$	진짜 성공, 위상 오류 상쇄
$|\Phi^-\rangle$	$|\Psi^-\rangle$	D_1C_2	아니요	버림	—	가짜 실패
$|\Psi^-\rangle$	$|\Phi^-\rangle$	C_1D_2	아니요	버림	—	진짜 실패
$|\Psi^-\rangle$	$|\Psi^-\rangle$	C_1C_2	예	보존	$|\Psi^+\rangle$	가짜 성공, 위상 오류 상쇄

방정식에서 4개의 0이 아닌 항들이 있으므로, ρ_1과 ρ_2에 대해 16가지의 가능한 조합이 있는데 이는 표 9.2에 열거해뒀다. 가짜 성공을 포함한 양자정화의 성공 확률은 다음과 같다.

$$\text{P(success)} = (A_1 + D_1)(A_2 + D_2) + (B_1 + C_1)(B_2 + C_2) \tag{9.18}$$

여기서 양자정화 이후의 밀도 행렬 ρ'은 다음과 같다.

$$A' = \frac{A_1 A_2 + D_1 D_2}{\text{P(success)}} \tag{9.19}$$

$$B' = \frac{B_1 B_2 + C_1 C_2}{\text{P(success)}} \tag{9.20}$$

$$C' = \frac{B_1 C_2 + C_1 B_2}{\mathrm{P(success)}} \qquad (9.21)$$

$$D' = \frac{A_1 D_2 + D_1 A_2}{\mathrm{P(success)}} \qquad (9.22)$$

이 경우 비트 반전 오류가 강하게 줄어들었음을 쉽게 알 수 있다. 만약 두 짝이 비슷하다면 충실도 A_1은 높을 것이고, 비트 반전은 위상 반전보다 더 자주 보일 것이며, 그 경우 $B' \approx B_1^2$이다. 출력 상태에 검출되지 않은 비트 반전이 있을 확률은 최초에 비트 반전이 있을 확률의 제곱으로 줄어든다.

그러나 출력 상태에 검출되지 않은 위상 반전이 있을 확률은 $D' \approx 2D_1$으로 증가할 수 있다. 만약 입력 벨 짝이 식 (8.20)에서 설명한 베르너 상태라면, 밀도 행렬은

$$\rho = F \left| \Phi^+ \right\rangle \left\langle \Phi^+ \right| + \frac{1-F}{3} \left(\left| \Psi^+ \right\rangle \left\langle \Psi^+ \right| + \left| \Phi^- \right\rangle \left\langle \Phi^- \right| + \left| \Psi^- \right\rangle \left\langle \Psi^- \right| \right) \qquad (9.23)$$

이고, 성공 확률은

$$\mathrm{P(success)} = \left(F + \frac{1-F}{3} \right)^2 + \left(\frac{2(1-F)}{3} \right)^2 \qquad (9.24)$$

이다. 그 결과로 얻은 밀도 행렬은

$$A' = F' = \left(F^2 + \left(\frac{1-F}{3} \right)^2 \right) \times \frac{1}{\mathrm{P(success)}} \qquad (9.25)$$

$$B' = C' = 2 \times \left(\frac{1-F}{3} \right)^2 \times \frac{1}{\mathrm{P(success)}} \qquad (9.26)$$

$$D' = 2F \times \left(\frac{1-F}{3} \right) \times \frac{1}{\mathrm{P(success)}} \qquad (9.27)$$

이 된다.

베르너 상태에 양자정화를 한 차례 수행한 후의 출력 상태는 그림 9.3(a)와 그림 9.3(b)에 나타나 있다. 이 경우 충실도는 비트 반전 잡음에서 제곱에 비례하는 매우 큰 향상에 비해 매우 작은 향상만이 보이는데, 이는 백색 잡음을 다루기 어렵다는 것을 보여준다. 그러나 출력 밀도 행렬은 잡음을 거의 대부분 하나의 오류 상태에 집중시켰다(B' 그래프와 C' 그래프의 수직축 스케일과 D' 그래프의 수직축 스케일을 비교해보라). 만약 오류 상태가 비트 반전 오류 상태 $|\Psi^+\rangle$라면, 양자정화의 두 번째 차례는 그림 9.2처럼 행동할 것이다. 이어서, 다단계 양자정화에 대해 논의해보자.

9.2.3 다단계 양자정화와 오류 재분배

이상적인 경우 벨 짝의 충실도를 $F = 1.0$까지도 만들어내는 양자정화의 능력은 반복으로 완성된다. 베르너 상태를 입력으로 두면, 출력 상태의 충실도는 겨우 몇 퍼센트 향상될 뿐이다. 이 상태를 계속해서 개선하려면, 똑같은 양자정화를 한 번 더 할 수 있는 2개의 정화된 벨 짝이 필요하다. 하지만 곧 여기에 문제가 있음을 알 수 있다. 남아 있는 오류가 $|\Phi^-\rangle$에 집중되어 있는데, 두 번째 양자정화를 수행하면 문제가 악화된다. 즉, 충실도가 더 좋아지는 게 아니라 더 나빠진다. 베넷 등은 이 문제를 트월링^{twirling}으로 풀었다. 이것은 3개의 오류 항들이 다시 균형이 맞도록 비유니터리 탈분극^{depolarization} 연산을 수행하는 것이다. 이렇게 해서 두 번째 양자정화가 상황을 개선할 수 있게 한다[BEN 96a, BEN 96b, BEN 96c]. 이 방법을 자세히 다루지는 않겠지만, 지금까지 다뤄온 $|\Phi^+\rangle$보다 $|\Psi^-\rangle$를 중심 요소로서 필요로 한다는 것은 언급하겠다. 물론 $|\Psi^-\rangle$에서 $|\Phi^+\rangle$는 국소 연산을 통해 쉽게 도달할 수 있다.

더 중요한 것은, 이 방법(IBM 프로토콜이라고도 한다. 또는 저자 이름의 두문자를 따서 BBPSSW라고 할 수도 있다)이 한 번의 양자정화로는 충실도를 크게 개선하지 못

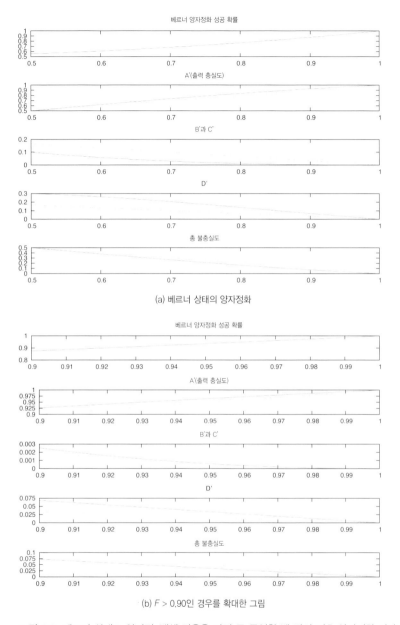

(a) 베르너 상태의 양자정화

(b) F > 0.90인 경우를 확대한 그림

그림 9.3 베르너 상태로 알려진, 백색 잡음을 가진 두 동일한 벨 짝의 기초 양자정화 결과. 입력 충실도에 대한 출력 충실도의 함수로 나타냈다. 양자정화 연산은 완벽한 것으로 가정한다. 점선은 양자정화 수행 이전의 값이다.

할 수 있다는 사실의 이점을 취하는 데는 실패하지만, 더 쉽게 양자정화를 할 수 있다고 살펴봤던 이항 상태로 상태를 몰아넣을 수 있다는 점이다. 도이치 등은 앞에서 설명한 방법의 변종인 좀 더 일반적인 방법(옥스퍼드^{Oxford} 프로토콜이라고도 한다. 여기서는 DEJMPS라고 부르겠다)을 제안했다[DEU 96].

효율적인 반복 양자정화의 핵심은 양 끝단에서 수행된 단일 큐비트 연산이 밀도 행렬의 대각 성분을 재배치할 수 있다는 점이다. 각 큐비트에 아다마르 게이트 $H_{\text{Alice}}H_{\text{Bob}}$을 수행하면 $|\Psi^+\rangle$와 $|\Phi^-\rangle$만이 교환된다.

$$\{A, B, C, D\} \to \{A', B', C', D'\} = \{A, D, C, B\} \tag{9.28}$$

마찬가지로, Z축에 대해 $\pi/2$ 회전 $S_{\text{Alice}}S_{\text{Bob}}$을 각 큐비트에 작용하면 $|\Phi^+\rangle$와 $|\Phi^-\rangle$만이 교환된다. 이 두 가지 연산을 이용해서, 핵심 성분은 $|\Phi^+\rangle$이고 가장 큰 오류 성분은 $|\Psi^+\rangle$가 되도록 결과로 나온 밀도 행렬의 각 원소를 재배치할 수 있다. 그리고 이제 두 번째 양자정화를 실행할 준비가 됐다.

이 절차의 자세한 부분은 데하네^{Dehaene} 등이 설명했다[DEH 03]. 이 기법을 유효하게 사용한다면 물리 통신선로, 메모리, 양자정화 과정의 특성을 신중하게 알아낼 수가 있다. 연산 집합은 벨 짝 기저에 따라 달라진다기보다는 특정 셋업에 의해 정해진다.

베르너 상태를 입력으로 하면, 사실상 양자정화의 첫 단계에서는 얼마 안 되는 충실도를 얻을 뿐이다(그림 9.3(a)). 하지만 그다음 양자정화를 할 수 있는 준비가 된다. 그럼, 두 번째 단계에서는 충실도를 크게 올릴 수 있다(그림 9.2).

9.2.4 다단계 양자정화의 자원 소모

이상적인 조건에서조차 완벽한 양자정화는 불가능하다. 다만 점진적으로 $F = 1.0$에 다가갈 수 있을 뿐이다. 사실상, 요구조건에 맞는 특정한 충실도의 벨 짝이 필요한 경우가 있을 것이다. 다단계 양자정화를 통해 이 충실도에 도달한 경우, 이것을 F_{final}이라고 한다(다음 절에서 다단계 양자정화를 좀 더 완전하게 논의할 것이다). 만약 충실도 F_b를 갖는 기초 벨 짝의 수를 M이라고 하고, 도달해야 하는 충실도를 F_{final}이라고 한다면, M은 양자정화의 단계에 따라 지수함수적으로 증가한다. 그러나 단계의 수는 작고, 불충실도에 따라 로그 스케일로 증가할 것이다.

베르너 잡음은 빠르게 이항 잡음으로 변환될 수 있기 때문에 이항 상태만 생각해도 무방하다. 충실도 F_b인 상태로 시작한다면, 한 단계를 거친 후의 충실도는 다음과 같다.

$$F' = \frac{F_b^2}{F_b^2 + (1 - F_b)^2} \tag{9.29}$$

충실도 F'인 2개의 벨 짝을 이용해 양자정화를 한 번 더 한다면, 자연스럽게

$$F'' = \frac{(F')^2}{(F')^2 + (1 - F')^2} \tag{9.30}$$

을 얻을 것이다. 두 번째 양자정화는 이제 4개의 기본 벨 짝이 필요하다. r단계의 양자정화를 위해서는 당연히 $M = 2^r$개의 벨 짝이 필요하다. 이렇게 지수함수적으로 증가하는 자원은 지속 불가능하다. 사실상 몇 단계의 양자정화가 필요하며, 이를 위해서는 임의의 단계 수에 따라 점근적인 증가량보다 어떤 주어진 경우에 대한 벨 짝의 실제 수량이 더 중요하다. 그럼에도 불구하고 지수함수적인 자원 소모가 나타나지 않는다는 것을 불충실도를 조사해 확인해보자. 첫 번째 단계에서 불충실도는 다음과 같다.

$$1 - F' = \frac{(1 - F)^2}{F^2 + (1 - F)^2} \tag{9.31}$$

$F \rightarrow 1$이 되면서, 여러 단계를 거치면 $1 - F' \rightarrow (1 - F_b)^{2^r}$이 된다. 불충실도는 자원 소모가 증가하는 것보다 더 빠르게 감소한다.

10.3.1절에서 양자정화를 여러 기지국을 거쳐서 수행하는 경우에 대해 비슷한 논의를 할 것이다.

9.3 양자정화의 스케줄링

양자정화 그 자체는 목표가 아니다. 네트워크를 구축하는 이유는 응용 단계에서 사용할 수 있도록 얽힌 짝을 전달하는 것이다. 양자정화가 끝났을 때 넘어야 할 전달 문턱값$^{\text{delivery threshold}}$을 설정해야 하고, 벨 짝은 이후의 사용 과정을 위해 다른 하부 시스템으로 보내줘야 한다. 이 문턱값은 5~7장에서 논의한 애플리케이션 계층의 요구사항뿐만 아니라 이 책의 나머지 부분에서 다룰 장거리 중계기 작동을 비롯한 많은 작동상의 문제에 의존한다. 그러므로 여기서의 목표는 가능한 한 빨리 외부에서 정한 충실도의 벨 짝을 전달할 수 있도록 가용 자원을 최대한 잘 이용하는 것이다.

BBPSSW와 DEJMPS 프로토콜은 양자정화가 2개의 동등한 벨 짝을 이용한다고 가정한다. 그런 프로토콜을 재귀적 프로토콜$^{\text{recurrence protocol}}$이라고 한다. 또한 이들을 대칭적^{symmetric}이라고 한다. 그림 9.4(a)의 우변에 있는 원소들이 최종 벨 짝의 역사 트리$^{\text{history tree}}$를 그림으로써 그 과정을 보여준다.

재귀적 프로토콜이 필요한 기본 벨 짝의 수(물리적 얽힘 기법으로 생성된 벨 짝)는 양자정화 단계에 따라 지수함수적으로 증가한다. 첫 단계의 양자정화(벨 짝이 가장 많이 필요한 단계)는 전부 동시에 진행돼야 하므로 효율적인 구현을 하려면 대량의 메모리가 필요하다. 그러나 그림에 그려진 시간축에서 볼 수 있듯이 충분한 기본 벨 짝을 제때에 항상 확보할 수 있는 것은 아니며, 양자정화 절차는 강제로 대기해야 할 수 있다. 특히, 이것은 양자정화의 성공 확률이 낮을 때 참이다.

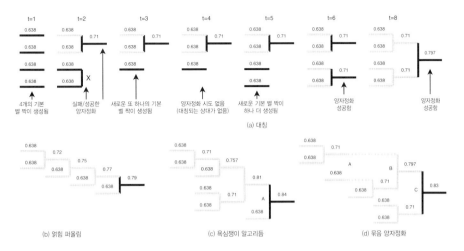

그림 9.4 다양한 양자정화 스케줄링 알고리듬. 회색 막대는 짝의 역사를 나타낸다. 검정색 가로막대는 현재 얽힌 벨 짝을 나타낸다. 각 숫자들은 벨 짝의 충실도를 나타낸다. (a) 재귀적 프로토콜을 썼을 때 성장한 벨 짝의 논리적 진화, (b) 얽힘 퍼올림 알고리듬을 사용할 때 성장한 벨 짝의 역사 트리, (c) 욕심쟁이 알고리듬을 썼을 때 성장한 벨 짝의 역사 트리, (d) 묶음 양자정화 알고리듬을 사용할 때 벨 짝의 진화 역사 사례. 만약 두 묶음의 경계가 가령 A 점에서 0.66에 있다면, 0.71과 0.638은 양자정화를 하도록 허용되지 않는다. 점선은 벨 짝이 적합한 상대방이 생성될 때까지 기다리는 시간을 나타낸다.

볼프강 뒤르$^{Wolfgang\ Dür}$, 한스 브리겔$^{Hans\ Briegel}$, 이그나시오 시락$^{Ignacio\ Cirac}$, 피터 졸러$^{Peter\ Zoller}$가 중계기의 핵심 개념을 소개한 논문에서 이를 대체할 절차도 소개했다[DÜR 99, BRI 98]. 각 중계기 노드에 최소 두 큐비트 메모리를 사용하면, 얽힘 퍼올림$^{entanglement\ pumping}$을 수행할 수 있다. 이것은 그림 9.4(b)에 나타나 있듯이, 벨 짝 하나에 기본 벨 짝을 이용해서 반복적으로 양자정화 과정을 여러 단계 거치는 과정이다. 이 과정의 간단함과 최소 자원 요구량 때문에 몇몇 연구단, 특히 하버드대학교의 미하일 (미샤) 루킨$^{Mikhail\ (Misha)\ Lukin}$의 연구단이 이 방법을 가장 선호하는 방법으로 선택했다[CHI 05, CHI 06].

얽힘 퍼올림은 중요한 반대급부가 있다. 두 짝의 충실도 차이가 크면, 성공 확률이 낮아지고 성공했을 때 충실도의 증가량도 작아진다. 재귀적 프로토콜은 $F = 1.0$에 점근적으로 도달하지만, 얽힘 퍼올림은 1.0보다 분명히 작은 '고정점

fixed point'을 가질 수 있다. 이 문제는 중첩된 얽힘 퍼올림[nested pumping]으로 풀 수 있다. 이 방법은 벨 짝을 충실도가 포화될 때까지 퍼올리는 것이다. 그렇게 해서 퍼올림의 두 번째 단계가 수행될 수 있고, 첫 단계에서 포화된 벨 짝을 다른 기본 벨 짝과 교환하면 된다. 필요하다면, 두 번째 포화된 벨 짝을 이용해서 세 번째 단계도 수행할 수 있고, 그렇게 계속할 수도 있다.

이 문제의 일반화는 양자정화 스케줄링 문제[purification scheduling problem]라고 한다. 제한된 물리 메모리의 집합이 주어져 있을 때 기본 벨 짝이 이 메모리의 일부 또는 전부에 확률적으로 도착한다면, 어떤 양자정화 작용이 정해진 시간간격 동안 가장 많은 수의 높은 충실도를 갖는 벨 짝을 생성할 수 있을 것인가?

재귀적 프로토콜과 얽힘 퍼올림은 스케줄링 정책의 다양성 중 양 극단에 있다고 볼 수 있다. 가령, 그림 9.4(c)에 나와 있듯이 만들어지는 즉시 벨 짝을 사용하는 욕심쟁이 정책[greedy policy]을 생각해볼 수 있다. 이 정책은 묵시적으로 라드[Ladd], 반 루크[van Loock], 네모토[Nemoto], 먼로[Munro], 야마모토[Yamamoto] 등이 시뮬레이션했고[LAD 06], 이후 반 미터[Van Meter], 라드, 먼로, 네모토 등이 규명하고 명명했다[VAN 09]. 양자정화 알고리듬이 실행되는 매시간, 이 정책은 벨 짝의 짝을 맞추고 양자정화에 투입한다. 만약 현재 사용 가능한 벨 짝의 목록이 충실도 순서대로 유지되고 있다면, 목록의 앞에 있는 첫 두 짝을 고르고, 그다음의 두 번째 짝을 고르는 등으로 계속할 수 있다.

정렬된 짝 목록을 처리하는 것은 전체 시스템 성능에 큰 영향을 준다는 사실이 알려져 있다. 양자정화의 추가적인 각 단계는 소모한 기본 벨 짝의 수와 벨 짝을 메모리에 보존한 시간 측면에서 상당량의 자원을 투자했음을 나타낸다. 그리고 이들은 그 자체로 중요한 자원이기도 하다. 그러므로 충실도가 가장 높은 벨 짝의 사용을 보장하는 것은 보수적으로 생각해야 한다. 목록을 아래부터, 즉 충실도가 가장 낮은 벨 짝부터 사용하는 것이 위에서부터 사용하는 것보다 2~4

배 정도 전체 처리량을 늘린다는 사실이 밝혀져 있다. 이는 대부분 이 과정의 많은 부분이 갖고 있는 페어링 알고리듬이 실행될 때마다 사용 가능한 벨 짝의 수가 짝수일지 홀수일지가 무작위적으로 주어진다는 확률적 특성 때문에 나타난다. 벨 짝의 수가 홀수일 때, 아래에서부터 올라가는 방식은 마지막에 충실도가 가장 높은 짝이 남아서 그에 맞는 상대가 올 때까지 기다리게 되지만, 위에서부터 내려오는 방식은 마지막에 충실도가 낮은 짝이 대기하게 된다.

재귀적 알고리듬과 퍼올림 알고리듬이 잘 관리되는 것과는 대조적으로, 욕심쟁이 알고리듬은 거의 완전히 비구조적이다. 중간 정도의 관리 단계에서, 반 미터, 라드, 먼로, 네모토는 묶음 양자정화$^{banded\ purification}$를 제안했다. 이는 그림 9.4(d)에 묘사되어 있다. 묶음 양자정화에서 충실도 공간은 묶음의 연속으로 나눠지고, 같은 묶음 안에 있는 벨 짝은 양자정화를 위해 짝지어진다.

묶음의 최적 수량과 그 경계의 위치는 기본 벨 짝의 충실도와 목표 충실도에 크게 의존한다. 다행히도, 경험적으로 묶음의 최적 선택이 거리나 홉 수에 무관한 것으로 보인다. 최적 설정을 위해 넓긴 하지만 관리할 수는 있는 조합론적 공간이 남아 있을 뿐이다. 신중하게 설정을 정하면 처리량을 100배 가까이 향상할수 있다. 묶음 행동의 사례는 10장에서 자세히 탐색해볼 것이다.

9.4 상태 기계와 프로토콜 상호작용

이 절에서는 분산된 방식으로 양자정화의 작동을 제어하는 데 필요한 고전 네트워크 프로토콜의 일반적인 프레임워크를 설명한다. 양자 중계기 안에 있는 각 큐비트의 상태는 유한 상태 기계$^{FSM,\ Finite\ State\ Machine}$를 통해 추적할 수 있다. 기본 양자정화 제어 프로토콜을 위한 FSM은 그림 9.6에 묘사되어 있다. 상태 기계의 상태는 다음과 같다.

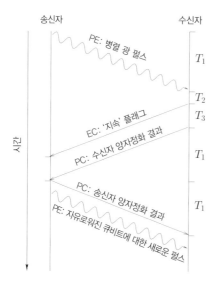

그림 9.5 양자정화와 벨 짝의 가장 저수준 생성을 결합한 메시지 순서. 그림 8.7과 마찬가지로 물리적 펄스는 중요한 파이프라인을 통해 보내지지만, 간결성을 위해 한 줄로 나타냈다. 양 끝단에서 양자정화 작동은 비동기식이며, 다음의 유효한 작동을 정확히 알아보는 노드의 능력에 달렸다. 변하는 지연시간의 다중홉에 걸쳐 비동기성을 종합하는 것은 중요한 공학적 최적화 문제다.

- 얽힘^{entangled}: 큐비트의 제어가 양자정화 제어 계층에게 맡겨지면, FSM은 얽힘 상태에 진입한다. 이 상태는 큐비트가 멀리 떨어진 기지국의 다른 큐비트와 얽혀 있음이 알려져 있다는 것을 나타낸다. 이는 하위 계층인 AEC(얽힘 생성 직후, 그림 8.8 참고)나 얽힘교환의 결과(10장에서 논의)로 진입할 수 있다. 양자정화는 종종 반복되므로, 이 상태는 앞선 양자정화 작동이 완료된 후에 되돌아올 수도 있다. 또한 양자 상태의 충실도가 미리 설정된 문턱값 아래로 떨어진 것으로 보일 때, 어떤 상위 계층 프로토콜이 대기하는 사이 유효시간이 지난 결과로 PC 계층에 도달할 수도 있다.

이상적으로, 큐비트는 이 상태에서 짧게 대기한다. 이 상태에서 선호하는 탈출은 충실도가 충분히 높으면 즉시 상위 프로토콜 계층으로 제어를 넘기거나, 양자정화 스케줄링 알고리듬이 허용하자마자 양자정화에 배정되는 것이다.

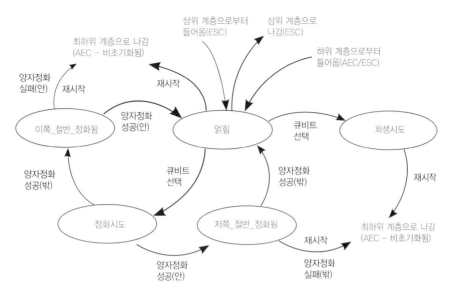

그림 9.6 양자정화 제어를 위한 유한 상태 기계. 상위 프로토콜 계층과 하위 프로토콜 계층으로의 전이를 포함한다. 송신되고 수신된 메시지는 각각 (밖)과 (안)으로 표시했다. 그 밖의 전이들은 유효시간의 도래 등과 같은 지역 사건에 의해 촉발될 수 있다.

만약 벨 짝 생성률이 낮으면 대기시간이 길어질 수 있다. 이 상태에 큐비트가 오래 남아 있으면 충실도는 결잃음 때문에 떨어진다. 유효시간이 지난 것이 요구되는 최소 문턱값 아래로 충실도가 떨어졌다는 뜻이라면, 얽힘 상태는 버려지고 큐비트 버퍼 메모리는 재사용되기 위해 초기화되지 않은 큐비트 모음으로 반환된다.

- 정화시도: 양자정화 스케줄링 알고리듬이 하나 이상의 얽힘 상태를 정화하기로 선택하고, 하나 이상의 얽힘 상태를 희생시키기로 정한 경우. 양자정화될 벨 짝들은 이 상태로 옮겨진다. 이 상태에서 머무는 시간은 단지 양자정화를 위한 물리적 실행시간만큼이다. 일단 홀짝성 메시지가 전송되면, 상태는 즉시 '이쪽_절반_정화됨'으로 옮겨진다. 양자정화는 양 끝단에서 비동기식으로 시작될 수 있기 때문에 저쪽에서 온 메시지는 양자정화

를 수행하는 도중에 도착할 수 있다. 이 경우, 상태는 양자정화 작용이 끝날 때까지 임시 상태인 '저쪽_절반_정화됨'으로 옮겨진다.

- 희생시도: 양자정화를 위해 두 번째로 선택된 얽힘 상태가 첫 번째 얽힘 상태의 충실도를 올리기 위해 희생되는 것으로 배정된다. '정화시도'와 함께, 이 상태에는 양자정화 작용이 수행되는 동안만 머물게 된다. 양자정화의 결과에 상관없이 이 큐비트는 최하위 프로토콜 계층, 일반적으로는 '비초기화' 상태로 제어를 넘긴다. 상대 노드에는 메시지를 보낼 필요가 없다.

- 이쪽_절반_정화됨: 양자정화 작용의 완료에 따라, 큐비트는 이 상태로 옮겨져서 상대방의 메시지가 오기를 기다린다. 메시지가 도착하면 홀짝성이 비교된다. 성공이면 '얽힘' 상태로 옮겨지고, 실패라면 최하위 계층으로 옮겨진다. 이론적으로 이 상태에 머무는 것은 고전적으로 한 번 왕복할 시간 동안이고, 여기에 추가로 만약 상대가 어떤 상태를 양자정화할지 독립적으로 결정할 수 없다면 상대 노드에서 양자정화 작용을 하는 시간이 더해진다.

- 저쪽_절반_정화됨: 이 상태는 기지국이 원격 기지국에서 양자정화 과정을 시작했다는 메시지를 받았음을 나타낸다. 만약 지역 기지국이 성공하고, 홀짝성이 상대로부터 받은 홀짝성과 맞는다면, 원격 기지국에 메시지를 보낸 후 큐비트는 '얽힘' 상태로 옮겨진다. 홀짝성 비교에 실패하면 양자정화 실패 메시지를 원격 기지국에 보낸 다음, 상태는 최하위 계층으로 옮겨진다. 양자정화 실패와 양자정화 성공 메시지의 내용은 국소적으로 측정된 홀짝성을 담고 있는데, 지역 양자정화 작용 그 자체가 실패한 경우를 제외하면 사실상 같다.

이 제어 프로토콜의 설계에서 가장 큰 문제는 벨 짝의 계획된 노후화다. 8.4절에서 논의했듯이, 각 벨 짝은 양 끝단이 나눠서 갖고 있거나, 한 끝단이 벨 짝의 한쪽을 갖고 있고 다른 쪽은 광자로 전송하는 중이다. 앞에서 충실도와 관련된 유효시간 시계에 대해 여러 번 논의했는데, 이 시계는 외부에 설정되어 있어야 한다. 그리고 벨 짝의 의도된 소비자나 다른 얽힘 상태에 따라 달라질 수 있다. 13장에서 논의하겠지만, 시간에 따라 네트워크 조건이 변하면서 정해진 유효시간값이 변할 수 있다. 최악의 경우, 한 메모리에서 다른 메모리로 벨 짝의 성분을 자율적으로 이전시킬 권리를 각 노드가 갖고 있기 때문에 벨 짝의 유효시간은 양 노드에서 독립적으로 변할 수도 있다.

두 번째 사례로, 아래에서 위로, 묶이지 않은 스케줄링과 같이 간단한 경우 어떻게 틀릴 수 있는지 예를 들어볼 수 있다. 다른 노드들끼리의 유효시간 시계의 변화와 작업부하 변화는 그림 8.9에서 보이는 바와 같이 페어링 알고리듬에서 그 과정의 서로 다른 부분을 실행하고 있다는 뜻일 수 있다. 예를 들어, 1번 짝의 충실도를 $F = 0.85$라고 하고 잠시 동안 기다렸다고 하자. 그리고 2번 짝과 3번 짝이 순서대로 곧 도착했다. 두 짝의 충실도는 각각 $F = 0.75$다. 앨리스와 밥은 도착 순서에는 동의하므로, 8.5절에서 말한 두 번째 조건은 위반하지 않는다. 그러나 앨리스가 2번 짝과 3번 짝이 도착하는 사이에 페어링 알고리듬을 실행하고, 밥은 3번 짝이 도착한 다음에 알고리듬을 실행할 가능성이 있다. 그 결과, 앨리스는 1번과 2번 짝을 이용해 양자정화를 수행하고, 밥은 2번과 3번 짝을 이용해 양자정화를 수행하는데, 이는 재앙이다.

이 상황은 두 노드가 양자정화 페어링 알고리듬을 같은 벨 짝의 목록을 갖고 실행하도록 하여 회피할 수 있다. 얽힘 퍼올림은 자연적으로 이렇게 작동한다. 하지만 다른 스케줄링 프로토콜은 좀 더 신중한 통제가 필요하다. 실제로는 얽힘 생성률이 몇 자릿수나 향상될 때까지는 거의 이런 충돌이 일어나지 않을 정도로 실험적인 얽힘 생성률이 충분히 낮다는 점은 참고해두자.

9.5 더 복잡한 양자정화 프로토콜들

지금까지는 양방향 통신을 사용하는 두 벨 짝의 양자정화에 대해서만 논의했다. 하지만 양자 오류 보정과 양자정화의 초창기에는 이 프로토콜들이 $M < N$에 대해 N개의 분산된 상태에서 출발해, $n = N - M$개를 희생하는 테스트 상태로 사용해 M개의 높은 충실도를 가진 상태를 남기는 $N \rightarrow M$ 연산으로 일반화될 수 있다는 점이 알려져 있었다[BEN 96c, DÜR 07]. 게다가, 잘 관리하면 양자정화는 결과 충실도에서 일반적으로는 손해를 본다 하더라도 단방향 통신만으로 수행할 수도 있다.

직관적으로, 단방향 얽힘 양자정화 프로토콜(1-EPP라고 한다)은 양자 상태에 양방향 통신을 사용하도록 하는 오류 검출 부호를 적용하여 실패 시 남은 상태를 버리기보다는, 무조건적인 오류 보정 부호를 적용하는 것으로 이해할 수 있다.

간단한 예로, 1-EPP는 그림 9.1의 프로토콜로도 가능하다. 밥이 앨리스에게 메시지를 보내지 않으면 정보 흐름은 한쪽 방향이며, 어떤 경우에는 작동에 의한 시간 지연도 줄어든다. 표 9.1과 표 9.2에 나온 결과에서, 홀짝성이 맞지 않을 때 버리기보다는 벨 짝을 항상 보존하면 된다. 홀짝성이 맞지 않을 때는 벨 짝 중 하나가 비트 반전 오류를 갖고 있다는 사실을 알고 있다. 2번 짝의 충실도가 1번 짝의 충실도보다 더 크다는 사실로부터, 오류가 1번 짝에 있다고 가정할 수 있고, 밥은 자신이 가진 1번 짝의 큐비트에 비트 반전 연산을 수행하여 앨리스에게 알릴 필요 없이 오류를 보정할 수 있다. 그러나 일반적으로 1번 짝의 새로운 충실도는 2번 짝의 원래 충실도를 넘어설 수 없을 것이다.

단 2개의 벨 짝을 사용하는 대신에 많은 수의 벨 짝을 사용한다면, 벨 짝의 큰 집단에 대해 많은 비트 집단의 홀짝성을 점검하는 완전히 고전적인 오류 보정 기법과 정확히 같은 방법으로 홀짝성 검사를 수행할 수 있고, 개별 오류를 보정

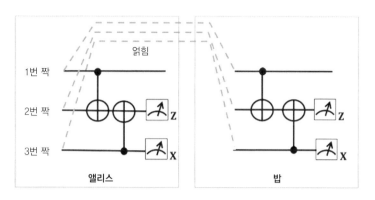

그림 9.7 이중선택 회로

하는 보정 정보를 사용할 수 있다. n개의 벨 짝을 보정용으로 따로 빼두고 남아 있는 $N - n$개의 벨 짝 중에서 n개의 벨 짝 집단을 만들면, 오류를 검출하고 보정할 수 있다. 이것은 전형적으로 충실도를 향상하는 $N \rightarrow M$ 프로토콜이 된다. 이 접근 방법은 해싱^{hashing}이라고 하며 그 점근적 수율은 1이다. 충실도가 $F \rightarrow 1$이 되면서 점검용 비트는 더 적게 필요하고 집단의 크기 N은 커져서 $M/N \rightarrow 1$이 될 것이다.

특히 매력적인 다중 상태 양자정화 절차는 그림 9.7에 그려져 있는 이중선택^{double selection} 양자정화다[FUJ 09]. 이중선택에서는 하나의 벨 짝을 양자정화하기 위해 두 벨 짝을 희생시킨다. 두 벨 짝의 홀짝성 점검을 수행하기 위해 보통의 CNOT 연산을 수행하고, 두 번째 CNOT은 두 번째와 세 번째 벨 짝 사이의 위상 오류를 검사한다. 이 접근법은 대부분의 환경에서 사용하는 단일선택 기법에 비해 성공 확률이 낮고, 단일 양자정화보다 수렴이 느리다. 그러나 국소 게이트 오류에 더 견고하게 버틸 수 있고, 더 낮은 초기 충실도에서도 작동하며, 더 높은 최종 충실도로 수렴한다. 두 종류의 오류에 대해 한 단계를 테스트해보면, 직관적으로 왕복 대기시간의 수가 감소한다는 사실을 알 수 있다. 그러나 낮은 성공 확률이 이 장점을 상회한다. 그러나 이중선택의 강점은 네트워크에 더 잘 들어맞는다는 것이다.

9.6 실험적 검증

양자정화는 다양한 형태의 실험으로 검증됐다. 여기서는 광자[PAN 03]와 이온 포획틀 안의 원자[REI 06]를 사용한 세 가지 실험에 대해 논의할 것이다.

앞서, 계산 게이트의 용어로 양자정화를 설명했다. 이 절차를 물리적 구현에 대응시키는 것은 단순히 의미를 상태에 배당하는 것 이상을 포함한다. 비엔나대학교의 안톤 자일링거 연구단에 소속된 지안-웨이 판[Jian-Wei Pan]과 동료들은 그림 9.1에 있는 CNOT 기반 회로의 한 변종을 편광 큐비트를 사용하는 순수한 광학적 구현에 더 적합하도록 개발했고, 이는 2003년에 실증됐다[PAN 03]. 선형 광학으로 직접 구현하기에 어려운 CNOT이 아니라 앨리스 측에 있는 광학 셋업이 그 광자를 둘 다 적절히 설계된 빔스플리터에 통과시키고 밥도 같은 작업을 수행하여, 전체 실험장치는 4개의 입력과 4개의 출력을 갖게 됐다.

다음과 같이 이항 섞임 상태에 있는 벨 짝을 고려하자.

$$\rho = F \left|\Phi^+\right\rangle\left\langle\Phi^+\right| + (1 - F) \left|\Psi^-\right\rangle\left\langle\Psi^-\right| \tag{9.32}$$

두 벨 짝이 모두 $\left|\Phi^+\right\rangle$에 있거나 둘 다 $\left|\Psi^-\right\rangle$에 있는 경우, 50%의 확률로 네 출력 각각에 광자가 하나씩 방출될 것이다. 한 짝이 $\left|\Phi^+\right\rangle$이고 다른 짝이 $\left|\Psi^-\right\rangle$라면, 4중 동시 방출은 절대 일어나지 않는다. 그런 오류는 걸러내서 버려진다. 이 과정을 완료하기 위해, 이 짝 중 한쪽을 측정하고 그 결과를 위상 반전 연산이 필요한지 결정하기 위해 사용한다. 그럼, 남은 하나의 벨 짝은

$$\rho' = F' |\Phi^+\rangle\langle\Phi^+| + (1 - F') |\Psi^+\rangle\langle\Psi^+| \tag{9.33}$$

상태에 있다. 여기서 $F' = F^2/(F^2 + (1 - F)^2)$이다.

두 실험에서 연구단은 $F = 0.75$에서 $F' = 0.92$로, $F = 0.80$에서 $F' = 0.94$로 충실도를 올리는 데 성공했다. 그러나 전체 성공률은 낮았다. 그들이 사용한 SPDC 시스템이 벨 짝을 생성하는 속도는 초당 17,000개인데, 모든 조건을 고려한 결과(검출기의 비효율성과 손실, 그뿐 아니라 이 절차의 한계까지) 양자정화는 2~3초마다 한 번씩 성공했다. 정확히 하나의 광자를 검출했는지 검증하기는 어렵기 때문에, 이 실험은 이후의 연산을 위해 두 번째 짝을 남겨두기보다는 네 광자를 없애면서 측정할 수밖에 없었다.

이 실험들은 벨 짝으로 두 광자의 편광 상태 $(|H\rangle|H\rangle + |V\rangle|V\rangle)/\sqrt{2}$를 사용했다. 가이신의 연구단은 단일 광자로만 이뤄진 벨 짝을 이용하는 방법을 제안했다. 여기서 기저 상태는 광자가 앨리스에게 있는지 밥에게 있는지를 나타낸다. 이 상태를 각각 $|1\rangle_A$와 $|1\rangle_B$로 적을 수 있다. 이렇게 하면 결과적으로 벨 짝은 $(|1\rangle_A|0\rangle_B + |0\rangle_A|1\rangle_B)/\sqrt{2}$가 된다. 이 표기법에서 $|0\rangle_A|0\rangle_B$는 광자가 손실된 것이며, 따라서 큐비트도 손실된 것이다. 상태를 이렇게 쓰기로 하면 일정 부분 다른 물리적 실험 셋업이 필요하며, 공학적인 득실을 따져봐야 한다. 그러나 두 방법 모두 어떤 종류의 고정 메모리에 상태를 저장하지 않고도 하나의 광학적 벨 짝을 사용해 다른 벨 짝을 양자정화하는 데 사용할 수 있다.

2006년에 NIST의 데이브 와인랜드가 이끄는 연구단은 2개의 이온으로 이뤄진 두 벨 짝의 양자정화에 성공했다[REI 06] 이때의 벨 짝은 광자를 이용해 생성되지 않았으며, 물리적으로 붙어 있던 이온을 얽히게 한 후 약간 떨어트려서 생성한 것이다. 전체 실험은 원거리에 걸친 것이 아닌 하나의 실험장치에서 이뤄졌다. 광학 실험과는 대조적으로, 이 실험에서는 수행시간의 35% 이상을 성공했다. 그러나 초기 충실도는 낮았으며, 양자정화의 결과로 이뤄진 충실도의 상승도 작았다. 광학이 아닌 물질 큐비트를 양자정화하는 첫 실험의 하나로서, 이 실험은 그 이후의 고체 상태 구현으로의 길을 여는 데 도움이 됐다.

9.7 결론

양자정화는 진짜 오류 보정을 유효하게 실행할 수 있기 전에, 양자 상태의 충실도를 향상하기 위한 중간 도구를 제공한다. 사실상, 앞에서 살펴봤듯이 아직 구현되지 않은 진짜 오류 보정에 비해 양자정화는 실험실에서 이미 실증됐다.

양자정화는 특히 분산된 환경에서 유용하다. 왜냐하면 네트워크를 연결하는 하위 단계의 벨 짝을 만들어서 높은 충실도의 벨 짝이 필요한 상위의 응용 단계를 엮을 수 있기 때문이다.

9장에서는 고전 통신 프로토콜과 동반하는 소프트웨어의 실제 구현을 바라보면서 통신 절차 그 자체의 실질적인 관점에서 양자정화를 논의했다. 양자정화에 사용할 벨 짝을 고르기 위한 스케줄링 알고리듬의 영향력을 인지하는 것은 중요하다. 앞 장의 끝부분에서 언급했듯이, 이 소프트웨어 계층은 하위 계층 소프트웨어(예: AEC)로부터 전체 밀도 행렬을 받는다. 마찬가지로, 궁극적으로는 얽힘 교환과 같은 상위 계층에 완전한 밀도 행렬을 전달할 것이다. 10장에서는 얽힘 교환을 다루고, 첫 번째 완전한 양자 중계기 사슬을 살펴볼 것이다.

10

양자정화와 얽힘교환 기반의 중계기

마침내 양자 중계기 전체 설계를 처음으로 선보일 수 있게 됐다. 다시 말해, 통신 세션 아키텍처에 중점을 둔 양자 중계기 링크의 첫 설계를 보여줄 수 있게 됐다. 이 장은 가장 중요한 기술적 실패의 이유를 묻는 것으로 시작한다. 왜 홉별 양자원격전송을 통해서는, 인터넷을 통해 IP 패킷을 보내듯이 간단히 큐비트를 보낼 수 없는 것인가? 이어서, 이 문제를 뒤르와 브리겔의 원래 제안에 현대적 확장을 붙여서 다룰 것이다. 프로토콜 상태 기계 접근법을 강조하면서 양자정화 스케줄링이 성능에 미치는 영향을 논의한다. 그다음의 2개 장에서는 통신 세션을 관리하는 그 밖의 주요 아키텍처를 다룰 것이다.

10.1 하드웨어 아키텍처

양자 중계기의 작동을 더 구체적으로 파보기 전에, 잠시 멈춰서 하드웨어 아키텍처에 대해 생각해보자. 8장에서는 단일 큐비트가 링크의 각 끝단에서 어떻게 얽힐 수 있는지 다양한 기법을 통해 추상적으로 살펴봤다. 중계기 하드웨어는 양 끝단에 하나씩 있는 두 큐비트의 링크보다 더 많다. 실제로, 내부 아키텍처는 양자정화의 작동(9장), 양자 오류 보정(11.1절), 얽힘교환(10.2.2절)에 영향을 줄 것이다. 게다가, 이것은 관심 있는 네트워크를 생성하기 위해 양자 중계기를 어떻게 연결할 수 있는지에도 영향을 줄 것이다. 그러나 여기서는 추상적인 일반 모형으로 논의를 제한하겠다.

기본 링크 구조는 그림 8.5에서 본 $M \rightarrow I \leftarrow M$과 같은 설정일 것이다. 또는 사실상 그림 8.4와 그림 8.6에서 봤던 $M \rightarrow M$ 링크일 것이다. 여기서의 관심은 메모리에 있는 벨 짝이기 때문에, 벨 짝의 대부분은 가장 자세한 시간 시뮬레이션을 제외하면 $M \rightarrow M$ 링크에 있는 것으로 생각할 수 있다. 따라서 이 책의 나머지 부분에서 링크는 기본적으로 $M \rightarrow M$이라고 생각하겠다. 독자들은 필요한 경우 이 방식을 다른 시간 모형에 쉽게 확장할 수 있어야 한다.

일반적으로 여기서 관심 있는 하드웨어 부품으로는 송수신기, 버퍼 메모리, 검출기, 제어 가능한 큐비트 결합기(양자정화, 오류 보정, 내부 버퍼 관리를 위해 필요한 내부 논리 구조에 사용되는 점 대 점 또는 공유 버스), 광 다중화기optical multiplexer, 그리고 당연히 통신선로가 있다. 사실은 이 모형을 만드는 데 필요한 부품들을 메모리와 통신선로, 그리고 그 둘 사이의 상호작용으로 줄일 수 있다. 8장에서 논의한 대로, 기저 벨 짝에 대해 광 경로에 있는 이 모든 부품의 효과는 밀도 행렬에 종합돼서 AEC 계층으로부터 보고될 것이다.

대략적으로 노드는 네트워크에서의 역할에 따라 다음과 같은 세 가지 부류로 나눌 수 있다. 끝단 노드(하나의 네트워크 연결), 중계기(2개의 네트워크 연결, 즉 링크에 있는 것), 라우터나 교환기(셋 이상의 네트워크 연결, 즉 복잡한 토폴로지를 만들 수 있다). 특별히 네트워크에서 역할이 구분될 필요가 없는 한, 이 모든 것을 일반적으로 '중계기'라고 부를 것이다.

양자정화를 수행하기 위해서는 최소한 하나의 노드는 CNOT 게이트를 실행할 수 있도록 메모리에 있는 두 큐비트와 결합하고, 그 결과 큐비트 중 하나를 측정할 수 있어야 한다. 얽힘교환도 비슷한 능력을 필요로 하며, 시스템의 조직 구성은 이런 작동에 영향을 준다.

고전 통신 시스템에서 컴퓨터의 주 메모리를 네트워크 통신선로와 결합하는 부분을 NIC[Network Interface Card]라고 한다. 큐비트를 통신선로나 양 끝단에 어떻게 결합하는지는 달라질 수 있긴 하지만, 비슷한 용어를 여기에도 도입할 수 있다. 통신선로에 큐비트를 결합하는 송수신기의 집합을 양자 NIC라고 할 것이다. 그림 10.1에서 2개의 중앙 부분에 있는 양자 중계기를 보면, 큐비트의 왼쪽 열은 하나의 NIC를 나타내고, 오른쪽 열이 두 번째 NIC를 나타낸다.

끝단 노드를 제외한 모든 노드는 하나의 NIC에서 온 큐비트를 다른 NIC의 큐비트와 결합할 수 있어야 한다. 그림 10.1에서는 왼쪽 열에서 온 하나의 큐비트를 중계기 노드 내부의 왼쪽 열에 있는 큐비트에 대응시키는 것이 된다. 어떤 학자들은 이 그림에 있는 다른 큐비트와 직접 마주치는 큐비트만 결합하는 페어링에 초기 하드웨어 모형을 제한하는 것으로 가정하고, 그 조건을 완화하는 연구를 진행했다[COL 07, ABR 14]. 그러나 라드 등의 다른 학자들은 노드에 있

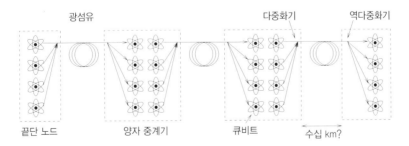

그림 10.1 양자 중계기 회선의 일반적인 하드웨어의 모습. 큐비트 메모리는 그 물리적 장치 형태에 상관없이 모두 원자 기호로 나타냈다.

는 어떤 큐비트라도 다른 어떤 큐비트와 결합할 수 있다는 가정에서부터 시작했다[LAD 06]. 이 책에서는 후자의 가정을 따를 것이다.

임의 대 임의 결합의 필요성은 둘 이상의 NIC를 고려하면 더 분명하게 나타난다. 어떤 기술에서 결합은 내부 도파로를 사용해 달성된다. 또 다른 기술에서는 어떤 메모리 위치의 큐비트를 노드 내부의 다른 위치로 옮기는 SWAP 게이트(식 (2.66))를 사용해 달성된다.

이 요소들은 양자 중계기 노드 공학의 현실을 반영한다. 하지만 특정 계획에서는 당연히 엔지니어의 영역이다. 그러므로 이 내용은 이 책의 범위를 넘어선다. 완전한 물리 계층 시뮬레이션은 작용시간과 충실도에 대한 영향을 모두 추적하는 것과 노드 안에서 가능한 결합의 그래프에 주의를 기울이며 이런 작용을 모두 포함해야 한다. 대부분의 목적을 위해서는 이 정도로 자세할 필요는 없고, 게이트와 오류 측정을 포함하는 양자정화나 얽힘교환의 간단한 수학적 모형이면 적당하다.

이 장의 시뮬레이션 결과는 모두 통신용 광섬유에 대응되는 0.17dB/km의 손실과 $c_{fiber} = 0.7c$인 신호 전달 속도를 갖는 광섬유 연결을 가정하여 나타냈다. 실제로 설치된 광섬유는 손실 특성이 이보다 더 나쁠 것이다.

10.2 여기서 저기로 보내기

10.2.1 홉별 양자원격전송

더 복잡한 얽힘교환에 들어가기 전에, 고전 네트워크에서와 마찬가지로 네트워크를 건너 양자 데이터를 공유하는 가장 명백한 접근법인 홉별 양자원격전송을 검토해보자.

먼저 노드 A에서 노드 B로, 그리고 이어서 노드 C로 큐비트를 양자원격전송하는 것을 생각해보자. 노드 A는 원격전송될 데이터 큐비트를 갖고 시작한다. 처음에 벨 짝의 한쪽 끝은 노드 B에 있다. 노드 B는 두 벨 짝의 한 쪽씩을 갖고 있고, 이 벨 짝 중 하나는 노드 A와 연결되어 있으며, 다른 하나는 노드 C와 연결되어 있다. 각각을 $|\Psi^-\rangle^{(AB)}$, $|\Psi^-\rangle^{(BC)}$라고 하자. 양자원격전송 연산은 그림 4.1에 나타나 있다.

벨 상태 측정은 CNOT과 A가 가진 두 큐비트의 측정을 이용해 나타낸다. 그림 2.4에 나타난 대로 Z 기저의 벨 짝 큐비트(CNOT의 표적 큐비트)와 X 기저의 데이터 큐비트(CNOT의 제어 큐비트)라는 2개의 큐비트다. 측정 결과는 양자원격전송을 완성하기 위한 파울리^{Pauli} 기준계 보정을 위해 상대 노드에게 보내진다.

더 먼 거리를 지원하기 위해 양자원격전송을 반복할 수 있다. 그림 10.2는 이 방법에서 수행되는 양자원격전송의 사슬을 나타낸다. 양자원격전송 연산은 임의의 링크에 대해 어떤 순서로든 실행될 수 있으며, 심지어 이웃 링크에 벨 짝이 생성되기 전에도 가능하다.

파울리 기준계 보정은 다음 양자원격전송이 실행되기 전에 각 단계마다 실행

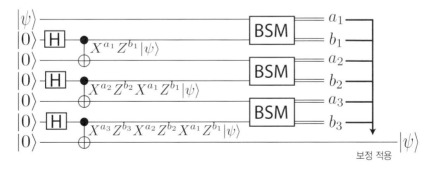

그림 10.2 양자원격전송 연산은 다중홉을 통해 큐비트를 옮기기 위해 사슬적으로 실행될 수 있다. 파울리 기준계 보정 결과는 모아져서 끝에서만 실행된다.

될 필요가 없다. 그 대신, 보정 결과는 사슬적으로 모아져서 수신자 측에서 적용된다. 수신자가 적용할 최종 보정 결과는 두 번의 Z축 보정, 또는 두 번의 X축 상쇄가 각각 적용돼야 할 Z나 X축 보정의 홀짝성으로 주어진다. 끝 대 끝end-to-end 양자원격전송은 궁극적으로는 이런 보정 결과를 수신자가 모았을 때 종료된다. 따라서 송신자에서 수신자에게 신호를 보내는 한방향 지연시간 t_{E1}보다 더 빠를 수는 없다.

문제는 이 시스템이 불완전하다는 것을 고려할 때 발생한다. 먼저, 벨 짝이 현실적으로 충실도는 $F < 1.0$이지만 측정과 양자원격전송은 완벽하다고 가정하자. 응용 단계에서 네트워크의 문제를 분리시키기 위해, 원격전송될 큐비트의 충실도가 $F = 1.0$이라고 가정힌다. 벨 기저에서 밀도 행렬을 나타내면 벨 상태는 대각 성분만 있다고 가정할 수 있다. 즉,

$$\rho_{AB} = a_{AB} \left| \Phi^+ \right\rangle \left\langle \Phi^+ \right| + b_{AB} \left| \Psi^+ \right\rangle \left\langle \Psi^+ \right| + c_{AB} \left| \Phi^- \right\rangle \left\langle \Phi^- \right| + d_{AB} \left| \Psi^- \right\rangle \left\langle \Psi^- \right| \quad (10.1)$$

데이터 큐비트의 원래 상태를 순수 상태 $\rho_D = \left\langle \psi | \psi \right\rangle$라고 한다면, 오류 상태는 다음과 같이 쓸 수 있다.

$$\left| \psi^* \right\rangle = Z \left| \psi \right\rangle \quad (10.2)$$

$$\left| \bar{\psi} \right\rangle = X \left| \psi \right\rangle \quad (10.3)$$

$$\left| \bar{\psi}^* \right\rangle = XZ \left| \psi \right\rangle \quad (10.4)$$

양자원격전송 실행 후, 노드 B의 출력 상태는

$$\rho'_D = a_{AB} \left| \psi \right\rangle \left\langle \psi \right| + b_{AB} \left| \bar{\psi} \right\rangle \left\langle \bar{\psi} \right| + c_{AB} \left| \psi^* \right\rangle \left\langle \psi^* \right| + d_{AB} \left| \bar{\psi}^* \right\rangle \left\langle \bar{\psi}^* \right| \quad (10.5)$$

이 되고, 원래의 충실도 $F = 1.0$은 $F' = a_{AB}$가 된다.

이 작용을 반복하여 큐비트를 노드 B에서 노드 C로 원격전송시키면, 오류 항의 일부는 합쳐지고 일부는 상쇄되어 다음을 얻게 된다.

$$\begin{aligned}
\rho_D'' = \quad & (a_{AB}a_{BC} + b_{AB}b_{BC} + c_{AB}c_{BC} + d_{AB}d_{BC})\,|\psi\rangle\langle\psi| \\
+ & (a_{AB}b_{BC} + b_{AB}a_{BC} + c_{AB}d_{BC} + d_{AB}c_{BC})\,|\bar{\psi}\rangle\langle\bar{\psi}| \\
+ & (a_{AB}c_{BC} + b_{AB}d_{BC} + c_{AB}a_{BC} + d_{AB}b_{BC})\,|\psi^*\rangle\langle\psi^*| \\
+ & (a_{AB}d_{BC} + b_{AB}c_{BC} + c_{AB}b_{BC} + d_{AB}a_{BC})\,|\bar{\psi}^*\rangle\langle\bar{\psi}^*|
\end{aligned} \tag{10.6}$$

원래의 두 벨 짝이 모두 높은 충실도를 갖고 있으면, b, c, d는 모두 작을 것이다. 따라서 두 단계를 건너간 출력 상태의 충실도는 $F' \approx a_{AB}a_{BC}$다. 만약 중계기의 사슬 홉이 모두 같은 충실도 $F \approx 1.0$을 갖고 있다면, 출력 충실도는 홉 수 n에 따라 $F' \approx F^n$이 될 것이다. n이 계속해서 커짐에 따라, 원래의 불충실도 $1 - F$가 아무리 작았다고 하더라도 충실도는 쓸모없는 순수 잡음 상태인 $F = 0.5$가 될 때까지 떨어진다.

반복적인 양자원격전송이 양자 정보를 헐어버린다는 이 결과는 장거리 네트워크를 옹호할 수 없다는 비관적인 결론을 유도한다. 해법은 두 가지인데, 하나는 절대 직접 상호작용하지 않으면서 양자얽힘이 노드에 도달하도록 확장하는 방법을 찾아내는 것이고, 다른 하나는 9장에서 논의한 양자정화와 결합하는 방법이다.

10.2.2 기본 얽힘교환

절대 직접 상호작용하지 않는 노드들끼리 얽힘을 생성하기 위해, 양자원격전송의 이점을 취해서 중요한 데이터 큐비트보다는 일반적인 상태에 연산을 한다. 양자 중계기에 양자원격전송을 사용하는 것을 얽힘교환^entanglement swapping이라고 하며, 벨 짝의 한쪽을 계속해서 더 먼 거리에 걸쳐 양자원격전송시키며 벨 짝이 끝에서 끝까지 늘어날 때까지 분산된 벨 짝의 거리를 늘린다. 양자원격전송은 벨 짝을 소모하므로, 양자 중계기는 끝 대 끝^end-to-end 벨 짝을 만들기 위해 더 짧은 거리의 벨 짝을 계속해서 공급해야 할 책임이 있다.

'얽힘교환'이라는 용어는 처음에는 빔스플리터를 사용해 PDC로부터 생성된 광학 벨 짝을 결합한다는 뜻으로 주코프스키^{Žukowski}, 자일링거, 에커트가 도입했다[ŽUK 93]. 벨 측정을 통해 얽힘교환을 한다는 개념은 주코프스키, 자일링거, 혼, 에커트가 1993년에 제안했다[ŽUK 93]. 여기서는 좀 더 일반적인 용어를 이용해 개념을 논의할 것이다.

얽힘교환의 원리는 그림 10.3에 나타나 있다. 노드 B가 두 벨 짝의 한쪽 끝을 갖고 있다. 두 벨 짝 중 하나는 노드 A의 큐비트와 결합되어 있고, 다른 하나는 노드 C의 큐비트와 결합되어 있다. 각각을 $|\Psi^-\rangle^{(AB)}$, $|\Psi^-\rangle^{(BC)}$라고 하자. B가 그림 10.2의 한 단계와 정확히 유사한 작용을 통해, 오른쪽에 있는 벨 짝을 이용해 왼쪽에 있는 벨 짝을 늘리기로 결정한다. B는 $|\Psi^-\rangle_B^{(AB)}$와 $|\Psi^-\rangle_B^{(BC)}$에 대한 벨 상

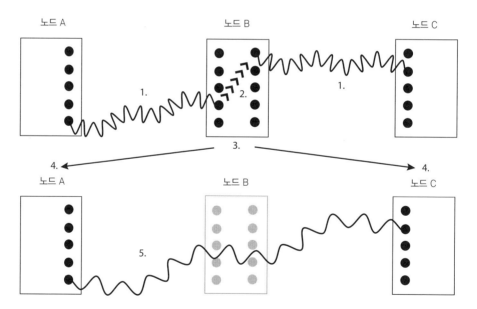

1. 각 노드는 AB와 BC라는 두 얽힌 짝을 갖고 있다.
2. 노드 B는 양자원격전송시킬 벨 짝을 골라서 국소 연산을 한 후, 각 짝의 큐비트 하나씩을 측정한다.
3. B는 측정 결과와 새로운 얽힘 상태를 A와 C에게 통보한다.
4. 상대방의 측정 결과 노드와 큐비트의 주소를 포함한 새로운 얽힘 상태를 받는다.
5. 결과는 하나의 낮은 충실도와 더 긴 거리의 벨 짝이다.

그림 10.3 양자원격전송은 다른 벨 짝을 이용해 벨 짝의 길이를 늘릴 수 있다.

태 측정^{BSM}을 2.5.2절에서 설명한 대로 수행한다. 이 연산의 결과는 C가 $|\Psi^-\rangle_B^{(AB)}$의 상태를 재생성해서 결과적으로 새로운 벨 짝 $|\Psi^-\rangle^{(AC)}$를 얻으려면 노드 C에 전해져야 한다.

이론적으로, A는 연산을 했는지 절대 말할 필요가 없다. C가 재생성을 완료하기 위해 정확한 보정 연산을 적용해야 하지만, A는 전체적으로는 수동적이며, 다만 버퍼 메모리에 벨 짝의 절반을 저장했을 뿐이다. 하지만 다른 행동을 수행하기 위해 교환 연산의 완성을 매우 기다리고 있다. 최소한 노드 A의 애플리케이션은 끝 대 끝^{end-to-end} 벨 짝을 이용하기 위해 기다려야 한다. 견고하고 정확한 연산을 제공하면서 네트워크 성능을 최적화하는 것은 프로토콜 설계에서 핵심 문제다. 어떤 노드가 다른 노드와 정합^{consistent}이 맞도록 다음 행동을 결정할 만큼 충분히 알고 있다고 언제 보증할 수 있는가? 노드가 가질 수 있는 최소 대기시간과 최대 행동량에 관한 이 질문은 10.3.2절과 12장에서 다시 살펴볼 것이다.

얽힘교환 연산의 수학을 자세히 들여다보자. 먼저, AB 상태는 벨 기저에서 밀도 행렬을 적었을 때 대각행렬이라고 가정한다.

$$\rho_{AB} = a_{AB}\,|\Phi^+\rangle\langle\Phi^+| + b_{AB}\,|\Psi^+\rangle\langle\Psi^+| + c_{AB}\,|\Phi^-\rangle\langle\Phi^-| + d_{AB}\,|\Psi^-\rangle\langle\Psi^-| \quad (10.7)$$

벨 상태 측정은 CNOT 게이트와 B의 두 큐비트에 대한 측정으로 구성된다. 그림 2.4에 나타난 대로, 표적 큐비트는 Z 기저에 있고 제어 큐비트는 X 기저에 있다. 이 연산들은 완벽하고, AB 짝이 CNOT의 표적 큐비트이고 BC 짝이 제어 큐비트라고 가정하자. 결과로 얻게 되는 밀도 행렬은 다음과 같다.

$$\rho_{AC} = a_{AC}\,|\Phi^+\rangle\langle\Phi^+| + b_{AC}\,|\Psi^+\rangle\langle\Psi^+| + c_{AC}\,|\Phi^-\rangle\langle\Phi^-| + d_{AC}\,|\Psi^-\rangle\langle\Psi^-| \quad (10.8)$$

여기서 노드 C가 측정 결과를 수신하고 표 4.1에 주어진 보정 연산을 작용한 후, 밀도 행렬의 대각 성분은 다음과 같다.

$$a_{AC} = a_{AB}a_{BC} + b_{AB}b_{BC} + c_{AB}c_{BC} + d_{AB}d_{BC} \qquad (10.9)$$
$$b_{AC} = a_{AB}b_{BC} + b_{AB}a_{BC} + c_{AB}d_{BC} + d_{AB}c_{BC}$$
$$c_{AC} = a_{AB}c_{BC} + b_{AB}d_{BC} + c_{AB}a_{BC} + d_{AB}b_{BC}$$
$$d_{AC} = a_{AB}d_{BC} + b_{AB}c_{BC} + c_{AB}b_{BC} + d_{AB}a_{BC}$$

중계기 노드 내부에서 이뤄지는 연산의 불완전성 모형에 대한 가장 간단한 수학적인 접근법은 8.2.1절에서 논의한 대로 CNOT과 측정을 포함한 양자정화와 얽힘교환 등의 각 연산을 수행하기 전에 잡음 연산자^{noise operator}를 각 큐비트에 적용하는 것이다. 출력 충실도는 다음과 같다.

$$F_{AC} = a_{AC} \approx F_{AB}F_{BC} \qquad (10.10)$$

10.2.3 다중홉 교환

홉별 양자원격전송에서는 순수한 단일 큐비트의 결잃음과 충실도의 바닥값이 $F = 0.5$인데 다중홉 교환에서는 두 큐비트 상태의 충실도 바닥값이 $F = 0.25$라는 점을 제외하면, 다중홉 교환은 기능적으로는 같은 수의 링크를 넘어가는 홉별 양자원격전송과 동등하다. n단계를 호핑할 때 각 단계의 충실도를 F라고 한다면, 출력 충실도는 다음과 같다.

$$F' \approx F^n \qquad (10.11)$$

만약 $F < 1.0$이면, 양자원격전송을 직접 사용할 때는 몇 단계 이상은 높은 충실도를 유지하는 것이 불가능하다. 이것은 양자원격전송의 순서와는 무관하다는 점에 주의하자. n단계 사슬 홉별 양자원격전송 결과는 순차적으로 더 긴 벨 짝을 만드는 얽힘교환을 사용할 때와 정확히 같은 충실도를 얻는다.

얽힘교환의 가치는 다중홉 벨 짝을 넘어, 거리에 관계없이 고전 통신만으로도 양자정화가 가능하다는 것을 알아차릴 때 분명해진다. 이 통찰에 힘입어, 양자원격전송이나 얽힘교환과 양자정화를 결합하는 효율적인 방법을 알아보자. 뒤르, 브리겔, 시락, 졸러는 얽힘교환 후 양자정화를 반복하는 생각에 도달했고, 이를 1999년에 양자 중계기에 대한 중요한 논문에 출판했다[DÜR 99]. 양자정화는 하나의 두 단계 벨 짝을 이용해서 또 다른 두 단계 벨 짝을 양자정화할 수 있다. 일반적인 벨 짝을 양자정화한 후, 데이터 큐비트의 양자원격전송은 단일 단계 벨 짝을 두 번 양자원격전송시키는 것보다 더 높은 충실도로 두 단계 거리에 걸쳐 실행될 수 있다. 이것은 원격전송될 데이터 큐비트에 대해서만 생각할 때는 갖지 못했던 능력을 부여한다.

단일 단계 얽힘교환은 2001년에 자일링거의 연구단에서 성공적으로 실증됐다[JEN 01]. 광자 벨 짝의 다중홉 얽힘교환은 판^{Pan}의 연구단에서 2008년에 성공적으로 실증됐다[GOE 08].

10.3 중첩 양자정화 세션 아키텍처

방금 2개의 짧은 벨 짝을 이어붙여서 하나의 더 긴 벨 짝으로 만드는 방법을 살펴봤다. 이 작동은 벨 짝의 단계로 측정하든 킬로미터로 측정하든 벨 짝의 길이와 무관하다. 이것은 그림 10.4에서 볼 수 있듯이 이 개념을 재귀적으로 적용할 수 있게 한다. 그림 10.2에서처럼 한 번에 한 단계씩보다, 단계에 따라 로그 스케일로 늘어나는 얽힘교환의 집합을 조직할 수 있다. 처음에 4개의 단일 단계 벨 짝으로 시작할 수 있다. 여기에 얽힘교환을 수행하면 2개의 두 단계 벨 짝이 남고, 반복하면 하나의 네 단계 벨 짝이라는 목표에 도달한다.

이 과정을 반복하면, 그림 10.5에서처럼 양자정화를 하고, 얽힘교환을 하고, 다시 양자정화를 중첩된 순서로 할 수 있다. 이 아키텍처의 각 계층은 1.3.2절에서 묘사한 역할 중 하나에 대응된다. 가장 위쪽의 애플리케이션 계층은 끝 대 끝$^{end-to-end}$ 벨 짝의 소비자이고, 이 책의 2부에서 설명한 응용 중 하나일 것이다. 가

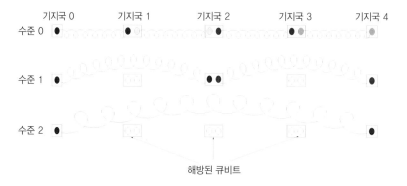

그림 10.4 얽힘교환. 나선은 분산된 벨 짝을 나타내고, 직선은 고전 통신을 나타낸다.

장 아래층은 8장에서 논의한 물리 계층의 하나로, 그 위에 얽힘 제어 통보[AEC] 프로토콜이 있다. AEC와 애플리케이션 계층 사이에는 양자정화 제어[PC](9.4절)와 얽힘교환 제어(10.4절)가 반복적으로 사용되고 있다.

10.3.1 다항함수적 자원 증가의 증명

그림 10.4에서 얽힘교환의 각 '수준'은 거리를 두 배로 만들어주므로, n번째 수준에서 벨 짝은 2^n단계에 걸쳐서 퍼져 있다. 만약 한 번의 양자정화가 각 수준에서 일어나고 양자정화가 항상 성공한다면, 하나의 양자정화된 n수준 벨 짝을 만드는 데는 2개의 낮은 충실도를 가진 n수준 벨 짝이 필요하다(하나는 정화되고, 하나는 희생된다). 낮은 충실도의 n수준 벨 짝은 2개의 높은 충실도를 갖는 $(n-1)$수준 벨 짝을 얽힘교환하여 만들 수 있고, 각각은 2개의 낮은 충실도를 갖는 $(n-1)$수준 벨 짝을 이용해 생성된다.

물론, 양자정화와 얽힘교환이 항상 성공한다고 해도 단순한 홉별 양자원격전송은 2^n개의 기저 수준 벨 짝을 소모하면서도 높은 충실도를 갖지 못할 수도 있다. 어느 수준에서든 대칭 양자정화를 한 차례 끝내면 소모된 벨 짝의 수는 두 배가 된다. 그러므로 한 수준에 n개의 벨 짝이 2^n의 단계에 걸쳐서 퍼져 있고, 각 수준에서 한 번씩 정화된다면 2×4^n개의 기저 수준 한 단계 벨 짝을 소모할 것이다.

모든 얽힘교환 작동을 한 후에 양자정화를 꼭 수행해야 하는 것은 아니다. 좀더 일반적으로, 양자정화를 하기 전에 L단계에 걸친 벨 짝을 생성하기 위해 얽힘교환을 수행하는데, 앞서 말한 경우에서 $L = 2$를 일반화하고 $M = 2$에 대해서도 일반화하면, 각 수준에서 L단계를 건널 때마다 양자정화를 해서 M개의 벨 짝을 소모할 경우 n수준 벨 짝은 L^n단계에 걸쳐서 만들어지고

$$R = (LM)^n \tag{10.12}$$

만큼의 기저 수준 벨 짝을 소모한다. 여기서 연결해야 할 전체 거리에 대해 n은 로그 스케일로 커진다. L은 우리가 선택할 수 있는 공학적인 매개변수이고, M은 사용하기로 한 양자정화 기법, 성공 확률, 필요한 양자정화의 단계 수에 따라 결정된다.

이 기법을 이용한 조작적인 접근은 먼저 '작동 충실도'가 되도록 기저 수준 벨 짝을 양자정화한다. 이어서, 작동 충실도가 회복될 때까지 얽힘교환을 하고 양자정화를 반복한다. 9.2.4절에서 살펴봤듯이, M은 양자정화의 단계에 따라 지수함수적으로 증가하지만 단계의 수는 불충실도에 대해 로그 스케일로 작다.

이 관계는 양자 중계기의 사슬에 대해 필요한 자원의 증가량이 거리에 대해 다항함수적임을 보이는데, 이것은 장거리 얽힘 생성의 성공 가능성을 증명하는 데 필수적이다.

다양한 시스템과 관련된, 현실과 관련된 제약조건들을 고려하면 양자정화-얽힘교환 양자 중계기 사슬의 전체 행동을 분석하는 것은 복잡하다. 그리고 그 자체로도 쉽게 해석적 표현으로 옮길 수가 없다. 때론 시뮬레이션이 작동 특성을 살펴보는 가장 좋은 방법이 되기도 한다. 벌어질 수 있는 몇 가지 논리적 문제와

견고한 작동을 제공하는 데 사용되는 소프트웨어 상태 기계를 분석한 후 현실적인 문제를 좀 더 자세히 다룰 것이다.

10.3.2 피해야 할 문제

그림 10.5에 있는 고전 네트워크 프로토콜의 부주의한 구현은 부정확하고 비효율적인 작동 결과를 낳는다. 각 노드는 다른 노드의 결정과 정합이 맞는 결정을 위해 충분한 정보를 필요로 한다.

그림 10.6은 '건너뛰기^{leapfrog}' 문제라고 부르는, 프로토콜 설계가 신중하게 회피해야 할 한 가지 가능성을 보여준다. 네 단계 환경에서의 목표는 B, C, D에 얽힘교환 연산을 포함하여 노드 A에서 노드 E에 이르는 벨 짝을 생성하는 것이다. CD 링크에 2개의 분리된 벨 짝이 펼쳐져 있다면, 노드 C와 노드 D는 두 벨 짝 중 어느 것을 얽힘교환에 사용할지 각자 결정해야 한다. 만약 C가 한쪽을 골랐는데 D가 다른 쪽을 고른다면, 이것은 BE에 걸친 하나의 벨 짝이 생성되는 데 참여하는 것이 아니라, 얽힘이 BD 짝과 CD 짝으로 건너뛰어 버릴 것이며, 필요한 AE 짝을 구성하는 데 명확한 경로가 하나도 없을 것이다.

이 문제는 C와 D가 같은 정보에 기반한 결정론적인 선택 알고리듬을 사용하는 것을 보장함으로써 해결할 수 있다. 8.5.1절과 8.5.2절에서 제안된 규칙을 동일하게 사용하면, 특히 각 노드가 벨 짝의 목록을 같은 것으로 사용하도록 하여 오작동을 막을 수 있다.

두 번째로 중대한 문제는 9.4절에서 논의한 '계획적 노후화'와 유사한 문제다. 벨 짝을 가진 두 노드는 벨 짝의 처분에 대한 결정을 반드시 다시 합의해야 한다. 얽힘교환을 위해, 전형적으로 한 노드는 그 큐비트를 수동적으로 갖고만 있는 반면에 다른 쪽은 적극적으로 교환할 상대를 찾는다. 그러므로 벨 짝을 효과적으로 통제할 수 있다. 그러나 다음 장에서 이런 상호작용 형태가 바뀌면 좀 더

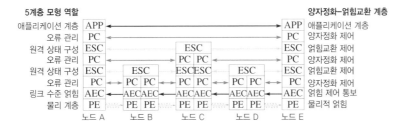

5계층 모형 역할									양자정화–얽힘교환 계층
애플리케이션 계층	APP							APP	애플리케이션 계층
오류 관리	PC							PC	양자정화 제어
원격 상태 구성	ESC			ESC				ESC	얽힘교환 제어
오류 관리	PC			PC	PC			PC	양자정화 제어
원격 상태 구성	ESC	ESC		ESC ESC		ESC		ESC	얽힘교환 제어
오류 관리	PC	PC PC		PC PC		PC PC		PC	양자정화 제어
링크 수준 얽힘	AEC	AEC AEC		AEC AEC		AEC AEC		AEC	얽힘 제어 통보
물리 계층	PE	PE PE		PE PE		PE PE		PE	물리적 얽힘
	노드 A	노드 B		노드 C		노드 D		노드 E	

그림 10.5 5개의 노드와 네 단계 사슬인 경우, 양자정화–얽힘교환 양자 중계기에서의 프로토콜 계층과 그 상호작용. 왼쪽에 있는 표지는 대표하는 모형 계층을 가리키고, 상자 안의 표지와 오른쪽의 표지는 양자정화–얽힘교환 양자 중계기에 대한 프로토콜 이름을 가리킨다. 양방향 화살표는 양방향 고전 통신이 필요함을 나타낸다. 이러한 스택 구조에서 유일한 양자 부분은 물리 계층이며, 모든 링크가 왼쪽에서 오른쪽으로 향하고 있다.

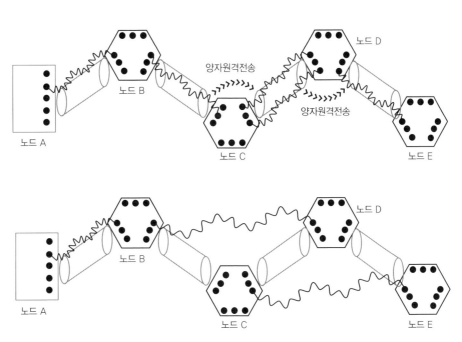

그림 10.6 그림 윗부분 노드 C와 노드 D의 선택에 의해 양자원격전송에 충돌이 발생하면 아랫부분처럼 벨 짝이 서로 '건너뛰기' 할 수 있다. 이 경우 A에서 E로 연결할 수 있는 쉬운 경로가 하나도 없다.

주의해야 한다는 것을 살펴볼 것이다.

묶인, 그리고 대칭적 양자정화 알고리듬(9.3절)은 잠재적으로 교착상태^{deadlock}에 빠질 수 있다. 각각의 양자 중계기가 7개의 물리적 큐비트를 가진 링크와 양자정화가 7개의 묶음으로 이뤄져 있는 경우(또는 대칭적인 경우에 대해서는 일곱 단계의 양자정화)를 생각해보자. 작동의 확장기간이 지나면, 각 양자정화 묶음이 하나의 벨 짝을 포함하는 조건에 도달한다. 각 벨 짝은 양자정화가 가능한 상대가 없을 것이고, 아래쪽 묶음에 추가할 새로운 벨 짝을 생성하기 위해 가능한 자유로운 큐비트 역시 하나도 없을 것이다. 묶음 알고리듬에서는 정해진 하드웨어 환경에서 교착상태에 빠지지 않도록 묶음의 수를 제한할 수 있다. 마찬가지로, 대칭 알고리듬에서는 이런 환경이 유연성을 덜 허용하는 것을 감수하고서 양자정화의 단계 수를 제한할 수 있다.

양자 중계기의 사슬에서 각 얽힘교환 수준은 독립적이다. 그러므로 기지국당 큐비트의 최소 수량은 사실상 묶음의 수와 수준 수의 곱에 1을 더한 값이다. 1은 양자 중계기는 절반을 받고 절반을 보내기 때문에 더해진다. 예를 들어 $2^6 = 64$단계(6수준의 얽힘교환)에 걸친 7개의 양자정화 묶음이 있으면, 각 노드는 교착상태가 없는 작동을 보증하기 위해 최소한 $6 \times 7 + 1 = 43$개의 큐비트를 갖고 있어야 한다. 이 숫자는 경로가 길어질수록 늘어나기 때문에, 커다란 네트워크에서 자원 관리는 어려운 문제다.

10.4 상태 기계와 프로토콜 상호작용

그림 10.7은 얽힘교환이 일어나는 경로 중간 노드의 큐비트에 대한 프로토콜 상태 기계의 간단한 구조를 나타낸다. 잠깐만 생각하면 반드시 짚고 넘어가야 할 몇 가지 문제가 보일 것이다.

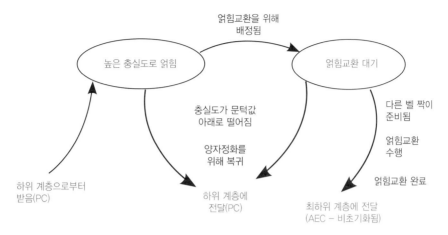

그림 10.7 경로 중간 노드의 큐비트에 대한 얽힘교환 제어(ESC) 프로토콜을 위한 유한 상태 기계

그림의 가장 윗부분 중앙에 있는 '얽힘교환을 위해 배정됨'은 상태 전이다. 이렇게 배정한 알고리듬은 궁극적으로 네트워크의 유효성에 거대한 영향을 줄 것이다. 이 노드가 끝 대 끝$^{end-to-end}$, 애플리케이션 수준의 요청을 퇴출하는 과정으로 진행하도록 결정하기 위해 어떤 정보가 필요할까? 그림 10.6에 묘사된 대로 여기서의 잘못된 결정은 멀리 있는 노드에 비정합적인 작동을 허용할 수 있고, 요청의 퇴출이 진행되기보다는 지연될 것이다.

그림 10.7에서 벨 짝의 계획된 노후화는 지정된 충실도 문턱값 아래로 벨 짝이 떨어지면 촉발되는 2개의 전이로 강조된다. 양자정화를 위해 복귀 메시지의 전송 결과로 표시된다. 여기서 다시 한번, 벨 짝의 반대쪽 끝 소유자와의 협력은 기본적임을 알 수 있다.

그림 10.5와 그림 10.8에 나타난 것처럼, 정상 작동에서는 양자정화와 얽힘교환(PC와 ESC)은 꼭대기의 끝 대 끝$^{end-to-end}$ 수준에 이를 때까지 각 수준에서 반복된다. 그 최종 단계에서는 응용 단계에서 요구하는 충실도의 최종적인 끝 대 끝 벨 짝을 생성하기 위해 양자정화는 한 번 더 반복된다. 물론, 양자정화는 벨 짝

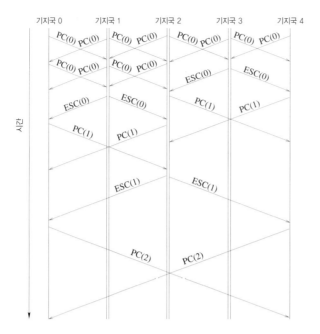

그림 10.8 PC와 ESC의 순차적 메시지의 사례. 괄호 안의 숫자는 수준 또는 거리를 나타낸다.

의 충실도에 따라 어떤 수준에서든지 생략되거나 반복될 수 있다. 그림 10.8에서 수준 0의 양자정화는 왼쪽에서 두 번 나타난다. 메시지를 받는 시간은 실제로는 조금씩 변할 수 있다. 그림 9.5에서처럼, PC(0)는 큐비트의 상태가 EC에 의해 확립된 후에만 초기화될 수 있다. 기지국들은 어떤 짝들이 양자정화를 할지 정하는 결정론적인 알고리듬을 실행하고 있으므로, PC는 어떤 연산을 수행할지 협상할 필요가 없고 그 결과를 상대에게 알려주기만 하면 된다.

10.2.2절의 사례에서, ρ_{AB}와 ρ_{BC}가 사라지고 ρ_{AC}로 대체된 방식의 표기법은 양자 중계기를 위한 프로토콜을 설계하는 문제에 힌트를 준다. 큐비트(또는 벨 짝)가 네트워크에서 움직임에 따라 그 상태를 추적하는 것이다. 노드 A의 큐비트는 네트워크를 건너가면서 처음에는 B와 얽히고, 나중에는 C와 얽힌다. 그럼 이 상태를 명명하는 것은 복잡한데, 네트워크를 통해 큐비트의 처분을 결정하는 통신

을 위해 유일하게 식별돼야만 하는 많은 양자 상태가 존재하는 경우를 구현했을 때는 특히 그렇다.

궁극적으로, 그림 8.9에서 보였듯이 많은 문제는 똑같은 상태 목록에 연산을 수행하는 것이 분명하면 해결될 수 있고, 이 말은 목록에 있는 각 항목은 어떤 형태의 식별자라는 뜻으로 이어진다. 15.2.2절에서 더 완전한 네트워크 아키텍처를 구축할 때 이 문제를 자세히 배울 것이다.

네트워크를 통한 경로를 구축하기 위한 자원의 할당을 포함한 링크 구성은 간단한 중계기 사슬의 시뮬레이션이나 분석적인 작업에서는 드러나지 않는 실세계 네트워크의 문제다. 마찬가지로, 양자정화-얽힘교환 아키텍처에서 2의 거듭제곱이 아닌 단계 수를 다룰 때는 신중해야 한다. 이 문제와 그 밖의 네트워크 관련 문제들은 4부에서 다룰 것이다.

10.5 모두 종합하기

중첩 양자정화와 얽힘교환을 조합하고, 9.3절에서 논의한 양자정화 스케줄링 기술을 사용하면, 뒤르-브리겔-시락-졸러 유형의 중계기 사슬에서 양자정화-얽힘교환 전체의 행동을 분석할 수 있다. 여기서는 그림 10.5에 나타난 프로토콜의 전체 메시지 구성을 포함한 아키텍처 사례를 소개한다. 아직 그런 중계기가 하나도 없기 때문에 실존하는 양자 중계기의 구조는 묘사할 수 없다. 따라서 물리적 효과 메시지 교환을 자세히 추적하면서 중계기 사슬의 시뮬레이션을 묘사할 것이다.

10.5.1 중계기 링크 시뮬레이션

여기서는 그림 8.4에서처럼 벨 짝을 만들기 위해 공진기 안에 있는 양자점의 약한 비선형 상호작용을 이용해 특정한 형태의 큐버스 구성을 시뮬레이션해볼 것이다[MUN 05, SPI 06, LAD 06, LOO 06]. 이 시뮬레이션 결과는 반 미터, 라드, 먼로, 네모토에 의해 2009년에 출판됐다[VAN 09].

이 큐버스 구성을 사용하면 벨 짝 생성의 성공 확률은 높지만, 연산이 성공했을 때조차 생성된 벨 짝의 충실도는 낮다(여기서 논의하지는 않았으나, 두 매개변수는 공학적인 상보관계를 보인다). 여기서 선택한 매개변수 설정에서는 벨 짝이 10km에서 $F = 0.77$, 20km에서 $F = 0.638$의 충실도를 갖고 생성된다. 그리고 생성은 시도한 것 중 38~40%의 비율로 성공한다[LAD 06].

20km 링크를 c_{fiber}의 속도로 전송하면, 신호의 한방향 지연은 $100\mu s$ 바로 아래다. 따라서 이 시뮬레이션에서 '반복률$^{clock\ rate}$'은 대략 10kHz다. 펄스는 전송 지연에 비하면 매우 짧으므로 펄스 길이는 무시한다.

9.3절에서 논의했듯이, 노드에 여러 큐비트를 갖는 실제 시스템에서는 양자정화 스케줄링이 성능에 큰 영향을 준다. 대칭 양자정화는 0.638의 충실도로 시작해서 다섯 단계를 거친 후 0.98의 목표 충실도에 도달하도록 할 것이다. 만약 양자정화가 항상 성공했다면 $32(2^5)$개의 기저 수준 벨 짝이 필요하다. 즉, $32 \times 0.638 \rightarrow 16 \times 0.71 \rightarrow 8 \times 0.797 \rightarrow 4 \times 0.867 \rightarrow 2 \times 0.952 \rightarrow 1 \times 0.988$이다. 불행히도, 양자정화는 상태 의존적이고 확률적인 연산이다. 여기서 사용한 시작 상태일 때, 첫 단계(0.638 + 0.638)는 시도한 것 중 57%가 성공할 것이다. 반면에 마지막 단계는 시도한 것 중 92%가 성공한다. 종합하면, 평균적으로 대칭 양자정화는 0.98의 충실도인 하나의 벨 짝을 만들기 위해 실제로 450개 이상의 기저 수준 벨 짝을 소모한다.

대칭 알고리듬의 중요한 단점은 시간과 공간 측면에서(예를 들어, 그림 9.4에서 대기시간이 $t = 4$였듯이) 가용 자원의 유연하지 못한 사용과, 정말로 대칭적인 역사 트리는 실질적으로 달성하기가 불가능하다는 사실이다. 시간에 따른 메모리 악화는 두 벨 짝이 다른 충실도를 갖고 다른 시간에 도착하게 하며, 딱 떨어지는 것들끼리만 맞춘다는 건 비현실적이다.

양자정화 연산이 실패할 수 있다는 점을 다시 생각해보자. 하지만 양자정화의 성공 확률은 거기에 참여하는 벨 짝의 충실도가 올라가면 함께 올라간다. 갖고 있는 상태로부터 양자정화 연산의 정확한 최적 순서를 예측하려는 시도는 어떤 자원이 현재 바쁜 상태인지, 가능한 모든 벨 짝의 충실도, 가능한 양자정화 선택의 성공 확률, 얽히지 않은 큐비트가 물리적인 얽힘 기법을 사용해서 빠른 시기에 성공적으로 얽힐 확률 등을 반드시 고려해야만 한다.

양자 네트워크를 평가하는 척도는 처리량이다. 이는 주어진 거리에 대해 1초당 특정 충실도를 갖는 벨 짝을 얼마나 생성했는가로 측정한다. 목표 충실도를 $F = 0.98$로 정하고, 거리는 20,000km까지 시뮬레이션했다. 따로 명시하지 않는 한, 여기에 보인 시뮬레이션은 20km마다 64개의 링크를 갖고 기지국당 100개의 큐비트(50개는 수신용, 50개는 송신용이다. 다만, 양 끝단은 100개를 모두 한쪽으로만 사용한다)를 갖는다. 이런 설정에서, 첫 단계에 각 기지국은 50개의 큐비트를 얽힘 상태로 만들려고 시도하여 20개의 기저 수준 벨 짝을 각 링크에 성공적으로 생성한다. 그다음 단계에서 각 링크의 시도 횟수는 각 기지국의 사용 가능한 얽히지 않은 큐비트의 수에 제한된다.

여기서 불완전한 지역 게이트를 시뮬레이션할 수도 있겠지만, 여기에 주어진 요소들을 개별적으로 다루기 위해 이 장의 시뮬레이션은 국소 양자 연산과 메모리가 완벽하다고 가정한다. 이 시뮬레이션은 0.1%의 게이트 오류가 시스템의 성능을 절반 가까이 감소시키고, 0.3%의 게이트 오류는 급격한 성능 저하와 최종 충실도 0.98에 도달하는 것이 불가능하다는 결과를 보여준다.

대략적인 근사로서, 게이트 오류율은 지역 게이트 오류와 메모리 오류의 '조합'으로 생각할 수 있다. 1,280km 거리의 광섬유에서 한방향 지연이 대략 6ms 정도인데, 양자 메모리는 앞서 말한 조건을 만나기 위해 몇 초 정도의 시간 동안 그 상태를 유지할 수 있어야 한다. 하트만^{Hartmann} 등은 양자 중계기에서 메모리 오류의 역할을 검토해서[HAR 07], 많은 자원 비용과 도달 가능한 충실도에 제한되긴 해도 양자 메모리가 궁극적으로 5~20,000km의 거리에서 양자 중계기를 지원할 수 있으려면 대략 1초 정도 양자 상태를 성공적으로 유지할 수 있어야 한다는 사실을 밝혀냈다. 만약 메모리 유지시간이 더 짧으면 국소 양자 오류 보정이 추가돼야 하는데, 이것은 시스템 설계에 상당한 추가적인 복잡도를 더할 것이다.

좋은 묶음의 집합을 찾기 위해, 그리고 다른 거리에 대해 얽힘교환의 좋은 문턱값 집합을 찾기 위해, 이 그래프에 나타난 각각의 묶인 데이터 점은 커다란 매개변수 공간(최대 800개 또는 그만큼 분리된 매개변수 설정 집합)에 대해 광범위한 실행을 거쳤다. 각 데이터 점은 (너무 일찍 끝나버려서 가장 느린 데이터 점 몇 개를 제외한다면) 최종 충실도가 0.98 이상인 200개의 끝 대 끝$^{end-to-end}$ 벨 짝을 생성하는 단일 시행을 나타낸다. 처리량은 벨 짝의 도착시간에 대한 선형회귀법으로 계산됐다[JAI 91]. 오차 막대는 나타나 있지만 대부분의 데이터 점에서는 너무 작아서 안 보인다. 오차 막대는 해당하는 시행에 대한 추정 기울기의 표준편차를 나타낸다. 결정계수는 거의 대부분의 추정치에서 0.996 이상이었고, 그림 10.9에 나타난 가장 큰 오차 막대 3개에 대해서는 0.95, 0.80, 0.78이었다. 이 추정으로부터 양자 연산의 확률적 특성에도 불구하고 평균 도착률은 초기 지연시간 이후에는 일정하다는 것을 검증했다. 200개 미만의 벨 짝은 받아들일 수 없는 너무 큰 변동성을 가진 것으로 밝혀졌다.

먼저 욕심쟁이 알고리듬의 성능을 분석하고, 이어서 그 핵심 결과인 욕심쟁이

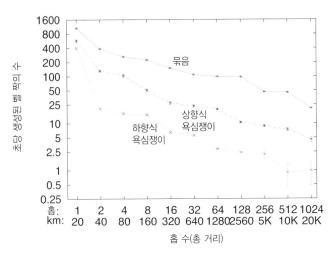

그림 10.9 거리가 멀어짐에 따른 처리량 변화. 5개의 묶음으로 된 묶음 알고리듬을 상향식 및 하향식 욕심쟁이 알고리듬과 비교했다. 최종 충실도는 0.98이다.

와 묶음 양자정화의 처리량을 비교한 것을 소개할 것이다. 묶음을 어떻게 선택했는지 설명하기 위해 역추적을 하고, 각 얽힘교환 수준에서 목표 충실도를 설정하는 데 몇 가지 선택사항들을 비교할 것이다.

10.5.2 욕심쟁이 알고리듬

하향식 욕심쟁이 알고리듬의 성능은 라드 등의 작업에 따르면 그림 10.9의 가장 아랫줄에 있다[LAD 06]. 끝 대 끝^end-to-end 벨 짝의 초당 생성률로 나타낸 처리량은 거리 변화에 따라 나타냈다. X축은 건너뛴 단계의 수와 킬로미터 단위로 적은 전체 길이를 모두 표기했다. 가장 오른쪽의 점은 1,024단계, 또는 20,000km이며, 이는 대략 지구 둘레의 절반 정도 거리다.

하향식 욕심쟁이 알고리듬의 경우 두 단계 거리에서 대략 초당 21개의 벨 짝을 생성했고, 이는 점점 줄어들어서 1,024단계에서는 초당 정확히 1개의 벨 짝을 생성했다. 감쇠는 뚜렷한 계단식 구조를 보이는데, 이것은 양자정화의 이산적 특성과 최종 충실도 0.98에 도달할 때까지 양자정화를 계속하기로 선택했기 때문이다. 특정 길이에서는 최종 충실도에 도달하기 위해 일정 횟수의 양자정화 단계가 요구된다. 홉 수가 늘어나면서, 목푯값 아래로 충실도가 떨어져서 양자정화가 반드시 추가돼야 할 때까지는 같은 수의 양자정화 단계가 계속해서 제공된다. 이렇게 되면 목표 충실도에 가까운 2개의 고품질 벨 짝이 필요하기 때문에 성능은 대략 절반으로 감소한다.

욕심쟁이 알고리듬은 벨 짝을 충실도에 따라 정렬하고, 가장 충실도가 높은 짝들부터 페어링을 시작한다. 상향식 알고리듬이라고 부르는 방법은 충실도 목록의 아래쪽부터 시작해서 페어링을 시작하는데, 성능이 3~8배 정도 향상된다는 사실이 발견됐다. 이 결과는 그림 10.9의 가운데 곡선이 보여준다. 이 결과는 가장 높은 충실도 짝을 더 보수적으로 사용했기 때문에 이런 향상이 나타난 것으로 생각된다. 충실도가 나쁜 벨 짝부터 사용하면 다른 벨 짝들의 충실도가 높아지며, 기존의 충실도를 뛰어넘을 수도 있다. 그러나 먼저 생성 비용이 적은 낮은 충실도 짝들이 실패할 위험을 감수해야 한다.

그래프의 왼쪽 끝에서 하향식 욕심쟁이 알고리듬은 한 단계만 호핑할 때 초당 400개의 벨 짝을 만들다가 두 단계 호핑에서 21개로 줄어들어, 거의 20배 나빠졌다. 이 그래프에서 하드웨어는 기지국당 100큐비트를 갖고 있다고 가정했다. 한 번의 호핑에서는 100개의 큐비트 전부가 다른 쪽 큐비트와 직접 연결할 수 있었다. 두 번째 호핑 시에는 중간 기지국이 100개의 큐비트를 절반으로 나눠서 50개는 왼쪽 링크에, 50개는 오른쪽 링크에 사용해야만 한다. 이 차이는 사용 가능한 큐비트 수가 커짐에 따른 더 효율적인 양자정화 페어링 때문이다.

10.5.3 전체 거리에 따른 묶음 알고리듬 성능

그림 10.9의 가장 위쪽 선은 묶음 알고리듬의 성능을 그리고 있다. 처리량은 한

단계에서 초당 1,060개의 벨 짝을 생성하는 것으로 시작해, 32단계부터 128단계까지는 100개 정도로 평탄하다. 그리고 1,024단계에 대해서는 초당 20개의 벨 짝으로 줄어든다. 계단식 행태 덕분에, 하향식 욕심쟁이 알고리듬과 비교하면 그 이득은 15~50배 정도로 변하며, 거리에 따라 고르게 증가하지도 않는다는 이점도 있다. 상향식 알고리듬과 비교하면 묶음 알고리듬은 2.5~9.3배 더 좋고, 또한 거리에 따라 고르게 증가하지 않는다.

얽힘 퍼올림과 대칭 스케줄링은 그림에 나타나 있지 않다. 얽힘 퍼올림은 시작 충실도인 0.639로부터 충실도 0.98의 벨 짝을 효과적으로 만들 수 없었다. 여기에 나타난 특정 환경에서는 대칭 알고리듬이 묶음 알고리듬과 비슷한 성능을 보였다.

중요한 질문은 전체 거리(홉 수)가 늘어났을 때 묶음 구조가 바뀌는지이다. 만약 묶음 구조가 바뀌지 않는다면, 더 짧은 링크에 대해 시뮬레이션을 할 수 있고 그 결과를 직접적으로 더 긴 링크에 적용할 수 있다. 이는 시뮬레이션에 필요한 계산시간량을 극적으로 줄일 것이다. 비슷하게, 실세계 작동 환경에서 거리에 의존하지 않는 시스템 제어는 요긴할 것이다. 불행히도, 이 시뮬레이션은 묶음 구조가 다른 거리에서는 어느 정도 바뀔 것이라는 점을 보여준다. 유사한 묶음 구조에 대해 성능은 2배가량 나빠질 수도 있고, 이것은 특정 링크 환경구성마다 신중하게 탐색할 필요가 있음을 뜻한다.

10.5.4 묶음 찾기

이론적으로는 거의 모든 수준에서 묶음을 분리하는 경계를 정할 수 있다. 좋은 성능을 내는 위치를 정하기 위해, 2~6개의 묶음을 갖는 설정에서 수많은 가능성에 대한 방대한 탐색을 수행했다. 그림 10.10은 두 묶음 설정을 나타낸다. 대부분의 다른 그림에서는 0.02나 0.04 간격으로 그래프를 그렸지만, 이 그림에서는

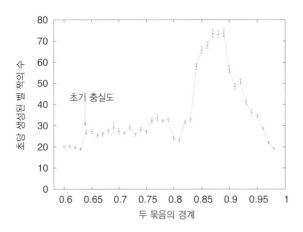

그림 10.10 2묶음 배치에서 최적의 묶음 경계 찾기. 각각 20km에 64홉을 가정한다.

경계의 위치를 0.01 간격으로 바꿨다. 왼쪽 끝에서 두 묶음의 분할점은 물리적 얽힘 과정에서 생성되는 벨 짝의 초기 충실도 문턱값인 0.638보다 낮다. 오른쪽 끝에서 분할점은 최종 큐비트의 전송 문턱값보다 높다. 이 결과는 첫 점과 끝 점에 대해서는 상향식 욕심쟁이 알고리듬과 같다. 성능 극대점은 묶음 경계가 0.87에서 0.89 사이에 있을 때 나타났고, 낮은 충실도 벨 짝을 양자정화할 때 높은 충실도 벨 짝을 보호해야 하는 조작 필요성이 명확히 보인다.

묶음의 수를 늘리면 다섯 묶음까지는 성능에서 부드러운 향상이 나타난다. 다섯 묶음일 때는 두 묶음일 때보다 50% 가까이 성능이 향상됐다. 그림 10.11은 묶음 수의 증가에 따른 성능의 증가를 보여준다. 한 묶음(상향식 욕심쟁이 알고리듬과 동등함)에서 두 묶음으로 바꿀 경우 3배 이상의 성능이 향상됐다. 다섯 묶음일 때보다 여섯 묶음일 때 뚜렷하게 좋아진 것으로 보이지 않으므로 성능은 여섯 묶음에서 포화됐다. 대칭 트리의 행동에 기본적으로 행동이 제약받기 때문이다. 두 묶음 이상에서 시뮬레이션 횟수는 변수 공간을 포함하기 위해 기하급수적으로 늘어났고, 따라서 시뮬레이션 간격은 조금씩 커졌다. 가령 세 묶음에서 아래

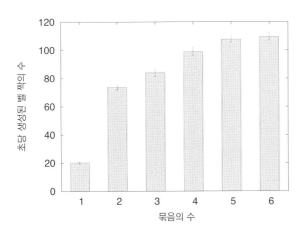

그림 10.11 묶음의 수에 따른 묶음 알고리듬의 최대 처리량. 각각 20km에 64홉을 가정한다.

쪽 경계는 0.60에서 0.95로 바꿨고, 위쪽 경계는 0.80에서 0.99로, 0.02 간격으로 바꾸며 모든 경계 조합을 시도했다.

10.5.5 얽힘교환 문턱값의 변화

다른 거리에서 양자정화 묶음과 문턱값 사이의 구분을 다시 생각해보자. 전자는 PC에 의해 양자정화가 결정되고, 후자는 두 번째로 먼 곳과의 얽힘교환을 위해 벨 짝을 PC에서 ESC로 올려보내는 것을 결정한다. 앞 절에서 살펴본 실험은 각 거리에서 문턱값을 0.98로 설정했다. 이번 절에서는 좋은 환경을 위해 추천할 만한 문턱값 집합의 몇 가지 후보를 계산해본다.

a. 0.9, 0.9, 0.9, 0.9, 0.9, 0.9, 0.98

이 경우는 중간 충실도 0.9를 얻기 위해 1, 2, 4, 8, 16, 32단계에서 양자정화를 하고, 마지막 64번째 단계에 최종 충실도 0.98을 위한 양자정화를 한다.

b. 0.98, 0.9, 0.9, 0.9, 0.9, 0.9, 0.98

거리 1에서 충실도 0.98을 얻기 위해 양자정화를 한다. 중간 단계에서는 충실도가 0.9까지로 이어지고, 끝으로 64번째 단계에서 충실도를 0.98로 되돌린다.

c. 0.98, 0.98, 0.98, 0.98, 0.98, 0.98, 0.98

거리 1에서 충실도 0.98이 되도록 양자정화를 수행하고, 각 거리마다 필요시 양자정화를 해서 충실도를 유지한다.

그림 10.12는 거리 1에서 필요한 수준으로 양자정화를 하고 모든 거리에서 충실도를 유지함으로써 네트워크를 건너가는 벨 짝의 충실도를 관리하는 데 선호되는 방법이 **c**임을 명확히 보여준다. **a**는 시뮬레이션을 완료할 수 없을 정도로 나쁜 성능을 보였다. 다른 두 가지 경우는 그림에 나타나 있다.

이 데이터는 장거리 양자정화보다 단거리 양자정화가 더 효율적이라는 직관적인 생각을 지지한다. 뒤르 등은 '작동 충실도'를 유지하는 것으로 이 기법을 참조했다[DÜR 99]. 그들은 다른 대체 기법에 대해서는 보고하지 않았지만, 이 데이터는 그들의 접근법이 옳았음을 확인해준다.

극단적으로 다른 거리 문턱값을 보이긴 해도 곡선 **b**와 **c**는 같은 모양이기 때

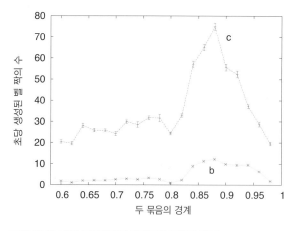

그림 10.12 다른 거리에서의 얽힘교환 문턱값 비교

문에, 그림 10.12는 또한 다른 거리에 따라 충실도의 문턱값 패턴을 바꾸는 것은 묶음 양자정화 알고리듬에서 묶음을 고르는 방법과는 독립적임을 나타낸다. 즉, 묶음을 잘 선택했다면 다양한 거리에서 문턱값의 설정에 상관없이 좋은 묶음으로 남아 있다는 뜻이다. 이 사실은 두 변수를 주어진 물리적 환경에 독립적으로 최적화할 수 있게 한다.

10.6 시뮬레이터 설계 고려사항

이 장은 시뮬레이션 결과를 자세히 설명한 첫 장이기 때문에, 시뮬레이터 설계에서 '배울 만한 교훈'을 간단히 소개하는 것이 적절해 보인다. 당연하게도, 시뮬레이션 능력은 시간에 따라 미뤄둔 특징을 완성하는 것과 중요한 특징을 더 깊이 이해하는 것을 반영하여 진보했다. 새로운 시뮬레이터의 개발 결과물이 기초부터 실세계를 충분히 자세하게 반영할 수 있는 능력과 완성도까지 발전할 수 있는 코드 기반이 되려면 이 부분들에 집중해야 한다.

양자 중계기의 가장 중요한 측면은 물리의 적당한 추상화를 선택하는 것과 각 작업을 완수하는 데 필요한 고전 메시지를 정확히 모형화하는 것이다. 후자의 책임은 다음과 같이 물어볼 때 나타난다. "노드 X에서 소프트웨어 모듈 A가 결정을 하기 위해 무엇이 필요한가? 그리고 언제 그것을 알 수 있는가?" 8.5절의 분산된 밀도 행렬에 대한 논의가 여기서 도움이 될 것이다.

바로 앞에서 설명한 시뮬레이션은 3세대 시뮬레이터를 사용해 수행됐다. 1세대는 행렬 연산을 쉽게 하기 위해 매트랩^{Matlab}으로 직접 작성됐고, 2세대는 C++로 작성됐는데, 코드의 많은 부분과 실행시간이 기지국에서 기지국으로 전달되는 메시지를 관리하는 데 필요하다는 인식을 반영했다. 경험적으로, 부동소수점 연산의 속도는 중요하다. 하지만 결정 논리와 메시지 관리보다는 덜 중요하다.

두 시뮬레이터는 처음에 타데우스 라드^{Thaddeus Ladd}가 개발했다. 3세대(C++ 코드로 7,000줄)는 2세대의 직접적인 후손이며, 반 미터가 코드를 대대적으로 고쳤다.

시뮬레이터는 물리적 상호작용과 연산의 양자역학을 충실히 반영한다(이곳과 앞부분에서 보여준 결과는 큐버스 방식뿐이었으나, 사실은 여러 가지 물리 계층 유형을 시뮬레이션할 수 있다). 하지만 10.1절에서 논의했듯이, 실제로 관심 있는 것은 링크에 의해 생성된 기저 수준 밀도 행렬이다. 소프트웨어 설계에서 더 완전한 모듈화는 바탕이 되는 물리 법칙을 시뮬레이션하거나 실험으로부터 분리해서 측정하고, 이것을 매개변수 집합으로서 중계기 시뮬레이터에 넣어야 한다고 제안한다. 실세계 시스템의 시뮬레이션에 유용하려면, 여기에는 변경할 수 있는 링크 길이와 다른 링크 품질을 반영하는 같은 길이에 대한 다른 충실도 또한 포함돼야 한다. 3세대 시뮬레이터는 이산시간 사건 시뮬레이터로 남아 있는데, 모든 링크를 명목상 같은 길이로 제한함으로써 모든 시뮬레이터 노드가 보조를 맞춰서 움직인다. 예를 들어, 앞의 시뮬레이션에서 20km 링크를 가정했고 한 번의 시간간격을 $100\mu s$로 만들었다. 링크당 통신선로 손실을 바꾸는 것은 이후에 시뮬레이터에 추가됐다.

메모리 수명과 게이트 불충실도는 지원돼야 하고 설정할 수 있어야 한다. 그리고 8.2.3절의 논의에서 살펴봤듯이, 기저 벨 짝에 대한 단순 매개변수보다 좀 더 적극적인 코드를 요구한다. 일반적으로 개별 상호작용에 대한 잡음 모형과 간단한 하드웨어 모형의 추상화(10.1절에서 살펴봤듯이)는 대부분의 목적에 적합하고, 시뮬레이터를 단순화한다.

마찬가지로, 양자정화 스케줄링도 설정할 수 있어야 한다. 이는 그 자체의 유의미한 조정 매개변수 집합을 포함할 수 있다. 새로운 양자정화 기법을 설치하기에 적합한 모듈성은 실제로 유용하다.

가장 간단한 시뮬레이션은 편의상 2의 거듭제곱수 단계만을 사용하고, 노드 주소지정과 같은 어떤 복잡한 설계 작업은 피하려고 한다. 하지만 이것은 양자 정화와 얽힘교환의 행동에 영향을 준다. 그리고 실세계 작동을 반영하지 못한다. 2의 거듭제곱수가 아닌 단계의 얽힘교환은 14장에서 논의한다.

전체 네트워크 시뮬레이터는 네트워크 토폴로지에 대해 임의의 그래프를 정의할 수 있는 능력을 포함할 것이다. 이것은 최소한 노드 명명, 경로 선택(라우팅), 링크 다중화 기능을 필요로 할 것이다. 4부에서 이 문제와 시뮬레이션 결과의 일부를 반영한 결과를 살펴볼 것이다.

양자 네트워크 시뮬레이션을 소개하면 종종 "왜 시뮬레이터를 믿는가? 어떻게 시뮬레이터를 검증했는가?"와 같은 질문이 따라온다. 8장에서 설명한 그 기반에 있는 물리적 연산에 대해서는, 비록 실험가들이 새로운 잡음의 원천과 다른 물리적 불완전성에 대해 어려운 투쟁을 벌이고 있긴 하지만, 이론적으로는 잘 이해되어 있고 실험 결과는 이론과 잘 맞는다. 관찰된 행동에 가깝게 다듬어지는 시뮬레이션은 꾸준히 여기에 기반을 둔다. 대조적으로, 더 큰 네트워크의 메시지 순서와 행동은 실세계에 존재하지 않는 시스템을 모형화하고, 따라서 완전히 검증될 수 없다. 이들은 이 책 전반에 걸쳐 보여준 상태 기계에서처럼, 사건과 메시지에 대한 형식적 모형을 통해 가능한 한 신중하게 점검돼야 한다. 결국, 분산된 밀도 행렬의 관리와 버퍼 메모리 관리의 모형화가 결정적이라는 사실이 반복해서 나타난다.

10.7 결론

이제 양자 중계기의 시뮬레이션에 대한 논의를 마쳤다. 그러나 양자 중계기 작동을 위한 부품들은 실험실에서 실증됐고, 원리의 완전한 실험적 증명은 겨우 모퉁이를 돌았을 뿐이다. 실제로 사용하기에 적합한 시스템까지는 아직 갈 길이 멀다.

10장에서 보여준 양자정화-얽힘교환 접근법은, 처음으로 개발됐고 새로운 제안과 비교하기 위해 여전히 참조되는 양자 중계기의 고전적인 모형이다. 얽힘교환을 통해 얽힘을 길게 늘리는 것은 기본 능력이고, 때때로 그다지 당연하지 않은 것 같은 많은 양자 통신 기법이 이에 바탕을 둔다. 양자정화는 오류 관리의 가장 간단한 형태로, 양자 상태에 대한 가설을 검증하고, 만약 가설 검증에 실패하면 그 상태를 버린다. 양자정화는 한 가지 중대한 반대급부를 빼면 아주 최소한의 자원과 하드웨어 용량을 요구한다는 이점이 있다. 그 반대급부는 한 노드에서 다음 노드까지 광자가 날아오는 시간보다 더 오래 살아 있는 장수명 메모리가 필요하다는 것이다. 이런 요구사항과 다른 노드에서 오는 통신을 기다리는 동안 메모리가 임시저장되면서 생기는 시간낭비가 동반된다는 점은 끝 대 끝end-to-end 큐비트를 좀 더 직접 결합하는 아키텍처를 찾게 만들었다. 그리고 10.2.1절에서 폐기했던 인터넷의 홉별 특성과 유사한 전송 방법을 다시 검토하게 한다. 이 방법에 대한 첫 번째 대체법은 11장에서 살펴보고, 두 번째 대체법은 12장에서 살펴볼 것이다.

11

양자 오류 보정 기반 양자 중계기

9장에서 설명한 대로 양자정화는 오류 상태가 버려지는 오류 검출^{detection}의 하나라고 볼 수 있다. 당연하게도 고전 컴퓨터는 오류 보정^{correction}에 굉장히 많이 의존하며, 이것은 양자 컴퓨터에 대해서도 똑같이 옳다. 양자 중계기 설계에서 중요한 발전은 오류 보정 기반 연결 아키텍처의 도입이었다. 두 가지 핵심 아이디어는 캘더뱅크^{Calderbank}-쇼어^{Shor}-스틴^{Steane}(이하 CSS) 부호 기반 접근법[JIA 09]과 표면 부호$^{surface\ code}$ 기반 접근법[FOW 10]이다. 11장에서는 먼저 양자 오류 보정을 간략히 소개하고, 이 두 가지 연결 아키텍처에 대해 살펴볼 것이다.

애플리케이션 수준에서 이 접근법의 중요한 이점은 매우 높은 충실도(실제로 분산 디지털 계산을 하기에 충분히 높은) 연결을 생성하고, 양 끝단의 오류 보정 시스템을 매끄럽게 통합한다는 것이다. 네트워크 수준에서 두 기법은 양자정화-얽힘교환에 비해 작동을 단순화한다. 경로 설정 후, 기본적으로 모든 통신은 그림 10.5에서처럼 겹치는 연결의 복잡한 집합체와 중첩된 양자정화를 요구하는 계층화보다는 가장 가까운 이웃 노드하고만 이뤄질 수 있다.

중요한 단점은 잠재적으로 사용 가능한 환경에 대해 자원 요구량이 매우 높다는 것이다. 예상되는 한 가지 장점은 메모리 수명이 매우 낮아도(단일 단계 또는 끝 대 끝end-to-end 왕복시간의 몇 배수가 아니라 다중 국소 게이트 시간 정도) 된다는 점이다. 그러나 앞으로 살펴보겠지만 이것은 특정 조건에서만 만족된다. 좀 더 자주 만나는 환경은 메모리 수명이 오류 보정의 응용 단계 이전에 허용되는 오류율에서 설명되는 메모리 오류와 함께 단일 단계 왕복시간RTT, Round Trip Time에 비례할 것을 요구한다.

11.1 양자 오류 보정

양자 오류 보정QEC, Quentum Error Correction 연산은 고전 오류 보정과 같은 원리로 작동한다. 데이터 상태에 여분을 설정하고(부호화 과정), 부호화된 데이터를 통신선로를 통해 보낸다(통신이론 관점에서는 메모리에 일정 시간 보관하는 것이나 통신선로로 통신하는 것이나 같이 취급할 수 있다). 통신선로 양 끝단에서 데이터는 징훗값syndrome value을 계산해 오류를 검사한다. 이는 높은 확률로 오류가 있는지를 밝히고 어떻게 오류를 보정할지를 알려주는 값이다. 그러나 두 가지 중요한 차이점이 이 과정을 양자 영역에서 복잡하게 만든다. 첫째, 어떻게 오류 징훗값을 중첩 상태나 얽힌 상태를 붕괴시키지 않고 추출할 수 있는지 알아야만 한다. 둘째, 징훗값 계산에 사용되는 게이트가 양자 상태에 오류를 만들거나 여러 장소로 오류를 전파시킬 수 있다. QEC의 자세한 논의는 이 책의 영역을 넘어서므로, 독자들은 이 중요한 주제를 다룬 학습서를 공부해볼 것을 권한다[DEV 13, RAU 12, TER 13, GRA 09].

6.1.1절에서 논의한 안정자 형식은 징훗값 추출 과정과 오류가 있을 수도 있

는 상태의 특성을 설명하는 데 유용하다[GOT 97]. 예를 들어, 세 큐비트가 *XXX* 안정자의 +1이나 −1 고유상태에 있는지를 결정하는 회로를 사용할 수도 있다. 안정자가 +1 고유상태에 있으면 오류가 아니고, −1 고유상태에 있으면 오류로, 반드시 보정돼야 한다. 오류 보정 기법의 자세한 부분과 남아 있을 수 있는 논리적 오류의 발생 원리는 이 책의 범위를 넘어선다. 이 부호화의 오류 보정 용량은 최소한 $\lfloor (d - 1)/2 \rfloor$다. 이 용량보다 작거나 격자에 특정한 패턴으로 구조화되지 않은 물리적 오류 덩어리는 오류 보정을 방해할 수 없다.

고전 계산에서 많은 논리 비트는 전형적으로 물리 비트의 더 큰 덩어리에 부호화된다. 양자 계산에서는 그렇게 할 필요가 없는 이유들 때문에, 예를 들면 9개의 물리 큐비트가 1개의 논리 큐비트를 사용하거나[SHO 95], 5개의 물리 큐비트를 사용하거나[LAF 96] 하는 등, 전형적으로 단 하나의 논리 큐비트만이 물리 큐비트의 집단에 부호화된다. 오류 보정 기법의 매우 넓은 부분을 차지하는 중요한 기법은 캘더뱅크-쇼어-스틴 부호 기법이고, 이 장에서 사용된다[CAL 96, STE 96].

만약 간단한 QEC 부호화가 충분히 강한 오류 보정을 제공하지 않는다면, 이 부호는 부호화된 각각의 논리 큐비트가 다른 수준의 구성 큐비트로 사용되는 식으로 연결될 수 있다. 예를 들면, x 수준의 부호화를 위해 9^x이나 5^x개의 큐비트를 사용하는 것이다[KNI 96]. 만약 물리적 오류율이 문턱값으로 알려진 것보다 낮은 수준이라면, 부호화에 추가된 각 수준은 남아 있는 논리적 오류율을 지수함수적으로 줄여준다.

오류 보정 부호는 물리적 구성품의 문턱 오류율을 갖게 된다. 만약 물리적 오류율이 문턱값보다 낮으면, 오류 보정을 적용할 경우 논리 큐비트의 충실도가 향상될 것이다. 그러나 만약 물리적 오류율이 문턱값보다 높다면, 오류 보정을 적용할 경우 사실상 논리 상태를 개선하는 게 아니라 악화시킬 것이다. 만약 메모리가 불완전하고 징훗값을 측정하는 연산과 오류 보정은 완벽하다면, 문턱값은 수 퍼센트일 것이다. 좀 더 전형적으로 분석은 메모리, 게이트, 측정 연산이 모두 같은 오류율을 갖고 있다고 가정하여 단순화할 수 있고, 예를 들면 문턱값은 10^{-3} 이하가 된다. 이 책의 목적상 이보다 자세히 계산하지는 않을 것이다. 하지만 통신선로를 통한 전송이 양자 중계기에 있는 메모리의 논리 게이트와는 다른 오류 과정을 가질 것임을 알고 있는 것이 중요하다.

양자 부호는 종종 $[[n, k, d]]$ 표기법을 사용해 설명된다. 여기서 n은 물리적(또는 저수준 논리적) 큐비트의 수, k는 상태에 부호화된 논리 큐비트의 수, d는 부호의 해밍^{Hamming} 거리다. 이 부호는 $\lfloor (d-1)/2 \rfloor$ 이하의 어떤 물리적 오류든지 보정할 수 있는 능력이 있다.

11.1.1 스틴 부호

앤드루 스틴$^{Andrew\ Steane}$이 개발한 $[[7, 1, 3]]$ 부호는 첫 번째 양자 부호의 하나다 [STE 96]. 거리 $d = 3$이므로, 이 부호는 어떤 단일 큐비트 오류든 보정할 수 있다. 7개의 물리 큐비트에 부호화된 하나의 논리 큐비트는 6개의 안정자를 요구한다.

$$
\begin{aligned}
S_1 &= X_1 X_2 X_3 X_4 \\
S_2 &= X_1 X_2 X_5 X_6 \\
S_3 &= X_1 X_3 X_5 X_7 \\
S_4 &= Z_1 Z_2 Z_3 Z_4 \\
S_5 &= Z_1 Z_2 Z_5 Z_6 \\
S_6 &= Z_1 Z_3 Z_5 Z_7
\end{aligned}
\tag{11.1}
$$

여기서 X_i는 i번째($1 \leq i \leq 7$) 큐비트의 X 기저를 나타낸다. 어떤 큐비트에 대해서도 직접 측정은 이뤄지지 않는다. 이 회로는 네 큐비트의 집합적 홀짝성을 추

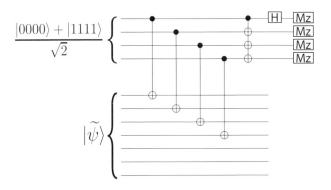

그림 11.1 스틴의 [[7, 1, 3]] 부호에 대해 S_i 징훗값을 추출하는 회로

출해서 넷의 ±1 고윳값을 결정하기 위해 사용된다. 2큐비트 게이트는 오류를 전파할 수 있기 때문에, 데이터 큐비트의 오염을 막기 위해 특별히 준비한 4큐비트 보조 상태가 측정 과정에 사용된다. 안정자 S_i의 징훗값 추출 회로는 그림 11.1에 나타나 있다.

11.1.2 표면 부호

2차원 표면 부호에서는 2차원 정사각형 격자 형태의 큐비트가 사용된다. 여기에는 논리 큐비트가 큐비트의 사슬을 한 경계에서 다른 경계로 연장하는 상대 홀짝성 안에 견고하게 부호화될 수 있다는 핵심 아이디어를 바탕으로 한 몇 가지 변종이 있다. 현재 가장 많은 관심을 받는 변종은 격자가 하나 이상의 논리 큐비트를 부호화할 수 있게 한다[RAU 07a]. 하지만 여기서 필요한 것은 단지 하나의 논리 큐비트를 갖는 커다란 격자 형태다[BRA 98, DEN 02, HOR 12, KIT 03].

$d \times d$ 격자 칸으로 구성된 정사각격자는 각 꼭짓점, 각 변의 중간, 각 사각형의 중간에 큐비트를 하나씩 가져서 $\sim 4d^2$개의 물리 큐비트를 사용한다. 큐비트의 절반가량은 양자 상태를 보존하는 데 사용하고, 나머지 절반은 징후 큐비트

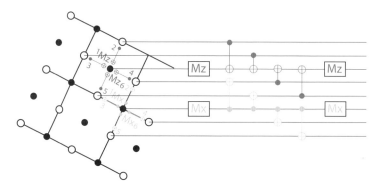

그림 11.2 2차원 표면 부호를 위한 큐비트 격자와 징훗값 추출 회로. 흰 원은 데이터 격자이고, 채워진 원은 징후 큐비트다. Mz와 Mx는 각각 Z 기저와 X 기저에 대한 측정이다.

로 사용되는데, 대략 말하자면 장시간 양자 상대와 얽혀시 오류 정보를 주는 측정에 사용된다. 격자와 안정자 회로는 그림 11.2에 나타나 있다.

이 격자는 x개의 물리 큐비트가 양자 상태에 있을 때 $x - 1$개의 독립적인 안정자가 존재하도록 설계됐다. 각 안정자가 상태를 제약하므로 하나의 자유도가 남는데, 이것이 논리 큐비트로 사용된다.

각 징훗값 주기는 4개의 CNOT 게이트와 각 사각형이나 꼭짓점에 대한 측정을 필요로 한다. 각 징후 큐비트는 안정자에 이웃한 4개의 데이터 큐비트의 고윳값이 +1인지 −1인지 알려준다. 회로의 자세한 구성에 따라 달라지지만, 그 징후 큐비트는 XXXX나 $ZZZZ$ 안정잣값을 줄 것이다.

11.1.3 초기 통신법 제안

연결된 부호를 논의한 닐^{Knill}과 라플람^{Laflamme}은 한 장소에서 다른 장소로 부호화된 상태를 양자원격전송하는 가능성을 분석하기 위해 메모리와 전송 통신선로의 유사성을 사용했다[KNI 96]. 5큐비트 부호를 예로 들어, 이들은 통신할 때 허용되는 오류 확률이 10^{-2}보다 작고, 오류 검출과 보정에 사용되는 국소 게이트 오류가 5×10^{-5}보다 작다는 사실을 발견했다. 당연히 이 접근법은 x 수준 부호화를 위해 5^x개의 전송된 양자광학 상태를 사용한다. 불행히도, 통신선로의 1% 오류 문턱값은 광자 손실이나 광상태 전달자의 손실뿐만 아니라 상태의 오류를 포함하며, 그 수준에 가까운, 또는 어떤 형태로든 긴 통신선로나 광결합기를 통과할 때 발생하는 손실을 고려할 때는 사실상 가깝게라도 갈 수 있는 광학 시스템은 없다는 것을 8장에서 논의했다.

양자 중계기에 QEC를 사용하는 것은 지앙[Jiang], 테일러[Taylor], 네모토[Nemoto], 먼로[Munro], 반 미터[Van Meter], 루킨[Lukin](이하 JTNMVL)이 2009년에 CSS 중계기를 도입할 때까지 이 수준에 멈춰 있었다[JIA 09]. 이 장에서는 먼저 이 접근법을 소개하고, 이어서 파울러[Fowler], 왕[Wang], 힐[Hill], 라드[Ladd], 반 미터[Van Meter], 홀렌버그[Hollenberg](이하 FWHLVH)가 제안한 양자 오류 보정을 위해 **표면 부호**[surface code] 접근법을 사용하는 또 다른 QEC 기반 기법[RAU 07a]을 소개한다.

11.2 CSS 양자 중계기

JTNMVL 기법은 세 단계로 나눌 수 있다. 첫째, 각 홉마다 논리적으로 부호화된 높은 충실도 벨 짝을 생성한다. 둘째, 각 중개 중계기에서 두 논리 큐비트에 대해 논리 수준에서 벨 상태 측정(BSM, 2.5.2절)을 수행한다. 셋째, 논리 벨 측정 결과에 기반한 파울리 기준계 보정을 수행하여 작동을 마무리한다. 이 과정 전체가 하나의 끝 대 끝[end-to-end] 작동으로 엮여 있으며, 10장에서 소개한 다중홉 재귀적 중첩 양자정화-얽힘교환 중계기는 필요하지 않다. 이 과정은 그림 11.3에 요약되어 있다.

링크 수준의 높은 충실도 논리 벨 짝은 (1) 각 중계기에는 그 중계기에서 사용할 링크마다 메모리에 부호화된 논리 큐비트와 (2) 각 링크에 연결된 다량의

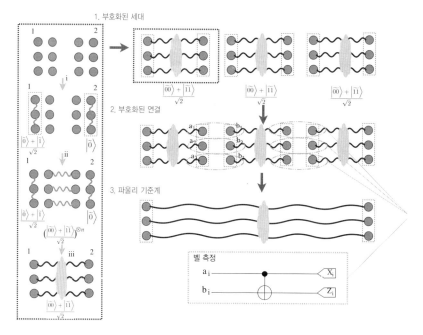

그림 11.3 CSS 양자 중계기의 세 가지 핵심 단계([JIA 09]에서 인용)

중상급 충실도의 물리적 벨 짝을 생성해서 만든다. 만약 앨리스가 링크의 왼쪽 끝이고 밥이 오른쪽 끝이라면, 앨리스는 논리 상태 $|\tilde{+}\rangle$를 만들고, 밥은 논리 상태 $|\tilde{0}\rangle$을 메모리에 만든다. 앨리스와 밥의 논리 큐비트를 논리 CNOT 게이트를 사용해 얽히게 한다면

$$|\tilde{+}\rangle_A \left|\tilde{0}\right\rangle_B \xrightarrow{\text{CNOT}} |\tilde{+}\rangle_A |\tilde{+}\rangle_B = \left|\widetilde{\Psi+}\right\rangle^{(AB)} \tag{11.2}$$

가 될 것이다.

이것은 4.4절에서 설명한 양자원격전송된 CNOT 게이트를 사용해 달성되는데, 여기서 4큐비트의 보조 상태 $|\chi\rangle$가 필요하다(식 (4.3) 참고). 이는 물리적 링크에 의해 만들어진 기저 수준 벨 짝을 소모하는 연산이다.

두 번째 단계의 벨 상태 측정은 왼쪽의 벨 짝과 오른쪽의 벨 짝 사이에 논리 CNOT 게이트와, 그에 이어지는 CNOT 게이트의 논리 제어 큐비트에 대한 아다마르 게이트, 이어서 계산 기저에서의 두 논리 큐비트의 측정을 요구한다. 이것은 연산이 물리적인 큐비트 대신에 논리적인 큐비트에 수행된다는 점을 제외하면 10장의 양자정화-얽힘교환 양자 중계기 기법에서 얽힘교환에 사용된 벨 상태 측정과 동등하다.

[[7, 1, 3]] 부호화와 다른 부호화에 대해 CNOT 게이트는 횡단적이다. 즉, 왼쪽의 큐비트와 오른쪽의 큐비트를 1 대 1로 연결하는 7개의 물리 CNOT 게이트가 하나의 논리 큐비트에 대한 논리 CNOT 게이트를 실행한다는 것이다. 마찬가지로, 아다마르 게이트와 측정도 물리 큐비트에 대해 같은 연산을 실행하여 수행될 수 있다. 그러므로 이 연산들은 간단하다.

각 논리 벨 상태 측정[BSM]은 2개의 고전 비트 결과를 얻는다. 이 결과들은 궁극적으로는 양자 중계기 사슬의 한쪽이나 양 끝에 통보돼야 한다. BSM은 더 짧은 2개의 벨 짝을 하나의 긴 벨 짝으로 이어붙인다. 하지만 어떤 벨 짝이 엮이는가는 무작위적이다. BSM 결과는 우리가 어떤 벨 짝을 갖고 있는지 알려주고, 이어 붙여진 장거리 벨 짝을 파울리 기준계 보정을 위한 X나 Z 게이트를 적용하여 실제 필요한 벨 짝으로 만들기 위해 사용된다. 그러나 이 통신과 보정은 기본적으로 무한정 연기될 수 있으며, 최종 단계 결과물인 끝 대 끝[end-to-end] 벨 짝을 응용 단계에서 사용하는 것에만 제한된다. 어떤 경우, 특히 QKD에서 이 보정은 심지어 고전적으로, 응용 큐비트가 측정된 후 한참 후에 적용될 수도 있다.

CSS 양자 중계기 기법은 중첩된 양자정화를 요구하지 않기 때문에, 끝 대 끝[end-to-end] 처리량은 홉 수, 또는 전체 거리에 크게 독립적이다(보통의 네트워크가 연결의 시작이나 종료를 감안하면, 자원 등에 대한 논쟁은 있다. 이 주제의 일부는 13장에서 다룰 것이다). 그러나 부호화된 BSM조차 불완전한 벨 짝에 구축된 불완전한 연산이므로, 충실도는 연결이 길어짐에 따라 분명 감소한다. 자세한 유도는 여기서 논의하기에 너무 복잡하지만, 끝 대 끝$^{\text{end-to-end}}$ 충실도가

$$F \approx (1 - Q)^{2L} \tag{11.3}$$

라는 것이 알려져 있다. 여기서 L은 홉 수이고, Q는 부호화된 논리 큐비트 하나의 오류 확률로 다음과 같다.

$$Q \approx \binom{n}{t} q^t \tag{11.4}$$

여기서 q는 물리적 벨 짝의 (아마도 양자정화 이후에) 남아 있는 불충실도이고, $t = (d + 1)/2$로, 논리 상태에 대해 보정될 수 있는 오류의 수다. 이 근사적 계산은 q와 Q가 작은 경우에만 적용된다.

11.2.1 프로토콜

가장 중요한 단계인 얽힌 논리 벨 짝의 생성은 몇 가지 작업으로 구성된다.

- $|0\rangle$이나 $|+\rangle$인 논리 큐비트의 생성(각 지역 노드에)
- 링크를 사용해 (아마도 앞 단계와 병행해서) QEC 덩어리 크기에 대해 충분한 $|\chi\rangle$ 상태의 생성
- $|\chi\rangle$ 상태를 부호 워드의 위치에 배정(양 끝에서 반드시 같아야 함. 그러나 간단한 알고리듬이면 독립적으로 동등한 결정을 하게 할 수 있음)
- 부호화된 덩어리의 큐비트당 하나씩 양자원격전송된 CNOT 게이트를 실행
- 그 결과물인 논리 상태에 국소적 QEC를 실행

그림 11.5는 CSS 중계기에서 통신의 조직도를 나타낸다. 물리 계층^{PE}과 AEC

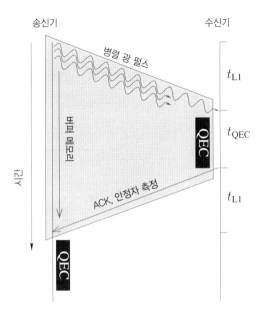

그림 11.4 회색 사다리꼴은 하나의 $M \rightarrow M$ 링크에서 송신자의 메모리 버퍼링과 얽힘 성공/실패의 알림에 따른 지연을 포함한 왕복 처리를 나타낸다.

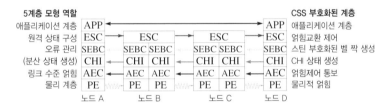

그림 11.5 CSS 중계기의 프로토콜 계층화

는 양자정화-얽힘교환 중계기와 같다. 여기서는 사실상 CSS 중계기의 첫 단계를 2개의 새로운 프로토콜로 쪼갠다.

- CHI: 분산된 $|\chi\rangle$ 상태를 생성한다.
- SEBC: 스틴 부호화된 벨 짝을 생성한다.

CHI는 벨 짝보다 더 복잡한 상태를 위해 명시적으로 전용하는 첫 번째 프로

토콜 계층이다. 그리고 CHI는 1장에서 설명한 다섯 가지 프로토콜 역할에 맞지 않는다. CHI는 매우 간단하게, 단일 양자원격전송과 몇 가지 국소 게이트로 구성된다. 이런 기능은 SEBC에 쉽게 포함될 수도 있는데, SEBC는 부호 워드의 특정 위치에 $|\chi\rangle$ 상태를 배정한 후 양자원격전송된 CNOT 게이트를 실제로 실행하면 된다. 그러나 $|\chi\rangle$ 상태의 사용은 다양한 상위 계층 프로토콜에서 나타나므로, 여기서는 재사용 가능한 프로토콜을 만드는 것이 상식적이다.

논리적 BSM과 파울리 기준계 보정을 사용하는 두 번째와 세 번째 단계에서 논리 상태를 연결하기 위해, 물리적 작동이 아니라 논리적이라는 중요한 차이를 포함하면 10.2.2절에서 설명한 것과 똑같은 얽힘교환 프로토콜을 사용할 수 있다. 앞시 말한 것들은 이 책 2부의 몇 가지 애플리케이션 계층 프로토콜에 상주할 것이다.

11.2.2 작동시간

CSS와 표면 부호 기법을 처음 제안했던 논문의 분석은 그림 11.6에 묘사된 것처럼 모든 링크에 대해 동기화된 작동을 가정했다. 각각의 회색 사다리꼴은 QEC 상태에 사용되기 전에 통보를 기다리는 큐비트와 함께 단일 $M \to M$ 링크를 통한 왕복 처리다. 가로 막대는 벨 상태 측정이다. 별표는 큐비트 양자원격전송이 완성되는 시작과 끝점을 나타낸다. 큰 원은 공유된 무작위 고전 숫자를 QKD와 비슷하게 생성하기 위한 시각을 나타낸다. 흰 원은 큐비트가 측정되고 메모리 자원이 풀려나는 때를 표시하고, 검은 원은 파울리 기준계 보정이 완료되고 그 결과인 고전 숫자가 사용될 수 있는 때를 표시한다. 긴 대각선 화살표는 파울리 기준계 보정에 사용될 BSM 결과의 전파다. 이 결과는 BSM이 완성된 노드에서 노드로 전달하여 누적된 보정으로 적용될 수 있다. 두 번의 Z 보정은 상쇄될 것이고, 두 번의 X 보정도 마찬가지로 상쇄된다. 이 말은 끝단 노드에서 궁극적으

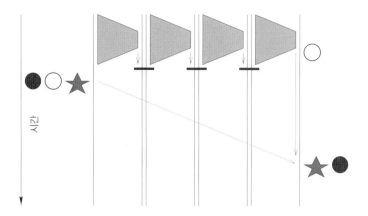

그림 11.6 동시작동 QEC 양자 중계기를 이용한 전방 양자원격전송과 네 단계에 걸친 링크 수준 얽힘 통보의 시간 순서

로 필요한 것은 경로에 있는 각 노드마다 2개씩이 아니라 종합된 2개의 고전 비트라는 뜻이다.

세로 화살표는 BSM이나 마지막 파울리 기준계 보정을 기다리는 데 필요한 메모리 보관 시간이다. 그림 11.4의 회색 사다리꼴 내부에 있는 세로 화살표는 피할 수 없다. 한 번의 왕복시간이 끝날 때까지는 얽힘 연산이 성공했는지 여부를 알 수 없기 때문이다. 그림 11.6의 사다리꼴 밖에 있는 화살표는 가능해질 다른 작용을 기다리는 시간을 나타낸다. 이 경우 화살표는 하나의 끝 대 끝[end-to-end] 왕복시간으로 합쳐질 수 있다. 가능하다면 이 값을 바꿀 것이다.

동기화된 작동 가정은 나중에 12장에서 논의할 면로의 준 비동기적 설계와의 가장 중요한 차이점 중 하나다. 동기화된 작동이 꼭 필요한 것은 아니지만, 이는 설명과 기초적인 성능 분석을 간단하게 만든다. BSM이 각 노드에서 실행되는 정확한 시각은 사실 중계기 사슬을 따라가는 BSM 연산이 올바른 끝 대 끝[end-to-end] 세션에 대응될 수 있는 한 독립적일 수 있다. 만약 각 노드가 하나 이상의 논리 큐비트를 지원한다면, CSS 중계기는 양자정화-얽힘교환 중계기(그림 10.6)와 똑같이 건너뛰기 실수를 생각할 수밖에 없고 이는 잠재적으로는 도달 가능한 비동기성의 수준에 대한 실질적인 제약이 된다.

정확한 연산은 물리 큐비트를 관리하면서 단지 몇 가지 제약조건을 요구한다.

- 얽힘의 통지
- 올바른 끝 대 끝$^{end-to-end}$ 세션 배정
- 만약 하나 이상의 끝 대 끝 벨 짝이 처리 중이면, 올바른 애플리케이션 수준 벨 짝에 배정
- 오류 보정 부호의 올바른 위치에 배정

만약 이 배정 결과들이 올바르게 추적된다면 작동은 쉽다. 끝 대 끝$^{end-to-end}$ 벨 짝은 수많은 양자정화와 중첩된 양자정화에 수반되는 어려움을 겪지 않고, 끝단에서 실행되는 상위 계층 프로토콜에 직접 전달된다. 이것은 완전한 통신 세션을 더 지역화할 수 있다. 노드는 중계기 사슬을 따라 다양한 노드에 복잡한 연결들을 유지하기보다, 메시지를 중계기 사슬의 직접적인 이웃하고만 교환하면 된다.

11.2.3 자원과 성능

첫 단계에서 논리 벨 짝을 만드는 데 사용하는 양자원격전송된 CNOT 게이트에 대한 그림 4.5의 회로를 생각해보자. 데이터 큐비트와 물리 벨 짝에 추가로, 논리 상태의 큐비트 하나당 밥은 3개의 물리 큐비트를 요청하고, 앨리스는 2개의 물리 큐비트를 요청한다.

CSS 양자 중계기가 만약 $[[n, k, d]] = [[7, 1, 3]]$의 단일 계층을 사용한다면, 네트워크 인터페이스당 최소 13개의 큐비트를 사용한다. 7개는 부호화된 상태에, 4개는 보정을 수행하기 위한 오류 징훗값을 추출하는 동안 사용되는 보조 상

태에, 하나는 송수신자 큐비트에, 나머지 하나는 송수신자 큐비트를 양자정화하는 데 사용한다. 양자원격전송된 CNOT 게이트에 대해 링크 끝단의 수신자는 추가로 21개의 큐비트가 더 필요하고, 송신자는 14개의 큐비트를 추가로 요구한다. 그러므로 최소 환경은 노드당 61개의 큐비트다. 34개는 송신자가, 27개는 수신자가 사용한다.

이 최소 수준에서 성능은 매우 나쁠 것이다. 왜냐하면 논리적으로 부호화되고 한 번 호핑하는 벨 짝을 생성하기 위해, 횡단적 양자원격이동된 CNOT 게이트가 중간 충실도의 벨 짝이 사용 가능하기를 기다리며 멈춰 있을 것이기 때문이다. 훨씬 나은 균형 상태를 이루려면, 전체 부호화된 워드에 대해 양자원격전송된 CNOT 게이트를 동시에 진행할 수 있도록 충분히 적절한 높은 충실도의 벨 짝을 공급하기 위해 송수신자와 양자정화에 사용되는 큐비트의 수를 늘리면 된다.

이 지점에서 물리 계층과 링크 계층은 무시했다. 그러나 이 통신 세션 아키텍처는 적절히 높은 충실도($F \geq \approx 0.95$)의 물리적 벨 짝에 의존한다. 만약 물리 계층이 이런 충실도의 벨 짝을 공급하지 않는다면, QEC를 수행하기 전에 벨 짝은 반드시 양자정화돼야 한다. 다행히도, 계층화된 프로토콜 아키텍처는 이것을 쉽게 받아들일 수 있다. 그림 11.5에 나타난 계층도에서 AEC와 CHI 계층 사이에 양자정화 계층을 끼워넣으면 된다.

이미 설명했듯이, 만약 물리 링크가 베르너(백색 잡음) 상태를 생성한다면 양자정화의 첫 단계는 충실도가 조금밖에 상승하지 않을 것이다. 하지만 두 번째 단계부터는 극적으로 증가한다. 그러므로 여기서는 두 단계의 양자정화가 필요하다고 가정하자. $|\chi\rangle$ 상태를 만들고 CNOT 게이트를 수행하려면 7개의 양자정화된 벨 짝이 필요하다. 양자정화가 100% 확률로 성공한다고 가정하면, 이 과정은 양자정화하기 전에 28개의 물리 벨 짝을 필요로 한다.

첫 단계의 양자정화 성공 확률 P_{p1}과 두 번째 단계의 성공 확률 P_{p2}를 고려하면, 한 번의 링크 수준 왕복시간 동안 다음과 같은 수의 기저 벨 짝을 생성할 수 있다.

$$N_b = \frac{4n}{P_{p1}P_{p2}} \tag{11.5}$$

여기서 [[7, 1, 3]] 부호에 대해 $n = 7$이다. 만약 벨 짝이 충실도 $F = 0.8$인 베르너 상태이고 두 번의 양자정화를 수행한다면 출력 충실도는 0.96이 될 것이고, 이 정도면 오류 보정을 수행하기에 충분히 좋다. $P_{p1}P_{p2}$는 대략 0.56이므로 $N_b = 50$이 된다.

만약 링크 계층 얽힘 성공률이 가령 30%라면(큐버스 기술과 그 후속기술에 의해 예측되는 매우 높은 성공률이다), 첫 단계에 충분한 벨 짝을 만들기 위해 링크의 송신자 측에 50/0.3 ≈ 167개의 송수신자 비트를 가져야 할 것이고, 대략 50개라면 링크의 수신자 측에 충분할 것이다. 몇몇 큐비트는 양자정화의 확인을 기다리는 동안 보관될 텐데, 대략 25개가 첫 단계 확인을 기다리고 대략 10개가 두 번째 단계 확인을 기다릴 것이다.

전체적으로, 송신 링크 1개와 수신 링크 1개로 균형이 잘 잡힌 양자 중계기는 송신 측 인터페이스에 대략 200개의 큐비트가 필요하며 수신 측 인터페이스에는 대략 85개가 필요하다. 즉, 전체적으로 대략 285개가 필요하다. 이 수는 물리 계층에서 성공적인 얽힘 확률에 강하게 의존한다.

이것은 CSS 양자 중계기의 사슬이 높은 충실도의 끝 대 끝end-to-end 벨 짝을 링크 수준 왕복시간당 1개씩 만들 수 있게 한다. 만약 각 링크가 10km의 광섬유라면 RTT는 $100\mu s$이고, 10kHz의 반복률, 또는 초당 10,000개의 끝 대 끝 벨 짝을 제공한다.

이 값들은 당연히 그 밑에 깔려 있는 물리 계층에 의존한다. 리앙^{Liang} 등은 더 적은 큐비트, 더 낮은 얽힘 성공 확률, 3단계 양자정화라는 특정한 조합을 분석해서 초당 100개 이상의 끝 대 끝^{end-to-end} 벨 짝이라는 처리량을 허용하는 10km 링크를 사용한 7ms의 논리 벨 짝 생성시간을 추정했다. 물론, 광자 전송시간과 논리 게이트 작동시간은 빛의 속도에 의한 지연에 비교하면 무시할 수 있으므로, 성능의 첫 근사는 사용 가능한 큐비트의 증가에 따라 선형적으로 커질 것이다.

11.3 표면 부호 양자 중계기

2차원 표면 부호를 이용해[RAU 07a] 양자 오류 보정과 양자 통신을 결합하는 FWHLVH 접근법은 2010년에 파울러가 제안했다[FOW 10]. 이 기법의 전체적인 조망이 그림 11.7과 그림 11.8에 나타나 있다. 이 기법에서는 끝 대 끝^{end-to-end} 양자원격전송을 효과적으로 이용해 하나의 논리 큐비트를 왼쪽에서 오른쪽으로 옮길 수 있다. 다시 말해, 격자 수술^{lattice surgery}이라는 기술을 이용해 논리적 벨 짝을 두 양 끝에 놓을 수 있다[HOR 12].

표면 부호에서 2차원 격자는 하나의 논리 큐비트 상태를 갖는다. 이 양자 중계기 기법에서 각 노드는 그런 격자를 하나씩 갖고 있다. 양자 중계기의 사슬 격자는 대략적으로 결합되어 있는데, 그 상태가 양자 중계기들 전체에 퍼져 있는 논리 큐비트에 해당하는 하나의 매우 길고 좁은 격자를 만든다. 표면 부호에서 얽힌 결합들을 삭제함으로써 한 격자를 잘라 두 조각으로 만드는 것은 하나의 논리적 큐비트를 같은 상태를 갖는 2개의 얽힌 큐비트 짝으로 바꾼다. 그러므로 하나의 커다란 $|+\rangle$ 상태를 만들고 그것을 둘로 나눠서 $|\Phi^+\rangle$ 벨 짝을 생성할 수 있다. 이미 표면 부호에 부호화된 논리 큐비트를 중계기 사슬의 한쪽 끝에서 다른 쪽 끝으로 중개하는 논리 벨 짝을 사용하지 않고 전달하기 위해 이 기법을 사용

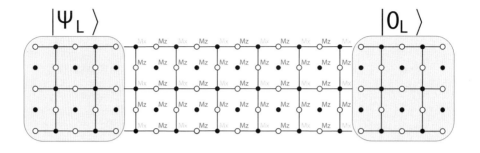

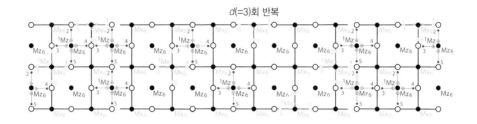

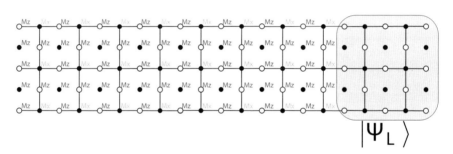

그림 11.7 하나의 기계 안에서 논리 큐비트를 왼쪽에서 오른쪽으로 옮기는 표면 부호 격자를 확장 후 수축시키기

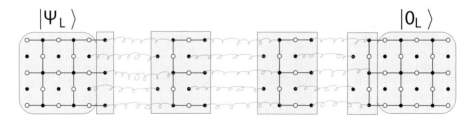

그림 11.8 표면 부호 양자 중계기 기법([FOW 10]에서 인용)

할 수 있다.

표면 부호에서 물리 큐비트의 절반은 논리 큐비트 상태의 일부이고, 나머지 절반은 안정자 또는 오류 징훗값 큐비트다. 이 양자 중계기 기법에서 격자는 징훗값 큐비트의 지그재그 선을 따라 옆으로 잘라진다. 여기서 제거한 각 징훗값 큐비트는 벨 짝으로 교체된다. 이 과정은 한 데이터 큐비트는 벨 짝의 한쪽 끝에 있고, 나머지 3개의 데이터 큐비트는 벨 짝의 반대쪽 끝에 있도록 격자 칸을 나눈다.

보통 각 징훗값 큐비트는 주변에 있는 데이터 큐비트에 각 하나씩, 4개의 두 큐비트 게이트에서 사용된다. 이 양자 중계기 기법에서는 이런 게이트들은 네 게이트의 제어 큐비트나 표적 큐비트로서 벨 짝 큐비트를 이용해 수행된다.

이제 벨 짝의 모든 큐비트가 측정된다. 통상적인 격자 징훗값의 마지막 계산(예를 들어, XXXX나 $ZZZZ$의 안정자 고윳값)은 물리적 링크를 통해 측정 결과를 공유하도록 요구한다. 이 고전 통신은 단방향이거나 양방향일 수 있다. 격자 칸의 가로 수 d는 부호 거리이고, 오류 보정의 강도를 결정한다. 이 거리는 d회 반복을 위해 시간적으로뿐만 아니라 물리적 방향으로도 확장될 필요가 있고, 하나의 양호한 연결을 만들기 위해 $2d^2$개의 벨 짝을 소모한다.

이것이 완료된 후, 그림 11.7에서처럼 하나의 큰 논리 큐비트를 갖게 된다. 마지막 단계는 수신자가 갖고 있는 훨씬 작은 큐비트로 축소하는 것이다. 이 작업은 수신자(그림의 왼편)를 제외한 모든 노드에 있는 모든 큐비트를 측정해 수행된다. 이렇게 얻은 고전 측정 결과는 수신자에게 보내져서 보관되다가 마지막 논리 큐비트를 측정할 때 사용된다. 이것은 하나의 송신자에서 하나의 수신자에게 양자원격전송된 각 논리 큐비트마다 수천 개의 고전 비트가 될 수 있다. 이렇게 많은 고전 데이터를 보관하는 것의 대안은 긴 격자의 가로 방향 막대를 따라 홀짝성을 모아두고, 수신자 측 남아 있는 격자의 변에 파울리 격자 보정을 수행하는 데 적용하는 것이다. 이 결과는 최종 오류율에 다소 부정적인 영향을 준다.

11.3.1 프로토콜

그림 11.9에서 볼 수 있듯이, 표면 부호를 위한 프로토콜 계층화는 CHI와 SEBC가 SURF라고 하는 단일 프로토콜 계층으로 교체되는 것을 제외하면 기본적으로 CSS 부호 양자 중계기와 동일하다. 이 작업을 다음과 같이 쪼개볼 수 있다.

- $|0\rangle$(단 1개를 제외한 모든 노드에), $|+\rangle$(끝 대 끝$^{end-to-end}$ 벨 짝을 생성할 때, 어떤 노드에서 수행해도 됨), 또는 $|\psi\rangle$('송신자' 측에서 하나의 논리 큐비트를 전송할 때) 논리 큐비트를 생성한다(이 연산은 각 노드에서 국소적으로 이뤄진다).

- 가로 거리에 충분히 걸치고 d회 반복하기에 충분하도록 $2d^2$개의 물리 벨 짝을 각 링크에 생성한다(링크 연산).

- 각 벨 짝을 부호의 가로와 시간적 위치에 배정한다(생성해야 할 벨 짝의 수와 순서를 합의했기 때문에, 각 끝단에서 같은 결정을 하는 것은 자명하다).

- 안정자 게이트와 벨 짝 큐비트의 측정을 d회 반복 수행한다.

- 측정 결과를 보내고, 필요한 보정을 계산한다.

일단 작업이 이뤄지면, 최종 작업은 다음과 같다.

- 모든 데이터 큐비트를 (1) 왼쪽과 오른쪽 노드를 제외한 모든 노드(벨 짝을 만들 경우), 또는 (2) 오른쪽 노드를 제외한 모든 노드(단일 큐비트를 옮길 때)에 대해 측정하고 결과를 전송한다.

이 모든 과정은 그림 11.9에서 볼 수 있듯이 단순한 단방향 통신으로 수행될 수 있다. 엄격하게 말하면, 여기서 수행된 노드 대 노드 결합은 얽힘교환이 아니다. 논리 큐비트에 대한 벨 측정을 수행하지 않았고, 큐비트가 한 장소에서 다른

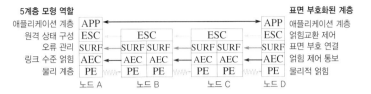

그림 11.9 표면 부호 양자 중계기 프로토콜 계층화

장소로 양자원격전송한 것이 아니기 때문이다. 그렇다기보다는 하나의 커다란 양자 상태를 형성해서 다룬 것이다. 그러므로 ESC 프로토콜은 있는 그대로 사용될 수 없다. 새로운 SURF 프로토콜이 원격 상태 구성(50쪽)의 역할을 새로운 방법으로 채운다.

11.3.2 작동시간

앞서 언급한 대로, 표면 부호 양자 중계기 기법은 애초에 양자 중계기의 사슬을 넘어 동기적인 작동을 가정하여 개발됐다. 하지만 이 조건은 엄격하게 필요하지는 않다. 이 조건을 완화한 것은 12장에서 볼 것이다.

기본 분석에서는 벨 짝이 높은 성공 확률로 생성된다고 가정한다. 만약 손실 확률이 $p_{loss} < 0.35$라면 벨 짝을 직접 사용할 수 있다. $M \rightarrow M$ 링크를 통해 CNOT 게이트를 실행하고 격자 안정자 측정을 공유하기 위해 송신 측은 벨 짝의 구성원을 즉시 사용한다. 이것은 장수명 메모리의 필요성을 현저히 감소시킨다. 만약 손실률(또는 얽힘 실패율)이 35% 이상이라면, 표면 부호를 수행하기 전에 링크 수준에서 통보된 벨 짝의 생성에 의존해야만 한다. 이 경우 작동시간 패턴은 그림 11.6에서 본 것과 기본적으로 동등할 것이다. 절차는 모든 노드의 모든 자원을 소모하기 때문에, 모든 노드에 대한 접근을 조율하는 것은 중요하다. 가장 간단한 접근법은 네트워크를 통한 경로를 사용할 권리를 미리 설계해두는 것이다. 13장에서 양자정화-얽힘교환 양자 중계기에 대한 개별 링크의 다중화를

위한 또 다른 기법을 살펴볼 것이다. 그러나 오류 보정 기반 양자 중계기, 특히 표면 부호 중계기는 네트워크를 통해 링크를 할당하는 것이 선호될 것으로 보인다.

각 노드가 어느 정도 비동기적으로 작업을 공유하여 수행하기 위해 작업시간을 조절하는 것이 가능하다. 이 기법은 CSS 부호화된 양자 중계기의 관점에서 다음 장에서 살펴볼 것이다. 그러나 그 개념은 또한 상대적으로 쉽게 표면 부호에 적용될 수 있다.

11.3.3 자원과 성능

각 중계기의 격자는 부호 거리 d에 대해 $3(2d - 1)$개의 크기인 큐비트를 갖는다. 가로 크기 d는 높은 충실도 연결에 대해 최대 300개까지, 대략 2,000개의 물리 큐비트를 요구할 정도로 커진다.

d개의 송수신 큐비트와 높은 얽힘 성공 확률을 갖고 있으면, 한 번의 수행시간은 매우 빨라질 수 있다. 4개의 CNOT 게이트와 측정 연산은 한 번의 오류 보정을 수행한다. 만약 T_g가 CNOT 게이트 수행시간이고 T_m이 측정 수행시간이라면, d회 반복은 단지 $(4T_g + T_m)d$초의 수행시간을 요구한다. 만약 물리 게이트가 수 나노초를 요구한다면, d가 300 정도라고 해도 끝 대 끝end-to-end 통신 속도는 MHz에 도달할 수 있다.

직접 연산과 35%의 광학 큐비트 손실률을 갖고, d를 30으로 올리면 잔류 오류율이 10분의 1로 감소될 것이다. 더 높은 손실률로 작업하려면 미리 통보된 벨 짝을 사용해야 한다. 하지만 부호 거리 $d = 30$은 훨씬 더 많은 자원을 지출하면서 매우 낮은 잔류 오류율을 제공할 것이다.

마찬가지로, 요구되는 충실도는 96%로 꽤 높다. 만약 물리 벨 짝이 충실도가 낮으면, 표면 부호를 수행하기 전에 단일 단계 양자정화가 필요하다. 당연히 이것은 수명이 더 긴 메모리를 요구하고 시스템의 처리량에 영향을 준다.

CSS 부호를 쓸 때처럼, 만약 $F = 0.8$인 베르너 상태에서 시작하고 표면 부호에 붙이기 전에 양자정화를 두 번 수행한다면 d번의 안정자 측정이 필요할 때마다

$$N_b = \frac{2d - 1}{P_{p1} P_{p2}} \tag{11.6}$$

개의 기저 벨 짝이 필요하다. 그리고 만약 P_b가 기저 수준 벨 짝의 성공 확률이라면, N_b개의 수신자 큐비트와 N_b/P_b개의 송수신자 큐비트가 요구된다. 만약 $d = 30$, $P_b = 0.3$, $P_{p1}P_{p2} = 0.56$이라면, $N_b \approx 105$개의 수신자 큐비트와 $N_b/P_b \approx 350$개의 송수신자 큐비트가 있어야 각 노드 격자의 중간에 있는 30개의 큐비트를 지원할 수 있다. 양자정화가 수행되는 동안 버퍼 상태에 닿는 각 접점에서 100개 정도의 큐비트가 추가로 필요하다. 이런 특성값을 갖는 양면 중계기는 전체적으로 거의 700개의 물리 큐비트를 가질 것이다. 이 자원은 d에 대해 선형적으로 증가한다.

여기서 설명한 대로, 논리 큐비트의 최종 충실도는 표준적인 양자정화-얽힘교환 접근법을 사용할 때 달성할 수 있는 것에 비해 매우 높다. 그러나 양자정화-얽힘교환의 물리 벨 짝의 공동 운명은 끝단 노드에 의해 직접 수행되는 오류 보정의 더 많은 계층에 있는 반면에, 이 연산들이 시스템의 오류 보정의 꼭대기 계층에 이미 부호화되어 있다는 것을 감안해야 한다.

통지된 벨 짝을 이용하면 성능은 극적으로 감소한다. $d \sim 300$의 거리는 각각의 끝 대 끝end-to-end 송수신의 각 링크마다 1.8×10^5개의 벨 짝을 요구할 것이다. 이것은 아마 10^{-6}의 불충실도를 제공할 것이고, 이 수준은 QKD뿐만 아니라 장시간 수행되는 분산 계산도 수행할 수 있는 수준이다.

11.4 결론

여기서 소개한 두 가지 양자 오류 보정 기반 중계기 기법은 우리의 능력, 잠재적으로는 기반에 있는 물리 계층, 특히 메모리 시간으로 이뤄진 요구사항을 대체하는 능력의 유의미한 발전을 나타내고, 각 중계기가 반드시 통신해야만 하는 노드 수를 줄여서 네트워크 아키텍처를 간단하게 만들 수 있다.

이 접근법들이 몇 가지 왕복 통신 지연을 없앨 수 있지만, 더 많은 물리 자원과 더 높은 기저 짝 충실도를 요구한다. 그리고 높은 광자 손실에는 견고하지 못하다. 그러므로 전형적인 연산 방식은 링크 수준의 통지된 양자정화 위에 구축될 가능성이 높다.

이 두 가지 기법의 의미 있는 장점은 논리 큐비트에 적용된 부호화 방식을 바꾸지 않으면서도 시스템에 부호화된 논리 큐비트를 직접 사용하는 대형 양자 컴퓨터에 잘 접속할 수 있다는 것이다. 그리고 물리 큐비트 그 자체를 초과적으로 사용하는 것은 잔여 오류율을 줄인다.

그보다, 주어진 노드에 완전한 점유 때문에 양자정화-얽힘교환 중계기에 비해 이 접근법들은 자원 관리에 다른 문제가 나타난다(가령, 링크 다중화와 버퍼 메모리 할당). 복잡한 네트워크의 필요성 때문에 다중 NIC 중계기로 확장하는 것은 분명 미리 구축된 끝 대 끝end-to-end 경로를 요구할 것이다. 공학적 설계 결정을 하는 데 사용된 원리는 (다음 장에서 소개할 것들을 포함하여) 이 모든 통신 세션 아키텍처에 대해 같지만, 각 기법의 네트워크 기능 모두를 자세하게 살펴보지는 않을 것이다. 13장과 14장의 논점을 확장하는 것은 독자들의 연구 주제로 남겨두겠다.

12

키 제한의 처리

어떤 양자 중계기 기법에서든 공학적으로 결정해야 하는 몇 가지 핵심 제약조건을 맞닥뜨린다. 국소 게이트 불충실도와 불완전한 얽힘 연산은 상태를 무제한적으로 오류 없이 전달하는 것을 방해한다. 확률적 연산은 모든 기법에서 발생하는 물리 계층의 신호 손실과, 어떤 기법에서는 양자정화와 같은 확률적인 연산 때문에 얽힘이 언제 사용 준비가 될지 신뢰성 있게 예측하는 능력을 제한한다. 그러므로 조율된 분산 결정은 어려워진다. 대부분의 큐비트 기술이 갖고 있는 제한된 메모리 수명과 현재 만들 수 있는 제한된 메모리 용량을 위해서가 아니라면, 이것은 사소한 짜증을 만드는 비효율성의 원천일 뿐이다.

10.2.2절에서는 어떤 노드가 다른 노드와 '정합'이 맞도록 다음 행동을 결정할 만큼 충분히 알고 있다고 '언제 보증할 수 있는지' 질문했었다. 10장에서 소개한 원래의 뒤르-브리겔-시락-졸러 양자정화-얽힘교환 접근법은 두 끝점 사이뿐만 아니라, 그림 10.5에서 보였듯이 노드 집합의 모든 겹치는 복잡한 부분에 양방향

고전 통신을 요구한다. 전체 끝 대 끝$^{end-to-end}$ 부호화를 위해 QEC를 사용하면, 11장에서 살펴봤듯이 목적지를 향하는 정보의 단방향 다중홉 흐름과 링크에 대한 양방향 통신이 단순화된다. 대기시간은 줄어들고, 메모리는 그 수명과 관련된 문제가 줄어들고, 국소적 게이트 오류로부터 보호받는다. 그러나 전체 끝 대 끝 부호화된 상태를 유지하기 위한 자원 요구량은 매우 높다. 그리고 낮은 얽힘 성공률 P_b의 문제는 부분적으로만 해소됐다. 동기화 문제를 완화할 수 있다는 점을 반복해서 이야기하긴 했으나, 작동은 최소한 충분히 추적 가능한 분석을 하기 위한 목적에서라도 중계기의 사슬을 건너면서 동기화된 작동을 한다고 가정된다.

12장에서는 이 제약조건을 해결하려는 시도로 두 가지 접근법을 검토한다. 그리고 10장과 11장에서 설명한 기법과 비교해볼 것이다. 세 가지 유형의 메모리, 즉 송신기^{transmitter}, 수신기^{receiver}, 버퍼^{buffer}의 자원 소모 결과와 작동시간을 평가할 것이다.

11장에서 살펴본 QEC 양자 중계기 기법을 구축하면서 빌 먼로$^{Bill\ Munro}$와 카에 네모토$^{Kae\ Nemoto}$의 연구단은 양자 통신선로의 높은 손실을 다루는 기술과 오류 보정을 영리하게 결합하는 준 비동기화된 아키텍처를 만들었다[MUN 10]. 이 기법은 고전 제어 신호를 거의 한방향으로만 전달하고, 정보(고전과 양자 모두)를 매끄럽게 전달하는 시각을 명시적으로 짚어내고, 지연시간이 각기 다른 링크의 끊임없는 연결을 최적화하여 다룬다.

이 장에서는 준 비동기적 기법과, '비기억'이라는 단어로 지칭하는 장수명 메모리 없이 양자 중계기를 더 효율적으로 작동하게 하는 확장 기법을 논의한다[MUN 12]. 8.1.1절에서 논의했듯이, 양자광학 상태의 몇 가지 유형은 단일 광자를 이용한 하나 이상의 큐비트를 나타낼 수 있다. 이는 이 큐비트들에게 '운명을 공유'하도록 해준다. 만약 그 광자가 손실되면 큐비트 전체가 손실되는 것이다. 역으로, 만약 광자가 송신됐다면 부호화된 큐비트 전체가 송신된다. 먼로 등은 이 특징을 원래의 준 비동기적 접근법의 결점을 우회하고 전송 능력을 향상하는 영리한 부호화와 함께 이용할 수 있음을 보였다. 비기억 기법은 현실 인터넷과 같이 패킷 교환망의 참된 전송 후 망각^{send-and-forget}이라는 홉별 특징을 근사적으로 보여주는 첫 번째 통신 세션 아키텍처다.

12.1 준 비동기성

이 기법의 새로운 핵심 통찰은 기본적으로 수신 측의 큐비트 중 1개에 대한 성공적인 얽힘을 예측할 수 있다는 것과 더 직접적으로 홉별 통신 세션 아키텍처가 허용하는 큐비트를 사용할 수 있다는 것이다. 대량의 송신기가 모두 하나의 수신기를 목표로 삼고 광펄스열^{photon pulses in train}을 계속 보낼 수 있다. 수신기는 첫 번째 광펄스에 게이트를 적용해서 얽힘이 성공했는지 검사한다. 만약 실패하면, 두 번째 펄스를 검사한다. 펄스가 성공한 후에 들어오는 나머지 펄스들은 버려진다. 그리고 성공한 펄스 식별자를 송신자에게 통보한다. 충분히 큰 수의 펄스열을 이용하면, 수신자의 한 큐비트가 송신자의 어떤 큐비트와 얽힐 확률을 얼마든지 높일 수 있다. 만약 얽힘 확률이 P_b라면, 실패 확률은 x개의 펄스열을 보냈을 때 $(1 - P_b)^x$이다. 먼로 등은 이 기법을 소총수^{fusilier} 기법이라고 명명했다.

x개의 펄스 중 성공적으로 수신된 펄스의 수는 $x \cdot P_b$다. 따라서 만약 $x > 1/P_b$라면 성공적인 펄스열이 버려질 수도 있고, 이는 낭비다. 이것은 수신기를 더 많이 추가하여 쉽게 해결할 수 있다. 사실 앞선 시뮬레이션도 딱 이런 기법을 사용했으나, 송신기와 수신기를 같은 수로 사용해서 그 사이의 균형이 잘 맞지 않았다[LAD 06, VAN 09, MUN 08]. 그러므로 이 수준에서 준 비동기적 접근법은 AEC의 변형으로 볼 수 있다.

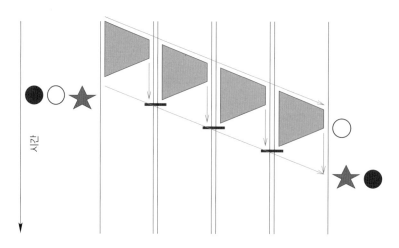

그림 12.1 준 비동기적 중계기의 전방 전파에 대한 시간간격. 세로 화살표는 BSM이나 최종 파울리 기준계 보정을 위해 필요한 메모리 대기시간을 나타낸다. 여기서는 한 번의 끝 대 끝 왕복시간의 합이다.

이 작동은 11.2절에서 설명한 것과 비슷하게 3단계로 구성된다. 가공되지 않은 벨 짝에 오류 보정과 관련된 연산을 적용하고, 얽힘교환과 파울리 기준계 보정을 한다. 최종 파울리 기준계 보정은 고전적으로 그리고 기본적으로 한없이 미뤄질 수 있는데, 벨 짝과 큐비트를 양자 연산에 사용할지 정하는 것보다 조작적으로는 덜 중요하다.

준 비동기적 중계기와 CSS 중계기 사이의 가장 큰 차이는 작동시간이다. 그림 12.1을 보면, 송신기는 왼쪽에서 오른쪽으로 고전 펄스열에 의해 작동이 개시된다. 보내진 상태는(벨 짝의 절반, 또는 단일한 가치 있는 데이터 큐비트) 각 링크에서 빛의 진행과 같은 방향인 왼쪽에서 오른쪽으로 이동한다. 이 방향을 전방 전파^{forward} ^{propagation}라고 한다. 그림 11.4와 그림 11.6에서는 각각의 회색 사다리꼴이 단일 $M \rightarrow M$ 링크에서 왕복 처리를 한다. 송신자의 메모리 큐비트와 얽힌 모든 광펄스는 왼쪽 위의 모서리에서 동시에 송신된다. 이 메모리는 링크의 왼쪽 끝에서 펄스가 얽힘에 성공했는지 결정할 때까지 안전하게 보관돼야만 한다. 메모리 버퍼링은 사다리꼴의 왼쪽에 있는 수직선이다(그림 11.4의 화살표 참고. 여기에는 나타나 있지 않다. 그림의 표기에 대해서는 339쪽의 더 자세한 설명을 참고한다).

준 비동기적 작동은 링크 수준 RTT 메모리의 결읋음(사다리꼴의 아랫변에서 측정됨)을 포함해도 $F >\sim 0.95$ 정도의 상대적으로 높은 충실도 기저 수준 벨 짝을 요구한다. 얽힘교환까지 포함해서 0.1% 규모의 오류율을 갖는 높은 충실도의 국소 게이트가 필요하다. 심지어 이 수준에서도 오류 보정은 효과적으로 실행되기 어려울 수 있다. 따라서 당연히 고품질 부품이 필요하다.

이 기법의 장점은 충분한 송신기 메모리가 주어지면 아무리 낮은 성공 확률을 이용해서라도 QEC의 장점은 그대로 두고 장거리 양자정화에 따르는 여러 번의 왕복시간 지연은 피하면서 작업할 수 있다는 점이다.

이 시스템은 두 가지 작동 상태, 즉 한방향 통신만을 이용하는 물리 벨 짝의 양자정화를 대체하거나, 완전 QEC 방식 중 하나로 작동하도록 설정될 수 있다. 완전 QEC 방식에서 시스템은 몇 가지 최적화와 시간간격에 좀 더 명시적인 주의를 기울여야 한다는 점을 제외하면 JTNMVL 기법과 매우 비슷하다.

12.1.1 양자정화 대체 연산

양자정화 대체 접근법은 단방향 양자정화(1-EPP)를 이용한다. 9.5절에서 1-EPP를 표준 양자정화의 변종으로서 소개했다. 여기서는 링크의 양쪽 끝에 사용한 것과 동등한 QEC 복호화^{decoding} 회로를 적용하는 더 복잡하고 더 강력한 오류 보정 부호를 이용한다. QEC를 사용해 부호화하려면, 임의의 상태 $|\psi\rangle = \alpha|0\rangle + \beta|1\rangle$에 준비된 단일 큐비트가 필요하다. 이 큐비트는 이어서 여러 게이트를 통과하면서 더 큰 논리 상태 $|\tilde{\psi}\rangle$로 부호화된다. 복호화 단계는 거꾸로인데, 논리적으로 부호화된 상태를 골라서 관련 있는 회로를 실행하고, QEC 부호에 대해 안정자를 측정하고, 하나의 물리 큐비트를 남기고 보정을 적용한다.

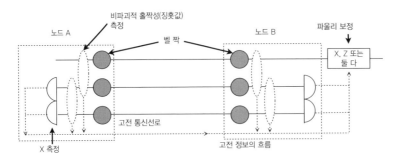

그림 12.2 비트 반전 오류에 대한 가장 간단한 단방향 QEC 기반 양자정화 프로토콜([MUN 10]에서 인용)

준 비동기적 중계기 작동을 위해 이 복호화 단계는 링크의 양쪽 끝에서 이뤄지며, 최적의 가능한 물리 벨 짝을 남긴다. 보정 연산을 적용하기 전, 안정자 측정 결과를 모아야 한다. 왜냐하면 그 결과는 벨 짝의 양 끝에 의존하기 때문이다. 양방향 고전 통신을 요청하지 않고 한쪽 끝에서 될 수 있다. 즉, 한방향 얽힘 양자정화 프로토콜이다. 비트 반전 오류를 보정하는 단순한 1-EPP는 그림 12.2에 나타나 있다.

이 그림에 작동의 시간간격은 나타나 있지 않다는 점에 유의하자. 유일하게 나타난 시간상의 제약은 왼쪽에서 오른쪽으로 가는 고전 정보의 흐름 화살표다. 둘째로, 묵시적인 제약조건은 두 노드에 의한 벨 짝의 생성과 그 벨 짝을 QEC 부호의 보정 역할에 배정하는 것이다. 물론, 송신기는 어떤 물리 벨 짝이 성공적으로 만들어졌는지 알기 전에는 여기서 자기 몫을 할 수 없다. 송신기는 그 사실을 그림 8.7에서처럼 수신기로부터의 통지(ACK)가 도착한 다음에 알게 된다.

수신기는 벨 짝을 QEC 상태 내부의 역할에 배정할 수 있다. 충분한 벨 짝을 수신하고 잠시 후, 이어서 안정자 측정을 수행한다. 준 비동기적 작동에서 수신기는 사실상 안정자 측정을 송신자보다 먼저 수행할 수 있다. 그러나 보정은 송신기의 안정자 측정 결과를 기다려야만 하고, 따라서 링크의 한방향 지연시간의 3배가 지난 후에 최종 오류 보정이 완료된다. QEC 관련 메시지는 그림 12.1의 사다리꼴 아래쪽 변을 따르는 대각선 화살표를 따라서 왼쪽에서 오른쪽으로만 흐른다.

복호화 단계 후, 남은 것은 링크 양 끝의 양자정화된 물리 벨 짝이다. 이제 얽힘교환을 수행하고, 여러 링크를 더 긴 벨 짝으로 이어붙인다. 이 과정은 대각선 화살표를 따라가고, 즉시 최종 QEC 연산의 끝으로 이어진다.

이 연산은 대각선 화살표가 목적지에 도착했을 때 최종적으로 완료된다. 지연 시간은 끝 대 끝$^{end-to-end}$ 한방향 송신시간에, 국소 연산시간과 한 번의 링크 왕복 시간을 더한 것이다. QKD와 유사한 연산의 경우, 수신된 큐비트는 도착지에서 측정된다. 이것은 흰색 원으로 표시됐다. BSM 측정 결과를 사용한 최종 종합은 화살표가 도착할 때까지 기다려야 한다. 검정색 원으로 표시된 큐비트의 완전한 양자원격전송을 위해, 이와 같은 연산은 화살표를 기다려야 한다.

이 기법에서 일정 시간이 지난 후 결잃음과 얽힘교환의 게이트 오류에 취약한 버퍼 메모리는 남겨두고, 양자정화가 단지 한 번의 호핑에 대해서만 수행된다는 점을 유의하자. 그러나 다단계 양자정화의 필요성을 없애는 것은 용량과 메모리 수명에 대한 버퍼 메모리 수요를 줄이며, 현재 기술 능력에 비추어 균형이 잘 잡힌 접근을 제공한다. 이 기법은 장거리에서 사용될 것 같지 않음에도 불구하고, 초기 대도시 양자 중계기 네트워크의 배치를 위한 강력한 후보다.

12.1.2 QEC 기반 연산

이 기법을 다수의 홉을 건너 실제로 규모를 키울 수 있게 하려면, 양자정화 대체 방법을 쓸 수 없다. 수신된 상태를 사실상 단일 물리 큐비트로 내려서 복호화하는 대신에, 수신된 상태를 QEC 부호화 상태에 보존한다. JTNMVL에서 설명한 대로, 얽힘교환은 QEC 부호화된 논리 큐비트를 사용해서 수행된다. 논리 큐비트가 기다리는 동안 QEC가 적용되고, 메모리 오류로부터 보호받는다. 이 기

법은 중요한 데이터 상태에 대한 위험을 최소화하는 동안 안정자를 측정하는 데 사용하는 논리 $|\tilde{0}\rangle$ 상태를 갖고 있기 위해 각 중계기마다 추가적인 메모리 사용을 요구한다.

세로 화살표는 BSM 측정이나 최종 파울리 기준계 보정이 끝나기를 기다리는 동안 필요한 메모리 지속시간을 나타낸다. 양자정화 대체 과정에서 이 시간은 보호받지 못하는 날것의 큐비트가 높은 충실도를 갖고 있어야만 하는 전체 수명이다. 완전 QEC 방식에서 이 시간은 수신기가 갖고 있는 논리 상태에 QEC를 적용해야 하는 시간이다. 여기서 화살표는 하나의 끝 대 끝$^{end-to-end}$ 왕복시간으로 합쳐진다. 이는 그림 11.6에 나타나 있는 JTNMVL 기법의 전체 메모리 유지시간과 같다.

버퍼시간은 중요하지만, 자원 소모의 핵심 인자는 각 사다리꼴의 왼쪽 변에 있는 송신기 큐비트가 얼마나 바쁜가이다. 위쪽과 아래쪽 대각선 화살표로 둘러싸인 평행사변형 경로에 있는 모든 자원은 하나의 끝 대 끝$^{end-to-end}$ 벨 짝의 생성에 투입된다. 결국 JTNMVL 중계기 기법과 같아진다. 모든 송신기는 정확히 한 번의 링크 왕복시간 동안 바쁘다. 차이는 단지 다른 노드에 대해 언제 그 주기가 시작되고 끝나는가이다.

12.1.3 다양한 시간간격

그림 11.6의 균일한 링크에 대한 전방 전파시간에 더해, 먼로 등은 두 가지 시간간격 영역을 제안했다. 먼저 먼로의 '긴 막대$^{long\ pole}$'와 '산등성이 접힘$^{ridge\ fold}$', 또는 '나비^{butterfly}' 접근법을 살펴보고, 이 책에서 새로 제안하는 후방 전파$^{reverse\ propagation}$와 '계곡 접힘$^{valley\ fold}$' 시간간격에 대해 살펴보겠다.

긴 막대 접근법은 하나 이상의 링크가 다른 것들보다 더 높은 지연시간을 갖는 중계기 사슬이며, 실세계 상황에 대한 중계기의 적용성을 늘리는 데 도움을

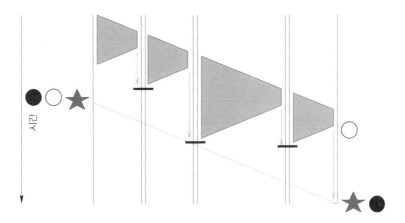

시간

그림 12.3 균일하지 않은 링크 지연시간을 가진 '긴 막대'에 맞춰지는 준 비동기적 중계기 사슬에서 전방 전파의 시간간격. 세로선으로 표시되어 있는 메모리 유지시간은 긴 막대 링크의 왕복시간(RTT)의 두 배와 첫 번째 링크를 제외한 다른 모든 링크의 왕복시간을 더한 것이다.

준다. 준 비동기적 작동에서는 그림 12.3에 나타나 있듯이 경로에 있는 모든 링크가 가장 느린 링크에 동기화된다. 이 시간간격은 QEC 정보를 나타내는 대각선 화살표가 끝 대 끝end-to-end로 방해받지 않고 흐를 수 있게 한다. 하지만 사슬 가운데의 많은 자원이 그동안 유휴 상태로 남아 있게 된다.

'산등성이 접힘' 시간간격은 그림 12.4에 나타나 있다. 이 구성은 특히 벨 짝을 네트워크의 중간에서 생성하고, 그 벨 짝을 통신 세션의 양 끝점을 향해 전파하는 것을 목표로 한다. 얽힘교환의 시간간격은 여전히 가로 막대기의 위치에 의해 제약된다. 세로 화살표로 표시된 메모리 유지시간은 왼쪽 끝이 오른쪽 끝에 큐비트를 양자원격전송하기 위해 끝 대 끝end-to-end 벨 짝을 사용하려고 하는 경우를 나타낸다. 전체 소요시간은 가운데의 두 링크를 제외한 모든 링크의 링크 왕복시간의 합에 한방향 끝 대 끝 지연시간을 더한 것이다(단계 수가 많은 경우에는 근사적으로 끝 대 끝 지연시간의 1.5배다). 그러므로 전체 자원 소모를 메모리 버퍼시간으로 나타낸다면, 평평한 시간 기법이나 전방 전파 기법보다 크다.

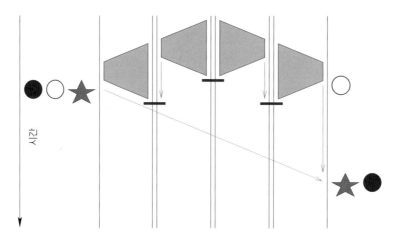

그림 12.4 준 비동기적 중계기에서 '산등성이 접힘'(나비) 전파의 시간간격. 경로 가운데에서 작동을 시작한다.

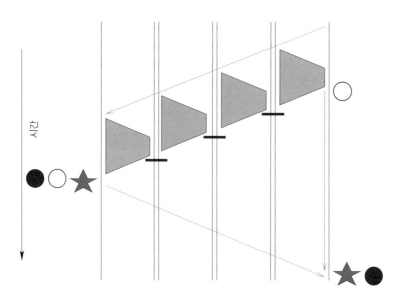

그림 12.5 준 비동기적 중계기에서 후방 전파의 시간간격. 위쪽 대각선 화살표가 나타내는 역방향 고전 신호 펄스에 의해 작동이 개시된다. 메모리 지속시간은 한 번의 끝 대 끝 왕복시간이며, 모두 목적지에서 나타난다.

그림 12.5는 후방 전파 기법을 나타낸다. 이 기법에서는 링크를 오른쪽에서 왼쪽으로 전송하지만, 1-EPP 또는 QEC 작동은 왼쪽에서 오른쪽으로 향한다. 메모리 지속시간은 정확히 한 번의 끝 대 끝$^{end-to-end}$ 왕복시간이고, 모두 목적지에서 나타난다. 경로 중간에 있는 노드의 버퍼 메모리를 소모하기보다는, 목적지 버퍼에 상태를 보관하도록 강제할 경우 개별 연결에 미치는 영향은 제한적이지만 네트워크 중간에 있는 다른 사용자에게 자원을 풀어줘서 큰 네트워크의 성능을 향상할 수 있다. 목적지에 있는 흰 원의 위치에 유의해야 한다. 데이터를 사용하는 몇몇 고전 연산이나 큐비트에 대한 클리포드 군$^{Clifford\ group}$ 연산은 송신 측에서 한 번의 완전한 끝 대 끝 왕복시간 후 진행될 파울리 기준계 보정이 실행되기 전에 수행될 수 있다.

마지막으로, 가장 선호되는 구성은 그림 12.6의 '계곡 접힘' 시간간격 기법이다. 이 기법은 산등성이 접힘을 뒤집은 형태다. 펄스는 연결을 개시하는 양 끝단에서 가운데로 동시에 발사된다. 메모리 지속시간은 정확히 한방향 끝 대 끝 지연시간과 같고, 확정적으로 최적이며, 산등성이 접힘보다 짧은 한 번의 완전한 끝 대 끝 왕복시간일 것이다. 여기서는 후방 전파에서처럼 모든 버퍼링이 목적지에서 이뤄진다.

마치 각 링크에서 빛이 어떤 길을 가도록 결정할 수 있는 것처럼 링크의 방향을 논의했지만, 실제로는 한방향을 가진 링크와 다른 방향을 가진 링크로 구성된 경로를 다뤄야 할 일이 분명 있을 것이다. 이 장에서 사용된 분석 기술은 그런 어떤 경로에 대해서도 적합한 시간간격 영역을 식별하는 데 도움을 줄 것이다.

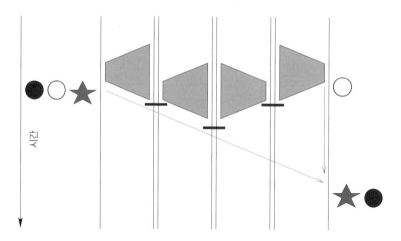

그림 12.6 준 비동기적 중계기에서 '계곡 접힘'(뒤집힌 나비) 전파의 시간간격. 메모리 지속시간은 정확히 한방향 끝 대 끝 지연시간이다.

12.2 비기억성

지금까지 설명했던 정교한 구조들인 양자정화-얽힘교환 구조, 또는 QEC 기반 구조 중 어떤 것이든지 두 가지 핵심요소가 관건이다. 즉, 얽힌 기저 벨 짝의 낮은 충실도와 광펄스의 낮은 포획 성공 확률이다. 다양한 접근 방법은 충실도 문제를 해결할 수 있을 것이라는 희망을 줬지만, 10장, 11장, 12장의 그림에서 본 회색 사다리꼴처럼 링크 수준 왕복시간의 통보를 위해 움직이는 광자 수득률 문제에 대해서는 그냥 포기했다. 먼로 등은 이 문제를 우회할 수 있도록 광자에 정보를 링크 수준에서 부호화하는 새 방법을 제안했다.

'비기억^{memoryless}' 기법에서는, 하나의 광학 큐비트는 분리된 광펄스에 m배 복사되어 m큐비트 GHZ 상태를 생성한다.

$$|\psi\rangle_{\mathrm{GHZ}} = \frac{|0\rangle^{\otimes m} + |1\rangle^{\otimes m}}{\sqrt{2}} = \frac{|000...\rangle + |111...\rangle}{\sqrt{2}} \tag{12.1}$$

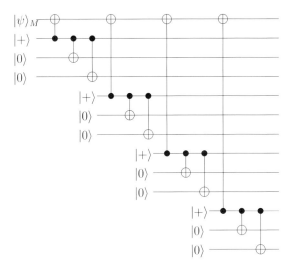

그림 12.7 '비기억 링크'를 통해 전송되는 상태를 생성하는 광자와 메모리 회로. $M \to M$ 링크를 가정한다.

이런 모음은 n번 생성되며, 따라서 각 m개의 큐비트를 가진 n개의 모음이 된다. CNOT 게이트는 GHZ 펄스를 보내기 전에 각 GHZ 모음과 국소 메모리 큐비트 사이에 한 번 수행된다. $m = 3$, $n = 4$에 대한 회로가 그림 12.7에 나타나 있다.

mn개의 펄스 전부는 목적지를 향해 통신선로를 통해 전송된다. 그러나 당연히 그중 다수가 손실된다. 일반적으로, 얽힌 큐비트의 손실은 어떤 섞인 상태로 남게 된다. 하지만 이 부호화를 통하면, 펄스의 적당한 부분집합이 정확히 도착하는 경우 놓친 큐비트를 보상할 수 있다. 목표는 1개의 GHZ 모음에 있는 펄스 전부를 받고, 남아 있는 모음들 각각에서 적어도 하나의 펄스를 받는 것이다. 사실상, 참뒤 큐비트 변수로서 GHZ 모음을 받은 것이다. 불완전한 각 모음은 섞인 상태에 있다. 하지만 전체 상태의 일부분을 하나 이상 갖고 있다면 전체 상태에 대한 각각의 불완전한 모음의 효과는 취소될 수 있다. 수신한 큐비트를 측정하고, 필요하다면 남아 있는 양자 상태에 파울리 기준계 보정을 한다.

P_b를 얽힘이 성공할 확률이라고 할 때, 모음 안의 광자 상태에 있는 모든 큐비트를 수신할 확률은 물론 P_b^m이고, 하나도 받지 못할 확률은 $(1 - P_b)^m$이다. 만약 $P_b > 0.5$라면, m과 n을 이용해서 필요한 성공 확률이 되도록 만들 수 있다. 먼로 등은 $P_b = 0.67$인 경우 $m = 7$, $n = 111$이 실패율을 10^{-3} 이하로 줄일 수 있다고 계산했다. 1GHz 펄스 반복률에 대해 777개의 펄스를 이용하면 777ns가 걸리는데, 이때 큐비트 전송률은 1.29MHz가 된다.

지금까지 이 방법은 단지 영리한 링크 수준 기법이었고, 성공이나 실패의 통지를 기다리는 동안 버퍼 메모리 요구를 줄여준다. 만약 그림 12.7의 $|\psi\rangle_M$이 0으로 초기화됐다면, 사실은 이전의 접근법으로도 링크 수준 벨 짝을 생성할 수 있나. 그러나 상태의 수신이 거의 확실하다면, $|0\rangle$을 임의의 가치 있는 양자 변수 $|\psi\rangle_M = \alpha|0\rangle + \beta|1\rangle$로 바꿀 수 있다. 그림 12.7의 회로를 지난 후 메모리 큐비트에 아다마르 게이트를 적용하고 측정하고, 이어서 그 결과인 고전 비트를 전송하면, 장수명 메모리를 필요로 하지 않고도 홉별 양자 중계기 링크를 통해 큐비트를 전송하는 능력을 갖게 된 것이다. 그림 12.4의 산등성이 접힘 접근법은 그림 12.4의 회색 사다리꼴 링크 수준 통보에 대한 필요 없이 더도 덜도 아닌 동시에 양 끝에 각 요소들이 도착하는, 실로 직접적인 벨 짝의 양방향 분배다.

10.2.1절에서 인터넷 같은 홉별 전송 세션 아키텍처는 비현실적이라는 이유로 포기했다. 비기억 기법은 부족한 자원인 장수명 양자 메모리를 풍부한 자원인 광펄스와 교환하여 홉별 접근법을 좀 더 실용 가능하게 한다. 그러나 적절히 높은 P_b와 부호화 과정 및 얽힘교환 회로에서 낮은 게이트 오류율이라는 두 가지 장애물을 반드시 넘어야만 한다.

$P_b < 0.5$인 값들은 하나의 광펄스가 하나 이상의 물리 큐비트를 전달하는 복잡한 부호화를 사용해 보상될 수 있다. 8.1.1절에서는 편광, 시간 바구니, 물리적 경로, 궤도 각운동량을 포함한 데이터를 부호화할 수 있는 광자의 다양한 특성

을 살펴봤다. 이 특성들을 주의 깊게 사용하면 전체 실패 수와 성공 수의 상대적 확률을 바꿀 수 있다. 하나의 광펄스에 31가지 분리된 큐비트를 부호화하고(수신 측 검출기가 20억 가지 분리된 상태를 구분할 수 있어야 한다) GHZ 모음을 쓸 부분에 1개의 펄스를 사용하면, P_b가 0.2 정도로 낮은 값일 때도 $n = 245$개의 펄스가 10^{-3}의 오류 확률로 링크를 통해 큐비트를 전송하게 할 수 있다. 게이트 오류를 다루려면 여전히 오류 보정 부호를 적용할 필요가 있다.

12.3 요약: 양자 통신 접근법들의 비교

거의 이상적인 기술은 긴 양자 메모리 수명, 높은 충실도의 국소 연산, 높은 얽힘 성공 확률, 높은 충실도의 결합을 가질 것이다. 그런 기술은 양자 상태를 걱정 없이 홉별 양자원격전송시킬 수 있다. 양자정화–얽힘교환은 그런 물리적 양자 링크가 존재하지 않기 때문에 개발됐다. 그러나 양자정화–얽힘교환은 반대급부가 있다. 왕복하는 끝 대 끝$^{end-to-end}$ 통신의 필요성이 처리량을 제한하고, 긴 메모리 수명을 요구하며, 복잡한 고전 통신기기로 귀결된다. 사용 가능한 기술적 역량들을 더 잘 맞추고 성능을 향상하려는 요청은 몇 가지 새로운 접근법의 개발을 (앞의 두 장을 통해 논의했던) 세로 방향의 계층화와 가로 방향으로 분산된 통신 상호작용으로 이끌었다. 통신 세션 아키텍처와 그 기술적 요구사항의 관계는 표 12.1과 표 12.2로 요약된다.

몇 가지 새로운 기법은 노드 내부에만 영향을 주고, 따라서 그 기술을 배치하는 것은 외부 노드에는 보이지 않는다. 측정 기반 양자 중계기[ZWE 12]는 새로운 양자정화–얽힘교환 구현체로 생각되며, 주의 깊게 설계된 프로토콜 스택은 개별 노드를 예약 없이 교체하여 사용할 수 있게 한다. 역으로, 비기억 기법은 새로운 링크 아키텍처이고 그 이익은 전체 프로토콜 스택이 최적화됐을 때에

표 12.1 몇 가지 양자 중계기 통신 세션 아키텍처에 대한 메모리 요구량. 수신기의 유지시간은 모든 접근법에 대해 매우 짧았기 때문에 표에 나타나지 않았다. RTT = 왕복시간, E2E = 끝 대 끝. 오류 보정 부호에 대한 부호 거리는 d, 부호 덩어리 크기는 n이다. 얽힘 성공 확률은 P_b다.

접근법	송신기		수신기		버퍼	
	노드당 수	유지시간	노드당 수	유지시간	노드당 수	전체 버퍼링 시간
흘별 양자원격전송						
AEC(ACK 링크)	적음	링크 RTT	적음		적음	≈ 0
양자정화–얽힘교환[BRI 98]						
AEC(분산됨)	적음	링크 RTT	적음		$\propto \log($홉 수$)$	$\propto \log($홉 수$)$
부호화된 링크(평균한 시간)[UA 09], AEC	$\propto (n/P_b)$	링크 RTT	$\propto n$		$\propto n$	$\propto n \times$ E2E RTT(목적지 방향에 가중치)
표면 부호(평균한 시간)[FOW 10]						
직접 전송	$\propto (d/P_b)$	짧음	$\approx d$		$\propto d$	$\propto d \times$ E2E 한방향 지연시간
AEC	$\propto (d/P_b)$	링크 RTT	$\approx d$		$\propto d$	$\propto d \times 1 \times$ E2E RTT
준 비동기적[MUN 10]						
AEC, 1-EPP						
전방 전파	$\propto (n/P_b)$	링크 RTT	$\propto n$		1	$1 \times$ E2E RTT(분산됨)
후방 전파	$\propto (n/P_b)$	링크 RTT	$\propto n$		1	$1 \times$ E2E RTT(목적지에 접종)
산등성이 첨함(목적지 방향에 가중치)	$\propto (n/P_b)$	링크 RTT	$\propto n$		1	$1.5 \times$ E2E RTT
계수 첨함	$\propto (n/P_b)$	링크 RTT	$\propto n$		1	$0.5 \times$ E2E RTT(목적지에 접종)
AEC, QEC 부호화						
전방 전파	$\propto (n/P_b)$	링크 RTT	$\propto n$		$\propto n$	$\propto n \times 1 \times$ E2E RTT(분산됨)
후방 전파(목적지에 접종)	$\propto (n/P_b)$	링크 RTT	$\propto n$		$\propto n$	$\propto n \times 1 \times$ E2E RTT
산등성이 첨함(목적지 방향에 가중치)	$\propto (n/P_b)$	링크 RTT	$\propto n$		$\propto n$	$\propto n \times 1.5 \times$ E2E RTT
계수 첨함(목적지에 접종)	$\propto (n/P_b)$	링크 RTT	$\propto n$		$\propto n$	$\propto n \times 0.5 \times$ E2E RTT
비기억[MUN 12]	적음	짧음	수신 개?		적음	≈ 0

표 12.2 몇 가지 양자 중계기 통신 세션 아키텍처에 대한 게이트와 얽힘의 요구조건

접근법	국소 연산 충실도	요구조건	
		성공 확률	얽힘 충실도
홀별 양자원격전송 AEC (ACK 링크)	매우 높음	낮음	매우 높음
양자정화~얽힘교환 AEC	높음	낮음	낮음
부호화된 링크(평평한 시간) AEC	QEC에 충분할 만큼 높음	낮음	꽤 높음
표면 부호(평평한 시간) 직접 전송	QEC에 충분할 만큼 높음	높음	높음
AEC	QEC에 충분할 만큼 높음	낮음	높음
준 비동기적 AEC, 1-EPP			
전방 전파	매우 높음	낮음	꽤 높음
후방 전파	매우 높음	낮음	꽤 높음
산등성이 점검	매우 높음	낮음	꽤 높음
제곱 점검	매우 높음	낮음	꽤 높음
AEC, QEC 부호화			
전방 전파	QEC에 충분할 만큼 높음	낮음	꽤 높음
후방 전파	QEC에 충분할 만큼 높음	낮음	꽤 높음
산등성이 점검	QEC에 충분할 만큼 높음	낮음	꽤 높음
제곱 점검	QEC에 충분할 만큼 높음	낮음	꽤 높음
비기억	매우 높음	높음	높음

만 실현된다. 부호화된 링크, 표면 부호, 준 비동기성은 특정 링크 계층에 국한되지 않고, ESC를 포함한 상위 계층 프로토콜을 지원하도록 하나로 묶일 수 있다.

표 12.1의 메모리 표는 정성적인 용어로 송신기, 수신기, 버퍼 메모리의 수와 필요한 수명을 정리했다. 여기서 언급된 시간은 최대 수 퍼센트의 오류를 갖도록 메모리를 고품질로 보존하는 시간이다. 이 값들에 대해 T_1과 T_2 수명은 대략 10%의 오류율을 유지하기 위해 한 자릿수 더 길어야 하고, 대략 1%의 오류율을 유지하기 위해서는 두 자릿수 더 길어야 한다. 100km 거리에 대한 왕복시간은 대략 1ms 정도다. 그리고 대륙 간 왕복시간은 300ms를 초과한다. 반 미터 등은 양자정화-얽힘교환의 시작 지연시간이 끝 대 끝$^{end-to-end}$ 왕복시간의 2~8배에 달한다는 사실을 밝혔다[VAN 09]. 대륙 간 거리에 대한 1%의 오류율을 위해 필요한 T_1과 T_2 값은 따라서 수백 초까지 낮아진다. 이것은 가까운 미래에 계획된 물리 큐비트의 기술적 용량을 훨씬 벗어난다. 심지어 대도시 네트워크조차 수 초 정도의 메모리 수명을 요구할 것이다.

만약 메모리 수명이 너무 낮으면 외부에 보이는 행동의 변화 없이 QEC를 내부적으로 중계기 노드에 사용하거나, 왕복 지연을 회피하도록 프로토콜 스택을 다시 설계해 보상할 수 있다. 앞의 2개 장을 거치면서, 후자의 접근법을 선택한 몇 가지 기법에 대해 논의했다. 오류 보정을 사용하는 기법들은 다단계 양자정화를 없애도록 해주지만, 일반적으로 여전히 링크 계층의 통보를 요구한다. 이온 포획과 아마도 다이아몬드 질소 공공에 도달 가능한 수명의 영역으로 옮겨가면 한두 자릿수 정도 이득을 얻을 것이다. 그러나 빠른 미래에 가능한 반도체 메모리의 도달 범위에서는 여전히 벗어나 있다.

큐비트 수명은 중대한 제약조건이다. 그러나 충분히 큰 버퍼 메모리의 가용성도 중요한 문제다. 가장 초창기의 양자정화-얽힘교환 제안들은 가장 긴 네트워크 경로의 중계기 홉 수의 로그값에 비례하여 노드당 수십 개의 큐비트를 필요로 했다. 비록 이 제안이 확장 가능한 해법이긴 하지만, 현재의 실험적 역량을 초과한다. 응용된 버전은 노드당 최소 2개의 큐비트를 사용한다[CHI 05]. 부호화된 링크와 표면 부호는 QEC에 의존하는데, 양자정화-얽힘교환 기법보다 더 많은 자릿수의 메모리를 요구한다.

비기억 접근법은 메모리에 큐비트를 저장하는 것을 회피하기 위해 영리한 부호화의 장점을 취하지만, 복잡한 복호화 과정이 필요하다. 최소한 이 부호화가 수행될 수 있을 만큼 충분히 긴 분리 메모리에 각 큐비트가 수신될 수 있어야 한다. 다양한 형태로 mn개의 큐비트가 전송되면, 특히 OAM을 사용할 때 이것은 엄청난 도전이 될 수 있다.

표 8.2에서 봤듯이, 실험실에서 생성될 수 있는 얽힘 상태의 충실도는 넓은 영역에 걸쳐 있다. 그리고 빠르게 발전하고 있다. 만약 기저 수준에서 생성된 얽힘이 높은 충실도를 갖고 있다면, 위의 기법들은 모두 잘 작동할 것이다. 오직 양자정화-얽힘교환만이 낮은 충실도의 얽힘에서도 잘 작동한다. 그리고 당연히, 얽힘 충실도가 높을 때는 양자정화 단계가 감소하고 따라서 왕복시간 지연이 줄어든다는 장점이 있다.

12.4 결론

궁극적으로, 우리의 질문은 현재의 기술적 제약조건 내에서 작동하고 기술적 진보(압력)와 시장의 성장(유인), 둘 다와 함께 발전할 유연성 있는 통신 세션 아키텍처를 어떻게 고르는가이다. 대도시 지역 네트워크는 양자정화-얽힘교환이나 준 비동기적 1-EPP을 이용해 도달할 수 있는 영역 내에 있는 것으로 보인다. 이들 중 어느 것이 사용될 것인지는 구현 기술의 상세한 부분에 의존한다. 예를 들어, 준 비동기적 1-EPP 기법은 국소 게이트 오류에 더 민감하다. 더 많은 송수신기와 버퍼 메모리를 추가하는 것이 더 쉬운지, 또는 메모리 수명을 더 쉽게 몇 초 정도 증가시킬 수 있는지가 중요한 요소다. 메모리 수명의 발전은 꾸준하고, 광학 부품의 인터페이스는 향상 중이다. 하지만 송수신기 다중화를 위해 광교환기가 더 복잡해지다 보면 한계가 올 것이다. 프로토콜 그 자체에 QEC를 완전하게 사용하는 것은 어떤 식이든지 여러 해 더 걸릴 것 같아 보이지만, 달성한다면 훨씬 높은 충실도를 약속한다.

양자 네트워크에 대한 시장의 압력은 QKD의 어깨 위에 서 있다. 5.1절에서 QKD에 대한 합리적 기대를 논의했다. QKD는 상대적으로 낮은 끝 대 끝end-to-end 충실도의 벨 짝을 갖고서도 작동할 수 있다. 그러나 비밀키 비트율은 증가하는 충실도에 힘입어 빠르게 개신되는 중이다. 따라서 이는 기술 제공자의 필요에 딱 들어맞는다. 그러나 양자 중계기가 적은 네트워크에서 양자 중계기 기반 QKD는 반드시 더 단순한 신뢰할 수 있는 계전기 모형을 완성해야 한다.

이것으로 양자 중계기 통신 세션 아키텍처에 관한 논의와 3부를 마무리한다. 이 책의 마지막 부분에서는 마침내 양자 중계기의 네트워크를 다룰 것이다.

PART 04

양자
중계기의
네트워크

13

자원 관리와 다중화

이 책에서 지금까지 소개한 대부분의 개념은 과학자들의 커다란 공동체에 의해 개발됐고, 필자의 기여는 적은 편이다. 지난 몇 년간 개발하고 출판한 프로토콜에 대한 상태 기계 관점은 독특하다. 즉, 응용 분야에 대한 자원 해석은 이 책에서 새로이 시도된 것이다. 또한 양자 중계기 공학에 대한 우리만의 기여로, 몇 년 전 출판된 양자정화 스케줄링에 대한 연구 결과가 있다. 그러나 이런 것들은 이 분야에서 이뤄진 작업의 작은 부분일 뿐이다. 양자 중계기 분야의 과학자들은 양자 중계기 사슬을 넘어 움직이는 복잡한 문제에 대해서는 별로 생각하지 않으므로, 이 책의 4부에서는 필자의 연구단에서 크게 기여한 부분을 돌아볼 것이다.

이전의 3개 장은 **통신 세션 아키텍처**를 다뤘다. 즉, 어떻게 메시지를 관리하여 필요한 끝 대 끝$^{end-to-end}$ 연산(일반적으로는 얽힘 생성)을 수행할 것인가이다. 이어지는 4개 장에서는 이 생각을 더 완전한 네트워크 아키텍처로 확장한다. 이 작업은 루치아노 아파리치오$^{Luciano\ Aparicio}$, 히로시 에사키$^{Hiroshi\ Esaki}$, 클레어 호스만^{Clare}

Horsman, 타데우스 라드Thaddeus Ladd, 빌 먼로Bill Munro, 카에 네모토Kae Nemoto, 타카히코 사토Takahiko Satoh, 조 터치Joe Touch와 필자의 연구에 기반한다[APA 11a, APA 11b, VAN 11, VAN 13b].

짚고 넘어가야 할 첫 번째 문제는 다중화다. 3.3.4절에서 논의했듯이, 경쟁하는 통신 세션을 통해 어떻게 자원을(주로 양자 메모리와 양자 통신 링크에 대한 접근) 공유할 수 있을 것인가? 양자 중계기에 대한 연구는 일반적으로 다른 활동을 전부 무시하고 끝 대 끝end-to-end 벨 짝을 만드는 데 물리 링크가 완전히 투입된다고 가정한 상태에서 고립된 단일 연결을 연구했다. 복잡한 네트워크에선 실제로 여러 대화가 동시에 존재한다.

이 장에서는 직접 회로 교환, 시간 분할 다중화TDM, 통계적 다중화(가령, 패킷 교환과 등가), 버퍼 메모리 할당과 공유 기법 등 알려진 몇 가지 다중화 규칙을 양자 정화–얽힘교환 양자 중계기 네트워크에 적용할 수 있는지 검토한다. 주파수(파장) 다중화에 대해서도 물론 논의할 수 있겠지만, 사실 통신선로 그 자체가 메모리(송수신기와 버퍼)보다는 관심을 덜 받는다. 양자 메모리는 제작의 어려움과 고전 네트워크에서보다 더 긴 주기 동안 양자 중계기 네트워크의 중간 지점에서 버퍼 상태를 유지할 필요성 때문에 공급이 부족하다고 생각되기 때문이다.

다중 사용자 네트워크에서 자원 공유를 위한 기법을 추천하고, 궁극적으로는 특정 사용량 패턴에 놓인 네트워크의 성능을 예측할 수 있도록 다른 다중화 기법이 연구됐다. 특정 기법을 추천하려면 네트워크의 전체 사용량 집계부터 시작해서 사용량 변화에 따른 성능이 어떻게 변하는지 알아야 한다. 또한 단거리 통신 세션이 장거리 통신 세션을 가로막지 못하고 전송하는 걸 방해하지 못한다는 것을 확실히 해야 한다.

13.1 시뮬레이션된 네트워크와 사용량

13.1.1 네트워크 토폴로지와 시뮬레이터

아파리치오와 반 미터는 작은 네트워크에 대해, 그림 13.1에 나타나 있는 13개의 노드 중 12개의 링크에 대한 통신 세션의 다섯 가지 사용량 경쟁을 시뮬레이션했다[APA 11a]. 이 작업은 경쟁적 통신 세션을 사용하고 그 행동을 검사하여 수행된 첫 양자 중계기 네트워크 시뮬레이션일 것이다. 각 링크는 8장에서 논의한 약한 비선형 유형의 20km 구현체이고, 이때 기저 벨 짝 밀도 행렬은 다음과 같다.

$$\rho = 0.633\left|\Phi^+\right\rangle\left\langle\Phi^+\right| + 0.244\left|\Psi^+\right\rangle\left\langle\Psi^+\right| + 0.061\left|\Phi^-\right\rangle\left\langle\Phi^-\right| + 0.061\left|\Psi^-\right\rangle\left\langle\Psi^-\right| \quad (13.1)$$

각 송신 인터페이스는 버퍼 메모리에 50개의 큐비트를 갖고 있다. 그리고 각

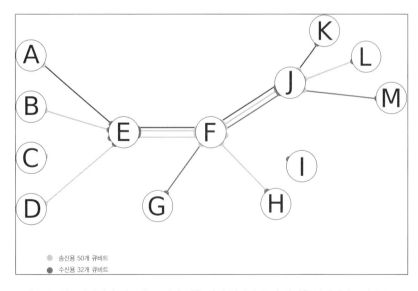

그림 13.1 시뮬레이션된 네트워크. 회색 선은 각각 하나의 통신 세션을 나타낸다. 4단계 A–K 통신 세션은 핵심 통신 세션이고, 나머지는 핵심 통신 세션에 대한 다중화 기법의 영향을 검사하기 위해 사용하는 다양한 경우에 대해 활성화되거나 비활성화된다.

수신 인터페이스는 32개의 큐비트를 갖고 있다. 다섯 링크를 수신하는 노드 E는 도합 160개의 큐비트를 갖고 있다. 다섯 링크를 송신하는 노드 F는 도합 250개의 큐비트를 갖는다. 하나의 수신 및 3개의 송신 인터페이스를 가진 노드 J는 182개의 큐비트를 갖는다(회색 선은 물리 링크라기보다 통신 세션을 나타낸다는 점을 유의하자. E와 F 사이를 가로지르는 4개의 통신 세션 모두 같은 물리 링크와 하나의 메모리 버퍼를 공유한다).

여기 제시된 시뮬레이션에서 메모리와 게이트 동작은 완벽하다고 가정한다.

이 시뮬레이션은 이전 장에서 논의한 상태 기계 기반 접근법에서 모형화된 프로토콜을 사용하고 C++ 기반 네트워크 시뮬레이터인 OmNet++ 4.0을 확장해서 수행됐다. 시뮬레이션 설정의 추가적인 상세 내역을 표 13.1에 정리했다.

표 13.1 다중화 시뮬레이션을 위한 하드웨어와 소프트웨어 설정

하드웨어	특성
광섬유 길이	20km
광섬유 손실	0.17dB/km
송신용 큐비트(TX)	50
수신용 큐비트(RX)	32
끝 대 끝 충실도 목푯값	0.98
경쟁 시 링크 양자정화 문턱값	0.98
비경쟁 시 링크 양자정화 문턱값	0.99
기저 벨 짝 충실도	0.633
얽힘 성공 확률	0.36

13.1.2 사용량 부하

사용량 부하traffic load는 네트워크에 있는 노드에서 실행되는 애플리케이션에 의해 개시된 통신 세션의 집합이다. 각 세션을 흐름flow이라고 부른다. 각 흐름은 (아

마도 다음 장에서 설명할 기법을 사용해서) 네트워크를 통해 경로에 배정된다. 세션이 정해지면 경로가 고정된다고 가정했다. 여러 흐름의 경로가 동시에 같은 링크를 통과할 때 해당 링크 자원에 대한 경쟁이 일어나며, 이를 소유권 주장^{contention}이라고 한다.

그림 13.1의 다섯 가지 흐름은 다른 환경에서 다중화 규칙 각각의 행동을 점검하기 위해 서로 다른 시뮬레이션 시나리오에 따라 활성화되거나 비활성화된다. 다섯 가지 시나리오는 표 13.2에 정리되어 있다. 첫 번째 시나리오는 기준선이고, 한 번에 하나의 흐름만 활성화한다. 이 경우가 각 경로에 대해 가능한 최대치다. 두 번째 시나리오는 A-K와 C-I 사이의 흐름을 활성화한다. 여기서는 단 하나의 링크(E와 F 사이)의 공유 자원에서만 경쟁이 나타난다. 세 번째 시나리오는 A-K와 B-L의 흐름을 활성화한다. 이때는 두 링크(E와 F, F와 J 사이)에서 자원 경쟁이 나타난다. 네 번째 시나리오에서는 A-K, C-I, D-H의 흐름을 활성화한다. 이때는 A-K를 잇는 하나의 링크(E와 F 사이)에서 두 흐름이 경쟁한다. 끝으로, 모든 흐름을 활성화한 것을 분석한다. 이때는 네트워크의 곳곳에서 몇 가지 흐름의 경쟁이 나타난다.

표 13.2 흐름 사용량

시나리오	흐름	설명
1	(하나씩)	기준선. 회로 교환과 동등함
2	AK + CI	한 링크에 두 흐름이 경쟁
3	AK + BL	두 링크에 두 흐름이 경쟁
4	AK + CI + DH	한 링크에 세 흐름이 경쟁
5	AK + BL + CI + DH + GM	네트워크 곳곳에서 여러 흐름이 경쟁

13.1.3 링크 최종 충실도의 조절

앞 장에서 소개한 시뮬레이션과 마찬가지로 0.98의 끝 대 끝$^{end-to-end}$ 목표 충실도를 사용했다. 이 수준은 적절한 충실도의 국소 게이트가 주어지면 양자원격전송된 논리 상태에 양자 오류 보정을 실행하는 것을 포함해 앞서 논의한 응용 단계에 대해 충분히 높다. 투입된 홉 사슬에 대한 작동 충실도(10.3.1절)로서도 사용된다.

그러나 네트워크의 사용이 균일하지 않을 때, 3.3.4절에서 논의한 대로 전체 네트워크에서 같은 작동 충실도를 사용하면 흐름이 공유 자원을 쓸 수 있기를 기다리는 동안 쉬는 비중이 높아진다. 아파리치오, 반 미터, 에사키는 사용이 안 되는 자원에 더 높은 충실도 문턱값을 설정해 전체 성능은 증가할 수 있음을 보였다[APA 11b].

A-K와 C-I가 연결되어 있는 시나리오 2를 고려해보자. 소유권 주장은 E-F 링크에서만 나타난다. 따라서 세션이 E-F에 접근하기를 대기하는 동안 다른 링크는 자연히 일을 덜하게 된다. 각 링크에 작동 충실도 0.98이 있으면 얽힘교환은 충실도가 떨어질 것이다. 그러나 만약 C-E와 F-I 링크가 $F = 1.0$으로 완벽하다면, 얽힘교환이 완벽하다는 전제하에 얽힘교환은 E-F 벨 짝의 충실도와 동일한 최종 출력 충실도를 제공할 수 있다. 그러므로 C-E와 F-I 링크를 유휴 상태로 두기보다는 벨 짝의 충실도를 향상하고 얽힘교환의 충실도 손실을 줄이는 데 사용하여, 필요한 끝 대 끝$^{end-to-end}$ 충실도보다 높게 벨 짝의 처리량을 잠재적으로 향상할 수 있다. 여기서 보여준 시뮬레이션은 10개의 경쟁이 없는 링크에 대해(A-E, B-E, J-K 등) 양자정화 문턱값을 0.99로 설정했고, 경쟁 링크인 E-F와 F-J에 대해서는 0.98로 설정했다.

13.2 시뮬레이션 결과

13.2.1 회로 교환, 처리량의 상한과 하한

먼저 각 흐름이 회로 교환을 이용해 서로 분리된 경우, 다른 사용량이 없을 때 네트워크가 제공할 수 있는 처리량을 측정했다. 당연히 이 다중화 기법은 선택된 경로에 대한 각 활성화 세션에게 가능한 최고 성능을 제공한다. 그리고 추가 흐름을 도입할 때 다른 기법과의 비교를 위한 기준으로 사용됐다. 표 13.3은 다른 사용량이 없을 때 각 흐름의 기준 시나리오에 대해 측정된 처리량을 나타낸다. 이 표에서 다중화 규칙에 대한 처리량의 상한과 하한에 도달할 수 있다.

표 13.3 회로 교환을 사용한 경우의 흐름당 최대 사용량. 처리량은 $F \geq 0.98$인 충실도 수준에서 1초당 처리되는 끝 대 끝 벨 짝의 수를 나타낸다.

흐름	홉 수	처리량
A–K	4	64
B–L	4	65
C–I	3	133
D–H	3	135
G–M	3	124
합계	–	521

회로 교환을 사용한 경우, 각 링크마다 하나의 흐름만이 활성화된다. 이와 같은 특정한 네트워크 토폴로지에서 이런 사용량 패턴이면 G-M 흐름은 D-H나 C-I 흐름 중 하나와 동시에 작동할 수 있지만, 다른 흐름 짝은 E-F나 F-J 링크와 충돌하며 반드시 대기해야 한다.

단일 흐름의 처리량은 다른 다중화 기법의 하한선이다. 자원을 공유할 때도 이 수준보다 전체 처리량이 낮은 기법은 가장 간단한 회로 교환법보다 더 나쁠 수 있다. 즉, 인간의 경우처럼 다수의 작업 처리에 주의가 분산되면 일의 전체 효율이 낮아진다는 뜻이다.

흐름의 총합은 모든 다중화 기법에 대해 처리량의 상한을 제공한다. 서로 간에 부정적 영향 없이 동시에 모든 세션이 작동할 수 있다면 성능은 이 값에 도달할 수 있다. 아마도 이 값은 각 세션에서 필요한 자원들이 완전히 분리됐을 때만 도달할 수 있을 것이다.

13.2.2 그 밖의 다중화 규칙

회로 교환에 추가로, 시분할 다중화 TDM, Time Division Multiplexing, 통계적 다중화, 버퍼 메모리 다중화를 시뮬레이션했다. 여기서는 처리량과 공정성을 모두 살펴봤다. 또한 각 규칙을 사용할 때 고정된 작업을 완료하는 데 드는 시간을 점검했다.

TDM에서 시간은 다수의 타임 슬롯 time slot 으로 쪼개져서 각 흐름에게 하나씩 할당된다. 따라서 각 시뮬레이션에서는 흐름의 수와 같은 수의 타임 슬롯을 이용한다. 측정 결과는 그림 13.2에 나타나 있고, 모든 흐름에 대한 자원에 완전히 비경쟁적으로 접근할 수 있는 매우 이상적인 도달 불가능한 경우의 처리량(표 13.3의 '합계' 선)과 비교했다.

그림 13.3은 통계적 다중화를 사용한 경우 다섯 시나리오의 성능을 나타내며, 다시 비경쟁적인 경우와 비교했다.

그림 13.4는 버퍼 공간 다중화를 비경쟁 시나리오와 비교해서 보여준다. 공유된 자원을 통과하는 흐름의 수로 나눴다. 첫 번째 시나리오인 AK+CI에서, E-F 링크에 대한 접근을 두고 경쟁하는 두 흐름이 있다. 따라서 각 흐름에 절반씩을 배정했다(기지국 E에 16개의 큐비트, 기지국 F에 25개의 큐비트). 각 시나리오에 대한 메모리 할당 내역을 표 13.4에 정리했다.

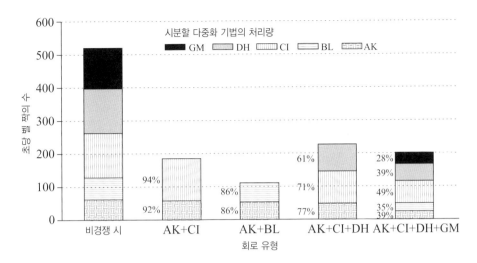

그림 13.2 비경쟁적 흐름과 비교한 TDM의 처리량

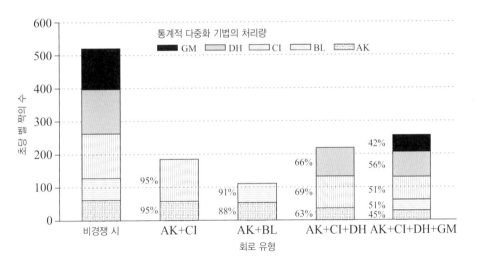

그림 13.3 비경쟁적 흐름(왼쪽)과 비교한 통계적 다중화의 처리량

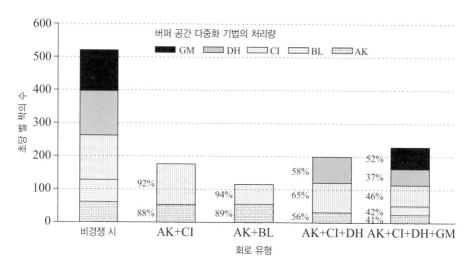

그림 13.4 비경쟁적 흐름과 비교한 버퍼 공간 다중화이 처리량

표 13.4 버퍼 메모리 다중화 시뮬레이션에 사용된 공유 링크인 E–F와 F–J에 대한 네트워크 인터페이스의 버퍼 메모리 할당 내역

시나리오	AK(EF)	AK(FJ)	BL(EF)	BL(FJ)	CI(EF)	DH(EF)	GM(FJ)
2	16, 25	–	–	–	16, 25	–	–
3	16, 25	25, 16	16, 25	25, 16	–	–	–
4	11, 17	–	–	–	11, 17	10, 16	–
5	8, 13	17, 11	8, 13	17, 11	8, 12	8, 12	16, 10

하나의 공유 링크를 사용하는 두 흐름은 때로 단일 흐름의 성능을 초과할 수 있다. 상식에 반하는 이러한 행동은, 공유되지 않은 자원은 요구되는 최소 충실도 문턱값을 넘어서 계속해서 개선되므로 접근권을 얻을 때 공유된 자원을 더 효율적으로 사용할 수 있기 때문이다. 이 현상은 AK+CI 시나리오와 AK+BL 시나리오에서 명확히 보인다. 두 흐름은 각각 86~95%의 이상적인 성능에 도달했다. 그러므로 단일 흐름의 행동은 최소한 어떤 환경에서는 한두 개의 같은 링크를 사용하는 두 번째 흐름의 존재에 그저 최소한으로만 영향을 받는다고 말

할 수 있다. 세 번째 흐름이 추가되면(AK+CI+DH) 다시 전체 처리량은 증가하지만, 이상적인 경우에 비해 각 흐름의 성능이 유의미한 영향을 받기 시작한다. 이런 행동에 대한 지식은 만약 예상되는 사용량 패턴이 알려져 있다면 네트워크 토폴로지의 설계에 대한 참고사항으로 사용될 수 있다.

다섯 가지 흐름에 대한 전체 처리량은 버퍼 공간 다중화가 초당 228개, TDM이 초당 201개의 벨 짝이 도달한 것과 비교하면 초당 257개의 벨 짝이 도달한 통계적 다중화의 경우가 가장 높았다. 특정 숫자들이 사용량과 네트워크에 의해 정해져 있음에도 불구하고, 통계적 다중화는 다른 두 기법에 비해 상당히 탁월한 성능(각 13%, 28%)을 보였다. 흐름이 더 적은 시나리오에서 성능 이득은 겨우 수 퍼센트 정도로 작았다. 추가적인 네트워크와 트래픽 패턴에 대한(특히 더 크고 복잡한 네트워크) 시뮬레이션을 통한 추가적인 검증이 필요하다.

위의 분석은 흐름의 처리량이 정상상태$^{steady-state}$라고 가정했다. 표 13.2에 있는 5개 흐름 전부가 동시에 네트워크를 사용하기 시작해서 100개의 벨 짝이 생성될 때까지 작동한다고 가정함으로써 정해진 양의 작업이 주어진 경우 이 기법들이 어떻게 변하는지 대략적으로 비교해보자.

회로 교환의 경우, 처음에 AK 흐름이 완료될 때까지 실행되고 이어서 BL 흐름이 실행된다. 그런 다음, CI와 GM 흐름은 네트워크의 독립적인 부분을 사용하기 때문에 동시에 실행될 수 있다. 마지막으로, 네 번째는 DH 흐름이 실행된다. 이 경우 근사적으로 100/64(AK 흐름) + 100/65(BL 흐름) + 100/133(동시에 CI 흐름과 GM 흐름) + 100/135(DH 흐름) = 4.6초 정도 걸린다.

이와 대조적으로, 통계적 다중화는 동시에 다섯 흐름이 작업을 시작한다. CI, DH, GM 흐름의 3단계 과정이 AK에서 BL 흐름의 4단계 과정보다 더 빨리 완료될 수 있다는 점을 고려한 좀 더 복잡한 계산을 사용하면, 500개의 큐비트가

2.7초, 즉 1.7배나 빠르게 양자원격전송될 것으로 추정할 수 있다. TDM과 버퍼 공간 다중화는 작업 부하가 변하는 상황의 성능에 대해 납득할 만한 추정 결과를 생성하기 위한 더 자세한 시뮬레이션을 요구하며, 이는 나중에 논의한다.

비록 통계적 다중화의 처리량이 가장 높지만, 자원 사용에 통제가 없다는 점을 의심할 수 있다. 이것은 어떤 흐름에 대해서는 잠재적으로 불공정함을 감내시킬 수도 있다. 특히, 장거리 흐름이 동적으로 네트워크 상태가 바뀔 때 바뀌는 조건에 당연히 더 짧은 흐름보다 더 느리게 반응한다는 점에서 짧은 것보다 불이익을 받을 수 있음을 고려해야 한다.

각 다중화 기법의 다섯 가지 흐름 시나리오에서 자원 할당에 대한 제인의 공정성 척도(식 (3.1))를 사용해 다중화 기법의 공정성을 평가했다. 공정성 $\mathcal{J} = 1.0$은 사용자들 사이에 자원이 완전히 퍼져 있음을 나타내고, $\mathcal{J} = 1/5$는 한 사용자가 다른 모든 사용자를 방해하면서 모든 자원을 갖고 있음을 나타낸다. 각 흐름의 최대 용량은 모든 링크에 비경쟁적 접근인 경우에도 달라지므로, 그림 13.3과 그림 13.2, 그림 13.4에 나타난 퍼센트 비율을 사용해 각 흐름의 회로 교환 처리량으로 정규화한 처리량의 집합에 이 척도를 적용했다.

통계적 다중화는 최대 42~56%의 범위에서 $\mathcal{J} = 0.99$라는 거의 완벽한 공정성을 갖는다. 마찬가지로 버퍼 공간 다중화는 $\mathcal{J} = 0.99$를 나타낸다. TDM은 28~49%로 상대적으로 넓게 퍼져 있음에도 불구하고, $\mathcal{J} = 0.97$이라는 준수한 공정성을 갖는다. 특히 4단계 흐름은 성능 감소가 중위권으로 떨어졌는데, 더 긴 흐름에 대해 추가적인 확인이 필요하지만 장거리 흐름이 더 심각하게 불이익을 받는다는 것을 유추할 만한 어떤 이유도 주지 않는다. 이 값들로부터 세 가지 다중화 기법 모두 공정하게 경쟁적 자원을 공유한다고 결론 내릴 수 있다.

13.3 결론

여기서 논의한 시뮬레이션은 양자 중계기를 다중화하는 문제에 대한 분명한 답으로 향하는 첫 단계에 불과하다. 더 큰 네트워크, 그리고 당연히 다른 세션 아키텍처에 대해서도 검증될 필요가 있다. 그뿐 아니라 양자정화-얽힘교환은 다르게 행동할 가능성이 매우 높다. 13.1.3절에서 논의했던, 네트워크를 통과하는 다른 하위 경로에 대해 다른 작동 충실도의 동적인 배정은 운영상 어려움이 나타날 것이며, 더 심도 있는 조사가 필요하다.

통계적 다중화는 명시적 자원 관리를 요구하는 회로 교환, TDM, 버퍼 공간 다중화 등 다른 어떤 기법보다 구현이 더 간단하다. 소프트웨어적 구현이나 네트워크 프로토콜 구현이나 통계적 다중화 사용에 있어서 훨씬 적은 요구사항을 가지므로, 구현 비용과 배치 비용을 줄일 것이다. 일단 그 성능이 알려진다면, 독립된 공학적 결정을 통해 통계적 다중화를 선택하게 될 것이다.

그러나 다중화는 완전한 아키텍처의 한 측면일 뿐이다. 경로 선택(14장에서 다룸)과 얽힘교환점과 양자정화의 제어를 식별하는 데 필요한 방식과 같은 요소들이 회로 교환망을 고르게 할 수도 있다.

14

라우팅

13장에서는 공유 링크의 네트워크에서 링크 자원에 경쟁이 붙었을 때 통신 세션이 어떻게 행동하는지 논의했다. 각 세션의 네트워크를 통과하는 경로가 고정됐다고 말할 순 있지만, 그런 경로를 어떻게 정하는지는 논의하지 않았다. 이기종 링크의 복잡한 네트워크에서 두 통신 노드의 경로 선택은 중요한 문제다. 여기서는 다익스트라^{Dijkstra} 알고리듬을 양자 중계기 네트워크에 적용한 형태를 검토한다.

양자 상태의 민감함으로 인해 실용적인 경로 선택 알고리듬은 필수적이다. 하지만 자원 활용의 고전적인 개념은 알려진 경로 선택법이 부적절하다는 것을 보여줄 뿐, 직접 적용할 수 없다. 다익스트라 알고리듬을 얽힌 벨 짝을 생성하는 양자 중계기 네트워크에 적용하기 위해, 핵심 차이를 정량화하고 특정 충실도의 '벨 짝당 초'를 이용해 링크 비용 척도를 정의한다. 물리적 상호작용과 광범위한 시뮬레이션을 포함하는 시뮬레이션은 다익스트라 알고리듬이 양자적으로도 잘 작동한다는 것을 확인해준다. 대략 300개의 이기종 경로를 시뮬레이션하면, 경로 비용과 경로에 따르는 전체 작업량을 비교하여 0.88 이상의 결정계수를 얻는다.

14.1 소개

3.3.9절에서 라우팅의 개념을 소개했다. 양자 통신의 이 새로운 분야는 현재까지 얽힌 양자 네트워킹의 기본 원리를 실증했고[CHO 07, KIM 08, REI 06, TAS 10, ZHA 03], 고품질 장거리 얽힘을 생성하는 이론적 기반을 놓았으나[BEN 93, BRI 98, LLO 04], 주로 위상학직으로 통신 링크와 선형 네트워크를 고려히다 보니, 양자 네트워크가 개발되면서 경로 선택 기법이 시급히 필요해졌다.

먼저, 얽힌 양자 네트워크에 대한 이론적 연구는 길이와 품질이 같은 홉이 2의 거듭제곱만큼 있는 중계기의 선형 사슬로 이뤄진 추상적 모형에 주로 초점을 맞췄다[BRI 98, DÜR 07]. 최근의 작업은[FOW 10, JIA 09, MUN 10] 제약조건을 완화해서 더 현실적인 사슬에 목표를 뒀다. 여기서는 그림 14.1에서 보는 것과 같은 더 복잡한 네트워크 토폴로지의 행동을 분석한다. 이기종 링크와 비정규적인 토폴로지를 가진 네트워크에서는 라우팅이 개별 연결의 성능과 전체 네트워크 부하에 모두 영향을 준다. 이 장에서는 양자정화-얽힘교환 세션 아키텍처만을 다룰 것이다. QEC 기반 양자 중계기를 위한 경로 선택은 어떤 기준에서는 다를 수 있다. 그러나 여기서 그린 원리는 다른 유형의 시뮬레이터에도 쉽게 적용될 수 있다.

이 장에서는 후보 경로의 순위를 매기기 위해 다익스트라 알고리듬(3.3.9절)을 양자 중계기 네트워크에 적용한다. 이 등급의 중계기에 대해 끝 대 끝$^{end-to-end}$ 연결 처리량은 최대화하고 광역 작업을 최소화하는 경로를 선택하는 다익스트라

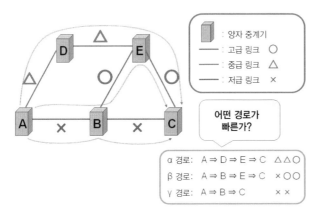

그림 14.1 경로 선택은 모든 네트워크에서 중요한 문제다. 이것은 연결의 성공적인 생성 여부를 결정할 수 있는 양자 정보의 민감성 때문에 양자 네트워크에서도 마찬가지다.

알고리듬의 능력을 평가할 것이다.

　여기서 제안된 링크 비용은 특정 충실도에 대해 초당 벨 짝으로 측정된 링크 처리량의 역수다. 레이저 펄스와 양자 측정 연산의 수와 같은 저수준 척도를 포함한 링크 비용의 다른 후보들은 경로에서 실제로 소비되는 전체 작업을 평가하는 데 유용하다고 알려져 있으나, 링크에 우선순위를 매기는 데는 불량한 척도다. 왜냐하면 물리 링크의 특성을 반영하지만 끝 대 끝$^{end-to-end}$ 성능에 똑같이 중대한 영향을 주는 시스템 인자들은 반영하지 않기 때문이다.

　네 가지 품질 변수를 사용한 다양한 경로에 대한 세 가지 시뮬레이션 집합의 결과가 나타나 있다. 첫 번째 집합은 길이가 1단계에서 9단계까지 변하는 46가지 경로로 구성된다. 반면에, 두 번째 집합은 4단계 경로의 256가지 링크 조합을 보여준다. 첫 번째와 두 번째 시뮬레이션은 둘 다 목표 충실도 $F \geq 0.98$을 이용한다. 세 번째 데이터 집합은 첫 번째의 46가지 경로를 한 번 더 보여주지만, 이번엔 목표 충실도가 $F \geq 0.90$이다. 이 정도의 충실도는 어떤 분산 양자 계산에 대해서는 너무 낮지만, 성공적인 양자 키 분배를 위해서는 충분히 높다[BRA 13].

처음의 두 데이터 집합에서 경로 비용과 수행된 전체 작업량 간의 (전체 경로를 따라 수행된 양자 측정의 횟수로 계산된) 결정계수는 0.88 이상이며, 이 결과는 이 유형의 양자 네트워크를 위한 링크 비용과 다익스트라 알고리듬의 유효성에 대한 저자의 선택을 지지한다. 시뮬레이션의 벨 짝 결과들을 비교하면, 전체 테스트 사례 중 80% 이상에서 비용이 낮은 경로가 처리량 또한 높다. 여기서는 고전 네트워크와의 직접적인 비유를 통해, 전체 작업은 경로 길이와 모든 링크의 품질 둘 다의 함수이지만 양자 경로의 성능은 병목 링크^{bottleneck link}의 처리량에 의혜 제한됨을 보일 것이다.

완결성 있는 논증을 위해, 양자 네트워크와 고전 네트워크의 차이점과 맞닥뜨릴 어려움에 대해 논의할 것이다(14.2절), 경로 선택 문제를 정의하고 몇 가지 해법을 제안한 후(14.3절), 양자 중계기 네트워크의 행동에 대해 이어지는 몇 가지 질문에 답하는 시뮬레이션을 통해 이 해법들을 평가해본다(14.4절).

14.2 어려움: 양자 네트워크와 고전 네트워크의 차이점

지금까지 양자 통신 기술을 논의하고 고전적인 기술을 양자 문제에 적용해서 그려봤다. 그러나 고전 네트워크와 양자 네트워크 개념을 합친 것을 쉽지 않게 만드는 근본적인 차이에 대해서는 특별히 다루지 않았다. 고전 네트워크와 양자 네트워크에 같은 해법을 사용할 수 있다고 그저 우기기보다, 좀 더 고민을 해봐야 한다고 볼 만한 이론 결과와 실용적 이유가 모두 존재한다. 디 프랑코^{Di Franco}와 발레스터^{Ballester}는 실제로 양자 중계기 네트워크에서 경로의 끝 대 끝^{end-to-end} 충실도를 연구했고, 어떤 환경에서는 최종 충실도가 단순히 홉별 입력 충실도에 기반한 계산으로 주어지지 않고 잠재적으로 중계기 네트워크의 라우팅에 영향을 준다는 사실을 밝혔다[DI 12].

어려움은 몇 가지 근원에 뿌리를 두고 있는데, 바로 양자 상태의 생성 및 보호의 어려움과 양자 정보의 실시간 감쇠를 공학적으로 다루는 것, (확률적) 광자 손실의 영향, 몇몇 양자 연산의 확률적인 근본 특성 등이다. 이 문제들은 그 자체로도 국소적 또는 광역적 문제가 되며, 고전 메시지 교환을 추가로 요구하는 등 문제를 훨씬 악화시킬 수도 있다.

동등한 링크가 이어져서 구성된 고전적 경로에 대해, 처리량(최소한 이상적으로 지속된 경우)은 링크의 처리량과 대응되며, 홉 수에는 독립적이다. 하지만 양자 정화-얽힘교환 양자 중계기의 대칭적 사슬의 최대 처리량은 추가로 필요한 양자정화 때문에 길이에 대해 다항함수적으로 줄어든다[DÜR 07]. 그러므로 비용 경로를 단순히 합친 것보다 더 빠르게 커지도록 배정해야 할 수도 있다.

(전형적으로 양자 오류 보정을 실행하기 위한 충실도 문턱값과 관련해) 특정 충실도 문턱값을 넘는 벨 짝을 전달하기 위한 작동을 할 때, 시뮬레이션은 홉이 추가될 때마다 처리량이 계단식으로 줄어듦을 보였다[VAN 09]. 전체 작업 수행량은 처리량이 일정하면 선형적으로 증가하다가, '계단'을 건널 때 갑자기 증가한다(10장의 그림 10.9와 14.4절의 그림 14.2, 그림 14.4 참고). 마찬가지로, 2의 거듭제곱이 아닌 홉 수를 다루는 것은 얽힘교환과 양자정화 패턴을 바꾸기 때문에 처리량과 전체 작업 수행량에 예측하기 어려운 영향을 준다.

14.3 문제와 해법

이 장의 목표는 그림 14.1에 나타난 것처럼 이기종 양자 중계기 네트워크에 대한 라우팅 알고리듬을 개발하고 분석하는 것이다. 따라서 성공의 척도는 (상세한 시뮬레이션에 의해 보이는) 네트워크의 예상되는 기능성과 쉽게 계산할 수 있는 알고리듬 사이의 타협점이다(이 알고리듬이 유효한 선택을 하게 해줄 것인가?).

라우팅 알고리듬을 개발하기 위해서는 링크를 사용하는 비용, 링크 비용의 집합에 기반한 경로 비용을 계산하는 함수, 알고리듬의 목표(가령, 필요한 알고리듬을 찾았는지 결정하는 척도)를 정의할 필요가 있다. 더 정확하게는, 다음과 같이 문제를 설정한다.

- PS.1: 라우팅 알고리듬의 목표를 정한다.

- PS.2: 양자 링크에 대해, 라우팅의 이해관계 특성을 식별한다. 그리고 그 특성을 링크 비용을 나타내는 하나의 수, 또는 작은 수들의 집합으로 줄인다.

- PS.3: 경로(관련 비용을 포함한 링크의 순서 집합)에 대해, 경로 비용을 계산하는 함수를 정의한다.

이 문제를 풀기 위해, 다음과 같은 잠재적 해법을 평가할 것이다.

- PS.1 – 목표: 라우팅 알고리듬 그 자체의 목표로서, 경로에 따른 작업량을 최소화하고, 2차적인 목표로 정의된 통신 끝점들 사이에서 처리량이 가장 큰 단일 경로를 선택하는 것에 주의를 기울인다. 처리량은 목표 충실도를 갖는 초당 벨 짝으로 측정된다. 여기서는 목표를 목표 충실도 $F \geq 0.98$이나 $F \geq 0.90$을 갖고 양자원격전송에 유용한 벨 짝을 전송하는 시스템으로 할 것을 제안한다. 여기서 보일 현상은 정확히 어떤 값을 골랐는가에는 독립적이지만, 이 정도 값이면 다양한 용도에 적합할 것이다.

  특정 경로에 대한 작업량을 평가하는 일은 간단한 문제가 아니다. 직관적으로, 작업량에 대한 척도가 희소한 자원을 반영하게 할 것이다. 두 가지 후보가 있는데, 바로 전체 측정연산량total measurement operations과 전체 펄스 계수total pulse count다.

  광역 사용량(아직 논의하지 않음)에 대한 어떤 합리적인 아이디어 없이 광역적인 성공을 평가하는 것은 어렵다. 그러므로 첫 번째 단계로서 경로에 대한 전체 작업량, 도달한 연결 처리량, 경로 비용의 정의 간의 상관관계를 평가할 것이다.

- PS.2 – 링크 비용: 몇 가지 링크 비용 정의를 검토한다. OSPF에서 링크 비용은 보통 단위가 없다. 네트워크 운영자는 어떤 값이든 마음대로 붙일 수 있다. 실제로 널리 사용되는 링크 비용 정의는 대역폭의 역수로, '송수신시간'에 해당하며 수십 나노초로 정규화된다(즉, 100Mbps 홉의 링크 비용은 $C = 1.0$이다). 단순히 펄스가 방출되는 속도로 평가하는 것은, 성공 확률이 링크에 의존하고 출력 상태의 충실도가 중요한 시스템의 링크 비용 척도로는 적합하지 않음이 분명하다. 실험을 수행하기 전에 다양한 직관적 통찰에 따라 프로젝트 참여자를 벨 짝 생성시간을 척도로 하자는 측과 측정의 수를 척도로 하자는 측으로 나뉘었다. 그 결과로, 여기에 다섯 가지 후보군을 정리한다.

  - 손실: 통신선로 손실(데시벨^{dB} 단위)
  - 전송 역수: 통신선로 송수신율의 역수($1/T$, 여기서 송수신율 T는 경로를 통해 수신된 광자의 퍼센트 비율이다.)
  - 펄스 수: 단일 홉에 대해 높은 충실도의 얽힌 벨 짝을 생성하는 데 사용된 레이저 펄스의 수. (정해진 시간 동안) 송수신기의 사용 수에 대응된다.
  - 측정 수: 단일 홉에 대해 높은 충실도의 얽힌 벨 짝을 생성하는 데 사용된 측정 연산의 수(이 방식은 위의 것과는 다르다. 왜냐하면 (1) 어떤 펄스는 큐비트 수신 자원이 바빠서 받아들여지지 못하고 버려지며, (2) 측정은 얽힘교환과 양자정화에도 사용되기 때문이다).
  - 벨 짝 생성 역수: 단일 링크 처리량의 역수. 단일 홉 시스템에서 벨 짝당 만드는 데 걸린 초 단위 시간으로 측정된다.

이 항목들은 두 그룹으로 나뉜다. 처음의 두 후보는 쉽게 측정할 수 있는 링크의 단순한 물리적 특성이다. 반면, 후반의 셋은 결정하기 위해 링크에 대한 시뮬레이션이나 관찰이 필요하다. 처음의 두 가지는 로그 인수만큼 다르다. 전송 역수는 덧셈에 대응되는데, dB 단위의 손실은 다익스트라 관점에서 볼 때 비용의 곱셈에 대응된다. 언뜻 보면 링크 비용을 그렇게 쉽게 정하는 것이 좋아 보이지만, 비용을 그렇게 물리적 기법에 직접 묶어버리면 물리적 기술이 각기 다른 링크들이 포함될 때 그 정의가 잘 전달되지 않을 것이다.

펄스 수와 측정 수는 고전 네트워크에서 사용되는 '송수신시간'이라는 정의에 가장 가깝게 대응된다. 그러나 벨 짝 생성 역수는 시스템 요소를 포함하며, 최소한의 복잡성 추가로 더 정확한 예측값을 줄 수 있다(비록 기술적 상세는 다르더라도 이 방법들은 대체로 가공하지 않은 송수신율, 흐름 제어된 링크의 처리량, 신뢰할 수 있는 링크 계층 프로토콜의 처리량과 현재 증가하는 기능성 측면에서 유사하다).

- PS.3: 경로 비용 함수 – 이 장의 핵심 가설은 적절한 링크 비용을 고르면 다익스트라 알고리듬이 있는 그대로 사용될 수 있다는 것이다. 공식으로 나타내면 다음과 같다.

$$C_{path} = \sum_i c_i, i \in \{P\} \tag{14.1}$$

여기서 $\{P\}$는 경로에 있는 링크의 집합이고, c_i는 i번째 링크의 비용이다. 링크 비용 후보들 중 따로 구분할 필요가 있을 때는 이것을 다익스트라/벨 짝 생성 역수와 유사하게 지칭할 것이다.

14.4 시뮬레이션과 그 결과

여기서의 목표는 다익스트라 알고리듬이 최저 작업량 경로와 최고 처리량 경로를 정확히 고르는 조건의 범위를 정하고 언제 어떤 합리적인 근사를 고르는지 정하는 것이다. 또한 최저 작업량과 최고 처리량이 같은 경로가 아닌 조건과 언제 알고리듬이 최저 작업량 경로를 고르지 않는지를 분명히 표현하려 한다. 이런 경우들이 받아들일 만한 경우인지, 아니면 알고리듬이 '실패'한 것인지 점검할 것이다. 이것은 경로의 후보 집합을 생성하고, 다익스트라/벨 짝 생성 역수에 의해 설정된 순서와 전체 경로의 시뮬레이션에 따라 매겨지는 순서를 비교해 달성될 수 있다.

이 절에서는 이기종 간 경로의 행동에 대해 몇 가지 질문을 던지는 것으로 시작한다(14.4.1절). 이어서, 여기서 사용할 시뮬레이터와 제안된 하드웨어 설정, 그리고 다익스트라 변수를 설정하고 링크 비용 후보군도 평가하게 하는 단일 홉 시뮬레이션 결과를 설명한다(14.4.2절). 흥미로운 경로 후보군을 열거한 후(14.4.3절) 이 장의 질문에 답할 수 있다(14.4.4절). 그리고 14.3절에서 제안된 연구 문제를 해결하는 데 이 해답들을 사용할 것이다(14.4.5절).

14.4.1 행동에 관한 질문

여기서는 해석적으로 풀기엔 너무 복잡하고 아직은 직접 만들거나 측정할 수 없는 시스템의 행동을 평가하기 위해 시뮬레이터를 사용한다. 그런 시뮬레이션 결과는 실제 하드웨어 개발을 이끌어가는 데 도움이 될 것이다. 이기종 간 경로가 어떻게 행동할 것인지를 이해하도록 도와줄 질문들을 던져볼 수 있다.

1. 경로에 있는 홉 수는 처리량과 전체 작업량에 어떻게 영향을 주는가? 특정 사례를 든다면, $2^n - 1$, 2^n, $2^n + 1$단계의 경로에 대한 처리량은 변하는가?

2. 약한 링크의 수는 어떤 식으로 문제가 되는가? 고전 네트워크에서처럼 하나의 약한 링크가 들어오면 병목현상이 생기는가? 두 번째, 또는 세 번째 약한 링크를 추가하면 처리량은 더 감소하는가?

3. 중계기 사슬에서 약한 링크의 위치는 처리량에 어떻게 영향을 주는가? 약한 링크가 시작 부분에 있는 것, 중간에 있는 것, 끝부분에 있는 것은 다른가?

4. 처리량이나 전체 작업량을 기준으로 할 때, 경로 비용에 따라 후보 경로들의 우선순위를 잘못 정하는 상황은 어떤 상황에서 발생하는가?

고전 시스템의 경우에는 답이 알려져 있다. 비용이 증가한다고 해도 (1) 경로의 길이(홉 수)는 (이론적인) 처리량에 영향이 없다. (2) 경로의 (이론적인) 처리량은 병목 링크의 처리량에 의해 제한된다. 질문 (3)은 부정적인 답이 있다. 순서는 문제가 되지 않는다(또는 문제가 되어서는 안 된다). 그리고 경로 조각의 순서는 언제나 경로 전체의 순서와 잘 맞아야 한다. 질문 (4)는 결론이 나지 않았다. 하지만 더 큰 광역적 서비스를 목표로 하면 성능이 낮은 경로가 선택될 수도 있다고 알려진 사례가 있다. 이 질문에 대한 답은 14.4.5절에서 다룰 것이다.

14.4.2 하드웨어 시뮬레이션과 링크 비용

이 장에서 보여준 시뮬레이션은 모두 큐버스 물리적 얽힘 기법(8.1.1절)을 모형화한다. 사용된 시뮬레이터는 반 미터, 라드, 먼로, 네모토, 반 루크, 야마모토의 작업에서 사용된 것을 이기종 경로를 지원하도록 확장한 것이다[VAN 09, LAD 06, MUN 08]. 시뮬레이터는 큐버스와 다른 두 가지 물리 계층 후보를 위한 양자 수준의 공진기 QED 시스템을 모형화하기 위해 개발됐고, 데하네[Dehaene] 등의 양자정화 기법을 사용한다[DEH 03]. 필요한 고전 메시지는 주의 깊게 모형화됐다. 시뮬레이터는 대략 11,000행의 설명이 달린 C++ 코드로 이뤄져 있고,

여기서 소개하는 시뮬레이션 결과를 생성하는 데 2.2GHz AMD 옵테론^{Opteron} CPU를 이용해 100시간의 CPU 시간을 소비했다.

이 시뮬레이터는 완전히 통합된 작동원리는 아니지만 물리 방정식과 기초적인 실험으로 확인된 사실에 기반한다. 따라서 이론, 시뮬레이션, 실험이 잘 합치되는지 추적하여 대규모 양자 네트워크 개발 경험을 쌓아야 한다. 실세계 네트워크와 여기서 보여주는 시뮬레이션 간의 예상되는 합치가 이 장의 목적에 적합한 정도 이상일 것이라고 믿어지지만, 자세한 분석은 이 책의 범위를 넘어선다.

그림 14.2는 단일 큐버스 홉을 시뮬레이션한 결과를 나타낸다. 사용된 변수는 표 14.1에 나타나 있다. 하드웨어 설정의 더 자세한 부분은 [VAN 09, LAD 06,

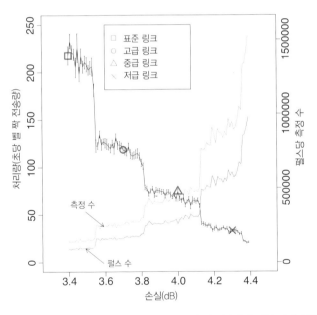

그림 14.2 표 14.1의 매개변수를 사용한 손실 대 처리량의 단일 단계 시뮬레이션. 링크 비용을 정의하는 데 사용된다. 더 복잡한 경로의 시뮬레이션을 위해 네 가지 유형의 링크가 선택됐고, 처리량 곡선(왼쪽 축)에 대응하는 기호가 표시되어 있다. 계단 모양 행동은 손실의 증가에 의해 감소하는 초기 충실도가 양자정화 단계 수를 증가시키기 때문이다. 이 곡선의 자세한 부분은 시뮬레이션한 큐버스 기술에 따라 매우 달라지지만, 원리는 일반적이다. 이 시뮬레이션에서 최종 충실도는 $F \geq 0.980$이다.

표 14.1 링크 비용 시뮬레이션 매개변수

큐버스 양자 중계기	
중계기 링크 연결당 큐비트의 수	송신기 25큐비트
	수신기 25큐비트
양자원격전송된 큐비트의 수(시뮬레이션 길이)	200개 큐비트
최종 목표 충실도	$F \geq 0.98$
광섬유	
길이	20km
신호 손실	3.4~4.4dB/20km

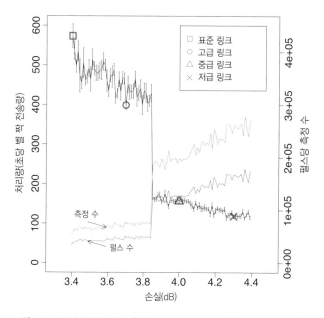

그림 14.3 양자정화가 최종 충실도 $F > 0.90$에 도달할 때까지만 수행되기 때문에 양자정화 단계 수가 줄어들고, 결과적으로 계단 모양 패턴이 다르다는 점을 제외하면 그림 14.2와 같은 조건에서의 단일 홉 시뮬레이션

MUN 08]에서 사용된 것과 같다. 원래의 큐버스 작동원리는 손실에 매우 민감하지만, 저손실 상황에서는 잘 작동한다. 이 형태의 큐버스 중계기는 송신기 큐

비트에서 수신기 큐비트에 대한 손실이 5.5dB을 넘으면 작동이 실패하고, 따라서 홉 길이는 통신 파장의 고품질 광섬유에 대해 대략 30km로 제한된다. 큐버스 원리를 이용한 변종을 포함해서, 다른 유형의 물리 링크는 더 먼 거리에서 더 높은 충실도로 작동할 것이다. 기본 큐버스 링크를 시뮬레이션하기로 선택하여, 양자정화와 낮은 충실도 얽힘의 영향을 매우 깔끔하게 볼 수 있다. 후속작업으로, 다른 물리 링크 유형에 대해서도 다익스트라 알고리듬의 행동을 확인할 계획이다.

다중홉 시뮬레이션을 위해 예제 링크로서 네 가지 특정 지점을 선택했고, 표 14.2와 표 14.3에 나타냈다. 선택된 네 가지 링크 유형은 그림 14.2에서 그에 맞는 기호로 표시되어 있다. '표준', '고급', '중급', '저급'이라는 용어는 이 시뮬레이션에서만 사용되는 상대적인 표현이며, 모든 가능한 물리적 양자 링크 유형을 나타내지는 않는다. 이 표와 그림 14.2에 나타나 있듯이, 손실에서 작은 차이라

표 14.2 링크 설정과 두 후보 링크 비용 함수. 이 값들은 통신선로의 물리적 특성이다.

링크	손실	전송 역수
표준(□)	3.4dB	2.19
고급(○)	3.7dB	2.34
중급(△)	4.0dB	2.51
저급(×)	4.3dB	2.69

표 14.3 링크 설정과 세 가지 추가적인 링크 비용 후보. 이 값들은 단일 홉 시뮬레이션의 결과다. 시뮬레이션 변수는 표 14.1과 같다. '짝당'은 1개의 벨 짝에 대한 비율이며, '비율'은 표준에 대해 정규화된 비용이다. BGT는 '벨 짝 생성 역수'다.

링크	펄스 수	짝당	비율	측정 수	짝당	비율	처리량	BGT
표준(□)	90441	452	1	140519	702	1	217.7	1
고급(○)	163628	818	1.80	254691	1237	1.76	118.4	1.83
중급(△)	258852	1294	2.86	404117	2020	2.87	74.3	2.93
저급(×)	606278	3031	6.70	945247	4276	6.72	33.1	6.57

하더라도 처리량에 크고 고르지 못한 효과를 준다. 손실이나 전송 역수로 제안된 비용 함수의 효용성은 기술 종속적일 뿐만 아니라, 고립된 큐버스의 경우에서조차 좋지 않은 척도일 수 있다는 점을 시사한다.

표 14.4에서 볼 수 있듯이, 동일한 물리적 손실을 갖지만 송신기와 수신기의 큐비트 수가 다른 링크는 다르게 행동할 것이다. 비록 다른 환경에 대해서는 처리량이 두 배로 변하긴 하지만, 명백히 잘못 설정된 100/25 경우를 제외하면 200개의 큐비트를 양자원격전송하기 위한 펄스의 수와 측정의 수는 유의미하게 변하지 않는다. 시뮬레이션된 조건의 경우, 하나의 큐비트를 양자원격전송시키기 위해 약 450개의 펄스와 700번의 측정(기본 얽힘, 얽힘교환, 양자정화를 포함해서)이 필요하다. 비록 이 두 가지 척도가 비용을 틀림없이 더 직접 나타내긴 하지만, 여기서의 중요한 처리량 차이는 선호하는 경로에 대한 생각에 영향을 준다.

표 14.4 송신기와 수신기에서 사용 가능한 큐비트 수에 따른 처리량. 얽힘 성공을 통지하기 위한 얽힘 제어(EC) 프로토콜의 왕복 지연시간 때문에 송신 측에 더 많은 큐비트가 처리량을 증대시킨다. 이 값들은 단일 홉 시뮬레이션의 결과다. 시뮬레이션 변수는 표 14.1과 같다. 처리량과 신뢰구간(표준편차)은 벨 짝 완성시간에 대한 선형회귀로 결정됐다.

송신기	수신기	처리량	펄스 수	측정 수
25	25	237 ± 8	80587	125905
25	50	213 ± 8	92071	143582
50	25	436 ± 14	99708	142723
50	50	456 ± 14	89533	139506
100	25	462 ± 22	199240	138543
100	50	956 ± 31	92221	137828
100	100	984 ± 32	88694	138145

단일 홉의 행동만을 설명하고 시뮬레이션을 통해 결과를 확인하면 앞으로의 링크 비용 후보에서 두 가지(손실과 전송 역수)를 쉽게 제거할 수 있다. 다른 두 가지(펄스 수와 측정 수)는 전체 작업량에서 좋은 척도로 남아 있다. 하지만 표 14.4에 나타난 결과는 목표가 높은 처리량에 도달하는 것이었을 때 링크 비용 후보

로 살아남을 수 있을지 의심을 갖게 한다.

14.4.3 시뮬레이션된 경로 후보

검토하기로 한 후보 경로는 14.4.1절의 질문에 답하기 위해 설계됐다. 다양한 패턴에 대해 1회 호핑에서 9회 호핑에 이르는 46가지 경로뿐만 아니라 선택된 네가지 링크 유형에 대해 4단계 호핑, 즉 $4^4 = 256$가지의 모든 조합에 대해서도 시뮬레이션했다. 46가지 경로는 그림 14.4의 하단에 나열되어 있다. 이 실험 과정에서 뚜렷히 길고 동종으로 이뤄진 경로(2,048홉까지)인 다양한 링크 조건에 대해 훨씬 더 많은 경로를 시뮬레이션했다. 다른 시뮬레이션으로부터 알아낸 것은 이장에서 소개하는 결과와 상충되지 않으며, 이 장의 결과는 이해관계의 효과를 명확히 보여주기 위해 선택됐다.

14.4.4 행동 질문에 대한 답

그림 14.4, 그림 14.5, 그림 14.6은 경로에 대한 시뮬레이션 결과를 보여준다. 그림 14.4에는 특정 경로에 대한 처리량뿐만 아니라 전체 작업량의 두 가지 척도인 펄스 수와 측정 수도 나타나 있다. 그림 14.5에는 비용 척도로 벨 짝 생성 역수를 사용해 다익스트라 알고리듬으로 계산한 경로 비용에 대한 처리량이 그려져 있다. 그림 14.6에는 계산된 경로 비용에 대한 전체 작업량 측정값이 그려져 있다. 그림 14.7과 그림 14.8은 256가지 4홉 경로의 시뮬레이션 결과를 보여준다.

여기서 볼 수 있는 행동들 중 알아둘 만한 가장 중요한 요소는 처리량 변화의 불연속적인 특성이다. 이것은 양자정화와 얽힘교환의 불연속적 특성과 끝 대 끝 ^{end-to-end} 벨 짝의 최종 적합에 대한 특정 문턱값을 고르는 방식 때문에 발생한다. 많은 환경에서는 작은 변화가 양자정화를 추가로 하도록 만들고, 일반적으로 처리량의 50%를 감소시킨다.

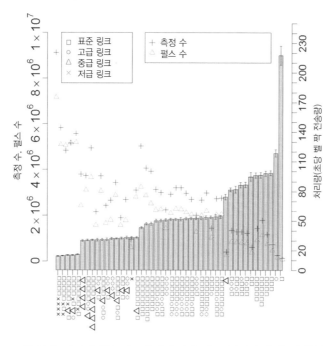

그림 14.4 46가지 후보 경로에 대해 전체 펄스 수(△)와 측정 수(+)(왼쪽 세로축). 끝 대 끝 충실도는 $F > 0.98$이다. 경로는 1홉에서 9홉까지 길이가 변한다. 왼쪽에서 오른쪽으로 처리량이 커지는 순으로 정렬됐고, 막대그래프로 나타냈다(오른쪽 세로축). 그래프 아래쪽의 표시는 개별 경로 설정을 나타낸다. □, ○, △, ×는 각각 표준, 고급, 중급, 저급 링크를 나타낸다. 계단형 행동은 양자정화의 단계 수가 늘어난 것을 반영한다.

홉 수(질문 1)가 증가하면서, 처리량에는 계단 형태의 현상이 나타난다. 그러나 꼭 2의 거듭제곱일 필요는 없으므로, 추가적인 양자정화의 결과로 충실도의 감쇠가 얽힘교환과 함께 움직이지 않는다. 표준 경로(□)의 경우 두 번째와 일곱 번째 단계에서 계단을 볼 수 있다.

그림 14.5의 기호들을 살펴보면 병목 링크의 존재가 명확히 드러난다(질문 2). 저품질 링크 하나가 경로에 있으면, 데이터 점의 각 형태에 따라 묶인 것에서 볼 수 있듯이 다른 링크의 품질은 거의 관련이 없다(가령, 그림 14.5의 초당 대략 30개의 벨 짝을 나타내는 △와 그림 14.4의 왼쪽 끝에 있는 × 링크의 집중). 다양한 경로는 크게

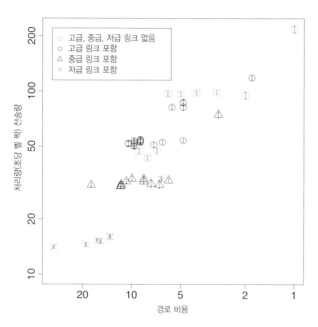

그림 14.5 46가지 후보 경로에 대한 벨 짝 생성 역수 경로 비용과 처리량($F \geq 0.98$)의 관계. 각 경로는 경로의 가장 약한 유형의 링크에 해당하는 기호로 나타냈다. 각 데이터 점의 유형이 뭉친 것은 병목 링크에 의해 처리량이 제한된다는 사실을 분명히 보여준다. 세로 막대의 길이(대부분 각 기호의 안에 들어감)는 처리량의 표준편차를 나타낸다.

(전체는 아님) 경로에서 가장 느린 링크의 처리량에 따라 모을 수 있다. 그림 14.5에서 눈길을 끄는 특이점은 각 뭉치에 대해 오른쪽 위에 있는 하나의 ○, △, × 표시다. 이것은 순수한 병목현상이 없음을 나타낸다. 병목과 홉 수가 늘어남에 따른 성능의 다항함수적 감소가 조합되면서 경로의 성능을 정한다. 더 긴 경로들 대부분은 똑같은 품질의 두 번째 링크를 병목 링크로 추가해도 통계적으로 의미 있는 처리량 감소로 이어지지 않는다. 하지만 경로 최적화가 더 어려워진다. 몇몇 경우에서는 쓸 만한 패턴을 찾는 최적화가 실패했고, 양자정화에 단계를 추가해야 했다. 특히, 병목 링크가 ○로 표시된 4홉 경로는 초당 대략 80개의 벨 짝과 초당 50개의 벨 짝에 해당하는 2개의 평탄한 부분으로 쪼개졌다. 그러나 전체 작업량은 이 경우에도 강한 상관관계를 보인다.

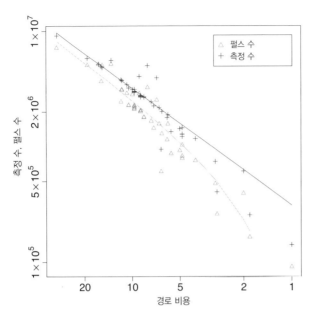

그림 14.6 46가지 후보 경로에 대한 벨 짝 생성 역수 경로 비용과 펄스 수(△) 및 측정 수(+)로 측정한 전체 작업량($F \geq 0.98$)의 관계. 각 선형회귀의 결정계수는 0.88이며, 이 경로 비용이 전체 작업량의 강력한 예측 기임을 보여준다.

　　이렇게 일반적인 병목현상에도 불구하고, 약한 링크의 위치(질문 3)는 더 미묘하다. 여기서 수행한 시뮬레이션 중 병목의 위치에 따라 다른 결과가 나오는 경우를 한 건 발견했다. 하나의 고급 링크와 3개의 표준 링크를 갖고 있을 때, 경로 왼쪽 끝의 고급 링크는 53개의 초당 벨 짝 생성을 보였고, 반면에 다른 3개의 경로는 82~87개의 초당 벨 짝 생성을 보였다. 낮은 처리량의 경우는 얽힘교환 연산을 한 번 하기 전에 추가적인 양자정화 단계가 필요했다. 추가적인 양자정화 단계를 필요로 하는 문턱값 근처에 경로가 머물러 있기 때문에 경로 사용 최적화는 더 어려워진다. 세 가지 경로는 성공적으로 가능했지만, 네 번째 경로는 실패했다. 그러므로 약한 링크 위치는 경로를 효과적으로 사용하는 능력에 따라 처리량에 영향을 줄 수 있다고 답해야 한다.

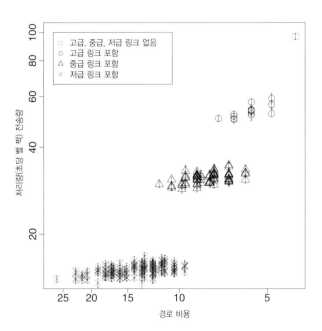

그림 14.7 256가지 4홉 경로 후보 전부에 대한 처리량($F \geq 0.98$)과 벨 짝 생성 역수 경로 비용의 관계. 각 경로는 경로의 가장 약한 유형의 링크에 해당하는 기호로 나타냈다. 각 데이터 점의 유형이 뭉친 것은 병목 링크에 의해 처리량이 제한된다는 사실을 분명히 보여준다.

다익스트라/벨 짝 생성 역수 방법은 종종 처리량에 대해 후보 경로를 틀린 순서로 페어링하기도 한다(질문 4). 256가지 4홉 경로의 시뮬레이션과 비교하면 32,640가지 가능한 짝이 있고, 그중 1,230개는 경로 비용이 같다. 다른 비용을 갖는 짝들 중 82.6%의 시간에서 다익스트라/벨 짝 생성 역수 방법은 둘 중 더 높은 처리량 경로('정확한' 선택)를 골랐고, 17.4%의 시간에서 더 낮은 처리량 경로('틀린' 선택)를 골랐다. 그렇게 순서가 잘못된 경우 중 5%만이 10% 이상의 처리량 차이를 보였다. 46가지의 다양한 길이 경로에 대해, '정확한' 선택 비율은 81.6%로 비슷했다. 그러나 이 선택의 영향은 더 컸는데, '틀린' 경우의 거의 절반에 가까운 경우에서 25% 이상의 처리량 불이익을 보였다.

발견된 틀린 순서 중 가장 주목할 만한 경우는 두 가지 경로 □×□□□□□(처

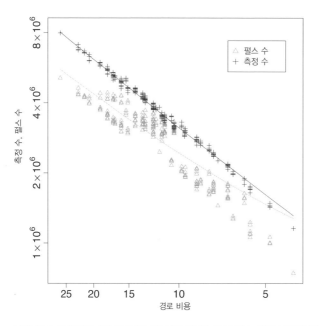

그림 14.8 256가지 4홉 경로 후보에 대한 벨 짝 생성 역수 경로 비용과 펄스 수(△) 및 측정 수(+)로 측정된 출력 충실도 $F \geq 0.98$에 도달한 전체 작업량. 선형회귀법에서 펄스 수에 대한 결정계수는 0.81이고 측정 수에 대해서는 0.99다.

리량: 16 ± 0.51, 비용: 13.57)과 △△△△□□□□(처리량: 30.7 ± 0.77, 비용: 15.72)의 짝이다. 더 높은 비용의 경로가 더 낮은 비용의 경로보다 두 배 높은 처리량을 보인다. 검토해보면, 그림 14.4에서 전체 작업량(펄스 수나 측정 수)도 매우 비슷함을 보여준다. 이 동떨어진 경우는 병목이 된 저급 링크가 6.57보다 훨씬 높은 링크 비용을 정당화한다는 것을 시사한다. 그러나 검토했던 다른 모든 경우에서는 이 방식이 잘 작동했다.

성능과 작업량은 둘 다 양자정화 비용에 의해 지배된다. 주어진 경로의 사용은 전체적으로 최적화돼야 한다. 하지만 현재 해법은 많은 가능성을 시도해보는 무차별 대입법이다. 대부분의 경우, 경로에 대한 이와 같은 과정의 최적화는 직접적이고 견고하다. 하지만 분명히 알아둬야 하는 소수의 경우는 얽힘교환 설정

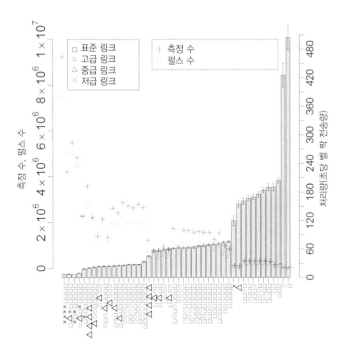

그림 14.9 $F \geq 0.90$인 경우의 시뮬레이션 결과. 그림 14.4와 같은 그래프다.

에 섬세한 조정을 요구한다. 이 과정에서 훨씬 자동화된 최적화는 경로 비용 및 작업량 사이의 적절한 타협과 더 나은 성능을 모두 이끌어낼 수도 있다.

전체 작업량의 경우, 여기서는 46가지의 다양한 길이 경로에 대해 펄스 수와 측정 수의 결정계수가 0.88임을 알아냈다. 256가지 4홉 경로에 대해서는 펄스 수의 결정계수가 0.81이고 측정 수의 결정계수가 0.99임을 알아냈다.

그림 14.9에서 그림 14.11까지는 더 낮은 끝 대 끝$^{end-to-end}$ 목표 충실도인 $F \geq 0.90$에 대한 데이터를 나타낸다. 이 그림들은 $F \geq 0.98$에 대한 데이터를 그렸던 그림 14.4에서 그림 14.6까지에 대응된다. 이 데이터로부터 펄스 수와 비용 함수 사이의 결정계수가 0.77이고, 측정 수와 비용 함수 사이의 결정계수가 0.81임을 알아냈다. 이 값들은 $F \geq 0.98$인 경우보다 더 낮다. 그러나 두 경로를 비교하면,

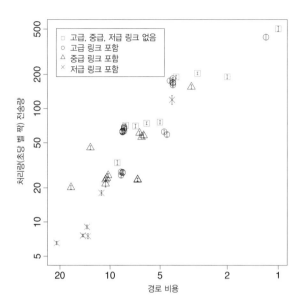

그림 14.10 46가지 후보 경로에 대한 처리량($F \geq 0.90$)과 벨 짝 생성 역수 경로 비용의 관계

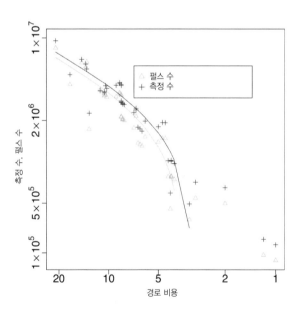

그림 14.11 46가지 후보 경로에 대한 벨 짝 생성 역수 경로 비용과 펄스 수($\triangle$) 및 측정 수(+)로 측정한 전체 작업량($F \geq 0.90$)

다익스트라/벨 짝 생성 역수 비용 함수는 88%의 시간에서 정확히 더 높은 처리량 경로를 선택했고, 이것은 $F \geq 0.98$보다 $F \geq 0.90$인 경우에 더 자주 일어난다는 뜻이다. 그러므로 이 결과는 충실도와 행동의 여러 범위에 걸쳐 타당하다.

행동은 다음과 같이 요약할 수 있다. '성능은 경로의 어느 부분에서든 사용된 양자정화의 단계 수에 의해 결정된다.' 양자정화의 단계 수는 병목링크에 의해 지배된다. 그러나 작업은 상대적인 링크 품질에 대체로 비례해서 전체 경로에 걸쳐 분산된다.

14.4.5 문제의 해결

시뮬레이터 결과와 질문에 대한 답을 가지고서 이제 14.3절에서 제안했던 해법을 평가하고, 다익스트라/벨 짝 생성 역수 알고리듬이 양자 중계기 네트워크에 대한 받아들일 만한 라우팅 알고리듬을 개발하는 목표에 도달할 수 있을지 결정할 준비가 됐다.

최고 처리량 경로가 전체 펄스 수와 전체 측정 수를 포함한 작업의 측정량에 강하게 연관되어 있음을 살펴봤다. 어떤 병적인 경우에서는 측정 수가 더 나은 척도이며, 여러 경우에 이것은 아래에서 선택된 링크 비용과 잘 맞는다. 그러므로 경로 선택 문제 PS.1에 대한 해법은 '측정 수를 척도로 하여 경로를 따라 전체 작업량을 최소화하는 것'이다.

14.4.2절에서는 펄스 수, 측정 수, 손실, 전송 역수보다 벨 짝 생성 역수를 링크 비용 척도로 정의하는 것이 이 목적에 더 잘 맞음을 살펴봤고, 문제 PS.2에 대한 해법 '벨 짝당 초'를 제안할 수 있게 한다.

앞 절의 시뮬레이션 결과는 후보 경로 중에서 최고 처리량, 최저 작업량 경로를 대체로 정확히 예측할 수 있음을 분명히 나타낸다. 다익스트라/벨 짝 생성 역

수는 문제 PS.3을 잘 해결한다. '경로 비용은 링크 비용의 스칼라 합이다.'

직관적으로, 시뮬레이션을 통해 확인했듯이 왜 이 방식이 잘 작동하는지 알 수 있다. 벨 짝 생성 역수는 필요한 양자정화의 수와 직접 관련되어 있고, 따라서 링크에 대한 작업량과 관련된다. 홉 수가 증가하면서 작업량이 비선형적으로 늘어난다고 앞서 지적했음에도 불구하고, 경로의 순서를 매기는 예측 능력은 강하게 남아 있다. 그러므로 복잡한 양자 중계기 네트워크의 사용이 늘어나고 다양한 사용량 패턴이 증가한다고 하더라도 다익스트라/벨 짝 생성 역수는 여전히 유효한 선택으로 남을 것이라고 주장할 수 있다.

14.5 결론

양자 중계기 네트워크의 실세계 배치는 홉 수가 2의 거듭제곱수인 이상적이고 균일한 방식이 되기보다는, 복잡한 토폴로지, 고품질과 저품질의 링크, 네트워크를 통과하는 경로의 수많은 가능성 등 물리적으로 각기 다른 방식이 될 것임을 피할 수 없다.

14장에서는 양자정화와-얽힘교환 양자 중계기 네트워크의 사용에서 나타나는 중요한 문제를 조사했고, 경로 선택과 라우팅 알고리듬의 필요성에 중점을 두었다. 받아들일 만한 라우팅 알고리듬은 (만약 최적이 아니라면) 합리적인 경로를 고르기에 믿음직한 계산하기 쉬운 척도여야만 한다.

많은 중요한 차이점에도 불구하고, 양자 중계기 네트워크는 고전 네트워크와 실제 사용에서 유사한 거동을 보인다. 물리와 고전 메시지 프로토콜의 구체적인 물리 시뮬레이션을 통해 몇 가지 변종을 조사하고 이 원리들이 적용되는 조건의 범위를 탐색했다.

수행된 연산의 수(펄스 수나 측정 수)로 나타나는 전체 작업량은 대체로 고전 네트워크 경로에서처럼 다른 병목이 아닌 링크 수의 추가에 따라 늘어나므로, 연결의 처리량은 기본적으로 경로에 있는 병목 링크에 기반하여 예측될 수 있다. 링크 비용으로서 각 홉의 처리량 역수와 다익스트라 알고리듬의 형태를 적용한 것(다익스트라/벨 짝 생성 역수)은 여기서 쉽게 계산한 경로 비용과 실제 처리량 사이의, 그리고 비용과 전체 작업량 사이의 강한 상관관계를 보였다. 이 결과는 납득할 만한 계산 결과이며, 다익스트라 알고리듬의 사용을 추천한다.

이 결과는 (직접적으로 모순되지는 않으나) 디 프랑코와 발레스터의 결론[DI 12]과는 상반되는 결론이다. 디 프랑코와 발레스터는 링크의 정적인 그래프에 있는 경로를 따라 수행되는 얽힘교환에서 산출된 끝 대 끝$^{end-to-end}$ 충실도를 최대화하는 것을 목표로 두는 다익스트라 알고리듬의 한 형태를 검토했다. 이 링크는 단지 변하는 충실도를 가질 뿐만 아니라, 잠재적으로 다른 형태의 불충실도도 갖는다. 이들은 최적의 끝 대 끝 경로가 각 경로의 부분열에 대해 최선의 선택을 조합한 것일 필요가 없음을 보였다. 즉, 경로 $A \rightarrow ...B \rightarrow ...D$에서, 최적의 AB 경로가 최적의 AD 경로에서 나타나야 할 필요가 없다는 뜻이다. 그러나 밀도 행렬에 대한 어떤 합리적인 제약조건(순수하지 않은 양자 상태의 '모양^{shape}')이 있으면, 부분적으로는 양자정화의 결과로 나타난 벨 짝이 상대적으로 균일하기 때문에 그런 경로는 대체로 드물다는 사실이 경험적으로 알려져 있다.

게다가 작동 목표를 단위시간 동안 문턱값 이상의 충실도인 벨 짝의 수를 최대한 전달하는 데 맞췄다. 즉, 최대 처리량에 집중했다. 추가로, 메모리의 가용성과 벨 짝의 확률적 생성 같은 구현의 구체적인 부분이 문제가 된다는 점을 알아냈다. 그러므로 디 프랑코의 결론이 이론적으로 중요한 결과이긴 하지만, 여기서의 결과는 다익스트라 알고리듬이 실제로 잘 작동한다는 것을 보여준다.

여기서 탐구한 큐버스 시스템에 단일 광자 시스템[JIA 07a]과 낮은 광자 수 시스템[MUN 08] 등을 추가한 다른 유형의 물리 계층 양자 중계기와 엮일 때 다익스트라 알고리듬이 어떻게 행동하는지는 더 많은 확인 작업이 필요하다. 시뮬레이터는 유한한 양자 메모리 수명[HAR 07]의 중요한 요소를 모형화할 수 있다. 그러나 시뮬레이션과 알고리듬에서 매개변수를 바꿔가면서 계산하기 때문에 추가되는 조합론적 복잡성이 대부분이다.

가장 중요한 미해결 문제는 이 결과를 양자정화된 중계기 네트워크보다는 오류 보정 기반 양자 중계기 네트워크에 적용하는 것이 어떤가이다[FOW 10, JIA 09, MUN 10]. 다익스트라 알고리듬을 양자정화-얽힘교환과 오류 보정 양자 중계기 네트워크 모두에 응용할 수 있음을 보인 것은 이 결과의 범용성을 강하게 나타내는 것일 수 있다.

15

재귀적 양자 네트워크 아키텍처

마지막으로, 15장에서는 많은 참여자와 기술을 포함하며 시간에 따라 성장하며 진보하는, 실세계에 배치될 수 있을 것 같은 참된 양자 인터넷을 위한 아키텍처를 제시한다. 인터넷 규모의 양자 중계기 네트워크들의 네트워크는 물리적 기술, 중계기 기능과 관리 측면에서 이질적인 접합이 될 것이다. 그러므로 네트워크들의 네트워크를 사용하는 데 필요한 고전적 제어는 인터넷 데이터 전송과 유사한 문제에 직면할 것이다.

2011년에 반 미터, 터치, 호스만은 재귀적 양자 네트워크 아키텍처[QRNA, Quantum Recursive Network Architecture]의 개념을 제안했다. 이것은 새로 나타난 고전적인 재귀적 네트워크의 개념으로부터 개발됐고, 데이터 전송에 집중하던 것에서 더 일반적인 분산 컴퓨팅 요청 프레임워크로 재귀적 작동 방식을 확장한 것이다. 단일 계전기 노드로서 재귀적 추상 독립 수송 네트워크는 정보 은닉과 자원 관리를 향상하기 위해 소프트웨어 계층을 통합하고 자원의 주소를 가상화한다. 이 아키텍

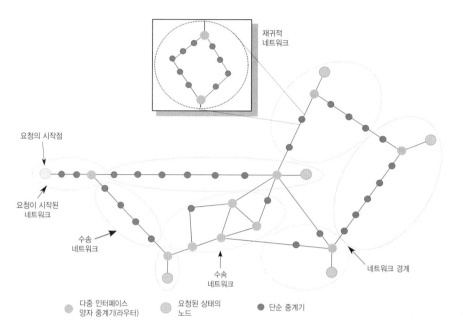

그림 15.1 대규모 양자 중계기 네트워크는 많은 노드로 구성될 것이다. 라우팅 능력이 있는 꼭짓점('라우터')들 사이의 많은 장거리 연결은 더 단순한 중계기의 다중홉 사슬로 구성된다. 재귀적 네트워크에서 그림에 있는 각 노드는 실제로 단일 노드로서의 서비스를 제공하는 완전한 네트워크 그 자체를 나타낼 수도 있다.

처는 벨 짝이나 GHZ 상태, W 상태, 클러스터 상태와 같은 기본적인 분산 상태를 포함하여 임의로 분산된 상태를 만드는 데 유용하다.

QRNA의 조직화 원리는 재귀성이다. 그리고 여기서 개발 중인 재귀적 기술과 결합하여, 반드시 채워져야 하는 각 역할의 상태 기계를 구축할 것이다. 고전 네트워크와의 가장 중요한 차이점은 메시지의 의미를 확장할 필요성에서 나타난다. 고전적 메시지는 묵시적 요청을 전달한다. "나를 내 목적지까지 전달해주세요."라는 식으로 말이다. QRNA의 메시지는 더 명시적으로 요청을 전달한다. "이 상태를 나에게 만들어주세요. 그리고 그게 한 번에 만들어진 것처럼 배포해주세요."라는 식이다.

1장과 3장에서 다룬 네트워크 아키텍처의 개념을 다시 살펴본 후, 재귀적 아키텍처를 가능하게 만드는 요청 구조를 설명할 것이다(15.2절). 이어서, 어떻게 이 개념이 참된 대규모 이기종 간 네트워크의 실세계 배치를 현실적으로 이끌어 내는지 보일 것이다(15.3절).

15.1 네트워크 아키텍처 다시보기

이제 책의 초반에 설명한 원리, 문제, 아이디어를 어떻게 하고 있는지 살펴보면서 네트워킹의 근원으로 되돌아와야 한다. 지금까지 다룬 통신 세션 아키텍처는 이런 아이디어들과 잘 맞아가고 있는가? 13장과 14장에서 논의한 네트워크 문제는 어떤가? 이번 장에서 개발된 QRNA의 몇 가지 가치 있는 부분을 미리 살펴볼 기회를 가져보겠다.

1장에서는 네트워크 아키텍처 설계 결정을 위한 네 가지 핵심사항을 소개했다. (1) 교환되는 메시지의 의미, (2) 네트워크 요소들의 명명법에 사용되거나 참여하는 식별자의 형태, 이 항목들의 범위, 이름들이 변형되거나 번역될 수 있는 방법과 장소를 포함하여 사용되는 명명 시스템, (3) 직접 연결되지 않는 노드들 사이의 통신을 가능토록 하기 위해 사용되는 경로, (4) 네트워크에서의 자원 관리 방법. 13장과 14장에서 세 번째와 네 번째 항목을 짚었다. 아키텍처의 다른 측면과는 상대적으로 쉽게 분리할 수 있기 때문이다. 처음 두 가지 문제를 해결하는 일이 남았는데, 그 해법이 QRNA의 핵심을 형성한다.

3장에서는 네트워크를 인터넷 규모 이상으로 키울 때의 몇 가지 문제점을 소개했다. 그리고 인터넷 관련 시스템에서 널리 사용되는 10가지 설계 패턴을 소개했다. 문제점들은 다음과 같다. (1) 이질성(특히 배치된 기술과 지역적 조건의 이질성), (2) 규모 그 자체(특히 라우팅과 명명법에 영향을 준다), (3) 현재 네트워크 조건

(가령, 라우팅이나 혼잡도)에 대해 유통기한이 지난 정보를 다루기, (4) 개인정보보호, 필요한 정보 수송 정책, 자동화된 관리 등과 같은 참여기관의 수요 맞추기, (5) 고의든 사고든 네트워크에서 오작동하는 노드의 처리. 10장에서 12장까지 다룬 통신 세션 아키텍처는 기본적으로 (3)번에서 결잃음과 확률적 성공의 문제점을 해결하는 데 목표를 뒀다. QRNA는 (1), (2), (4)번 문제를 다룬다. 어떤 완전한 네트워크 아키텍처든지 적어도 (3)번 문제에 해당하는 1개의 세션 아키텍처를 반드시 지원해야 한다. 사실 QRNA는 네트워크 노드의 요구사항에 대한 정확한 관계를 미해결 질문으로 남겨둔다 하더라도 임의의 세션 아키텍처가 배치될 수 있게 한다. (5)번 문제는 아직까지는 양자 네트워크에서 아예 다루지 않는다.

3장에서 소개한 10가지 설계 패턴이 완벽하지는 않다. 그러나 이 패턴들은 13장과 14장에서 도움이 됐고, QRNA의 설계에서도 고려될 것이다. 위계구조는 라우팅과 명명 시스템의 확장성을 달성하는 데 필요하고, 10억 개의 장치 네트워크를 통한 최적 경로를 계산하는 일은 현재의 컴퓨터 시스템에 대한 질문 영역 바깥이다.

계층화는 기능성을 나누는 자연적인 방법이다. 그리고 관련된 모듈성은 개별 기능을 더, 또는 덜 독립적으로 대체할 수 있게 한다. 그림 1.4와 같이 이 책에서 소개한 계층화는 고전 시스템의 계층화와 정확히 동등하지는 않다. 사실 필자의 공동 연구자들 중 두 명은 오류 관리와 상태 구성 기능을 계층보다 역할^{role}로 더 잘 설명할 수 있다고 주장했고, 미안하지만 이 책에서는 계층화에 대한 더 단순한 용어를 유지했다.

인터넷의 기술적 성공 핵심 연관 요소는 인터넷 프로토콜^{IP} 그 자체가 허리로 기능하는, 프로토콜 스택의 '좁은 허리'였다. 실제 허리 부분은 재귀적 아키텍처에서는 덜 분명하지만, QRNA는 통합된 메시지 시스템을 통해 개별 모듈들의 대체를 인터넷과 유사하게 허용하는 것이다.

자원의 사용을 다중화하는 것에 대한 일반적인 개념은 자원 관리의 중요한 문제에 대한 프레임워크를 제공했다. 그리고 몇 가지 기법의 실행 가능성에 대해 13장에서 평가했다. 이 문제는 이 장에서 다루는 QRNA 메시지 및 의미론과는 크게 무관하지만, 여기서 얻은 결과는 통계적 다중화를 추천하고 있다. 그러나 그때는 큐비트의 실시간 결잃음을 평가하지 않았고, 또한 요청 관리 같은 문제가 회로 교환 아키텍처를 쓰게 할 수도 있다는 사실을 알았다. QRNA는 재귀성의 신중한 사용을 통해 특정 경로와 그 모든 자원을 덜 제약하도록 노력하고 있지만, 자세한 부분은 아직 작업 중인 상태로 남아 있다.

지금까지 똑똑한 네트워크와 멍청한 네트워크를 논의했다. 이 두 가지는 도메인에 특화된 응용 기능을 얼마나 많이 노드 안으로 만들어 넣을 수 있는지, 그리고 그 결과 새로운 서비스의 배치를 제한하는지에 따라 구분된다. 분명, 지금까지 논의했던 각각의 오류 관리 기법은 꽤 정교한 노드들을 필요로 한다. 하지만 유용한 범용 얽힘 상태인 벨 짝을 생성하는 모든 서비스가 그렇다. 이런 기본 기능의 상부에서 다양한 서비스를 배치하는 것은 상대적으로 쉬워야만 한다. QRNA는 데이터 이동이나 상태 생성 요청과 동시에 프로그램으로 만들 가능성의 척도를 제공한다. 그리고 지능성과 유연성을 동시에 달성한다.

분산 관리와 자율성은 이전 장들에서 직접적으로 나타나지는 않았지만, 재귀성을 사용하는, 따라서 QRNA를 사용하는 중요한 목표다. 또한 이 방법은 오늘날의 인터넷처럼 안과 밖을 나누는 정도의 두 수준에서뿐만 아니라, 재귀적 관점으로도 분산된 경로 선택 알고리듬을 유효하게 배치할 수 있게 한다.

링크 관리, 양자정화, 원격 상태 구성을 설계하는 데 필요한 프로토콜 설계에 상태 기계 접근법을 폭넓게 사용했다. QRNA 설계의 가시적인 부분에 중요하게 그려지지는 않았지만, 여기서 설명하려는 요구사항들은 상태 기반 코드에 의해 문제가 드러나고 흡수될 것이다.

네트워크 그 자체는 노드가 들어오고 나가며 링크가 연결되고 끊어짐에 따라 일정한 흐름이 유지되고, 다른 관리상의 변화가 수행된다. IP와 관련된 네트워크에서 약한 정합성과 연성 실패 설계 기법은 지금까지 소개했던 모형을 직접 포함하지는 않는다. 따라서 그 견고성은 의문으로 남아 있다. QRNA는 이것을 네트워크 추상화를 통해 부분적으로 바로잡으려고 시도하고, 경로의 일부를 네트워크 안에서 투명하게 재배치하도록 한다.

그리고 물론, 중첩된 네트워크의 개념, 토폴로지의 가상화, 명시적 재귀성도 QRNA의 핵심이다.

15.2 재귀적 양자 요청

재귀성은 양자 중계기 네트워크의 자연스러운 모형이다. 왜냐하면 양자정화, 얽힘교환, 캘더뱅크-쇼어-스틴[css] 오류 보정[CAL 96, STE 96], 표면 코드 오류 보정[FOW 09, RAU 07a, RAU 07b, WAN 10]은 섞인 얽힘 상태에 만들어지고, 다른 섞인 얽힘 상태를 생성하며, 높은 충실도의 광역 분산 양자 상태라는 공통의 목표를 향해 일한다. 어떤 프로토콜 계층의 상부와 하부 인터페이스의 유사성은 재귀를 단순화하고, 프로토콜 스택의 구성을 얼마든지 허용한다.

거대한 네트워크에서(많은 국가와 조직에 걸쳐 펼쳐진 수백만에서 수십억에 달하는 노드들) 단일하고 동기화되고 공유되고 중앙 관리가 되는 시스템으로서 네트워크를 직접 관리한다는 건 비현실적이다. 그리고 심지어 네트워크의 더 작은 일부분의 최적화도 계산적으로 아주 다루기 힘든 조합론적 문제가 된다. 재귀성을 적용하면 이런 복잡성의 많은 부분을 없앨 수 있고, 더 큰 자원들을 효율적으로 관리할 수 있다. 각각의 프로토콜 계층에서 노드나 네트워크는 전체 네트워크 자원의 아주 작은 일부분을 인지하고 도달하면 된다. 그리고 그 클라이언트들이 더 작은 부분공간에서 작동할 수 있도록 하부구조의 복잡성은 숨겨진다.

재귀성이 효율적이려면, 프로토콜 계층을 결합할 수 있도록 잘 정의된 요청-응답 모형이 있어야 한다. 요청과 응답을 정의하기 전에 처리해야 하는 몇 가지 아이디어가 있는데, 분산된 얽힘 상태를 그 자체로 명명할 수 있어야 하며 그 상태를 포함하는 자원을 이해할 필요가 있다. 이어지는 3개의 절에서 이 문제를 다룰 것이다.

15.2.1 재귀적 네트워크에서 처리하기

고전 네트워크는 재귀성을 숨어 있는 토폴로지를 표현하기 위해 사용한다. 그러나 전체 네트워크 아키텍처를 재귀적으로 생각할 수도 있다[DAY 08a, TOU 06]. 아키텍처 원리로서 재귀적 네트워크는 현재 인터넷에 사용되는 인공물 그 이상으로서, 프로토콜의 계층화(그리고 그 모듈 소프트웨어 아키텍처), 이름 분석, 라우팅과 전달을 설명한다[TOU 10].

그림 15.2에 나타나 있는 고전적인 재귀적 네트워크의 단계들을 생각해보자. 패킷이 노드에 도착했을 때, 해당 패킷은 묵시적으로 노드가 자신을 그 목적지로 전송할 것을 요청한다. 이 알고리듬은 전송을 수행하는 노드에 의해 실행된다. process() 단계는 단일 패킷에서 그 이상의 패킷들로 바꾸는 것을 포함하여 패킷을 변경한다. FOREACH 반복문은 그림 3.3에 나타난 것처럼 프로토콜 스택으로 패킷을 내려보낸다.

QRNA는 그림 15.2와 유사한 밑그림을 다른 의미로 적용한다. 양자 네트워크에서 data는 자원에 대한 가상 식별자를 사용한 계산 요청을 포함하고, process() 단계는 벨 짝을 더 긴 벨 짝으로 이어붙이는 경우 발생하는 얽힘교환과 같은 요청을 만족시키기 위해 중계기에서 수행되는 국소 연산을 나타낸다[DÜR 99,

```
deliver(data, src, dst) {
  process(data) -> newdata
  WHILE (here != dst) {
    found = FALSE
    FOREACH (lowerlayer) {
      map(src,dst,lowerlayer) -> newsrc, newdst
      IF (deliver(newdata, newsrc, newdst)
          == TRUE) {
        found = TRUE
      }
    }
    IF (found == FALSE) {
      /* 여기에 도달하면, 데이터 전송에 실패한 것임 */
      FAIL
    }
  }
  /* 여기에 도달하면, 목적지에 도착한 깃임  */
  RETURN TRUE
}
```

그림 15.2 재귀 해석과 전달을 위한 알고리듬([TOU 06]에서 인용). 이 알고리듬은 배달될 데이터를 받으면 각 노드에서 실행된다. src와 dst는 각각 출발지와 목적지 주소를 나타낸다.

VAN 09]. process()의 출력인 newdata는 하나 이상의 요청이 될 수도 있다. map() 함수는 주어진 요청에서 주소를 변경할 수 있다. 이 아키텍처에서 노드 식별자는 전송 경로 내에서 바뀌지 않는다. 그러나 15.3절에서 설명하듯이, 요청은 도착 네트워크에서 도착 노드로 목표가 재설정될 수도 있다. 대응하는 개념은 그림 3.3에서 재귀적 네트워크에 의해 지원되므로 계층화 통신에 나타나 있다.

전달에 대한 이 기본 구조를 넘어서, QRNA에서는 요청 그 자체가 재귀적이 된다. 그리고 고전 네트워크를 통해 명시적으로 전달돼야 한다. 이제 이 요청의 구조를 살펴볼 것이다.

15.2.2 상태 명명법

양자 네트워크가 작동하는 동안, 많은 얽힌 양자 상태가 생성되고 소모된다. 양자 중계기는 사용자의 요청을 만족시키는 상태를 만들어내면서 어떤 상태를 양자정화하고, 얽힘교환하고, 오류 보정하고, 전송하고, 보관하고, 버릴지에 대해 독립적인 결정과 연합적인 결정을 모두 할 수 있다. 물론, 이 행동은 분산된 밀도 행렬 관리(8.5절) 및 경로 관리와 깊이 연관되어 있다.

이 상태와 관련하여 성공적으로 통신하기 위해 노드는 '연산 U를 지금 공유하는 이 특정 상태에 시행하라'와 같이, 다른 중계기가 이해하는 이름공간을 사용해 상태를 이름 붙일 수 있어야 한다. 모호함 없이 그런 요청을 만들어내려면, 상태 안의 큐비트에도 이름이 붙어야 한다.

특정 큐비트에 대한 가장 간단한 명명 기법은 (N, A)와 같은 튜플^{tuple}이다. 여기서 N은 노드 이름이고, A는 노드 내부에서의 물리 큐비트 주소다. 그러나 이 방식에는 세 가지 중요한 문제가 있다.

- 각 노드는 큐비트의 논리 상태를 한 물리 큐비트로부터 다른 물리 큐비트로 '다른 노드에 알려주지 않고' 옮길 권리가 있다.
- 물리 큐비트는 해제된 뒤 재사용된다.
- 처음에 요청한 노드는 큐비트를 위한 물리적 자원이 실제로 할당되기 전에도 이름으로 그 큐비트를 참조해야 할 수 있다(가령, 실행돼야 할 게이트에 대한 요청이 초기 얽힘 펄스와 동시에 생성될 수 있다).

이 요인들은 물리적 주소는 실제로 관심 있는 양자 상태에 대한 제한적이고 믿을 수 없는 식별자임을 뜻한다. 이 모든 문제는 처음에 요청받은 노드에게 큐비트에 대해 가상 주소$^{virtual\ address}$, 또는 다른 추상화된 식별자를 배정하도록 하여 해결할 수 있다. 물리적 자원을 감싸고 있는 노드(또는 네트워크)는 가상 자원을 물리적 자원에 대응시키는 것을 유지할 책임이 있다. 이 대응 정보는 노드에게 전적으로 귀속되며, 다른 노드에게 알리거나 협력할 필요가 없다. 요청자에 의해 배정된 가상 주소가 유일함을 확실히 하기 위해, 전체 주소 튜플은 반드시 요청한 노드와 실제 요청 식별자를 포함해야 한다.

명명법은 작업 진행에 따라 이름이 바뀌는 것에도 대비해야 한다. 다중 양자 상태는 종종 단일 상태로 합쳐진다. 양자정화, 얽힘교환, 오류 보정 등은 모두 그 결과, 하나로 합쳐져서 프로토콜 스택을 따라 흘러간다. 상태와 큐비트를 위한 이름은 경계를 넘어갈 때 다시 배정될 수 있다. 노드에 대한 이름은 (가시적인 경우) 일반적으로는 바뀔 필요가 없다. 하지만 네트워크의 바깥에서 안쪽으로 들어오는 요청은 경계에서 너 구체화될 수 있나.

시스템의 각 경계면은 모듈 사이의 소프트웨어 경계든지 노드나 네트워크 사이의 하드웨어 경계든지 상관없이, 어떤 자원의 이름과 요청이 바뀔 수 있는 지점을 나타낸다. 구현에 따라 달라질 수는 있겠지만, 논리적으로 이 경계는 대응법과 요청이 유지돼야 하는 지점을 나타낸다.

15.2.3 양자 요청 정의하기

고전적인 분산 계산이 진행되면서, 여러 노드에서 작동하는 애플리케이션은 네트워크 하부 시스템이 메시지를 주고받기를 요청하거나 고수준의 구현체를 사용해 공유된 데이터의 분산된 복제 상태를 동기화하기를 요청한다[COU 05, LYN 96]. 앞서 살펴봤듯이 양자 세계에서는 그 상태가 실제로는 노드에서 노드로 움직인다 해도, 메시지의 명시적 송수신보다 양자 상태를 관리하는 데 더 많은 요청이 필요하다.

기본적으로 노드 사이의 대화, 또는 노드 안의 애플리케이션과 다른 소프트웨어 하부 시스템들 사이의 대화는 이어지는 질문에 답하는 것들이다. "우리는 어떤 상태를 원하는가?", "우리는 그런 상태를 어디에서 원하는가(어떤 노드에 퍼져야 하는가)?", 그리고 양자계는 불완전하기 때문에 "얼마나 상태가 좋아야 하는가?", 끝으로 네트워크의 큰 지연시간과 깨지기 쉬운 양자 데이터를 다루기 위해 그리고 재귀적 아키텍처를 지원하기 위해 "이것이 완료되면 그 상태에 무엇이 수행되어 있어야 하는가?" 등의 질문이 있다.

네트워크가 실제로

$$\rho = \mathsf{Tr}_{AB}|\Psi\rangle\langle\Psi| \quad \text{여기서} \; |\Psi\rangle = |\psi'_S\rangle \widetilde{\otimes} |\psi_{A+B}\rangle \tag{15.1}$$

를 반환하려면, 네트워크 하부 시스템의 인터페이스는 반드시 요청자가 원하는 상태를 특정하도록 해야 한다. 여기서 $|\psi'_S\rangle$는 상태 큐비트의 집합을 나타내고, $|\psi_{A+B}\rangle$는 보조 큐비트(정의는 됐지만 여기서 사용되지는 않는 상태)와 저장고(환경)의 합이며, $\widetilde{\otimes}$는 실세계에서 얻은 것이 단지 분리 가능한 상태의 근사일 뿐임을 나타낸다. 목표는 어떤 허용 범위 내의

$$\rho \approx |\psi_S\rangle\langle\psi_S| \tag{15.2}$$

를 갖는 것이다. 그러므로 요청은 상태에 대한 허용 범위 또한 명시해야 한다. 보조 큐비트와 저장고의 최소 충실도와 최대 얽힘 등이다. 따라서 밀도 행렬은 필요한 상태에 대응되는 원소의 하한선과 불필요한 상태에 대응되는 원소의 상한선을 보여야 한다.

반환되는 상태 ρ가 원하는 상태 근처에 있도록 하기 위해, 충실도 $F = \langle\psi_S|\rho|\psi_S\rangle$와 엔트로피 $S = -\mathsf{Tr}(\rho \log \rho)$는 둘 다 요청에 나타난다. 충실도는 $|\psi_S\rangle$에 가까움을 보증한다. ρ의 엔트로피에 대한 제약조건은 시스템에 다른 노드와 분명치 않게 얽힐 수 있는 상태가 반환되는 것을 시스템이 걸러내게 한다. $F \to 1$인 극한에서 엔트로피는 불필요해진다. 그러나 충실도가 1에서 멀리 떨어진 상태로 한정되면, 엔트로피는 유용한 도구가 된다. 중계기 노드는 같은 물리

적 자원의 반복된 사용과 때때로 만약 얽히면 안 되는 큐비트 사이에 잔류하는 얽힘이 불완전하게 남은 상태로 끝나는 경우에는 보조 큐비트를 이용한 데이터 큐비트의 교환을 만들어낸다고 가정된다. 더 나아가 보조 큐비트의 재사용은 데이터 큐비트를 불필요한 방식으로 더 얽히게 할 수 있다. $|\psi_S\rangle$가 정의된 큐비트와 보조 큐비트가 모두 환경(즉, 섞인 상태로)과 얽힐 수 있기 때문에, ρ의 상태만으로는 임의의 노드 큐비트가 임의의 보조 큐비트와 얽힘 상태인지를 결정할 수 없다. ρ의 엔트로피를 제한하면, 모든 외부적 얽힘을 제한함으로써 가능한 보조 큐비트와의 얽힘이 제한된다.

이런 특성에 더해, 요청자는 양자 상태에 대해 필요한 논리 또는 물리적 부호화 방식을 반드시 특정해야 한다. 어떤 애플리케이션은 절대적인 부호화를 요청하는 반면, 프로토콜 스택의 각 계층은 전체 스택에 대해 절대적 부호화를 제공하기 위해 상대적인 부호화(이후 자세히 논의함)를 제공한다.

어떤 상태에 대한 요청을 특정하는 튜플은 다음과 같다.

$$T = (ID, |\psi_S\rangle, F, S, ((N_i, A_i)), E_A) \tag{15.3}$$

여기서 ID는 요청자에 의해 정해진 통신 식별자이고, F는 ρ에 대해 수용 가능한 $|\psi_S\rangle$의 최소 충실도, S는 수용 가능한 ρ의 최대 엔트로피다. $((N_i, A_i))$는 상태와 가상 주소 A_i를 구성하기 위해 요청받은 노드들의 집합이다. 가상 주소 A_i는 큐비트에 대해 사용된다. E_A는 절대적 양자 오류 보정 부호화를 나타낸다. $|\psi_S\rangle$는 원하는 순수 상태다. 요청받은 상태를 설명하는 정확한 부호화는 이 부분에서 특정될 필요는 없다. 하지만 상태 벡터, 안정자, 회로 표현 등 다양한 형태를 가질 수 있다(밀도 행렬도 물론 가능하다. 하지만 여기서는 순수 상태를 나타내기 위한 것이므로 그렇게까지는 불필요하다).

요청은 특정 상태에 실행돼야 하는 행동을 위해 필요할 수 있다. 그 경우 튜플은 다음과 같다.

$$T = (ID, C, F, S, ((N_i, A_i)), E_A) \tag{15.4}$$

여기서 C는 유니터리 연산과 측정 연산을 포함할 수 있는 회로다.

요청의 반환값은 다음과 같은 튜플이다.

$$R = (ID, \rho) \tag{15.5}$$

여기서 ρ는 ID라는 요청에 대해 전송받은 상태의 밀도 행렬이다. ρ에 의해 표현된 자원의 집합은 애초의 요청에 포함됐던 노드(또는 네트워크) 식별자 N_i와 가상 주소 A_i를 포함하는 튜플의 튜플인 $((N_i, A_i))$를 바탕으로 해서 특정된다.

벤저민^{Benjamin} 등은 특정 하드웨어 구현에 맞춰진 더 작은 그래프 상태에서 대규모 그래프 상태를 구축하는 중개자 접근법을 설명했다[BEN 06]. QRNA는 이 과정을 위해, 비용 함수가 하부 그래프를 구성하기 위한 지능적 결정을 하도록 지원하는 방법을 포함한 추상화와 일반화 프레임워크를 제공한다.

15.3 양자 네트워크에서 재귀성 구현하기

15.3.1 만족스러운 양자 요청

요청은 자연스럽게 특정 노드에서 작동하는 애플리케이션이 만들어내고 계층 사이에서 신중하게 정의된 인터페이스와 함께 프로토콜 스택의 계층을 구현하는 소프트웨어 프로토콜 모듈의 배열을 통해 처리된다. 프로토콜 스택의 각 계층은 자원의 집합에 접근권을 갖고 요청을 만족시키기 위해 자원을 사용한다. 각 계층은 네트워크 노드의 어떤 집합에 대해 알고 있고(또는 더 포괄적으로는, 네트워크 노드의 집합에 대해 관계 있는 정보를 어떻게 찾아내는지 알고 있다), 그 노드 집합에 특정 상태(얽힘 상태를 포함해서)를 생성해달라거나 그 큐비트에 특정 연산을 수행해달라고 요청할 수 있으며, 그 내부적 능력을 사용할 수 있다. 계층은 어떤 자원 집합의 배타적인 제어권을 갖고 있고, 요청을 만족시키는 최적의 방법에 대해 원격 노드에서 대응하는 계층 실체를 찾아볼 수도 있다. 그러나 계층은 명시적 메시지 전달에 지연시간 불이익을 피하기 위해 가능하면 언제나 독립적이면서 조율된 결정을 해야 한다.

각 프로토콜 실체는 국소 양자 연산(유니터리 연산과 측정)을 실행할 능력뿐만 아니라, 다른 중계기 노드와 고전적으로 계산하고 통신할 능력을 갖고 있다. 프로토콜 실체는 분산 양자 상태나 그 시점에 소유한 양자 상태에 연산을 수행할 권한이 없다. 만약 연산을 완료하는 데 추가적인 상태가 필요하다면, 하위 프로토콜 계층이나 다른 프로토콜 실체에게 요청해서 받아야 한다.

요청은 꼭 1:1이 돼야 한다고 제약되지는 않는다. 상위 계층에서 온 단일 요청은 하위 계층의 여러 요청에 대응될 수 있다. 어떤 통신 계층이든 필요한 경우 상태를 합치거나 쪼개고 다수의 요청을 만들어낼 권한이 있다. 양자 상태를 임시로 보관^{buffer}할 능력, 다시 말해 다른 자원이 사용 가능해지기를(다른 양자 상태나 고전적 질의에 응답하는 등) 기다리는 동안 양자 상태를 갖고 있는 능력은 일반적으로 다수의 요청을 조율할 때 필요하다.

네트워크에서 여러 장소에 어떻게 도달할지 결정하는 프로토콜은 지능적인 결정을 만드는 데 사용되는 특정 요청에 대한 비용 함수에 접근할 수 있어야 한다. 이 내용은 다음 절에서 논의한다.

15.3.2 경로, 그리고 랑데뷰 지점

QRNA는 네트워크를 통해 경로를 찾는 능력에 의존한다. 더 큰 네트워크들의 네트워크에서는 다계층 기법이 필요하겠지만, 중간 규모의 네트워크에서는 다익스트라 알고리듬이 네트워크를 통한 경로를 선택하는 데 적용될 수 있다. 인터넷에서처럼 경로는 네트워크를 통해 동적으로 교환된 분산 정보에 기반하여 국소적으로 계산될 것이다. 그 경로는 경로의 주변에 있는 노드의 이름으로 구성되지만, 더 멀리 있는 부분의 네트워크 이름(예: AS 수)은 QRNA의 재귀적 특성의 보조를 받을 것이다. 일단 계산된 후, 경로 그 자체가 해당 노드의 소프트웨어 바깥으로 보일지 아닐지는 미해결 질문이다. 그리고 궁극적으로는 자원 관리(예: 회로 예약)와 관련되어 있다. 만약 그렇다면, 당연히 그 경로에 대한 식별자도 만들어져야 한다.

양자정화-얽힘교환 양자 중계기는 경로를 따라가며 얽힘교환이 일어나는 명명된 랑데뷰^{rendezvous} 지점의 명시적인 사용이 필요하다. 이 경로가 선택된 후, 얽힘교환 지점은 14장에서 다뤘듯이 양자 중계기의 선택된 사슬 위에서 최적화된다. 얽힘교환의 순서는 정해질 수도 있고 정해지지 않고 남아 있을 수도 있다. 다시, 이런 랑데뷰 지점들은 이름이 붙어 있어야 하며 노드이거나 네트워크일 수 있다. 네트워크를 단일 랑데뷰 지점으로 사용하려면 재귀성을 써야 하고, 단일 노드를 만날 때까지는 네트워크 내부에도 랑데뷰 지점이 필요하다.

홉별 양자원격전송과 QEC 기반 양자 중계기(준 비동기적 변종을 포함한다)는 유사한 경로 선택 원리를 요구한다. 그러나 랑데뷰 지점을 직접 필요로 하지는 않는다.

15.4 예제

예제로서, 그림 15.4의 회로처럼 정의된 3큐비트 클러스터 상태를 요구하는 애플리케이션을 생각해보자. 이 요청은 노드 11에서 발생했고, 3개의 큐비트는 그림 15.3의 네트워크에 있는 노드 11, 노드 55, 노드 77에서 요청된다. 이 애플리케이션은 식 (15.3)과 같은 튜플을 사용해 원하는 상태를 특정하고, 노드 11에서 작동하는 다른 (시스템) 소프트웨어가 상태를 어떻게 전달할지에 대한 광역적 전략을 세우면, 대응하는 노드나 네트워크에게 요청을 보낸다. 이 작업의 대부분은 QRNA와 등가인 그림 15.2의 process() 단계에서 일어난다. 이 요청을 받은 노드는 순서대로 그들이 받은 요청에 대한 각자의 전략을 만든다. 비록 전략을 생성하고 애플리케이션의 요청을 어디로 보낼지 정하는 두 가지 단계가 서로 꼬여 있지만, 여기서는 명확성을 위해 분리해서 설명할 것이다.

노드 11에서 작동하는 애플리케이션은 다음과 같은 형식의 요청을 생성한다.

$$R_A = (1, |\psi_A\rangle), F \geq 0.99, S \leq 0.1,$$
$$((\text{노드 } 11, 1000), (\text{노드 } 55, 1000), \qquad (15.6)$$
$$(\text{노드 } 77, 1000)), \text{비가공})$$

여기서 $|\psi_A\rangle$는 그림 15.4의 회로에서 생성된 클러스터 상태다. 1000은 각 노드에 요청된 큐비트가 사용하기로 선택된 가상 주소다. '비가공'은 부호화되지 않은 상태를 요청했다는 것을 나타낸다.

R_A를 만족시키기 위해, 이 요청(여전히 노드 11에 있음)을 처리할 첫 번째 시스템 소프트웨어 모듈은 광역적 전략을 만들어야 한다. 핵심 결정은 한 장소에서 상태를 만들어서 양자원격전송으로 큐비트를 옮길 것인지, 아니면 목적지의 큐비트에 메모리를 할당하고 양자원격전송된 게이트(4.4절)를 사용해서 회로를 원격으로 작동시킬지 정하는 것이다. 이 특정한 회로에 대해, 어떤 접근법이든 각각 하나의 벨 짝을 소모하는 세 번의 원격 연산이 필요하다. 여기에 대응하는 벨 짝을 생성하는 정확한 비용은 네트워크 토폴로지에 따라 달라진다. 이 예제에서는 국소적으로 벨 짝을 생성해서 그 큐비트를 양자원격전송시킨다는 광역적 전략을 선택했다고 가정할 것이다.

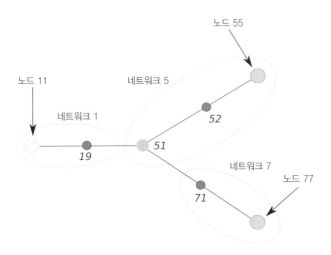

그림 15.3 3개의 네트워크로 이뤄진 소규모 네트워크들의 네트워크 사례. 여기서 소개한 요청 예제는 노드 11에서 개시됐고, 노드 55와 노드 77을 포함한다.

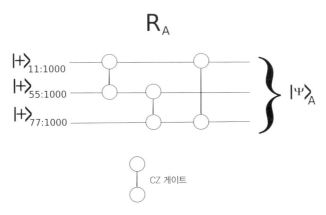

그림 15.4 노드 11에 요청된 3큐비트 클러스터 상태를 위한 회로. 11 : 1000과 같은 표현은 노드 11에 의해 배정된 큐비트의 가상 주소다.

광역적 전략을 선택하고 나면, 다음 단계는 연산을 '어디서' 할지 고르는 것이다. 노드 11에 있는 라우팅 테이블은 표 15.1에 주어져 있다. 여기에는 네트워크의 모든 목적지에 어떻게 도달할 수 있는지에 대한 정보가 담겨 있다. 확장성을 위해 이 라우팅 테이블은 가까운 목적지에 대해서는 더 정확한 정보를 갖고, 네

표 15.1 노드 11의 라우팅 테이블은 네트워크의 모든 목적지에 도달하는 방법을 담고 있다. 확장성을 위해 이 라우팅 테이블은 가까운 목적지에 대해서는 더 정확한 정보를 갖고, 네트워크 위계구조와 재귀성을 사용해 도달할 수 있는 더 멀리 떨어진 목적지에 대해서는 덜 정확한 정보를 갖는다. 노드 55는 네트워크 5를 통해 도달할 수 있고, 노드 77은 네트워크 7을 통해 도달할 수 있다. 따라서 각 노드에 대해 따로 기록할 필요는 없다.

목적지	경로
노드 19	(직접)
네트워크 1	지역
네트워크 5	노드 19
네트워크 7	네트워크 5

표 15.2 노드 51의 라우팅 테이블

목적지	경로
노드 52	(직접)
노드 55	노드 52
네트워크 1	노드 19
네트워크 5	(같은 지역)
네트워크 7	노드 71

트워크 위계구조와 재귀성을 사용해 도달할 수 있는 더 멀리 떨어진 목적지에 대해서는 덜 정확한 정보를 갖는다.

라우팅 테이블에 담긴 정보를 사용한 비용 함수에 기반하여, 네트워크 5는 이 요청의 중심에 가까이 가면서 식별된다. 그러므로 전략 모듈은 네트워크 5가 클러스터 상태를 만들고, 이어서 만들어진 큐비트를 노드 11, 노드 55, 노드 77에 양자원격전송시키도록 요청하기로 선택한다.

그림 15.5에 나타난 대로, 원래의 요청(그림의 왼쪽)은 7개의 분리된 요청(그림의 오른쪽)으로 쪼개진다. 네트워크 5($R_{네트워크 5}$)에 한정적으로 만들어지는 상태에 대해 1개, 양자원격전송($|\Psi\rangle_1$ 등)에 사용될 벨 짝에 대해 3개, 그리고 양자원격전

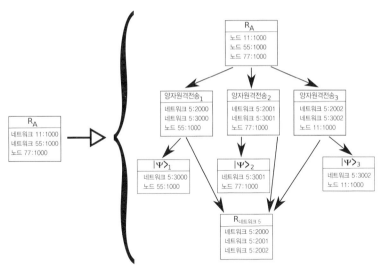

$A \rightarrow B$: A는 B에 의존한다.

그림 15.5 최초의 애플리케이션 요청 R_A가 시작점(노드 11)을 출발하기 전에 하위 연산에 대한 요청들로 번역된다. 각 상자는 전체 요청 튜플이 아니라 하위 요청의 ID와 요청 생성자에 의해 배정된 큐비트에 대한 가상 주소만을 담고 있다.

송 연산 그 자체다. 이 경우 $R_{\text{네트워크 5}}$는 분산되지 않고 네트워크 5에 지역적으로 특화된 자원을 사용하는 그림 15.4와 같은 회로다.

그림의 각 상자는 요청에 사용될 큐비트 자원에 대한 가상 주소의 목록이다. 가상 주소는 요청이 생성됐을 때 만들어진다. 그러나 수신 노드에서 요청이 처리될 때까지는 물리적 자원에 맞게 배정되지는 않는다. 이 요청들 각각은 충실도와 엔트로피에 대한 정보를 가져간다. 이 정보는 전달받은 최종 상태가 애초에 요청받은 제약조건을 만족시키는 것이 확실하도록 정해진 값들이다. 표 15.1의 라우팅 테이블에 기반하여, 이 요청들 각각은 각 노드가 소속된 고전 네트워크를 통해 전송된다. 이 경우 노드 51은 네트워크 5에 대한 관문 역할을 하며 요청의 대부분을 받을 것이다. 노드 51은 받은 요청을 전송하거나 각자의 전략에 따라 적절히 가공한다. 요청은 일단 모든 의존성이(그림 15.5의 화살표가 나타낸다)

만족되면 실행될 수 있다. 애플리케이션의 요청은 일단 이 부분 요청들이 모두 끝나면 완료된다.

이 예제는 단지 한 계층의 재귀만을 보여주고 있지만, 처리 과정은 물리 노드 (그림 15.1에 나타냄)나 요청에 한정되지 않고 반복될 수 있다. 적절히 높은 충실도에 도달하려면, 각 요청을 처리하도록 배정된 노드는 요청을 순서대로 기저 수준의 얽힌 벨 짝과 양자정화 연산에 대한 복수의 요청으로 쪼갤 것이다. 마찬가지로, 다중홉에 걸쳐 있는 이 연산들에 대해 얽힘교환이나 홉별 양자원격전송이 요청될 수도 있다.

15.5 결론

고전 네트워크와 양자 네트워크의 근본적인 차이는 그들이 전달하는 서비스다. 고전 네트워크는 송신지 애플리케이션에서 멀리 떨어진 하나 이상의 목적지 애플리케이션에 데이터를 옮긴다. 양자 네트워크는 비슷하게 정보를 이곳저곳으로 옮긴다. 그러나 추가적으로, 분산된 얽힌 양자 상태를 생성할 수 있고 둘 이상의 양자 애플리케이션을 연결할 수 있다. 이 차이는 네트워크 부분들 사이에 새로운 형태의 상호작용을 필요로 한다. 인터넷에서, 수신된 패킷은 "이 데이터 덩어리를 목적지, 또는 목록에 있는 목적지들로 전송하세요"처럼 묵시적으로 요청한다. 여기서 소개한 QRNA는 그런 묵시적 요청보다는 요청자가 명시적으로 노드나 네트워크에게 더 큰 상태의 생성에 적극적으로 참여할 것을 요청한다. 그러므로 양자 네트워크는 단순히 정보 전송 시스템이라기보다 범용 분산 양자 컴퓨팅 시스템이다.

참된 대규모 양자 중계기 네트워크의 문제는 많은 부분이 고전적인 분산 컴퓨팅 문제와 공통된다. 명명법과 자원 관리는 중대한 문제이고, 데이터 구조를 각 노드가 관리할 수 있는 크기로 유지하면서도 시스템 전체를 효율적으로 유지하도록 하는 올바른 추상화를 얻기 위해서는 위계구조와 재귀성 개념을 신중하게 사용해야 한다. 프로토콜 스택의 동적 결합은 요청된 유연성뿐만 아니라, 책임의 분리를 제공한다.

이 모든 문제는 재귀적 네트워크의 사용을 통해 처리할 수 있다. QRNA는 개별 노드를 하부 네트워크로 추상화하고, 기술 독립적인 양자 상태 생성 요청이 전체 네트워크 구조와 상태에 대해 불완전한 지식으로도 구성할 수 있도록 하며, 이 요청이 양자 컴퓨터에서 실행되는 애플리케이션의 요구에 의한 끝 대 끝 양자 상태 전송을 재귀적으로 변경되고 처리될 수 있도록 한다.

이 장에서는 네트워크 노드와 중계기가 모두 정상 작동하고 악의적이지 않다고 가정했다. 하지만 실세계에서는 이런 가정이 통하지 않으며, 때론 적대적인 세상에서 견고성 문제를 다뤄야 할 수도 있다.

장시간의 계산은 당연히 분산된 상태 하나만을 요구하지는 않을 것이며, 그 상태를 계속해서 요청할 것이다. 그렇게 더 길게 이어지는 요청에 대한 처리 과정은, 특히 실시간 요청이라면 현재 논의한 범위를 넘어선다.

이 책에서는 분산된 알고리듬의 기초가 되는 얽힘 상태의 핵심 개념 설명에 초점을 맞췄지만, 이 작동원리는 어떤 양자 알고리듬의 분산된 실행을 직접 지원하는 데에도 매우 쉽게 일반화할 수 있다.

이것으로 양자 중계기 네트워크에 대한 기술적 논의를 마친다. 16장에서는 양자 네트워크 연구의 방향성과 지금까지 논의한 내용에 의해 자극받은 사람들을 위한 참고문헌을 제시하며 마무리 지을 것이다.

16

결론

지금까지 이 책에서는 독자들이 무엇이 알려져 있고 완성됐는지 그 경계를 알도록 했다. 또한 학자로서 그 경계를 확장하는 방법을 이해할 수 있게 하며, 과학자의 연구 결과를 개발자에게 가치 있는 상품으로 바꾸도록 도와주고, 언제 어디에 양자 네트워크 기술을 배치할지 운영자로서 결정할 수 있도록 도와주기에 충분할 만큼 자세히 양자 네트워크와 양자 인터넷을 다뤘다. 이 마지막 장에서는 학계에 다음 단계를 제시하고, 더 깊이 있는 연구를 위한 참고문헌을 추천할 것이다.

16.1 앞으로의 개발

실세계 네트워크를 구축하고 배치하는 데는 상대적으로 분명한 장애물이 남아 있다. 특히 하드웨어에 유의미한 발전이 없으면, 모든 얽힌 양자 네트워크는 이론가들이 하드웨어 제작 요구사항을 완화하는 작업을 함에도 실험적 검증으로만 남을 것이다. 하드웨어 문제를 빠르게 살펴보고, 어떻게 QRNA를 실현할지 추측해보자.

16.1.1 하드웨어

높은 충실도는 앞으로도 양자 네트워크에서 가장 기본적으로 추구하는 것으로 남을 것이다. 그러나 표 8.2에서 보여준 실증 실험을 보면 기저 벨 짝은 어떤 목적에서는 적절한 수준에 도달했다. 마찬가지로, 아직까지는 논리 게이트가 완전히 일반적인 양자 계산용으로 충분할 만큼 좋지는 않지만 양자정화와 얽힘교환을 위해서는 잘 작동한다. 그러니 이 시점부터는 하드웨어의 조점은 다른 곳에 맞춰지는 것이 좋다.

몇 가지 중요한 문제들이 남아 있다. 무엇보다도 얽힘 성공 확률이 양산에 사용하기에는 여전히 너무 낮은데, 기본적으로 광학적 손실 및 메모리 부품과 통신선로의 결합 불량 때문이다. 심지어, 비교적 최근의 실험에서도 10^{-6} 이하의 성공 확률을 달성했다. 시스템이 실제로 사용 가능해지려면 이 값이 몇 자릿수 정도 증가해야 한다. 이 문제는 네트워크 인터페이스에서 수많은 송수신기 큐비트를 사용하기 위해 광섬유나 그 밖의 통신선로에 독립적으로 제어 가능한 큐비트를 하나 이상 전송할 필요가 있을 때 악화될 것이다.

관련된 문제는 광학적으로 활성화된 물리적 형태의 어떤 큐비트를 수명이 긴 다른 형태의 메모리로 옮기기 위해 변환하는 것과 같이, 큐비트를 중계기 내부의 한 장소에서 다른 장소로 전송할 필요성이다. 메모리 수명 그 자체는 양자 컴퓨터에서도 중요한 문제다. 하지만 양자 중계기에서는 (이 책 전반에 걸쳐 살펴봤듯이) 빛의 지연시간 때문에 특히 치명적이다. 그러나 모든 기술에서 실험적으로 달성 가능한 메모리 수명은 지난 10년간 빠르게 증가했다. 이 문제를 '해결된'

문제라고 하기엔 너무 이르지만, 그렇게 되어가는 과정에 있는 것은 분명하다.

물론, 양자 중계기에서 특정한 역할을 하는 기술의 선택은 앞으로의 개발에 달려 있다. 한 가지 걱정은 실험실에서 또는 심지어 양자 중계기 시스템의 양산에서도 선호되지만 현실에서의 사용이 어렵다는 점 때문에 양자 중계기 네트워크에 덜 쓸모 있는 경우다. 예를 들어 그 이유는 극저온을 필요로 한다거나, 지속적 관리가 필요하다거나, 전파나 자기장으로부터 고립돼야 한다는 식으로 어떤 지역에서는 도달하기 어려운 조건 때문일 수 있다.

하지만 필자는 하드웨어가 만들어질 수 있다고 긍정적으로 전망한다. 필자가 이 분야에 들어온 이후의 발전은 어마어마하고, 매주 새로운 발전이 논문으로 보고되고 있다.

16.1.2 QRNA의 실현

QRNA 실전성의 핵심 검증은 API와 메시지를 사용하는 몇몇 프로토콜의 구현이 될 것이다. 15.4절의 예제를 끝 대 끝$^{\text{end-to-end}}$ 벨 짝과 다른 분산된 상태의 기본적인 생성으로 어떻게 외삽할 것인지는 꽤 명백하다. 그러나 시스템을 구체적으로 만들려면, 어려운 공학적 결정을 해야 하는 흥미로운 문제를 피할 수 없다. QRNA가 E91 QKD 프로토콜을 사용하게 하고, 얽힘이 없는 BB84까지도 사용하게 하는 것을 보이는 것은 중요한 연습이 될 것이다. 사실상 실시간으로 링크를 조정해 충실도나 확률을 최적화하는 것은 QRNA의 범주를 넘어섬에도 불구하고, 모든 더 높은 수준에서 사용되는 기저 수준 밀도 행렬을 유지하는 데 필요한 링크 수준 감시에 분명 유용하다.

가까운 시일 내에 QRNA가 투입될 수 있는 가장 흥미로운 분야는 아마 CHSH 부등식 위반 실험의 개발일 것이다. 만약 단일한 실제 물리 링크와 결합됐을 때 QRNA가 이 작업을 다룰 수 있는 역량이 된다는 사실을 증명한다면,

이것은 QRNA 모형이 충분히 완전한 의미를 전달한다는 강력한 증거가 될 수 있다.

단일한 실험적 링크를 실제 QRNA 소프트웨어와 결합시킨 것은 중요한 단계가 되겠지만, 기능성 네트워크로 가는 일부분일 뿐이다. 물론 이 실험이 완전히 분산된 소프트웨어에 다중홉, 그리고 심지어 다중 네트워크에 걸쳐서 실행되도록 하고 싶을 수도 있다. QRNA의 모든 능력을 완전히 보여주기 위해서는 앞으로도 갈 길이 멀다.

16.2 미해결 문제

포괄적인 미해결 문제 목록은 없다. 하지만 이 책에서는 다시 살펴볼 만한 가치가 있는 것들을 몇 가지 언급했다. 이 문제들은 QRNA만의 문제가 아니라 일반적이다. 그리고 각각은 학생들에게 연구주제를 쉽게 제공할 수 있다. 이번 절에서는 앞 절의 벨 짝을 만들기 위한 네트워크 개발과 덜 연관된, 더욱 알려지지 않은 문제들을 대조해본다.

- 가장 시급한 문제는 분산 양자 상태를 이용한 '킬러 앱killer app'의 문제다. QKD는 여전히 가장 잘 개발되고 가장 중요한 응용 분야다. 그러나 이것 하나만으로 전체 산업계를 이끌어내기에 충분할 만큼 설득력이 있는지는 분명하지 않다.

- 그렇게 하기 위해, 7장의 기준계 관련 응용은 매우 흥미롭다. 하지만 양자 중계기 네트워크의 관점에서 어떻게 성공적으로 작동하는지에 대한 완전한 분석은 여전히 늦어지고 있다.

- 6장 처음에 논의한 분산 양자 문제의 이론적 한계를 평가하는 논문은 성

능에 대한 흥미로운 제안들을 제공한다. 다음 단계는 특정 양자 알고리듬을 이 책에서 소개한 알고리듬에 대해 네트워크 자원 분석 같은 것을 실행할 수 있도록 충분히 구체적으로 만드는 것이 될 수 있다.

- 개별 노드의 오작동이 네트워크 전체의 운영을 망가뜨릴 수 있도록 커지는 것은 기본적인 문제이자 공학적 실현 가능성의 문제이기도 하다.
- 좀 더 넓게는, 3.1.5절에서 논의한 보안 문제가 아직 해결되지 않았다.
- 양자 네트워크의 실제 사용량 패턴이 어떤 모습으로 나타날지 전혀 모른다. 사실, 네트워크가 실현되어 시작될 때까지는 어떤 확실한 아이디어도 없을 것이다. 하지만 인터넷 사용량 패턴에 대해 알고 있는 지식의 일부를 적용할 수도 있다[MED 02, SOU 05].
- QRNA가 인터넷에 대해 강하고 유연한 프레임워크를 희망적으로 제공하긴 하지만, 어떻게 실제로 오류 취약성을 결정하기 위해 다른 QEC 부호화를 가진 큐비트 사이의 얽힘교환을 만들어낼 수 있는지 아무도 보여준 적이 없고, 물리 큐비트에 대한 양자정화-얽힘교환과 QEC 부호화된 큐비트 사이의 연관성을 연구하지도 않았다.

16.3 깊게 읽어볼 참고문헌

16.3.1 양자 중계기와 QKD

베넷 등이 쓴 1996년의 논문은 양자정화와 오류 보정의 중요한 개념을 놀랄 만큼 폭넓게 논의한다[BEN 96c]. 이 논문은 양자정화와 양자 중계기에 관심 있는 사람이라면 누구나 반드시 읽어야 하는 논문이다.

판이 2003년에 발표한 광자의 양자정화 논문은 몇 가지 실험적 어려움과 실험적으로 성공한 것이 어째서 개발할 때 이론가들이 생각한 논리 회로도에 항상 대응되지는 않는지 잘 보여주고 있다[PAN 03]. 베르니엔 등의 2013년 논문은 다이아몬드 질소 공공을 이용한 많은 실험적 어려움을 보여준다[BER 13]. 이 두 논문은 깊이 있는 실험 논문을 읽기 시작하기에 좋다.

공유된 벨 짝의 밀도 행렬에 관한 알려진 사실에 기반하여 양자 중계기들 사이의 QKD에 대한 최종적인 비밀키 생성률을 결정하는 방법을 이 책에서 수학적으로 자세히 파고들지는 않았지만, 이분야는 매우 중요하다. 브루스^{Bruß}의 연구단에 소속된 아브루초^{Abruzzo} 등은 깊이 있는 분석을 수행했다[ABR 13]. 더 오래된 몇 가지 양자 중계기 논문은 성능 척도로 초당 비밀키 비트 수를 사용했다[LAD 06].

16.3.2 광학과 일반 양자물리학

헥트^{Hecht}가 저술한 『Optics』는 고전광학에서 매우 좋은 교재이고, 기초지식은 이 분야에서 매우 중요하다[HEC 02]. 그러나 양자광학은 고전광학과는 몇 가지 큰 차이가 있다. 게리^{Gerry}와 나이트^{Knight}의 양자광학 교재가 그 차이를 어느 정도 이해하는 데 도움을 줄 것이다[GER 05].

필자는 학부생 때 프렌치^{French}와 테일러^{Taylor}의 교재로 양자역학을 배웠다. 이 책은 어렵지만 탁월한 교재다[FRE 79]. 파인먼^{Feynman}의 물리학 강의는 당연히 수학적인 내용을 건너뛰는 일 없이 직관적이고 경이로운 안내를 제공한다[FEY 63].

16.3.3 양자 컴퓨팅

양자 컴퓨팅과 양자 정보에 관한 일반적인 공부를 위해서는 닐슨^{Nielsen}과 추앙^{Chuang}(Mike & Ike)이 2000년에 출판한 교재가 여전히 뛰어나다[NIE 00].

이 분야에는 표준 교재가 있다. 초기의 양자 컴퓨팅 강의에서 제공된 프레스 킬Preskill의 강의록 또한 표준 참고서로 간주되며, 웹사이트에서 자유롭게 볼 수 있다[PRE 98a]. 비록 닐슨과 추앙의 책보다 더 수학적이고 추상적이긴 하지만 키타예프Kitaev의 책은 가볍게 읽어볼 만하다. 이 책은 다른 관점을 제시한다는 점 에서 매우 가치가 있다[KIT 02]. 독자들은 또한 직관적 수준에서 핵심을 붙잡을 수 있도록 돕는 유명한 논문과 책을 참고할 수 있다[NIE 03, WIL 99].

양자 알고리듬의 최근 발전상에 대한 개괄을 위해, 베이컨Bacon과 반 담van Dam, 모스카Mosca가 조사해 출판한 것이 있다[BAC 10, MOS 09]. 최근의 머신러닝과 관련된 주제들은 이 책보다 후의 일이라 다뤄지지 않는다. 어떤 규모에서 알고 리듬을 실행하는 데 필요한 기계의 크기와 용량에 대한 논의는 [VAN 13a]에서 시작하는 것이 좋다. 양자 계산에서 이론적인 계산 복잡도를 연구하기 위해서는 [BEN 97]이 중요하며, 애론슨Aaronson의 박사학위 논문도 읽을 만하며 이해하기 쉽다[AAR 04].

16.4 넓게 읽어볼 참고문헌

이 책에서 다룬 작업들의 범위에도 불구하고, 분산 양자 컴퓨팅과 양자 통신 연 구의 방대한 범위에는 가까이 가지 못했다. 이 주제들은 각각이 장 하나, 또는 그 자체로 책을 하나 쓰기에 넉넉한 분량이다. 독자들에게 이 분야에 대해 더 많 이 공부할 것을 권한다.

16.4.1 정보 이론

전반적으로, 양자 정보 이론quantum information theory의 기초 분야는 무시했다. 이것은 이 분야의 중요성을 과소평가했기 때문이 아니고, 이 주제를 다룬 책들이 따로 있기 때문이다. 예를 들어 하야시^{Hayashi}[HAY 06], 와일드^{Wilde}[WIL 13], 임레^{Imre}와 곤교시^{Gyongyosi}[IMR 12]의 저술 등이 있다. 닐슨과 추앙이 저술한 책도 이 영역을 많이 다루고 있으므로, 여기서 시작하는 것도 좋은 선택이다. 윈터^{Winter} 등은 닐슨과 추앙의 저술 이래 분야를 굉장히 확장했다. 스미스^{Smith}와 야드^{Yard}는 용량이 없는 두 양자 통신선로가 용량을 갖고 있는 하나의 통신선로를 만드는 데 합쳐질 수 있음을 보이는 놀랄 만한 결과를 유도했다[SMI 08]. 이 결과는 5년이 지난 지금도 이 분야에 큰 울림을 주고 있다.

16.4.2 밀집 부호화

밀집 부호화^{dense coding}는 베넷과 위스너의 생산적인 생각으로부터 도출된 분산된 얽힘 행동의 또 다른 흥미롭고 기초적인 측면이다[BEN 92]. 이 부호화를 사용하면, 큐비트의 집단을 상대성이론에서 요구하는 대로 연산 순서에 대한 규칙을 겉보기에는 위반하면서 양자원격전송하는 것이 가능해진다. 현실적으로는, 당연히 이 규칙들은 기본 양자원격전송에 의해 지켜진다. 핵심은 보조하는 고전 정보가 반드시 전송돼야 한다는 것이다. 밀집 부호화는 실험적으로 매틀^{Mattle}, 와인퍼터^{Weinfurter}, 퀴앗^{Kwiat}, 자일링거^{Zeilinger}에 의해 1996년에 실증됐다[MAT 96].

16.4.3 양자 네트워크 부호화

양자 네트워크 부호화^{quantum network coding}는 그 자체로 수많은 분석을 정당화하는 영역이다. 고전 네트워크 부호화의 개념을 구축하면서[AHL 00], 하야시^{Hayashi}, 이와마^{Iwama}, 렁^{Leung}, 윈터^{Winter} 등 많은 학자가 양자 등가물을 개발했고, 고전 네트워크 버전과의 놀랄 만한 차이점을 알아냈다[HAY 07, IWA 06, LEU 10].

고전 네트워크 부호화는 (추상적인 형태로) 조금씩 다른 방향으로 네트워크를 거쳐간 다중 대화가 어떻게 해서 단방향 링크를 직관적으로 필요해 보이는 것보다 더 적게 사용해 협력을 완료할 수 있는지 보였다. 이것은 네트워크 중간 지점의 노드에서 다수의 독립된 메시지에 대한 간단한 계산을 수행하고, 목적지에서는 거꾸로 계산해서 달성된다. 네트워크 부호화는 멀티캐스트 시나리오와 무선 네트워크에서 특히 유용하다.

양자역학 버전은 꽤 다르게 행동하는데, 양자 정보의 비압축성과 네트워크 중간 지점에 있는 노드가 전체 상태에 부정적 영향을 주지 않고 양자 정보를 없앨 수는 없다는 점이 그 원인이다. 이 개념은 얽힘의 추상적 그래프를 위해 개발됐지만, 사토^{Satoh}에 의해 중계기 네트워크에 대한 작업으로 확장됐다[SAT 12].

16.4.4 얽힘 침투

이 책 전체적으로, 특히 지난 여러 장에서는 네트워크의 동작적 접근이 각 통신 세션에 대해 단일 경로를 선택하고 배타적으로 그 경로를 사용하는 것이라고 가정했으며, 다중 세션은 네트워크에 동시에 접근하기 위해 경쟁할 것이라고 가정했다. 토폴로지가 복잡한 네트워크를 분석하는 또 다른 추상화 방법이 얽힘 침투^{entanglement percolation}다[ACÍ 07, CUQ 09, CUQ 11, HOL 02, LAP 09, PER 10, PER 13].

고전 침투 이론에서 링크(때론 '결합^{bond}'이라고도 한다) 또는 노드는 특정한 확률을 갖고 정의된 그래프 위에 존재하거나 부재한다. 이 문제는 활성화된 링크에 의해 연결된 노드의 짝이 있을 확률과 네트워크의 오른쪽 끝에 연결된 왼쪽 끝의 확률을 포함한다. 이 분석은 큰 네트워크에서의 행동을 극한에서 설명하기 위해 (1차원이나 2차원으로) 무한히 큰 네트워크에서 수행되기도 한다.

양자 침투에서 유사 벨 짝의 행동은 다수의 유사 벨 짝과 만난 접점 노드에 대해서 검토됐다. 얽힘을 한 번만 써서, 벨 짝 1개가 정해진 두 노드의 연결을 생성할 수 있을까? 이 질문을 검토한 초기 논문에서는 $0 < \alpha_{11} < \alpha_{00}$과 당연히 $|\alpha_{00}|^2$

$+ |\alpha_{11}|^2 = 1$을 만족시키면서 $|\psi\rangle = \alpha_{00}|00\rangle + \alpha_{11}|11\rangle$의 형태를 갖는, 순수하지만 불완전한 얽힘 짝을 가정했다. 더 먼 거리 얽힘은 얽힘 집중^{entanglement concentration}에 의해 생성될 수 있다. 얽힘 집중은 확률적으로 완벽한 벨 짝을 생성하거나 실패하는 순수 상태에 대한 양자정화와 유사한 연산이다. 더 최근의 논문은 양자정화의 사용을 포함한 섞인 상태의 문제를 다뤘고, 다른 행동을 보이는 범위에 더 강한 제한을 찾아냈다. 순수 상태 근사에서, 순수하고 완벽한 벨 상태는 침투를 사용해 생성될 수 있다. 그러나 $F < 1.0$인 충실도의 섞인 상태를 이용하면, $F = 1.0$인 벨 상태를 생성하는 것은 불가능하다.

운영 중인 네트워크는 (이 책에서 논의했던) 성공할 때까지 반복하는 방식을 사용할 것이다. 그러나 침투 시나리오는 보통 네트워크의 난일 사용을 가지고 표현된다. 실세계 네트워크에서, 비동기식 작동과 (양자 통신의) 결과를 전달하는 고전 통신은 네트워크 거동의 많은 부분을 지배할 것이다.

침투 개념에 영감을 받아서, 여기서 논의한 양자 중계기 네트워크에 1개의 끝 대 끝 벨 짝 생성을 위해 다중 경로를 사용할 가능성이 제시된다.

이 중요한 이론적 결과를 실제 네트워크에 적용하는 것은 중요한 미해결 문제다. 더 자세한 내용을 알고 싶다면, 페르세게르스^{Perseguers} 등의 최근 리뷰 논문 [PER 13]이 좋은 시작점이 될 것이다.

16.5 맺음말

오늘날까지 양자 네트워크에 대한 연구 대부분은 끝 대 끝^{end-to-end} 벨 짝[DÜR 99]이나 모형 네트워크의 더 큰 그래프 상태[BEN 05b, MUN 05]처럼 높은 충실도의 범용 얽힘 상태를 생성하는 시스템에 집중되어 있었다. 그 결과로 얻은 범용 상태는 양자 게이트의 원격 실행[GOT 99], 가치 있는 애플리케이션 수준 큐비트의 양자원격전송[BEN 93, FUR 98, OLM 09], 또는 측정을 통한 공유된 고전적 무작위 비트의 생성(예: QKD[EKE 91, MAR 08]) 등에 사용된다. 더 일반적인 개념은 임의의 분산된 얽힘 상태의 생성이다. 따라서 양자 네트워크는 실질적으로 대규모 분산 양자 컴퓨팅 시스템이다.

앞에서 언급했듯이 하드웨어 연구는 잘 진행되고 있으며, 필자는 배치 가능한 하드웨어가 지금 가까이 왔다는 점을 긍정적으로 생각한다. 지난 몇 년간 통신 세션 아키텍처를 개선하기 위해 이뤄진 작업들은 특히 양자 오류 보정에 적합한 충실도에 대한 하드웨어 수요를 만들어냈다. 그러나 이어서 오랜 수명을 갖는 메모리의 필요성을 줄이는 것과 같은 그 밖의 측면을 단순화했다. 양자 네트워크와 양자 인터넷 아키텍처를 연구하는 필자의 연구단과 다른 곳에서의 성과로, 어떻게 이 기술들이 함께 배치될 수 있는지에 대한 큰 그림을 볼 수 있게 됐다. QKD는 중요한 기능이다. 그러나 그 응용 분야에 더 많은 노력이 기울여질수록 더 많은 매력적인 사용 사례가 만들어질 것이고, 더 많은 유입을 이끌어내는 데 도움이 될 것이다. 필자는 양자 컴퓨터 시스템과 양자 네트워크가 일단 해커와 엔지니어 손에 쥐어지면, 지금까지 꿈꿔본 적도 없던 응용 기술이 꽃피는 것을 볼 것이라 기대한다.

이 책을 시작하면서 '원격전송'이란 도발적이고 마법 같은 단어라고 언급했다. 여기서 살펴본 것은 분산 양자 정보의 매우 현실적이고 핵심적인 요소다. 열심히 노력하면 (약간의 행운과 대자연의 도움으로) 조만간 우리는 양자 인터넷을 갖게 될 것이고 양자원격전송은 보편화될 것이다.

[AAR 04] AARONSON S.J., Limits on efficient computation in the physical world, PhD Thesis, University of California-Berkeley, 2004.

[AAR 12] AARONSON S., FARHI E., GOSSET D., *et al.*, "Quantum money", *Communications of the ACM*, vol. 55, no. 8, pp. 84–92, 2012.

[ABR 97] ABRAMS D.S., LLOYD S., "Simulation of many-body Fermi systems on a universal quantum computer", *Physical Review Letters*, vol. 79, pp. 2586–2589, 1997.

[ABR 13] ABRUZZO S., BRATZIK S., BERNARDES N.K., *et al.*, "Quantum repeaters and quantum key distribution: analysis of secret-key rates", *Physical Review A*, vol. 87, Art. no. 052315, 2013.

[ABR 14] ABRUZZO S., KAMPERMANN H., BRUß D., "Finite-range multiplexing enhances quantum key distribution via quantum repeaters", *Physical Review A*, American Physical Society, vol. 89, no. 8, p. 012303, January 2014.

[ACÍ 07] ACÍN A., CIRAC J., LEWENSTEIN M., "Entanglement percolation in quantum networks", *Nature Physics*, vol. 3, pp. 256–259, February 2007.

[ACM 06] ACM, *Computer Architecture News, Proc. 33rd Annual International Symposium on Computer Architecture*, June 2006.

[AHA 93] AHARONOV Y., DAVIDOVICH L., ZAGURY N., "Quantum random walks", *Physical Review A*, vol. 48, no. 2, pp. 1687–1690, 1993.

[AHA 04a] AHARONOV D., VAN DAM W., KEMPE J., *et al.*, "Adiabatic quantum computation is equivalent to standard quantum computation", *Proceedings of 45th Annual IEEE Symposium on Foundations of Computer Science*, IEEE, pp. 42–51, 2004.

[AHA 04b] AHARONOV D., VAN DAM W., KEMPE J., *et al.*, "Adiabatic quantum computation is equivalent to standard quantum computation", *Proceedings of 45th Annual Symposium on Foundations of Computer Science*, ACM, 2004.

[AHA 08] AHARONOV D., BEN-OR M., EBAN E., Interactive proofs for quantum computations, arXiv preprint arXiv:0810.5375, 2008.

[AHL 00] AHLSWEDE R., CAI N., LI S., *et al.*, "Network information flow", *IEEE Transactions on Information Theory*, vol. 46, no. 4, pp. 1204–1216, 2000.

[AHO 03] AHO A.V., SVORE K.M., Compiling quantum circuits using the palindrome transform, available at: http://arXiv.org/quant-ph/0311008, 2003.

[ALL 92] ALLEN L., BEIJERSBERGEN M.W., SPREEUW R.J.C., *et al.*, "Orbital angular momentum of light and the transformation of Laguerre-Gaussian laser modes", *Physical Review A*, vol. 45, pp. 8185–8189, 1992.

[ALL 07] ALLÉAUME R., BOUDA J., BRANCIARD C., *et al.*, "SECOQC white paper on quantum key distribution and cryptography", *quant-ph/0701168*, January 2007.

[ALL 09] ALLÉAUME R., ROUEFF F., DIAMANTI E., *et al.*, "Topological optimization of quantum key distribution networks", *New Journal of Physics*, vol. 11, no. 7, p. 075002, 2009.

[ALT 01] ALTER O., YAMAMOTO Y., *Quantum Measurement of a Single System*, Wiley, 2001.

[ALT 05] ALTEPETER J., JEFFREY E., KWIAT P., *et al.*, "Experimental methods for detecting entanglement", *Physical Review Letters*, vol. 95, Art. no. 033601, 2005.

[AMB 07] AMBAINIS A., CHILDS A., REICHARDT B., "Any AND-OR formula of Size N can be evaluated in time $N^{1/2+o(1)}$ on a quantum computer", *48th Annual IEEE Symposium on, Foundations of Computer Science (FOCS'07), 2007*, pp. 363–372, 2007.

[APA 11a] APARICIO L., VAN METER R., "Multiplexing schemes for quantum repeater networks", *Proceedings of SPIE*, vol. 8163, Art. no. 816308, 2011.

[APA 11b] APARICIO L., VAN METER R., ESAKI H., "Protocol design for quantum repeater networks", *Proceedings of the 7th Asian Internet Engineering Conference*, November 2011.

[ASP 81] ASPECT A., GRANGIER P., ROGER G., "Experimental tests of realistic local theories via Bell's theorem", *Physical Review Letters*, vol. 47, pp. 460–463, 1981.

[ASP 82] ASPECT A., GRANGIER P., ROGER G., "Experimental realization of Einstein-Podolsky-Rosen-Bohm *Gedankenexperieedingsent*: a new violation of Bell's inequalities", *Physical Review Letters*, vol. 49, pp. 91–94, 1982.

[ASP 99] ASPECT A., "Bell's inequality test: more ideal than ever", *Nature*, vol. 398, no. 6724, pp. 189–190, 1999.

[ASP 03] ASPELMEYER M., JENNEWEIN T., PFENNIGBAUER M., *et al.*, "Long-distance quantum communication with entangled photons using satellites", *IEEE Journal of Selected Topics in Quantum Electronics*, vol. 9, no. 6, pp. 1541–1551, 2003.

[BAC 10] BACON D., VAN DAM W., "Recent progress in quantum algorithms", *Communications of the ACM*, vol. 53, no. 2, pp. 84–93, February 2010.

[BAO 12] BAO X.-H., XU X.-F., LI C.-M., *et al.*, "Quantum teleportation between remote atomic-ensemble quantum memories", *Proceedings of the National Academy of Sciences*, vol. 109, no. 50, pp. 20347–20351, 2012.

[BAR 04] BARRETT M., CHIAVERINI J., SCHAETZ T., *et al.*, "Deterministic quantum teleportation of atomic qubits", *Nature*, vol. 429, no. 6993, pp. 737–739, 2004.

[BAR 12] BARZ S., KASHEFI E., BROADBENT A., *et al.*, "Demonstration of blind quantum computing", *Science*, vol. 335, no. 6066, pp. 303–308, 2012.

[BAS 01] BASU A., RIECKE J., "Stability issues in OSPF routing", *ACM SIGCOMM Computer Communication Review*, vol. 31, ACM, pp. 225–236, 2001.

[BEN 82] BENIOFF P., "Quantum mechanical models of turing machines that dissipate no energy", *Physical Review Letters*, vol. 48, pp. 1581–1585, 1982.

[BEN 84] BENNETT C.H., BRASSARD G., "Quantum cryptography: public key distribution and coin tossing", *Proceedings of IEEE International Conference on Computers, Systems, and Signal Processing*, IEEE, pp. 175–179, December 1984.

[BEN 92] BENNETT C.H., WIESNER S.J., "Communication via one- and two-particle operators on Einstein-Podolsky-Rosen states", *Physical Review Letters*, vol. 69, pp. 2881–2884, 1992.

[BEN 93] BENNETT C.H., BRASSARD G., CRÉPEAU C., *et al.*, "Teleporting an unknown quantum state via dual classical and EPR channels", *Physical Review Letters*, vol. 70, pp. 1895–1899, 1993.

[BEN 96a] BENNETT C., BRASSARD G., POPESCU S., *et al.*, "Purification of noisy entanglement and faithful teleportation via noisy channels", *Physical Review Letters*, vol. 76, no. 5, pp. 722–725, 1996.

[BEN 96b] BENNETT C.H., BERNSTEIN H.J., POPESCU S., *et al.*, "Concentrating partial entanglement by local operations", *Physical Review A*, vol. 53, pp. 2046–2052, 1996.

[BEN 96c] BENNETT C.H., DIVINCENZO D.P., SMOLIN J.A., *et al.*, "Mixed-state entanglement and quantum error correction", *Physical Review A*, vol. 54, no. 5, pp. 3824–3851, 1996.

[BEN 97] BENNETT C.H., BERNSTEIN E., BRASSARD G., *et al.*, "Strengths and weaknesses of quantum computing", *SIAM Journal on Computing*, vol. 26, no. 5, pp. 1510–1523, 1997, available at: http://arXiv.org/quant-ph/9701001.

[BEN 05a] BEN-OR M., HASSIDIM A., "Fast quantum Byzantine agreement", *Proceedings of the 37th annual ACM symposium on Theory of Computing*, ACM, pp. 481–485, 2005.

[BEN 05b] BENJAMIN S.C., EISERT J., STACE T.M., "Optical generation of matter qubit graph states", *New Journal of Physics*, vol. 7, no. 1, p. 194, 2005.

[BEN 06] BENJAMIN S.C., BROWNE D.E., FITZSIMONS J., *et al.*, "Brokered graph-state quantum computation", *New Journal of Physics*, vol. 8, no. 8, Art. no. 141, 2006.

[BER 97] BERNSTEIN E., VAZIRANI U., "Quantum complexity theory", *SIAM Journal on Computing*, vol. 26, no. 5, pp. 1411–1473, 1997.

[BER 13] BERNIEN H., HENSEN B., PFAFF W., *et al.*, "Heralded entanglement between solid-state qubits separated by three metres", *Nature*, vol. 497, no. 7447, pp. 86–90, 2013.

[BLI 04] BLINOV B., MOEHRING D., DUAN L., *et al.*, "Observation of entanglement between a single trapped atom and a single photon", *Nature*, vol. 428, no. 6979, pp. 153–157, 2004.

[BLU 83] BLUM M., "Coin flipping by telephone a protocol for solving impossible problems", *SIGACT News*, vol. 15, no. 1, pp. 23–27, 1983.

[BOT 00] Boto A.N., Kok P., Abrams D.S., *et al.*, "Quantum interferometric optical lithography: exploiting entanglement to beat the diffraction limit", *Physical Review Letters*, vol. 85, no. 13, pp. 2733–2736, 2000.

[BOU 97] Bouwmeester D., Pan J.-W., Mattle K., *et al.*, "Experimental quantum teleportation", *Nature*, vol. 390, pp. 575–579, December 1997.

[BOU 00] Bouwmeester D., Ekert A.K., Zeilinger A., (eds.), *The Physics of Quantum Information*, Springer Berlin, 2000.

[BRA 94] Brassard G., Salvail L., "Secret-key reconciliation by public discussion", in Helleseth T., (ed.), *Advances in Cryptology - EUROCRYPT '93*, vol. 765 of *Lecture Notes in Computer Science*, pp. 410–423, Springer Berlin Heidelberg, 1994.

[BRA 98] Bravyi S., Kitaev A., Quantum codes on a lattice with boundary, Arxiv preprint quant-ph/9811052, 1998.

[BRA 03] Brassard G., "Quantum communication complexity", *Foundations of Physics*, vol. 33, no. 11, pp. 1593–1616, 2003.

[BRA 06] Bravyi S., Fattal D., Gottesman D., "GHZ extraction yield for multipartite stabilizer states", *Journal of Mathematical Physics*, vol. 47, no. 6, pp. 62106–62106, 2006.

[BRA 13] Bratzik S., Abruzzo S., Kampermann H., *et al.*, Quantum repeaters and quantum key distribution: the impact of entanglement distillation on the secret key rate, arXiv:1303.3456v1 [quant-ph], 2013.

[BRI 98] Briegel H.-J., Dür W., Cirac J., *et al.*, "Quantum repeaters: the role of imperfect local operations in quantum communication", *Physical Review Letters*, vol. 81, pp. 5932–5935, 1998.

[BRO 08] Broadbent A., Tapp A., "Can quantum mechanics help distributed computing?", *SIGACT News*, vol. 39, no. 3, pp. 67–76, 2008.

[BRO 09] Broadbent A., Fitzsimons J., Kashefi E., "Universal blind quantum computation", *50th Annual IEEE Symposium on Foundations of Computer Science (FOCS'09)*, IEEE, pp. 517–526, 2009.

[BRO 10] Brown K.L., Munro W.J., Kendon V.M., "Using quantum computers for quantum simulation", *Entropy*, vol. 12, no. 11, pp. 2268–2307, 2010.

[BUH 03] Buhrman H., Röhrig H., "Distributed quantum computing," *Mathematical Foundations of Computer Science 2003*, Springer-Verlag, pp. 1–20, 2003.

[BUL 09] Buluta I., Nori F., "Quantum simulators", *Science*, vol. 326, no. 5949, pp. 108–111, 2009.

[BUR 01] Burt E.A., Ekstrom C.R., Swanson T.B., "Comment on quantum clock synchronization based on shared prior entanglement", *Physical Review Letters*, vol. 87, Art. no. 129801, 2001.

[BYR 06] Byrnes T., Yamamoto Y., "Simulating lattice gauge theories on a quantum computer", *Physical Review A*, vol. 73, Art. no. 022328, 2006.

[CAL 96] Calderbank A.R., Shor P.W., "Good quantum error-correcting codes exist.", *Physical Review A*, vol. 54, pp. 1098–1105, 1996.

[CAM 07] CAMPBELL E.T., FITZSIMONS J., BENJAMIN S.C., *et al.*, "Efficient growth of complex graph states via imperfect path erasure", *New Journal of Physics*, vol. 9, no. 6, Art. no. 196, 2007.

[CAR 06] CARLINI A., HOSOYA A., KOIKE T., *et al.*, "Time-optimal quantum evolution", *Physical Review Letters*, vol. 96, Art. no. 060503, 2006.

[CAS 99] CASTRO M., LISKOV B., "Practical Byzantine fault tolerance", *Proceedings of 3rd Symposium on Operating Systems Design and Implementation*, February 1999.

[CER 74] CERF V., KAHN R., "A Protocol for Packet Network Intercommunication", *IEEE Transactions on Communications*, vol. Com-22, no. 5, May 1974.

[CHA 09] CHAILLOUX A., KERENIDIS I., "Optimal quantum strong coin flipping", *50th Annual IEEE Symposium on Foundations of Computer Science (FOCS 09)*, IEEE, pp. 527–533, 2009.

[CHE 10] CHEN T.-Y., WANG J., LIANG H., *et al.*, "Metropolitan all-pass and inter-city quantum communication network", *Optics Express*, vol. 18, no. 26, pp. 27217–27225, December 2010.

[CHI 00] CHILDS A.M., PRESKILL J., RENES J., "Quantum information and precision measurement", *Journal of Modern Optics*, vol. 47, no. 2–3, pp. 155–176, 2000.

[CHI 05] CHILDRESS L., TAYLOR J., SØRENSEN A., *et al.*, "Fault-tolerant quantum repeaters with minimal physical resources and implementations based on single-photon emitters", *Physical Review A*, vol. 72, no. 5, Art. no. 52330, 2005.

[CHI 06] CHILDRESS L., TAYLOR J., SØRENSEN A., *et al.*, "Fault-tolerant quantum communication based on solid-state photon emitters", *Physical Review Letters*, vol. 96, no. 7, Art. no. 70504, 2006.

[CHI 13] CHIEN C.-H., VAN METER R., KUO S.-Y., Fault-tolerant operations for universal blind quantum computation, arXiv:1306.3664 [quant-ph], 2013.

[CHO 07] CHOU C.-W., LAURAT J., DENG H., *et al.*, "Functional quantum nodes for entanglement distribution over scalable quantum networks", *Science*, vol. 316, no. 5829, pp. 1316–1320, 2007.

[CHU 00] CHUANG I., "Quantum algorithm for distributed clock synchronization", *Physical Review Letters*, vol. 85, no. 9, pp. 2006–2009, 2000.

[CIR 97] CIRAC J., ZOLLER P., KIMBLE H., *et al.*, "Quantum state transfer and entanglement distribution among distant nodes in a quantum network", *Physical Review Letters*, vol. 78, no. 16, pp. 3221–3224, 1997.

[CLA 69] CLAUSER J.F., HORNE M.A., SHIMONY A., *et al.*, "Proposed experiment to test local hidden-variable theories", *Physical Review Letters*, vol. 23, pp. 880–884, October 1969.

[CLA 90] CLARK D.D., TENNENHOUSE D.L., "Architectural considerations for a new generation of protocols", *Proceedings of SIGCOMM '90*, pp. 200–208, 1990.

[CLA 09] CLARK C.R., METODI T.S., GASSTER S.D., *et al.*, "Resource requirements for fault-tolerant quantum simulation: the ground state of the transverse Ising model", *Physical Review A*, vol. 79, no. 6, Art. no. 062314, 2009.

[CLA 13] CLADER B.D., JACOBS B.C., SPROUSE C.R., "Preconditioned quantum linear system algorithm", *Physical Review Letters*, American Physical Society, vol. 110, no. 25, pp. 250504, June 2013.

[CLE 97] CLEVE R., BUHRMAN H., "Substituting quantum entanglement for communication", *Physical Review A*, vol. 56, no. 2, pp. 1201–1204, 1997.

[CLE 99] CLEVE R., GOTTESMAN D., LO H.-K., "How to share a quantum secret", *Physical Review Letters*, vol. 83, no. 3, pp. 648–651, 1999.

[COL 07] COLLINS O.A., JENKINS S.D., KUZMICH A., *et al.*, "Multiplexed memory-insensitive quantum repeaters", *Physical Review Letters*, vol. 98, Art. no. 060502, February, 2007.

[COU 05] COULOURIS G., DOLLIMORE J., KINDBERG T., *Distributed Systems: Concepts and Design*, 4th ed., Addison-Wesley, 2005.

[CRÉ 02] CRÉPEAU C., GOTTESMAN D., SMITH A., "Secure multi-party quantum computation", *Proceedings of the 34th Annual ACM Symposium on Theory of Computing, (STOC '02)*, New York, NY, pp. 643–652, 2002.

[CUQ 09] CUQUET M., CALSAMIGLIA J., "Entanglement percolation in quantum complex networks", *Physical Review Letters*, vol. 103, no. 24, p. 240503, 2009.

[CUQ 11] CUQUET M., CALSAMIGLIA J., "Limited-path-length entanglement percolation in quantum complex networks", *Physical Review A*, vol. 83, no. 3, Art. no. 032319, 2011.

[DAW 06] DAWSON C.M., NIELSEN M.A., "The Solovay-Kitaev theorem", *Quantum Information and Computation*, vol. 6, no. 1, pp. 81–95, 2006.

[DAY 08a] DAY J., *Patterns in Network Architecture: A Return to Fundamentals*, Prentice Hall, 2008.

[DAY 08b] DAY J., MATTA I., MATTAR K., "Networking is IPC: a guiding principle to a better Internet", *Proceedings of ACM SIGCOMM CoNext ReArch'08 Workshop*, 2008.

[DE 02] DE WOLF R., "Quantum communication and complexity", *Theoretical Computer Science*, vol. 287, no. 1, pp. 337–353, 2002.

[DE 05] DE BURGH M., BARTLETT S.D., "Quantum methods for clock synchronization: beating the standard quantum limit without entanglement", *Physical Review A*, vol. 72, Art. no. 042301, 2005.

[DE 12] DE GREVE K., YU L., MCMAHON P., *et al.*, "Quantum-dot spin-photon entanglement via frequency downconversion to telecom wavelength", *Nature*, vol. 491, no. 7424, pp. 421–425, 2012.

[DEE 01] DEERING S., Watching the waist of the protocol hourglass, Presentation at IETF 51, London, August 2001.

[DEH 03] DEHAENE J., VAN DEN NEST M., DE MOOR B., *et al.*, "Local permutations of products of Bell states and entanglement distillation", *Physical Review A*, vol. 67, no. 2, Art. no. 22310, 2003.

[DEN 02] DENNIS E., KITAEV A., LANDAHL A., *et al.*, "Topological quantum memory", *Journal of Mathematical Physics*, vol. 43, pp. 4452–4505, 2002.

[DEU 85] DEUTSCH D., "Quantum theory, the Church-Turing Principle, and the universal quantum computer", *Proceedings of the Royal Society A*, vol. 400, pp. 97–117, 1985.

[DEU 92] DEUTSCH D., JOZSA R., "Rapid solution of problems by quantum computation", *Proceedings of the Royal Society*, vol. 439, p. 553–558, 1992.

[DEU 96] DEUTSCH D., EKERT A., JOZSA R., *et al.*, "Quantum privacy amplification and the security of quantum cryptography over noisy channels", *Physical Review Letters*, vol. 77, no. 13, pp. 2818–2821, 1996.

[DEV 13] DEVITT S.J., MUNRO W.J., NEMOTO K., "Quantum error correction for beginners", *Reports on Progress in Physics*, vol. 76, no. 7, Art. no. 076001, 2013.

[D'HO 05a] D'HONDT E., Distributed quantum computation: a measurement-based approach, PhD Thesis, Vrije Universiteit Brussel, July 2005.

[D'HO 05b] D'HONDT E., PANANGADEN P., "The computational power of the W and GHZ states", *Quantum Information and Computation*, vol. 6, no. 2, pp. 13–183, 2005.

[DI 12] DI FRANCO C., BALLESTER D., "Optimal path for a quantum teleportation protocol in entangled networks", *Physical Review A*, vol. 85, Art. no. 010303, January 2012.

[DIA 07] DIANATI M., ALLÉAUME R., "Transport layer protocols for the SECOQC Quantum Key Distribution (QKD) network", *32nd IEEE Conference on Local Computer Networks, 2007 (LCN '07)*, IEEE, pp. 1025–1034, 2007.

[DIA 08] DIANATI M., ALLÉAUME R., GAGNAIRE M., *et al.*, "Architecture and protocols of the future European quantum key distribution network", *Security and Communication Networks*, vol. 1, no. 1, pp. 57–74, Wiley Online Library, 2008.

[DIF 76] DIFFIE W., HELLMAN M., "New directions in cryptography", *IEEE Transactions on Information Theory*, vol. 22, no. 6, pp. 644–654, 1976.

[DIJ 59] DIJKSTRA E., "A note on two problems in connexion with graphs", *Numerische Mathematik*, vol. 1, no. 1, pp. 269–271, 1959.

[DIV 98] DIVINCENZO D.P., "Quantum gates and circuits", *Proceedings of the Royal Society A*, 1998.

[DIX 08] DIXON A., YUAN Z., DYNES J., *et al.*, "Gigahertz decoy quantum key distribution with 1 Mbit/s secure key rate", *Optics Express*, vol. 16, no. 23, pp. 18790–18979, 2008.

[DOD 09] DODSON D., FUJIWARA M., GRANGIER P., *et al.*, Updating quantum cryptography report ver. 1, Arxiv preprint arXiv:0905.4325, 2009.

[DOY 05] DOYLE J.C., ALDERSON D.L., LI L., *et al.*, "The 'robust yet fragile' nature of the Internet", *Proceedings of the National Academy of Sciences*, vol. 102, no. 41, pp. 14497–14502, 2005.

[DUA 04] DUAN L.-M., BLINOV B.B., MOEHRING D.L., *et al.*, "Scalable trapped ion quantum computation with a probabilistic ion-photon mapping", *Quantum Information and Computation*, vol. 4, pp. 165–173, 2004.

[DÜR 99] DÜR W., BRIEGEL H.-J., CIRAC J.I., *et al.*, "Quantum repeaters based on entanglement purification", *Physical Review A*, vol. 59, no. 1, pp. 169–181, 1999.

[DÜR 00] DÜR W., VIDAL G., CIRAC J.I., "Three qubits can be entangled in two inequivalent ways", *Physical Review A*, vol. 62, no. 6, Art. no. 062314, 2000.

[DÜR 07] DÜR W., BRIEGEL H., "Entanglement purification and quantum error correction", *Reports on Progress in Physics*, vol. 70, pp. 1381–1424, 2007.

[EKE 91] EKERT A., "Quantum cryptography based on Bell's theorem", *Physical Review Letters*, vol. 67, no. 6, pp. 661–663, APS, 1991.

[ELK 13] ELKIN M., KLAUCK H., NANONGKAI D., *et al.*, "Quantum lower bounds for distributed network computing (full version)", *Proceedings of PODC*, 2013.

[ELL 02] ELLIOTT C., "Building the quantum network", *New Journal of Physics*, vol. 4, Art. no. 46, 2002.

[ELL 03] ELLIOTT C., PEARSON D., TROXEL G., "Quantum cryptography in practice", *Proceedings of SIGCOMM 2003*, August 2003.

[ELL 05a] ELLIOTT C., COLVIN A., PEARSON D., *et al.*, "Current status of the DARPA quantum network", *Proceedings of SPIE*, vol. 5815, Art. no. 138, 2005.

[ELL 05b] ELLIOTT C., "The DARPA quantum network", *Quantum Communications and Cryptography*, CRC Press, 2005.

[ENG 96] ENGLERT B.-G., "Fringe visibility and which-way information: an inequality", *Physical Review Letters*, vol. 77, pp. 2154–2157, 1996.

[ENK 97] VAN ENK S.J., CIRAC J.I., ZOLLER P., "Ideal quantum communication over noisy channels: a quantum optical implementation", *Physical Review Letters*, vol. 78, no. 22, pp. 4293–4296, June 1997.

[EVA 11] EVANS D., The Internet of things: how the next evolution of the Internet is changing everything, Cisco white paper, April 2011.

[FAR 01] FARHI E., GOLDSTONE J., GUTMANN S., *et al.*, "A quantum adiabatic evolution algorithm applied to random instances of an NP-complete Problem", *Science*, vol. 292, pp. 472–476, 2001.

[FED 09] FEDRIZZI A., URSIN R., HERBST T., *et al.*, "High-fidelity transmission of entanglement over a high-loss free-space channel", *Nature Physics*, vol. 5, no. 6, pp. 389–392, 2009.

[FEK 13] FEKETE J., DANIEL R., MATTEO C., *et al.*, "Ultranarrow-band photon-pair source compatible with solid state quantum memories and telecommunication networks", *Physical Review Letters*, vol. 110, no. 22, pp. 220–502, May 2013.

[FEY 63] FEYNMAN R.P., LEIGHTON R.B., SANDS M., *The Feynman Lectures on Physics*, Addison-Wesley, Reading, MA, 1963.

[FEY 02] FEYNMAN R.P., "Simulating physics with computers", in HEY A.J.G., (ed.), *Feynman and Computation*, Westview Press, 2002.

[FOR 07] FOREMAN S.M., HOLMAN K.W., HUDSON D.D., *et al.*, "Remote transfer of ultrastable frequency references via fiber networks", *Review of Scientific Instruments*, vol. 78, no. 2, pp. 021101–021101, 2007.

[FOW 09] FOWLER A., STEPHENS A., GROSZKOWSKI P., "High threshold universal quantum computation on the surface code", *Physical Review A*, vol. 80, Art. no. 052312, 2009.

[FOW 10] FOWLER A.G., WANG D.S., HILL C.D., *et al.*, "Surface code quantum communication", *Physical Review Letters*, vol. 104, no. 18, Art. no. 180503, May 2010.

[FRA 11] FRANKEL S., KRISHNAN S., "IP security (IPsec) and internet key exchange (IKE) document roadmap", RFC 6071, February 2011.

[FRE 79] FRENCH A.P., TAYLOR E.F., *An Introduction To Quantum Physics*, CRC Press, 1979.

[FUJ 09] FUJII K., YAMAMOTO K., "Entanglement purification with double selection", *Physical Review A*, vol. 80, no. 4, Art. no. 042308, October, 2009.

[FUR 98] FURUSAWA A., SØRENSEN J.L., BRAUNSTEIN S.L., *et al.*, "Unconditional quantum teleportation", *Science*, vol. 282, no. 5389, pp. 706–709, 1998.

[GAO 12] GAO W., FALLAHI P., TOGAN E., *et al.*, "Observation of entanglement between a quantum dot spin and a single photon", *Nature*, vol. 491, no. 7424, pp. 426–430, 2012.

[GAV 09] GAVOILLE C., KOSOWSKI A., MARKIEWICZ M., "What can be observed locally?", *Distributed Computing*, pp. 243–257, 2009.

[GAY 05] GAY S., "Quantum programming languages: survey and bibliography", *Bulletin of the European Association for Theoretical Computer Science*, June 2005.

[GEN 09] GENTRY C., "Fully homomorphic encryption using ideal lattices", *Proceedings of the 41st Annual ACM Symposium on Theory of Computing*, STOC '09, New York, NY, pp. 169–178, 2009.

[GEN 10] GENTRY C., "Computing arbitrary functions of encrypted data", *Communications of the ACM*, vol. 53, no. 3, pp. 97–105, March 2010.

[GEN 11] GENTRY C., HALEVI S., "Implementing Gentry's fully-homomorphic encryption scheme", *Advances in Cryptology–EUROCRYPT 2011*, Springer, pp. 129–148, 2011.

[GER 05] GERRY C.C., KNIGHT P.L., *Introductory Quantum Optics*, Cambridge University Press, 2005.

[GIL 64] GILBERT C., *The Design and Use of Electronic Analogue Computers*, Chapman and Hall, Ltd., 1964.

[GIL 08] GILDER L., *The Age of Entanglement: When Quantum Physics Was Reborn*, Vintage, 2008.

[GIO 01] GIOVANNETTI V., LLOYD S., MACCONE L., "Quantum-enhanced positioning and clock synchronization", *Nature*, vol. 412, no. 6845, pp. 417–419, 2001.

[GIS 02] GISIN N., RIBORDY G., TITTEL W., *et al.*, "Quantum cryptography", *Reviews of Modern Physics*, vol. 74, no. 1, pp. 145–195, 2002.

[GIS 07] GISIN N., THEW R., "Quantum communication", *Nature Photonics*, vol. 1, pp. 165–171, March 2007.

[GOE 08] GOEBEL A.M., WAGENKNECHT C., ZHANG Q., *et al.*, "Multistage entanglement swapping", *Physical Review Letters*, vol. 101, Art. no. 080403, August 2008.

[GOT 97] GOTTESMAN D., Stabilizer codes and quantum error correction, PhD Thesis, California Institute of Technology, May 1997.

[GOT 99] GOTTESMAN D., CHUANG I.L., "Demonstrating the viability of universal quantum computation using teleportation and single-qubit operations", *Nature*, vol. 402, pp. 390–393, 1999.

[GOT 00] GOTTESMAN D., "Theory of quantum secret sharing", *Physical Review A*, vol. 61, no. 4, Art. no. 42311, 2000.

[GOT 12] GOTTESMAN D., JENNEWEIN T., CROKE S., "Longer-baseline telescopes using quantum repeaters", *Physical Review Letters*, vol. 109, Art. no. 070503, 2012.

[GOV 02] GOVINDAN R., RADOSLAVOV P., An analysis of the internal structure of large autonomous systems, Report no. 02–777, CS Department, University of Southern California, 2002.

[GRA 86] GRANGIER P., ROGER G., ASPECT A., "Experimental evidence for a photon anticorrelation effect on a beam splitter: a new light on single-photon interferences", *EPL (Europhysics Letters)*, vol. 1, no. 4, pp. 173–179, 1986.

[GRA 09] GRASSL M., RÖTTELER M., "Quantum error correction and fault tolerant quantum computing", *Encyclopedia of Complexity and Systems Science*, Springer, pp. 7324–7342, 2009.

[GRE 88] GREENBERGER D.M., YASIN A., "Simultaneous wave and particle knowledge in a neutron interferometer", *Physics Letters A*, vol. 128, no. 8, pp. 391–394, 1988.

[GRE 89] GREENBERGER D.M., HORNE M.A., ZEILINGER A., "Going beyond Bell's theorem", KAFATOS M., (ed.), *Bell's Theorem, Quantum Theory, and Conceptions of the Universe*, Kluwer, pp. 69–72, available as arXiv:0712.0921v1 [quant-ph], 1989.

[GRO 96] GROVER L., "A fast quantum-mechanical algorithm for database search", *Proceedings of 28th Annual ACM Symposium on the Theory of Computation*, pp. 212–219, available at: http://arXiv.org/quant-ph/9605043, 1996.

[HAL 07] HALLGREN S., "Polynomial-time quantum algorithms for Pell's equation and the principal ideal problem", *Journal of the ACM*, vol. 54, no. 1, 2007.

[HÄN 06] HÄNSCH T.W., "Nobel lecture: passion for precision", *Reviews of Modern Physics*, vol. 78, no. 4, pp. 1297–1309, 2006.

[HAR 07] HARTMANN L., KRAUS B., BRIEGEL H.-J., *et al.*, "On the role of memory errors in quantum repeaters", *Physical Review A*, vol. 75, Art. no. 032310, 2007.

[HAR 09] HARROW A.W., HASSIDIM A., LLOYD S., "Quantum algorithm for linear systems of equations", *Physical Review Letters*, vol. 103, no. 15, Art. no. 150502, 2009.

[HAY 06] HAYASHI M., *Quantum Information*, Springer, 2006.

[HAY 07] HAYASHI M., IWAMA K., NISHIMURA H., *et al.*, "Quantum network coding", *24th International Symposium on Theoretical Aspects of Computer Science (STACS'7)*, Arxiv preprint quant-ph/0601088, 2007.

[HEC 02] HECHT E., *Optics*, 4th ed., Pearson Education/Addison-Wesley, 2002.

[HEI 06] HEIN M., DÜR W., EISERT J., *et al.*, Entanglement in graph states and its applications, Arxiv preprint quant-ph/0602096, 2006, Presented at 173rd International School of Physics "Enrico Fermi": Quantum Computers, Algorithms and Chaos, Varenna, Italy, 5–15 July 2005.

[HIN 13] HINKLEY N., SHERMAN J.A., PHILLIPS N.B., *et al.*, "An atomic clock with 10^{-18} instability", *Science*, vol. 341, no. 6151, pp. 1215–1218, 2013.

[HOL 02] HOLROYD A., "Inequalities in entanglement percolation", *Journal of Statistical Physics*, vol. 109, no. 1, pp. 317–323, 2002.

[HOR 12] HORSMAN C., FOWLER A., DEVITT S., *et al.*, "Surface code quantum computing by lattice surgery", *New Journal of Physics*, vol. 14, Art. no. 123011, 2012.

[IKU 11] IKUTA R., KUSAKA Y., KITANO T., *et al.*, "Wide-band quantum interface for visible-to-telecommunication wavelength conversion", *Nature Communications*, vol. 2, Art. no. 1544, 2011.

[IKU 13] IKUTA R., KATO H., KUSAKA Y., *et al.*, "High-fidelity conversion of photonic quantum information to telecommunication wavelength with superconducting single-photon detectors", *Physical Review A*, vol. 87, Art. no. 010301, January 2013.

[IMR 12] IMRE S., GYONGYOSI L., *Advanced Quantum Communications: An Engineering Approach*, Wiley-IEEE Press, 2012.

[INA 13] INAGAKI T., MATSUDA N., TADANAGA O., *et al.*, "Entanglement distribution over 300 km of fiber", *Optics Express*, vol. 21, no. 20, pp. 23241–23249, October 2013.

[ISE 97] ISENBERG D.S., "The rise of the stupid network", *Computer Telephony*, pp. 16–26, August 1997.

[IWA 06] IWAMA K., NISHIMURA H., RAYMOND R., *et al.*, Quantum network coding for general graphs, Arxiv preprint quant-ph/0611039, 2006.

[JAC 88] JACOBSON V., "Congestion avoidance and control", *SIGCOMM Computer Communication Review*, vol. 18, no. 4, pp. 314–329, August 1988.

[JAI 91] JAIN R., *The Art of Computer Systems Performance Analysis*, John Wiley & Sons, 1991.

[JEN 01] JENNEWEIN T., WEIHS G., PAN J.-W., *et al.*, "Experimental nonlocality proof of quantum teleportation and entanglement swapping", *Physical Review Letters*, vol. 88, no. 1, Art. no. 017903, December 2001.

[JIA 07a] JIANG L., TAYLOR J.M., LUKIN M.D., "Fast and robust approach to long-distance quantum communication with atomic ensembles", *Physical Review A*, vol. 76, Art. no. 012301, July 2007.

[JIA 07b] JIANG L., TAYLOR J.M., SØRENSEN A.S., *et al.*, "Distributed quantum computation based on small quantum registers", *Physical Review A*, vol. 76, Art. no. 062323, December 2007.

[JIA 09] JIANG L., TAYLOR J.M., NEMOTO K., *et al.*, "Quantum repeater with encoding", *Physical Review A*, vol. 79, no. 3, Art. no. 032325, 2009.

[JÖN 61] Jönsson C., "Elektroneninterferenzen an mehreren künstlich hergestellten Feinspalten", *Zeitschrift für Physik*, vol. 161, no. 4, pp. 454–474, 1961.

[JON 12a] Jones N.C., Van Meter R., Fowler A.G., *et al.*, "A layered architecture for quantum computing using quantum dots", *Physical Review X*, vol. 2, no. 27, Art. no. 031007, 2012.

[JON 12b] Jones N., Whitfield J., McMahon P., *et al.*, "Faster quantum chemistry simulation on fault-tolerant quantum computers", *New Journal of Physics*, vol. 14, no. 11, p. 115023, 2012.

[JOZ 94] Jozsa R., "Fidelity for mixed quantum states", *Journal of Modern Optics*, vol. 41, no. 12, pp. 2315–2323, 1994.

[JOZ 00] Jozsa R., Abrams D., Dowling J., *et al.*, "Quantum clock synchronization based on shared prior entanglement", *Physical Review Letters*, vol. 85, no. 9, pp. 2010–2013, 2000.

[JOZ 01] Jozsa R., Abrams D.S., Dowling J.P., *et al.*, "Jozsa *et al.* reply", *Physical Review Letters*, vol. 87, Art. no. 129802, 2001.

[KAS 11] Kassal I., Whitfield J.D., Perdomo-Ortiz A., *et al.*, "Simulating chemistry using quantum computers", *Annual Review of Physical Chemistry*, vol. 62, no. 1, pp. 185–207, 2011.

[KEN 05] Kent S., Seo S., Security architecture for the Internet protocol, RFC 4031, December 2005.

[KER 09] Kerenidis I., "Quantum multiparty communication complexity and circuit lower bounds", *Mathematical Structures in Computer Science*, vol. 19, no. Special Issue 01, pp. 119–132, 2009.

[KIM 08] Kimble H.J., "The quantum Internet", *Nature*, vol. 453, pp. 1023–1030, June 2008.

[KIT 02] Kitaev A.Y., Shen A.H., Vyalyi M.N., *Classical and Quantum Computation*, American Mathematical Society, 2002.

[KIT 03] Kitaev A., "Fault-tolerant quantum computation by anyons", *Annals of Physics*, vol. 303, no. 1, pp. 2–30, 2003.

[KLE 10] Kleinjung T., Aoki K., Franke J., *et al.*, "Factorization of a 768-bit RSA modulus", *Advances in Cryptology–CRYPTO 2010*, Springer, pp. 333–350, 2010.

[KNI 96] Knill E., Laflamme R., Concatenated Quantum Codes, available at: http://arXiv.org/quant-ph/9608012, August 1996.

[KNI 01] Knill E., Laflamme R., Milburn G.J., "A scheme for efficient quantum computation with linear optics", *Nature*, vol. 409, pp. 46–52, 2001.

[KÓM 13] Kómár P., Kessler E., Bishof M., *et al.*, A quantum network of clocks, arXiv:1310.6045 [quant-ph], October 2013.

[KOR 56] Korn G.A., Korn T.M., *Electronic Analog Computers*, 2nd ed., McGraw-Hill, 1956.

[KOT 10] KOTLA R., ALVISI L., DAHLIN M., *et al.*, "Zyzzyva: speculative Byzantine fault tolerance", *ACM Transactions on Computer Systems*, vol. 27, pp. 7:1–7:39, January 2010.

[KRA 13] KRAUTER H., SALART D., MUSCHIK C., *et al.*, "Deterministic quantum teleportation between distant atomic objects", *Nature Physics*, vol. 9, pp. 400–404, 2013.

[KUR 12] KUROSE J.F., ROSS K.W., *Computer networking*, 6th ed., Pearson Education, 2012.

[KWI 95] KWIAT P.G., MATTLE K., WEINFURTER H., *et al.*, "New high-intensity source of polarization-entangled photon pairs", *Physical Review Letters*, vol. 75, pp. 4337–4341, 1995.

[LAD 06] LADD T.D., VAN LOOCK P., NEMOTO K., *et al.*, "Hybrid quantum repeater based on dispersive CQED interaction between matter qubits and bright coherent light", *New Journal of Physics*, vol. 8, Art. no. 184, 2006.

[LAD 10] LADD T., JELEZKO F., LAFLAMME R., *et al.*, "Quantum computers", *Nature*, vol. 464, pp. 45–53, March 2010.

[LAF 96] LAFLAMME R., MIQUEL C., PAZ J.P., *et al.*, "Perfect quantum error correcting code", *Physical Review Letters*, vol. 77, pp. 198–201, 1996.

[LAM 82] LAMPORT L., SHOSTAK R., PEASE M., "The Byzantine generals problem", *ACM Transactions on Programming Languages and Systems*, vol. 4, no. 3, pp. 382–401, 1982.

[LAN 07] LANDRY O., VAN HOUWELINGEN J., BEVERATOS A., *et al.*, "Quantum teleportation over the Swisscom telecommunication network", *JOSA B*, vol. 24, no. 2, pp. 398–403, 2007.

[LAN 11] LANYON B.P., HEMPEL C., NIGG D., *et al.*, "Universal digital quantum simulation with trapped ions", *Science*, vol. 334, no. 6052, pp. 57–61, 2011.

[LAP 09] LAPEYRE JR G., WEHR J., LEWENSTEIN M., "Enhancement of entanglement percolation in quantum networks via lattice transformations", *Physical Review A*, vol. 79, no. 4, Art. no. 042324, 2009.

[LEN 03] LENSTRA A., TROMER E., SHAMIR A., *et al.*, "Factoring estimates for a 1024-bit RSA modulus", *AsiaCrypt 2003*, Lecture Notes in Computer Science, New York, Springer-Verlag, 2003.

[LEU 10] LEUNG D., OPPENHEIM J., WINTER A., "Quantum network communication – the butterfly and beyond", *IEEE Transactions on Information Theory*, Piscataway, NJ, USA, vol. 56, no. 7, pp. 3478–3490, 2010.

[LIM 05] LIM Y.L., BARRETT S.D., BEIGE A., *et al.*, "Repeat-until-success quantum computing using stationary and flying qubits", *Physical Review Letters*, vol. 95, no. 3, Art. no. 30505, 2005.

[LLO 93] LLOYD S., "A potentially realizable quantum computer", *Science*, vol. 261, pp. 1569–1571, 1993.

[LLO 96] LLOYD S., "Universal quantum simulators", *Science*, vol. 273, pp. 1073–1078, 1996.

[LLO 04] LLOYD S., SHAPIRO J., WONG F., *et al.*, "Infrastructure for the quantum Internet", *ACM SIGCOMM Computer Communication Review*, vol. 34, no. 5, pp. 9–20, 2004.

[LLO 08] LLOYD S., "Enhanced sensitivity of photodetection via quantum illumination", *Science*, vol. 321, no. 5895, pp. 1463–1465, 2008.

[LLO 13] LLOYD S., MOHSENI M., REBENTROST P., Quantum algorithms for supervised and unsupervised machine learning, arXiv preprint arXiv:1307.0411, 2013.

[LO 08] LO H.-K., ZHAO Y., "Quantum cryptography", *Encyclopedia of Complexity and System Science*, Springer, 2008, arXiv:0803.2507v4 [quant-ph].

[LOO 06] VAN LOOCK P., LADD T.D., SANAKA K., *et al.*, "Hybrid Quantum Repeater Using Bright Coherent Light", *Physical Review Letters*, vol. 96, Art. no. 240501, 2006.

[LOW 99] LOW S.H., LAPSLEY D.E., "Optimization flow control-I: basic algorithm and convergence", *IEEE/ACM Transactions on Networking (TON)*, vol. 7, no. 6, pp. 861–874, 1999.

[LYN 96] LYNCH N.A., *Distributed Algorithms*, Morgan Kaufmann, 1996.

[MA 12] MA X., HERBST T., SCHEIDL T., *et al.*, "Quantum teleportation over 143 [thinsp] kilometres using active feed-forward", *Nature*, 2012.

[MAG 05] MAGNIEZ F., SANTHA M., SZEGEDY M., "Quantum algorithms for the triangle problem", *Proceedings of the 16th Annual ACM-SIAM Symposium on Discrete Algorithms*, Society for Industrial and Applied Mathematics, pp. 1109–1117, 2005.

[MAH 06] MAHADEVAN P., KRIOUKOV D., FALL K., *et al.*, "Systematic topology analysis and generation using degree correlations", *Proceedings of SIGCOMM 2006*, ACM, August 2006.

[MAR 04] MARKHAM D.J.H., Local distinguishability, entanglement and mixedness of quantum states, PhD Thesis, Imperial College, University of London, 2004.

[MAR 08] MARKHAM D., SANDERS B., "Graph states for quantum secret sharing", *Physical Review A*, vol. 78, no. 4, Art. no. 42309, 2008.

[MAT 96] MATTLE K., WEINFURTER H., KWIAT P.G., *et al.*, "Dense coding in experimental quantum communication", *Physical Review Letters*, vol. 76, pp. 4656–4659, 1996.

[MEA 89] MEAD C., *Analog VLSI and Neural Systems*, Addison Wesley, 1989.

[MED 02] MEDINA A., TAFT N., SALAMATIAN K., *et al.*, "Traffic matrix estimation: existing techniques and new directions", *ACM SIGCOMM Computer Communication Review*, vol. 32, no. 4, pp. 161–174, 2002.

[MEY 04] MEYER D.A., "Quantum communication in games", *AIP Conference Proceedings*, vol. 734, pp. 36–39, 2004.

[MIN 09] MINK A., FRANKEL S., PERLNER R., "Quantum key distribution (QKD) and commodity security protocols: introduction and integration", *International Journal of Network Security & Its Applications*, vol. 1, no. 2, 2009.

[MOC 88] MOCKAPETRIS P., DUNLAP K.J., "Development of the domain name system", *SIGCOMM Computer Communication Review*, vol. 18, no. 4, pp. 123–133, August 1988.

[MOC 07] MOCHON C., Quantum weak coin flipping with arbitrarily small bias, arXiv preprint arXiv:0711.4114, 2007.

[MOE 07] MOEHRING D., MAUNZ P., OLMSCHENK S., *et al.*, "Entanglement of single-atom quantum bits at a distance", *Nature*, vol. 449, no. 7158, pp. 68–71, 2007.

[MOL 07] MOLINA-TERRIZA G., TORRES J.P., TORNER L., "Twisted photons", *Nature Physics*, vol. 3, no. 5, pp. 305–310, 2007.

[MOR 13] MORIMAE T., FUJII K., "Blind quantum computation protocol in which Alice only makes measurements", *Physical Review A*, vol. 87, Art. no. 050301, 2013.

[MOS 09] MOSCA M., "Quantum algorithms", *Encyclopedia of Complexity Systems Science*, ROBERT M., (ed.), 2009.

[MOY 97] MOY J., "OSPF Version 2", RFC 2178, July 1997.

[MUN 01] MUNRO W., NEMOTO K., WHITE A., "The Bell inequality: a measure of entanglement?", *J. Modern Optics*, vol. 48, no. 7, pp. 1239–1246, June 2001.

[MUN 05] MUNRO W., NEMOTO K., SPILLER T., "Weak nonlinearities: a new route to optical quantum computation", *New Journal of Physics*, vol. 7, Art. no. 137, May 2005.

[MUN 08] MUNRO W.J., VAN METER R., LOUIS S. G.R., *et al.*, "High-bandwidth hybrid quantum repeater", *Physical Review Letters*, vol. 101, no. 4, Art. no. 040502, July 2008.

[MUN 10] MUNRO W., HARRISON K., STEPHENS A., *et al.*, "From quantum multiplexing to high-performance quantum networking", *Nature Photonics*, vol. 4, pp. 792–796, 2010.

[MUN 12] MUNRO W., STEPHENS A., DEVITT S., *et al.*, "Quantum communication without the necessity of quantum memories", *Nature Photonics*, 2012.

[NAG 09] NAGAYAMA S., VAN METER R., IKE for IPsec with QKD, Internet draft, draft-nagayama-ipsecme-ipsec-with-qkd-00; October 2009.

[NIE 00] NIELSEN M.A., CHUANG I.L., *Quantum Computation and Quantum Information*, Cambridge University Press, 2000.

[NIE 03] NIELSEN M.A., "Simple rules for a complex quantum world", *The Edge of Physics*, Scientific American, 2003.

[NIE 05] NIELSEN M.A., Cluster-state quantum computation, available at: http://arxiv.org/abs/quant-ph/0504097, April 2005.

[NIE 06] NIELSEN M.A., DOWLING M.R., GU M., *et al.*, "Quantum computation as geometry", *Science*, vol. 311, pp. 1133–1135, 2006.

[NÖL 13] NÖLLEKE C., NEUZNER A., REISERER A., *et al.*, "Efficient teleportation between remote single-atom quantum memories", *Physical Review Letters*, vol. 110, Art. no. 140403, 2013.

[NYG 10] NYGREN E., SITARAMAN R.K., SUN J., "The Akamai network: a platform for high-performance internet applications", *SIGOPS Operating Systems Review*, vol. 44, no. 3, pp. 2–19, 2010.

[ÖME 02] ÖMER B., "Classical Concepts in Quantum Programming", *Proceedings of Quantum Structures*, 2002.

[OI 06]   OI D.K.L., DEVITT S.J., HOLLENBERG L.C.L., "Scalable error correction in distributed ion trap computers", *Physical Review A*, vol. 74, Art. no. 052313, 2006.

[OLM 09]   OLMSCHENK S., MATSUKEVICH D.N., MAUNZ P., *et al.*, "Quantum teleportation between distant matter qubits", *Science*, vol. 323, no. 5913, pp. 486–489, 2009.

[PAN 03]   PAN J.-W., GASPARONI S., URSIN R., *et al.*, "Experimental entanglement purification of arbitrary unknown states", *Nature*, vol. 423, pp. 417–422, May 2003.

[PAP 11]   PAPPA A., CHAILLOUX A., DIAMANTI E., *et al.*, "Practical quantum coin flipping", *Physical Review A*, vol. 84, no. 5, Art. no. 052305, 2011.

[PEA 80]   PEASE M., SHOSTAK R., LAMPORT L., "Reaching agreement in the presence of faults", *The Journal of the ACM*, vol. 27, no. 2, pp. 228–234, 1980.

[PEA 04]   PEARSON D., "High-speed QKD reconciliation using forward error correction", *AIP Conference Proceedings*, vol. 734, pp. 299–302, 2004.

[PEE 09]   PEEV M., PACHER C., ALLEAUME R., *et al.*, "The SECOQC quantum key distribution network in Vienna", *New Journal of Physics*, vol. 11, no. 7, Art. no. 075001, 2009.

[PEN 05]   PENG C.-Z., YANG T., BAO X.-H., *et al.*, "Experimental free-space distribution of entangled photon pairs over 13 km: towards satellite-based global quantum communication", *Physical Review Letters*, vol. 94, p. 150501, 2005.

[PER 00]   PERLMAN R., *Interconnections: Bridges, Routers, Switches, and Internetworking Protocols*, Pearson Education India, 2000.

[PER 10]   PERSEGUERS S., CAVALCANTI D., LAPEYRE G.J., *et al.*, "Multipartite entanglement percolation", *Physical Review A*, vol. 81, no. 3, p. 032327, 2010.

[PER 13]   PERSEGUERS S., JR G. J.L., CAVALCANTI D., *et al.*, "Distribution of entanglement in large-scale quantum networks", *Reports on Progress in Physics*, vol. 76, no. 9, Art. no. 096001, 2013.

[PET 11]   PETERSON L.L., DAVIE B.S., *Computer Networks: A Systems Approach*, 5th ed., Elsevier, 2011.

[PFA 13]   PFAFF W., TAMINIAU T.H., ROBLEDO L., *et al.*, "Demonstration of entanglement-by-measurement of solid state qubits", *Nature Physics*, vol. 9, no. 1, pp. 29–33, 2013.

[PRE 98a]   PRESKILL J., *Lectures Notes on Quantum Computation*, available at: *http://www.theory.caltech.edu/~preskill/ph219/index.html*, October 1998.

[PRE 98b]   PRESKILL J., "Reliable quantum computers", *Proceedings of the Royal Society A*, vol. 454, pp. 385–410, 1998.

[RAI 01]   RAIMOND J.M., BRUNE M., HAROCHE S., "Manipulating quantum entanglement with atoms and photons in a cavity", *Reviews of Modern Physics*, vol. 73, pp. 565–582, 2001.

[RAU 03]   RAUSSENDORF R., BROWNE D.E., BRIEGEL H.J., "Measurement-based quantum computation on cluster states", *Physical Review A*, vol. 68, no. 022312, 2003.

[RAU 07a]   RAUSSENDORF R., HARRINGTON J., "Fault-tolerant quantum computation with high threshold in two dimensions", *Physical Review Letters*, vol. 98, Art. no. 190504, 2007.

[RAU 07b] RAUSSENDORF R., HARRINGTON J., GOYAL K., "Topological fault-tolerance in cluster state quantum computation", *New Journal of Physics*, vol. 9, Art. no. 199, 2007.

[RAU 12] RAUSSENDORF R., "Key ideas in quantum error correction", *Philosophical Transactions of the Royal Society A: Mathematical, Physical and Engineering Sciences*, vol. 370, no. 1975, pp. 4541–4565, 2012.

[RAY 10] RAYNAL P., KALEV A., SUZUKI J., *et al.*, "Encoding many qubits in a rotor", *Physical Review A*, vol. 81, Art. no. 052327, May 2010.

[REG 02] REGEV O., "Quantum computation and lattice problems", *Proceedings of the 43rd Annual IEEE Symposium on Foundations of Computer Science*, IEEE, pp. 520–529, 2002.

[REI 06] REICHLE R., LEIBFRIED D., KNILL E., *et al.*, "Experimental purification of two-atom entanglement.", *Nature*, vol. 443, no. 7113, pp. 838–41, 2006.

[RFC 05] "Internet key exchange (IKEv2) protocol", RFC 4306, December 2005.

[RIE 04] RIEBE M., HÄFFNER H., ROOS C., *et al.*, "Deterministic quantum teleportation with atoms", *Nature*, vol. 429, no. 6993, pp. 734–737, 2004.

[RIT 12] RITTER S., NÖLLEKE C., HAHN C., *et al.*, "An elementary quantum network of single atoms in optical cavities", *Nature*, vol. 484, no. 7393, pp. 195–200, 2012.

[ROS 81] ROSEN E., Vulnerabilities of network control protocols: an example, Report no. RFC 789, July 1981.

[RUD 03] RUDOLPH T., GROVER L., "Quantum communication complexity of establishing a shared reference frame", *Physical Review Letters*, vol. 91, Art. no. 217905, 2003.

[SAL 84] SALTZER J.H., REED D.P., CLARK D.D., "End-to-end arguments in system design", *ACM Transactions on Computer Systems*, vol. 2, no. 4, pp. 277–288, 1984.

[SAL 10] SALVAIL L., PEEV M., DIAMANTI E., *et al.*, "Security of trusted repeater quantum key distribution networks", *Journal of Computer Security*, vol. 18, no. 1, pp. 61–87, 2010.

[SAN 08] SANGOUARD N., SIMON C., COUDREAU T., *et al.*, "Purification of single-photon entanglement with linear optics", *Physical Review A*, vol. 78, Art. no. 050301, 2008.

[SAN 11] SANGOUARD N., SIMON C., DE RIEDMATTEN H., *et al.*, "Quantum repeaters based on atomic ensembles and linear optics", *Reviews of Modern Physics*, vol. 83, no. 1, p. 33, 2011.

[SAT 12] SATOH T., LE GALL F., IMAI H., "Quantum network coding for quantum repeaters", *Physical Review A*, vol. 86, Art. no. 032331, 2012.

[SCH 90] SCHNEIDER F.B., "Implementing fault-tolerant services using the state machine approach: a tutorial", *ACM Comput. Surv.*, vol. 22, no. 4, pp. 299–319, 1990.

[SCH 96] SCHNEIER B., *Applied Cryptography*, 2nd ed., John Wiley, 1996.

[SCH 03] SCHUCH N., SIEWERT J., "Programmable networks for quantum algorithms", *Physical Review Letters*, vol. 91, Art. no. 027902, 2003.

[SCH 13] SCHAIBLEY J.R., BURGERS A.P., MCCRACKEN G.A., *et al.*, "Demonstration of quantum entanglement between a single electron spin confined to an InAs quantum dot and a photon", *Physical Review Letters*, vol. 110, Art. no. 167401, 2013.

[SCU 91] SCULLY M.O., ENGLERT B.-G., WALTHER H., "Quantum optical tests of complementarity", *Nature*, vol. 351, pp. 111–116, 1991.

[SHE 06] SHERSON J., KRAUTER H., OLSSON R., *et al.*, "Quantum teleportation between light and matter.", *Nature*, vol. 443, no. 7111, pp. 557–60, 2006.

[SHO 94] SHOR P.W., "Algorithms for quantum computation: discrete logarithms and factoring", *Proceedings of 35th Symposium on Foundations of Computer Science*, Los Alamitos, CA, IEEE Computer Society Press, pp. 124–134, 1994.

[SHO 95] SHOR P.W., "Scheme for reducing decoherence in quantum computer memory", *Physical Review A*, vol. 52, no. 4, pp. R2493–R2496, October 1995.

[SHO 97] SHOR P.W., "Polynomial time algorithms for prime factorization and discrete logarithms on a quantum computer", *SIAM Journal on Computing*, vol. 26, no. 5, pp. 1484–1509, 1997,

[SIP 12] SIPAHIGIL A., GOLDMAN M.L., TOGAN E., *et al.*, "Quantum interference of single photons from remote nitrogen-vacancy centers in diamond", *Physical Review Letters*, vol. 108, Art. no. 143601, 2012.

[SLO 13] SLODIČKA L., HÉTET G., RÖCK N., *et al.*, "Atom-atom entanglement by single-photon detection", *Physical Review Letters*, vol. 110, Art. no. 083603, 2013.

[SMI 01] SMITH A., Multi-party quantum computation, Master's Thesis, Massachusetts Institute of Technology, 2001.

[SMI 08] SMITH G., YARD J., "Quantum communication with zero-capacity channels", *Science*, vol. 321, no. 5897, pp. 1812–1815, 2008.

[SOU 05] SOULE A., LAKHINA A., TAFT N., *et al.*, "Traffic matrices: balancing measurements, inference and modeling", *ACM SIGMETRICS Performance Evaluation Review*, vol. 33, pp. 362–373, 2005.

[SPI 06] SPILLER T.P., NEMOTO K., BRAUNSTEIN S.L., *et al.*, "Quantum computation by communication", *New Journal of Physics*, vol. 8, Art. no. 30, February 2006.

[STE 96] STEANE A., "Error correcting codes in quantum theory", *Physical Review Letters*, vol. 77, pp. 793–797, 1996.

[STE 03] STEFFEN M., VAN DAM W., HOGG T., *et al.*, "Experimental implementation of an adiabatic quantum optimization algorithm", *Physical Review Letters*, vol. 90, Art. no. 067903, 2003.

[STE 13] STEFFEN L., SALATHE Y., OPPLIGER M., *et al.*, "Deterministic quantum teleportation with feed-forward in a solid state system", *Nature*, vol. 500, no. 319–322, August 2013.

[STU 11] STUCKI D., LEGRE M., BUNTSCHU F., *et al.*, "Long-term performance of the SwissQuantum quantum key distribution network in a field environment", *New Journal of Physics*, vol. 13, no. 12, Art. no. 123001, 2011.

[SVO 06] SVORE K.M., AHO A.V., CROSS A.W., *et al.*, "A layered software architecture for quantum computing design tools", *IEEE Computer*, pp. 74–83, January 2006.

[TAK 05] TAKAMOTO M., HONG F., HIGASHI R., *et al.*, "An optical lattice clock", *Nature*, vol. 435, no. 7040, pp. 321–324, 2005.

[TAK 13] TAKEDA S., MIZUTA T., FUWA M., *et al.*, "Deterministic quantum teleportation of photonic quantum bits by a hybrid technique", *Nature*, vol. 500, pp. 315–318, August 2013.

[TAN 05] TANI S., KOBAYASHI H., MATSUMOTO K., "Exact quantum algorithms for the leader election problem", *Proceedings of 22nd Annual Symposium on Theoretical Aspects of Computer Science (STACS'05)*, Lecture Notes in Computer Science, Springer-Verlag, vol. 3404, pp. 581–592, 2005.

[TAN 10] TANENBAUM A.S., *Computer Networks*, 5 ed., Prentice Hall, 2010.

[TAN 12] TANI S., KOBAYASHI H., MATSUMOTO K., "Exact quantum algorithms for the leader election problem", *The ACM Transactions on Computation Theory*, vol. 4, no. 1, pp. 1:1–1:24, 2012.

[TAS 10] TASHIMA T., KITANO T., ÖZDEMIR I.M.C.K., *et al.*, "Demonstration of local expansion toward large-scale entangled webs", *Physical Review Letters*, vol. 105, no. 21, Art. no. 210503, 2010.

[TAY 09] TAYLOR G.I., "Interference fringes with feeble light", *Proceedings of the Cambridge Philosophical Society*, vol. 15, pp. 114–115, 1909.

[TER 13] TERHAL B.M., Quantum error correction for quantum memories, arXiv:1302.3428 [quant-ph], 2013.

[THA 06] THAKER D.D., METODI T., CROSS A., *et al.*, "CQLA: matching density to exploitable parallelism in quantum computing", *Proceedings of 33rd Annual International Symposium on Computer Architecture*, June 2006.

[TIT 99] TITTEL W., BRENDEL J., GISIN N., *et al.*, "Long-distance Bell-type tests using energy-time entangled photons", *Physical Review A*, vol. 59, no. 6, pp. 4150–4163, 1999.

[TIT 01] TITTEL W., ZBINDEN H., GISIN N., "Experimental demonstration of quantum secret sharing", *Physical Review A*, vol. 63, no. 4, Art. no. 42301, 2001.

[TOG 11] TOGAN E., CHU Y., TRIFONOV A., *et al.*, "Quantum entanglement between an optical photon and a solid-state spin qubit", *Frontiers in Optics*, Optical Society of America, 2011.

[TON 89] TONOMURA A., ENDO J., MATSUDA T., *et al.*, "Demonstration of single-electron buildup of an interference pattern", *American Journal of Physics*, vol. 57, pp. 117–120, 1989. Accompanying movie available at http://www.hitachi.com/rd/portal/research/em/doubleslit.html.

[TOU 01] TOUCH J., "Dynamic internet overlay deployment and management using the x-bone", *Computer Networks*, pp. 117–135, 2001.

[TOU 06] TOUCH J., WANG Y., PINGALI V., A recursive network architecture, ISI Technical Report ISI-TR-2006-626, 2006, Presented at the IEEE Workshop on Computer Communications (CCW), Pittsburgh PA, February 2007.

[TOU 08] TOUCH J., PINGALI V., "The RNA metaprotocol", *Proceedings of IEEE International Conference on Computer Communications (ICCCN)*, 2008.

[TOU 10] Touch J., Baldine I., Dutta R., *et al.*, "A dynamic recursive unified internet design (DRUID)", *Computer Networks*, 2010.

[TUN 10] Tunick A., Moore T., Deacon K., *et al.*, "Review of representative free-space quantum communications experiments", 2010.

[TUR 98] Turchette Q.A., Wood C.S., King B.E., *et al.*, "Deterministic entanglement of two trapped ions", *Physical Review Letters*, vol. 81, pp. 3631–3634, 1998.

[URS 07] Ursin F., Tiefenbacher T., Schmitt-Manderbach H., *et al.*, "Entanglement-based quantum communication over 144 km", *Nature Physics*, vol. 3, pp. 481–486, July 2007.

[VAN 06] Van Meter R., Architecture of a quantum multicomputer optimized for shor's factoring algorithm, PhD Thesis, Keio University, available as arXiv:quant-ph/0607065, 2006.

[VAN 08] Van Meter R., Munro W.J., Nemoto K., *et al.*, "Arithmetic on a distributed-memory quantum multicomputer", *ACM Journal of Emerging Technologies in Computing Systems*, vol. 3, no. 4, Art. no. 17, January 2008.

[VAN 09] Van Meter R., Ladd T.D., Munro W.J., *et al.*, "System design for a long-line quantum repeater", *IEEE/ACM Transactions on Networking*, vol. 17, no. 3, pp. 1002–1013, June 2009.

[VAN 11] Van Meter R., Touch J., Horsman C., "Recursive quantum repeater networks", *Progress in Informatics*, , no. 8, pp. 65–79, March 2011.

[VAN 13a] Van Meter R., Horsman C., "A blueprint for building a quantum computer", *Communications of the ACM*, vol. 53, no. 10, pp. 84–93, October 2013.

[VAN 13b] Van Meter R., Satoh T., Ladd T.D., *et al.*, "Path selection for quantum repeater networks", *Networking Science*, pp. 1-14, 2013.

[VIL 08] Villoresi P., Jennewein T., Tamburini F., *et al.*, "Experimental verification of the feasibility of a quantum channel between Space and Earth", *New Journal of Physics*, vol. 10, Art. no. 033038, 2008.

[WAL 83] Walls D.F., "Squeezed states of light", *Nature*, vol. 306, pp. 141–146, 1983.

[WAL 05] Walther P., Resch K.J., Rudolph T., *et al.*, "Experimental one-way quantum computing", *Nature*, vol. 434, pp. 169–176, 2005.

[WAN 10] Wang D., Fowler A., Stephens A., *et al.*, "Threshold error rates for the toric and surface codes", *Quantum Information and Computation*, vol. 10, pp. 456–459, 2010.

[WAN 13] Wang J.-Y., Yang B., Liao S.-K., *et al.*, "Direct and full-scale experimental verifications towards ground-satellite quantum key distribution", *Nature Photonics*, Nature Publishing Group, vol. 7, no. 5, pp. 387–393, 2013.

[WEI 11] Weigel W., Lenhart G., "Standardization of quantum key distribution in ETSI", *Wireless Personal Communications*, vol. 58, no. 1, pp. 145–157, 2011.

[WIE 83] Wiesner S., "Conjugate coding", *SIGACT News*, vol. 15, no. 1, pp. 78–88, 1983.

[WIL 99] Williams C.P., Clearwater S.H., *Ultimate Zero and One: Computing at the Quantum Frontier*, Copernicus Books, 1999.

[WIL 13] WILDE M.M., *Quantum Information Theory*, Cambridge University Press, 2013.

[WOO 82] WOOTTERS W.K., ZUREK W.H., "A single quantum cannot be cloned", *Nature*, vol. 299, pp. 802–803, October 1982.

[WRI 95a] WRIGHT G.R., STEVENS W.R., *TCP/IP Illustrated*, Addison-Wesley Professional, 1995.

[WRI 95b] WRIGHT G.R., STEVENS W.R., *TCP/IP Illustrated, Volume 2: The Implementation*, Addison-Wesley, Boston, MA, 1995.

[YAO 11] YAO A.M., PADGETT M.J., "Orbital angular momentum: origins, behavior and applications", *Advances in Optics and Photonics*, vol. 3, no. 2, pp. 161–204, 2011.

[YE 08] YE J., KIMBLE H., KATORI H., "Quantum state engineering and precision metrology using state-insensitive light traps", *Science*, vol. 320, no. 5884, pp. 1734–1738, 2008.

[YUA 88] YUANG M., "Survey of protocol verification techniques based on finite state machine models", *Proceedings of the Computer Networking Symposium*, pp. 164–172, 1988.

[ŽUK 93] ŽUKOWSKI M., ZEILINGER A., HORNE M.A., *et al.*, ""Event-ready-detectors" Bell experiment via entanglement swapping", *Physical Review Letters*, vol. 71, pp. 4287–4290, American Physical Society, December 1993.

[ZAL 99] ZALKA C., "Grover's quantum searching algorithm is optimal", *Physical Review A*, vol. 60, no. 4, pp. 2746–2751, 1999.

[ZHA 03] ZHAO Z., YANG T., CHEN Y., *et al.*, "Experimental realization of entanglement concentration and a quantum repeater", *Physical Review Letters*, vol. 90, no. 20, Art. no. 207901, 2003.

[ZHA 04] ZHAO Z., CHEN Y.-A., ZHANG A.-N., *et al.*, "Experimental demonstration of five-photon entanglement and open-destination teleportation", *Nature*, vol. 430, no. 6995, pp. 54–58, 2004.

[ZWE 12] ZWERGER M., DÜR W., BRIEGEL H.J., "Measurement-based quantum repeaters", *Physical Review A*, vol. 85, Art. no. 062326, 2012.

찾아보기

양자 인터넷

양자 네트워크 기술의 이론과 실제

발 행 | 2023년 1월 3일

지은이 | 로드니 반 미터
옮긴이 | 남 기 환

펴낸이 | 권 성 준
편집장 | 황 영 주
편 집 | 김 다 예
디자인 | 윤 서 빈

에이콘출판주식회사
서울특별시 양천구 국회대로 287 (목동)
전화 02-2653-7600, 팩스 02-2653-0433
www.acornpub.co.kr / editor@acornpub.co.kr

한국어판 ⓒ 에이콘출판주식회사, 2023, Printed in Korea.
ISBN 979-11-6175-700-1
http://www.acornpub.co.kr/book/quantum-networking

책값은 뒤표지에 있습니다.